Handels- und Gesellschaftsrecht

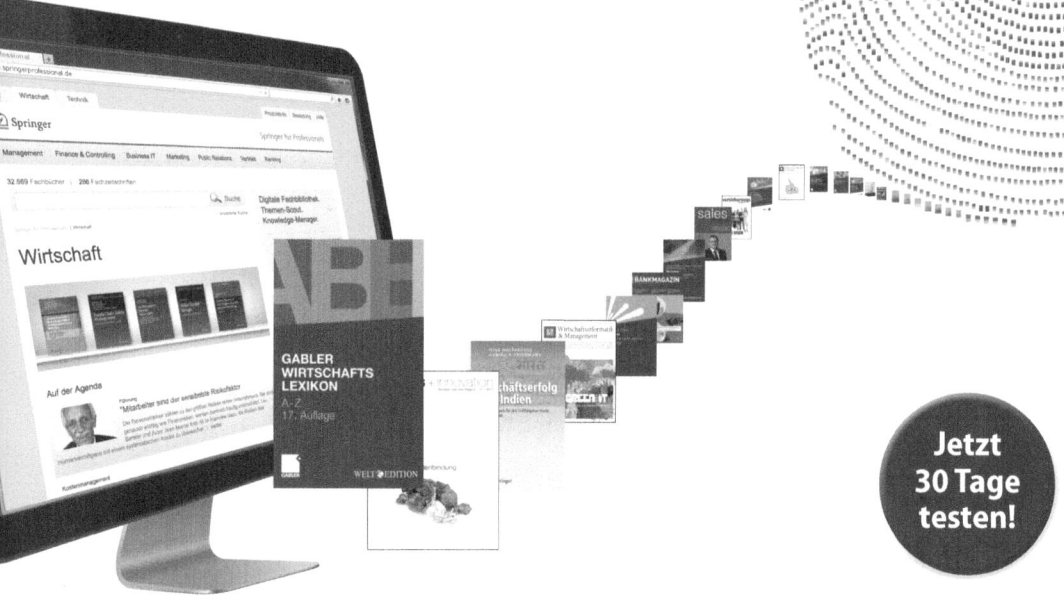 

Andreas Wien

Handels- und Gesellschaftsrecht

Eine praxisorientierte Einführung

Springer Gabler

Prof. Dr. Andreas Wien
Brandenburgische Technische
Universität Cottbus-Senftenberg,
Cottbus, Deutschland

ISBN 978-3-658-00932-8   ISBN 978-3-658-00933-5 (eBook)
DOI 10.1007/978-3-658-00933-5

Die Deutsche Nationalbibliothek verzeichnet diese Publikation in der Deutschen Nationalbibliografie;
detaillierte bibliografische Daten sind im Internet über http://dnb.d-nb.de abrufbar.

Springer Gabler
© Springer Fachmedien Wiesbaden 2013

Lektorat: Irene Buttkus
Layout und Satz: workformedia | Frankfurt am Main | München

Gedruckt auf säurefreiem und chlorfrei gebleichtem Papier

Springer Gabler ist eine Marke von Springer DE. Springer DE ist Teil der Fachverlagsgruppe Springer
Science+Business Media
www.springer-gabler.de

Vorwort

Kenntnisse im Handels- und Gesellschaftsrecht sind in der heutigen Wirtschaftspraxis unabdingbar. Auch im Rahmen vieler Ausbildungspläne von Fachhochschulen und Universitäten sind diese Themengebiete zwingend vorgesehen. Um die wirtschaftlichen Zusammenhänge und die finanziellen Rahmenbedingungen der Unternehmen besser einordnen zu können, behandelt das vorliegende Buch über die relevanten Themengebiete hinaus auch die Aspekte der kurzfristigen Fremdfinanzierung sowie die Grundlagen des Insolvenzrechts.

Das vorliegende Lehrbuch hat sich zum Ziel gesetzt, eine leicht verständliche aber dennoch tiefgründige Einführung in das Gebiet des Handels- und Gesellschaftsrechts zu bieten. Das Lehrbuch richtet sich insbesondere an Studierende der Bachelorstudiengänge Wirtschaftswissenschaften, Wirtschaftsingenieurwesen und Recht an Universitäten, Fachhochschulen und Berufsakademien. Anders als bei den bereits von mir erschienenen Lehrbüchern „Internetrecht", „Arbeitsrecht" und „Bürgerliches Recht" beschränke ich mich in dem vorliegenden Werk didaktisch nicht darauf, lediglich Beispielfälle und Gesetzestexte in das Lehrbuch einzuarbeiten. Ausgehend von den vielen positiven Reaktionen auf meine Lehrbücher, habe ich mich entschlossen, mich nicht auf diesen Lorbeeren auszuruhen, sondern dieses Mal neue Wege zu beschreiten und die Darstellung des Handels- und Gesellschaftsrechts auch mit Schaubildern anzureichern. Aus langjähriger Lehrerfahrung ist mir bewusst, dass die Visualisierung der Lerninhalte erheblich zum Verständnis des Textes beitragen kann. Das vorliegende Buch enthält zur besseren Veranschaulichung Beispielfälle und am Ende des Buches ein Kapitel mit Kontrollfragen, mit deren Hilfe der Leser überprüfen kann, ob der Inhalt des Lehrbuchs ihm auch präsent geblieben ist.

Mein Dank gilt Herrn Normen Franzke, für seine Hilfe bei der Gestaltung der grafischen Übersichten.

Hildesheim / Cottbus Februar 2013

Prof. Dr. Andreas Wien

Inhaltsverzeichnis

Abkürzungsverzeichnis

a.A.	andere Ansicht
Abs.	Absatz
AG	Aktiengesellschaft
AktG	Aktiengesetz
Anh.	Anhang
AO	Abgabenordnung
ARGE	Arbeitsgemeinschaft
Az	Aktenzeichen
BBodSchG	Bundes-Bodenschutzgesetz
ber.	bereinigt
BFH	Bundesfinanzhof
BGB	Bürgerliches Gesetzbuch
BGBl.	Bundesgesetzblatt
BGH	Bundesgerichtshof
BGHZ	Entscheidungen des Bundesgerichtshofs in Zivilsachen
BMF	Bundesministerium für Finanzen
BStBl.	Bundessteuerblatt
bzw.	beziehungsweise
c.i.c.	culpa in contrahendo
DB	Der Betrieb (Fachzeitschrift)
DBA	Doppelbesteuerungsabkommen

DrittelbG	Drittelbeteiligungsgesetz
DStR	Deutsches Steuerrecht (Fachzeitschrift)

Einf.	Einführung
e.K.	Eingetragener Kaufmann
EuGH	Europäischer Gerichtshof
EStG	Einkommensteuergesetz
EWIV	Europäische wirtschaftliche Interessenvereinigung
EWIV-AG	EWIV-Ausführungsgesetz
EWIV-VO	EWIV-Verordnung

f.	folgende
ff.	fortfolgende

GbR	Gesellschaft bürgerlichen Rechts
GewStG	Gewerbesteuergesetz
GmbH	Gesellschaft mit beschränkter Haftung
GmbHG	Gesetz betreffend die Gesellschaften mit beschränkter Haftung
GoB	Grundsätze ordnungsmäßiger Buchführung
GWB	Gesetz gegen Wettbewerbsbeschränkungen

HGB	Handelsgesetzbuch

InsO	Insolvenzordnung

JuS	Juristische Schulung (Fachzeitschrift)

KG	Kommanditgesellschaft
KGaA	Kommanditgesellschaft auf Aktien
KMU	kleine und mittelständische Unternehmen
KStG	Körperschaftsteuergesetz
KWG	Kreditwesengesetz
Ltd.	Limited
MitbestG	Mitbestimmungsgesetz
m.w.N.	mit weiteren Nachweisen
NJW	Neue juristische Wochenschrift (Fachzeitschrift)
NJW-Spezial	Neue juristische Wochenschrift – Spezial (Fachzeitschrift)
NZG	Neue Zeitschrift für Gesellschaftsrecht (Fachzeitschrift)
OHG	offene Handelsgesellschaft
PartG	Partnerschaftsgesellschaft
PartGG	Partnerschaftsgesellschaftsgesetz
ppa.	per procura
PPP	Public Private Partnership
RGBl.	Reichsgesetzblatt
Rn.	Randnummer
S.	Seite

SE	Societas Europaea
SEAG	SE-Ausführungsgesetz
SE-VO	Statut der Europäischen Gesellschaft
StBerG	Steuerberatungsgesetz
UG	Unternehmergesellschaft
UmwG	Umwandlungsgesetz
UmwSt-Erlass	Umwandlungssteuererlass
UmwStG	Umwandlungsteuergesetz
UWG	Gesetz gegen den unlauteren Wettbewerb
Vgl.	vergleiche
Vorb.	Vorbemerkung
WG	Wechselgesetz

1 Einführung

1.1 Zum Umgang mit diesem Buch

Das vorliegende Werk hat sich zum Ziel gesetzt, die Grundstrukturen des Handels- und Gesellschaftsrechts darzustellen. Das Buch möchte eine praxisnahe und zugleich verständliche Einführung in diese Themenfelder bieten. Dadurch soll der Leser eine leicht verständliche und dennoch tiefgründige Übersicht über die Themenbereiche und wichtigen Aspekte des Handels- und Gesellschaftsrechts erhalten. Obwohl sich das Werk primär an Studierende der Universitäten, Fachhochschulen und Berufsakademien richtet, ist es stark geprägt vom Praxisbezug des Lehrstoffs, so dass sich das Werk auch ideal für Praktiker und insbesondere für Existenzgründer eignet. Die Anwendungsmöglichkeiten und Einsatzfelder des Lehrstoffs werden dem Leser aufgezeigt. Der Inhalt wird durch praktische Beispiele und grafische Übersichten veranschaulicht und vertieft.

Jahrelange Lehrerfahrung hat gezeigt, dass das Arbeiten mit Lehrbüchern dann besonders effektiv ist, wenn der Leser nicht nur den Text des Lehrbuchs liest, sondern sich zugleich die Paragraphen im Gesetz ansieht. Denn was im Lehrbuch so leicht und überzeugend beschrieben wird, wirkt zum Teil unverständlich, wenn es im Original Wortlaut des Gesetzgebers gelesen wird. Aus diesem Grunde sind zum Teil die wichtigen Paragraphen an den entsprechenden, relevanten Stellen im Lehrbuch abgedruckt, so dass der Leser nicht gezwungen ist, bestimmte Paragraphen erst mühselig im Gesetz nachzuschlagen. Die eingearbeiteten Beispielfälle dienen der Verdeutlichung des Lerninhalts. Der Leser sollte sich allerdings darüber im Klaren sein, dass Fälle austauschbar sind. Wichtiger als das punktuelle Auswendiglernen von Fällen ist im deutschen Rechtssystem das Verständnis des Gesetzestextes und der darin enthaltenen Tatbestandsvoraussetzungen. Dieses Wissen ermöglicht es, jeden unbekannten Fall anhand der im Gesetz vorgegebenen Kriterien zu lösen. Zum vertieften nacharbeiten finden sich in den Fußnoten Literaturhinweise, die es dem Leser ermöglichen sollen, tiefgründiger in bestimmte Themengebiete vorzudringen. Am Ende des Buches befindet sich darüber hinaus noch ein Kapitel, in welchem dem Leser durch Wiederholungsfragen die Möglichkeit gegeben wird, den Lehrstoff dieses Buches gezielt zu repetieren.

1.2 Thematische Einführung

Das HGB ist keine abschließende Aufzählung. In dieser Materie findet sich vielmehr das Sonderrecht der Kaufleute. Für alle übrigen Rechtsfragen und Tatbestände, welche im Handelsrecht von Bedeutung sind, muss auf die Regelungen des Bürgerlichen Gesetzbuchs (BGB) zurückgegriffen werden. Dementsprechend stellt das Handelsgesetzbuch Regelungen auf, die als „lex specialis" zu denen des Bürgerlichen Gesetzbuches zu sehen sind. Sofern spezielle Regelungen im HGB getroffen werden, gehen diese denen des BGB vor und verdrängen sie. Insofern ist zu konstatieren, dass das HGB die Besonderheiten für Handelsgeschäfte aufzeigt und ansonsten im Rahmen der Lösung von Rechtsfällen auch auf die Vorschriften des Bürgerlichen Gesetzbuchs zurückzugreifen ist. Sofern der Leser sich auch in die Materie des Bürgerlichen Gesetzbuchs einarbeiten möchte, sei eine Lektüre eines BGB-Lehrbuchs, wie beispielsweise „Andreas Wien, Bürgerliches Recht – Eine praxis-orientierte Einführung, Wiesbaden 2012", verwiesen. Das HGB gliedert sich in fünf Bücher:

Abbildung 1.1   Bücher des HGB

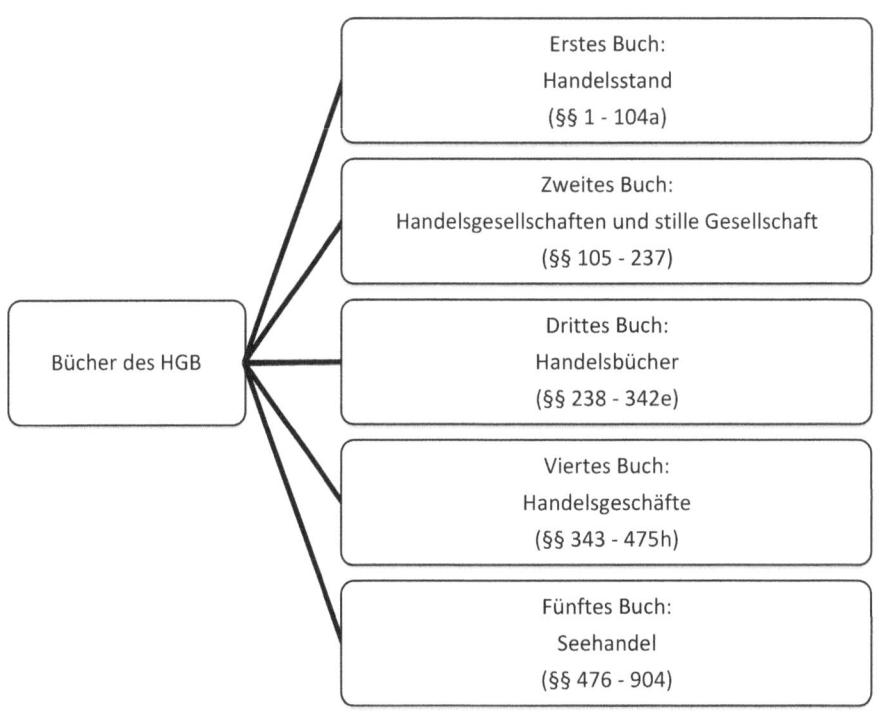

Das erste Buch, welches mit dem Stichwort Handelsstand überschrieben ist, stellt den so genannten Kaufmannsbegriff des HGB vor. Dies ist insofern wichtig, als die Regelungen des HGB gewöhnlich nur auf Kaufleute Anwendung finden. Darüber hinaus trifft das erste Buch des HGB Regelungen über das Handelsregister, die Firma und über etwaige kauf-männische Hilfspersonen, wie den Prokuristen, Handlungsbevollmächtigte, Handlungsge-hilfen, Handelsvertreter, Kommissionäre sowie über Handelsmakler. Das zweite Buch des HGB, welches mit den Stichworten „Handelsgesellschaften und stille Gesellschaft" über-schrieben ist, normiert die wichtigen Handelsgesellschaften „offene Handelsgesellschaft" (OHG) und „Kommanditgesellschaft" (KG). Darüber hinaus enthält es auch Regelungen zur so genannten stillen Gesellschaft. Das dritte Buch des HGB, welches mit dem Stichwort „Handelsbücher" überschrieben ist, enthält Regelungen darüber, wie Handelsbücher und

Inventar zu führen sind. Es gibt Auskunft darüber, wie die Eröffnungsbilanz bzw. der Jahresabschluss vorgenommen wird, regelt Bilanzansätze und Bewertung sowie die Aufbewahrung und Vorlage von Aufzeichnungen. Das mit dem Stichwort „Handelsgeschäfte" überschriebene vierte Buch des HGB widmet sich der kaufmännischen Tätigkeit. Im Rahmen dieses Buches findet durch die darin normierten Regelungen insbesondere eine Anpassung der Rechtsgeschäfte auf die Bedürfnisse des Handelsverkehrs statt. Hierbei ist zu bedenken, dass diese Regelungen gewöhnlich auch dann Wirksamkeit entfalten, wenn nicht auf beiden, sondern nur auf einer Seite des Vertrages, ein Kaufmann beteiligt ist. Im Rahmen des vierten Buches des HGB werden insbesondere auch kaufmännische Betätigungen, wie beispielsweise der Handelskauf, das Kommissionsgeschäft, die Spedition bzw. das Lager- und Frachtgeschäft geregelt. Das fünfte Buch des HGB, welches den Seehandel detailliert regelt, wird in diesem Lehrbuch aufgrund seines Zuschnitts zu dieser speziellen Materie und im Hinblick auf die an den meisten deutschen Hochschulen fehlende Prüfungsrelevanz dieser Thematik nicht behandelt.

Das HGB normiert das so genannte Sonderprivatrecht für Kaufleute. Das HGB folgt einem subjektiven System. D.h. es knüpft für die Anwendbarkeit des Handelsrechts an die Kaufmannseigenschaft der jeweils handelnden Person an. Das Handelsgesetzbuch ist gewöhnlich lediglich auf Personen anzuwenden, welche unter die Kaufmannseigenschaft des HGB fallen. Das Gesetzeswerk selbst wird durch folgende Rechtsprinzipien geprägt:

Abbildung 1.2   Rechtsprinzipien des HGB

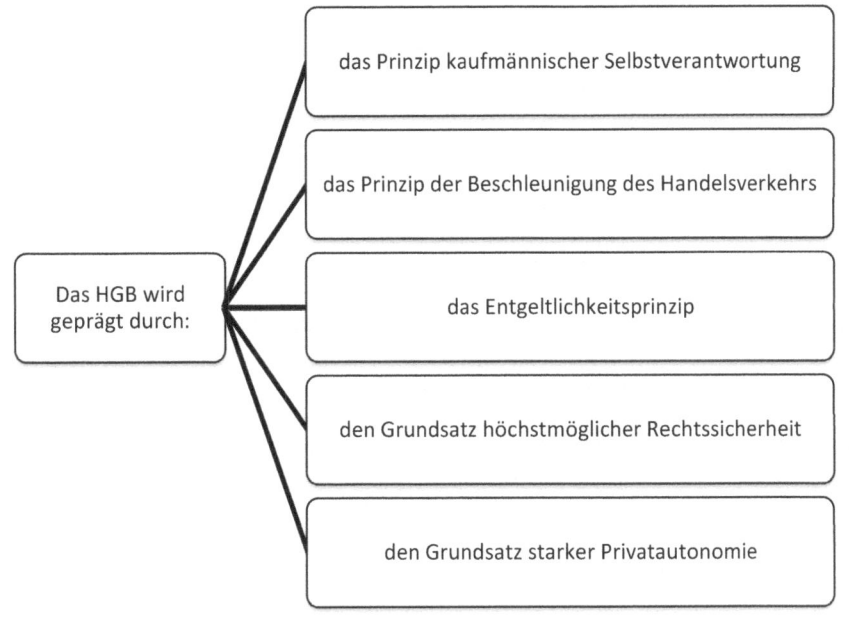

Das HGB wird geprägt durch:

- das Prinzip kaufmännischer Selbstverantwortung
- das Prinzip der Beschleunigung des Handelsverkehrs
- das Entgeltlichkeitsprinzip
- den Grundsatz höchstmöglicher Rechtssicherheit
- den Grundsatz starker Privatautonomie

Das **Prinzip der kaufmännischen Selbstverantwortung** basiert darauf, dass ein Kaufmann durch die Rechtsvorschriften des HGB in der Regel einen geringeren Schutz genießt, als Personen, welche nicht die Kaufmannseigenschaft besitzen. Man geht davon aus, dass ein Kaufmann in der Lage ist, seine Handlungen und deren rechtliche Konsequenzen selbst richtig einzuschätzen. Insbesondere sind in Vertragsverhältnissen zwischen Kaufleuten die Verbraucherschutzregelungen des Bürgerlichen Gesetzbuches nicht anwendbar.

Das **Prinzip der Beschleunigung des Handelsverkehrs** verfolgt das Ziel, die Abwicklung von Rechtsgeschäften zu vereinfachen und zu beschleunigen. Hindernde Formalien und überhöhte Schutzmechanismen werden hierdurch zurückgedrängt. Ein Beispiel für die Beschleunigung des Handelsverkehrs findet sich in § 377 HGB, wonach ein Kaufmann, welcher seine Ware nicht bereits nach Anlieferung auf sichtbare Mängel untersucht bzw. etwaige Mängel nicht unverzüglich rügt, aufgrund des Unterlassens seine diesbezüglichen im Bürgerlichen Gesetzbuch normierten Mängelgewährleistungsrechte verliert. Ein weiteres Beispiel findet sich in § 350 HGB. Hier werden die Formalien für die Bürgschaftsverpflichtung dadurch vereinfacht, dass im Rahmen einer kaufmännischen Bürgschaft die Formvorschrift des Bürgerlichen Gesetzbuchs, welche zum Schutze des Bürgen die Schriftform einer Bürgschaftserklärung anordnet, explizit ausgeschlossen wird.

Das **Entgeltlichkeitsprinzip**, welches das gesamte Handelsrecht durchzieht, findet seinen Niederschlag beispielsweise in § 354 HGB. In dieser Vorschrift steht, dass eine Person, die in Ausübung ihres Handelsgewerbes einem anderen Geschäfte besorgt oder Dienste leistet, dafür auch ohne Verabredung Provision und, wenn es sich um Aufbewahrung handelt, Lagergeld nach den ortsüblichen Sätzen fordern kann. Ein weiteres Beispiel findet sich in § 458 HGB, wonach ein Spediteur befugt ist, die Beförderung des Gutes durch Selbsteintritt auszuführen. Macht er von dieser Befugnis Gebrauch, so hat er hinsichtlich der Beförderung die Rechte und Pflichten eines Frachtführers oder Verfrachters. In diesem Falle kann er neben der Vergütung für seine Tätigkeit als Spediteur die gewöhnlichen Frachtkosten verlangen.

Der **Grundsatz höchstmöglicher Rechtssicherheit** findet seinen Niederschlag beispielsweise in den §§ 8 ff. HGB, nämlich den Regelungen zum Handelsregister. Hier wird insbesondere durch die Publizitätsregelungen des § 15 HGB versucht, einen starken Vertrauensschutz aufzubauen. Durch dieses Register soll eine möglichst hohe Rechtssicherheit für etwaige Vertragspartner geschaffen werden, indem sie sich ungehindert im Handelsregister über wichtige Aspekte ihres Vertragspartners informieren können.[1] Ein weiteres Beispiel stellt die so genannte Rechtsscheinhaftung[2] dar.

Der **Grundsatz starker Privatautonomie** führt dazu, dass bestimmte Vorschriften des Bürgerlichen Gesetzbuchs in Bezug auf Kaufleute im Sinne des HGB nicht angewandt werden können. Ein Beispiel hierfür findet sich in § 350 HGB. Hiernach bedarf es bei der Bürg-

---

[1] Vgl. vertiefend hierzu: Körber / Schaub, § 15 HGB in der Fallbearbeitung, JuS 2012, S. 303 ff.

[2] Vgl. hierzu beispielsweise: BGH, Urteil vom 31.07.2012, X ZR 154/11, NJW-Spezial, Heft 22, 2012, S. 687; zur Rechtsscheinhaftung beim Handeln mit unrichtigem Rechtsformzusatz vgl.: BGH, Entscheidung vom 12.06.2012, II ZR 256/11, NJW-Spezial, Heft 18, 2012, S. 560 f.

schaftsübernahme[3] durch einen Kaufmann nicht – so wie in § 766 BGB vorgeschrieben – einer Schriftform. Hierdurch wird zum einen der Grundsatz der Beschleunigung des Rechtsverkehrs unter Kaufleuten gestützt und zum anderen wird die Privatautonomie kaufmännischer Rechtsgeschäfte derart hoch eingeschätzt, dass etwaige Schutzmechanismen des BGB – wie beispielsweise das Schriftformerfordernis – vorliegend entfallen können. Ein weiteres Beispiel – diesmal aus dem Bürgerlichen Gesetzbuch – ist das Recht der allgemeinen Geschäftsbedingungen. Hier dürfen Kaufleute untereinander aufgrund der Privatautonomie durchaus in ihren allgemeinen Geschäftsbedingungen Regelungen über pauschalierten Schadensersatz treffen, welche aufgrund des Verbraucherschutzes gegenüber Verbrauchern unwirksam wären. Hierbei spielt erkennbar auch das oben genannte Prinzip der kaufmännischen Selbstverantwortung eine große Rolle. Insbesondere an diesem Beispiel wird deutlich, dass sich die unterschiedlichen Grundsätze durchaus überlagern und beeinflussen können.

1.3   Geschichtlicher Hintergrund

Insbesondere im Bereich des Handelsrechts kann ein Überblick über die Geschichte und die Entwicklung von Normen sehr stark zum besseren Verständnis beitragen und bei der Auslegung der Rechtsnormen von Vorteil sein.[4] Auch wenn es den Austausch von Waren und damit verbundene gewohnheitsrechtliche Verfahrensweisen bereits sehr viel früher gegeben hat, so lässt sich die Entwicklung des Handelsrechts zumindest bis in einen Zeitraum um das 16. Jahrhundert zurückverfolgen.[5] Handelsrechtliche Bräuche und Ausprägungen, welche sich dann ab der Renaissance ausgeprägt hatten, können als Ursprung des Handelsrechts aufgefasst werden. Waren dies nur auf Gewohnheitsrecht fußende und im Brauchtum verwurzelte Handlungsweisen von Kaufleuten, so entstand daneben auch immer stärker das Bedürfnis nach kodifiziertem, also das Bedürfnis nach geschriebenem Recht, welches den Vertragsparteien viel mehr Sicherheit bieten konnte als lediglich tradierte Handlungsformen. Im Bereich des Handelsrechts bildete sich kodifiziertes Recht zunächst in Form des so genannten Marktrechts aus, welches insbesondere gegen Ende des 16. Jahrhunderts im Bereich der Hansestädte vorzufinden war. Nachteil dieser Art von Rechtssetzung war es allerdings, dass in unterschiedlichen Städten auch unterschiedliches Recht herrschte. Insofern kann hier noch nicht von einem einheitlichen und schon gar nicht von einem umfassenden Handelsrecht gesprochen werden. Vielmehr war es sogar kennzeichnend für die damals existierenden kodifizierten Rechtsvorschriften, dass sie sich lediglich auf bestimmte, einzelne Gebiete des Handels beschränkten und keinesfalls geeignet waren, die gesamte Rechtsordnung abzudecken. Insofern kann man erste Ansätze zum Versuch der Schaffung einer einheitlichen Rechtsordnung – und damit auch erste Ansätze zur Schaf-

---

3   Vgl. vertiefend zur Bürgschaft auch: Alexander, Gemeinsame Strukturen von Bürgschaft, Pfandrecht und Hypothek, JuS 2012, S. 481 ff.
4   Vgl. Münchner Kommentar / Schmidt, Handelsgesetzbuch §§ 1 – 104a, 3. Auflage, München 2010, Vor § 1 Rn. 19.
5   Vgl. Baumbach / Hopt, Handelsgesetzbuch, 34. Auflage, München 2010, Einleitung vor § 1 Rn. 8.

fung eines einheitlichen Handelsrechts – erst gegen Ende des 18. Jahrhunderts durch das so
genannte „Allgemeine preußische Landrecht"[6] konstatieren. Eine Vorbildfunktion für die
Schaffung einer einheitlichen Kodifikation des Handelsrechts hat auch insbesondere der
bereits im Jahre 1807 erlassene und unter Napoleon normierte „Code de Commerce" ausgeübt. Dieser galt im Rheinland noch bis zur Mitte des 19. Jahrhunderts. In einigen Punkten
des „Code de Commerce" ist deutlich der Einfluss auf unser Handels- und Gesellschaftsrecht zu erkennen.[7] So sah der „Code de Commerce" beispielsweise für die Gründung einer
Aktiengesellschaft, welche als „société anonyme" bezeichnet wurde, einen Genehmigungs-
zwang vor. Für die Gründung einer Kommanditgesellschaft auf Aktien hingegen, welche
als „societé en commandite par actions" bezeichnet wurde, sah der „Code de Commerce"
im Vertrauen auf die persönliche Haftung des Komplementärs eine vollkommene Freiheit
vor. Hier finden sich also Regelungen für Gesellschaftstypen, die noch heute in unserem
Rechtssystem zu finden sind. Der „Code de Commerce" unterschied sich jedoch auch in
einigen wesentlichen Punkten von der Rechtsordnung, die bis dahin auf deutschem Terri-
torium vorherrschte. So stellte der „Code de Commerce" beispielsweise bei der Rechtsan-
wendung darauf ab, ob ein Handelsakt, ein so genannter „acte de commerce" vorliegt und
legte der Beurteilung nicht wie beispielsweise das „Preußische Allgemeine Landrecht" den
Kaufmannsbegriff zugrunde. Die Staaten des Deutschen Bundes erließen das im Jahre 1861
in Kraft getretene „Allgemeine Deutsche Handelsgesetzbuch"[8], welches im Zuge der Ab-
schaffung der Partikularstaaten ab dem Jahre 1869 bereits für die Staaten des Norddeut-
schen Bundes und ab 1871 im gesamten Gebiet des Reiches Geltung erhielt. Das GmbH-
Gesetz vom 20.04.1892 normierte die GmbH als eine vom deutschen Gesetzgeber neu ge-
schaffene Gesellschaftsform. Diese deutsche Konstruktion der GmbH wurde von anderen
europäischen Ländern wie beispielsweise Frankreich und Italien in deren nationales Recht
übernommen. Das, am 1. Januar des Jahres 1900 zeitgleich mit dem Bürgerlichen Gesetzbuch (BGB) in Kraft getretene Handelsgesetzbuch (HGB) vom 10. Mai 1897 fußt historisch
gesehen zu einem großen Teil auf den Vorschriften des „Allgemeinen deutschen Handelsgesetzbuchs".[9] BGB und HGB traten zu einer Zeit in Kraft, in welcher das Wilhelminische
Deutschland nach wirtschaftlichem und politischem Gewicht strebte. Mit dem Aktiengesetz
des Jahres 1937 wurde das Aktienrecht in Deutschland vollkommen neu geregelt.[10] Nach
dem Zweiten Weltkrieg wurde das Aktiengesetz im Jahre 1965 umfassend novelliert, wobei
insbesondere die Rechte der Aktionäre und deren Mitwirkung erheblich aufgewertet wurden. Das HGB hat durch das so genannte Handelsrechtsreformgesetz am 1. Juli 1998 eine
einschneidende Reform erfahren. Die Reform führte beispielsweise zu mehr Freiheiten im
Bereich der Firmierung. So sind erst seit dem Jahre 1998 im Rahmen des Rechts der Firmierung auch Fantasienamen zulässig. Auch der Kaufmannsbegriff wurde verändert und das

---

[6]   Verkürzte Bezeichnung für das „Allgemeine Landrecht für die Preußischen Staaten" aus dem Jahre
        1794.
[7]   Vgl. Münchner Kommentar / Schmidt, Handelsgesetzbuch §§ 1 – 104a, 3. Auflage, München 2010,
        Vor § 1 Rn. 20.
[8]   Vgl. Baumbach / Hopt, Handelsgesetzbuch, 34. Auflage, München 2010, Einleitung vor § 1 Rn. 9.
[9]   Vgl. Münchner Kommentar / Schmidt, Handelsgesetzbuch §§ 1 – 104a, 3. Auflage, München 2010,
        Vor § 1 Rn. 22.
[10]   Vgl. Baumbach / Hopt, Handelsgesetzbuch, 34. Auflage, München 2010, Einleitung vor § 1 Rn. 11.

Recht der Handelsvertreter überarbeitet. Aber auch die europäische Gesetzgebung hatte in den letzten Jahren großen Einfluss auf das Handelsrecht. So haben die Bemühungen zur Harmonisierung des europäischen Marktes dazu beigetragen, dass europäische Richtlinien in den letzten Jahren und Jahrzehnten insbesondere im Bereich der Publizitätspflichten aber auch im Bereich der Bilanzierung und im Rahmen des Konzernabschlusses sowie im Recht des Handelsvertreters starke Veränderungen mit sich gebracht haben und somit auch das Handelsgesetzbuch eine neue Ausprägung erfahren hat.

2 Der Kaufmannsbegriff

2.1 Der Gewerbebegriff

Im Folgenden wird zunächst auf den Begriff des „Gewerbes" eingegangen. Denn der Gewerbebegriff ist die Grundlage für das Verständnis des vom Handelsgewerbe geprägten Kaufmannsbegriffs. Die Qualifizierung als Handelsgewerbe erfordert nämlich zunächst eine Betrachtung des Gewerbebegriffs.[11] Folgende Merkmale sind die Voraussetzung dafür, dass eine Tätigkeit dem Gewerbebegriff zugeordnet wird:

Abbildung 2.1   Merkmale eines Gewerbes

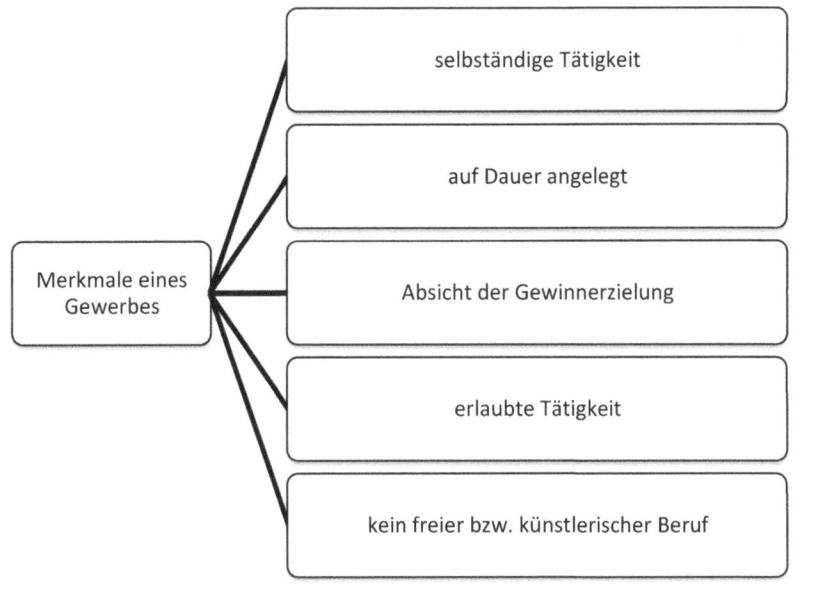

Dem Gewerbebegriff kommt in der Bundesrepublik Deutschland im Rahmen von mehreren Vorschriften in unterschiedlichen Gesetzen eine erhebliche Bedeutung zu.[12] So ist eine Abgrenzung dieses Begriffes vorzunehmen. Kriterien hierfür sind beispielsweise in den Vorschriften des Gewerbesteuergesetzes (GewStG), in § 15 Abs. 2 des Einkommensteuerge-

---

[11]   Vgl. hierzu vertiefend auch: Münchner Kommentar / Schmidt, Handelsgesetzbuch §§ 1 – 104a, 3. Auflage, München 2010, § 1 Rn. 19 ff.

[12]   Vgl. hierzu vertiefend auch: Baumbach / Hopt, Handelsgesetzbuch, 34. Auflage, München 2010, § 1 Rn. 11 ff.

setzes (EStG) oder auch im Handelsgesetzbuch (HGB) vorzufinden. All diese Vorschriften und Gesetze setzen voraus, dass der Gewerbebetrieb aufgrund bestimmter Merkmale und Kriterien von anderen Tätigkeiten abgegrenzt werden kann. Zwar werden in den unterschiedlichen Gesetzen nicht immer dieselben Merkmale benutzt, doch sind sich diese Kriterien oftmals sehr ähnlich. So hat sich mittlerweile ein Konsens darüber ausgebildet, welche Merkmale allgemein erforderlich sind, um eine Qualifizierung als Gewerbebetrieb vornehmen zu können. Nach allgemein anerkannter Definition handelt es sich immer dann um ein Gewerbe, wenn die oben genannten Merkmale vorliegen – also wenn es sich um eine erlaubte, auf Dauer angelegte, selbständige Tätigkeit handelt, die mit Gewinnerzielungsabsicht durchgeführt wird und nicht zu den freiberuflichen bzw. künstlerischen Tätigkeiten gehört. Der Begriff der Selbständigkeit bedeutet zunächst einmal, dass die betreffende Person die Tätigkeit auf eigene Rechnung und in eigener Verantwortung ausübt. Im Steuerrecht hat der Bundesfinanzhof (BFH) bereits vor vielen Jahren in einem Urteil festgestellt, dass als Selbstständiger die Person anzusehen ist, die das Risiko der Tätigkeit trägt, für deren Rechnung das Geschäft geführt wird bzw. welcher der Gewinn zufließt und die den Verlust trägt.[13] Selbständig ist man, wenn man sich die Arbeitszeit und die Art seiner Tätigkeit selbst aussuchen kann, ohne dass sie durch jemanden vorgeschrieben wird. Eine derartige Differenzierung spielt im Arbeitsrecht beispielsweise eine große Rolle, ist jedoch auch im Handelsgesetzbuch zu finden. Die in § 84 Abs. 1 Satz 2 HGB aufgeführten Abgrenzungskriterien, welche die Abgrenzung zwischen dem unselbstständigen Handlungsgehilfen im Sinne des § 59 HGB und dem selbstständigen Handelsvertreter darlegen, können allgemein betrachtet auch hier einen Anhaltspunkt für eine Differenzierung zwischen selbstständiger und unselbstständiger Tätigkeit geben. Zweites Merkmal für den Gewerbebegriff ist, dass es sich um eine auf Dauer angelegte Tätigkeit handelt. Von einer auf Dauer angelegten Tätigkeit kann immer dann ausgegangen werden, wenn sie nachhaltig durchgeführt wird bzw. wenn sie planmäßig und nachhaltig durchgeführt werden soll. Der Handelnde muss also vom Wunsch beseelt sein, diese Tätigkeit mehrfach vornehmen zu wollen. Dritte Voraussetzung für die Qualifikation eines Gewerbes ist die so genannte Gewinnerzielungsabsicht. Hierbei wird vorausgesetzt, dass durch die Tätigkeit ein Überschuss der Einnahmen über die Ausgaben erreicht werden soll. Hierfür genügt die Absicht, einen Gewinn zu erzielen; ob dieser Gewinn dann auch tatsächlich realisiert werden kann, ist für die Qualifizierung als Gewerbe nicht erforderlich. Vierte Voraussetzung für die Qualifizierung eines Gewerbes ist, dass es sich um eine erlaubte Tätigkeit handelt. „Erlaubte Tätigkeit" bedeutet nicht, dass für die Durchführung der gewerblichen Tätigkeit eine besondere staatliche Erlaubnis erforderlich ist. Vielmehr ist mit dem Merkmal „erlaubte Tätigkeit" gemeint, dass die Tätigkeit nicht gegen das Gesetz im Sinne des § 134 BGB oder gegen die guten Sitten im Sinne des § 138 BGB verstoßen darf. Das fünfte und letzte Kriterium, welches für eine Qualifizierung als Gewerbe zu nennen ist, besagt, dass es sich um keinen freien Beruf bzw. um keine künstlerische Tätigkeit handeln darf. Tätigkeiten, die von den klassisch freien Berufen durchgeführt werden, sind nicht als Gewerbe, sondern als freie Berufe einzuordnen. Zu den freien Berufen gehören zum einen die im Steuerrecht so genannten Katalogberufe, wie beispielsweise Ärzte, Architekten, Rechtsanwälte, Journalisten

---

[13]   Vgl. BFH-Urteil vom 13.02.1980, BStBl. II 1980, S. 303.

oder Steuerberater. Allgemein gehören aber auch zu den freiberuflichen Tätigkeiten die selbstständig ausgeübten wissenschaftlichen, künstlerischen, schriftstellerischen, unterrichtenden oder erzieherischen Tätigkeiten. Auch künstlerische Berufe, wie beispielsweise Bildhauer und Maler, werden nicht zu den gewerblichen Tätigkeiten gerechnet. Aus diesem Grunde kann also konstatiert werden, dass es sich bei diesem fünften Merkmal um ein negatives Abgrenzungskriterium handelt, welches bestimmte selbstständige Tätigkeiten, die auf Dauer angelegt sind und mit Gewinnerzielungsabsicht betrieben werden, trotz der Tatsache, dass sie nicht gegen Gesetze oder gute Sitten verstoßen, allein deshalb vom Gewerbebegriff ausklammert, weil es sich hierbei um klassisch freie bzw. weil es sich um künstlerische Tätigkeiten respektive Berufe handelt.

2.2   Der Kaufmannsbegriff

Der Kaufmannsbegriff nimmt im Rahmen des HGB eine zentrale Bedeutung ein. Damit die Regelungen des HGB überhaupt zur Anwendung kommen, ist es nämlich erforderlich, dass zumindest eine am Rechtsgeschäft beteiligte Person „Kaufmann" im Sinne des HGB ist. Das HGB beginnt mit seinen ersten Paragraphen bereits mit der Frage des Handelsstandes bzw. mit dem Kaufmannsbegriff. Dies ist insofern auch nicht verwunderlich, da die Regelungen des HGB gewöhnlich nur für Kaufleute gelten. Das HGB stellt an einen Kaufmann auch zahlreiche Anforderungen. Zu den Pflichten eines Kaufmanns gehören beispielsweise:

- Anmeldung und gegebenenfalls Aktualisierungen beim Handelsregister,

- vorgeschriebene Angaben auf Korrespondenz und Geschäftsbriefen,

- Aufzeichnungs- und Buchführungspflichten.

Die nachfolgende Übersicht stellt die unterschiedlichen Arten des Kaufmannsbegriffs dar:

Abbildung 2.2   Kaufmannsbegriff - Arten des Kaufmanns

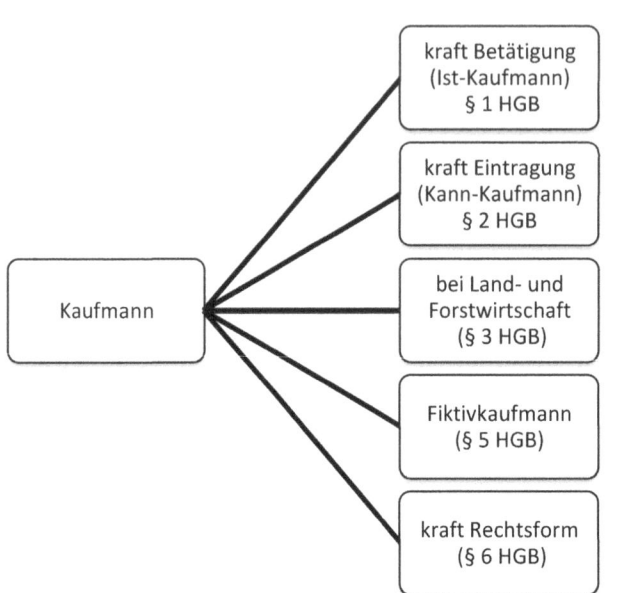

2.2.1   Kaufmann kraft Betätigung

Nach § 1 Abs. 1 HGB ist derjenige als Kaufmann im Sinne des HGB anzusehen, wer ein Gewerbe betreibt, das ein Handelsgewerbe ist. Nicht zu den gewerblichen bzw. handelsgewerblichen Tätigkeiten gehören Tätigkeiten aus dem künstlerischen, wissenschaftlichen oder dem freiberuflichen Bereich. Der § 1 HGB stellt bei der Frage nach der Kaufmannseigenschaft darauf ab, ob die jeweilige Person ein Handelsgewerbe betreibt.

Unter Handelsgewerbe ist jeder Gewerbebetrieb zu verstehen, es sei denn, dass das Unternehmen nach Art oder Umfang einen in kaufmännischer Weise eingerichteten Geschäftsbetrieb nicht benötigt.[14] Vorteil dieser recht allgemein gehaltenen gesetzlichen Vorgabe ist es, dass die Beurteilung, ob ein Unternehmen einen in kaufmännischer Weise eingerichteten Geschäftsbetrieb erfordert, individuell für den jeweiligen Einzelfall getroffen werden kann. Nachteil bei dieser Vorgehensweise ist jedoch, dass es keine feststehenden, allgemein gültigen Werte gibt, an denen sich die Kaufmannseigenschaft im Sinne des § 1 HGB festmachen lässt. Insofern handelt es sich bei der Beurteilung, ob ein Gewerbebetrieb einen in kauf-

---

[14]   Vgl. Münchner Kommentar / Schmidt, Handelsgesetzbuch §§ 1 – 104a, 3. Auflage, München 2010, § 1 Rn. 73.

männischer Weise eingerichteten Geschäftsbetrieb erfordert, jeweils um eine individuelle Einzelbewertung. Kriterien, die zu dieser Bewertung heranzuziehen sind und die einer sinnvollen Abgrenzung dienen, sind in folgender Übersicht dargestellt:

Abbildung 2.3   Bewertungskriterien der Kaufmannseigenschaft

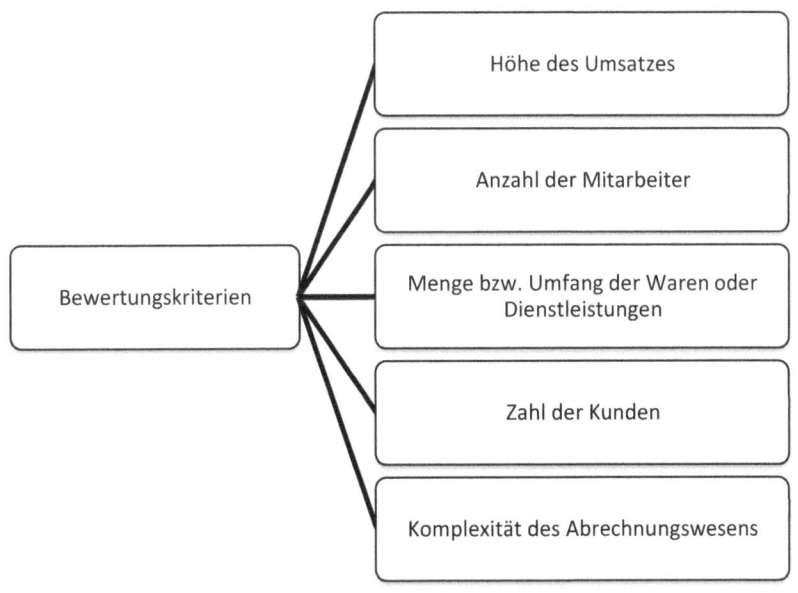

Wie oben bereits gesagt, wird bei der Beurteilung, ob ein in kaufmännischer Weise eingerichteter Geschäftsbetrieb erforderlich ist, nicht nur auf die Höhe des Jahresumsatzes geschaut; sondern es ist eine Gesamtbetrachtung erforderlich. Für die Praxis kann allerdings gesagt werden, dass ein Jahresumsatz von beispielsweise 250.000 € gewöhnlich für die Schlussfolgerung geeignet ist, ein Unternehmen als Handelsgewerbe einzustufen, welches gewöhnlich einen in kaufmännischer Weise eingerichteten Geschäftsbetrieb erfordert.[15] Ebenso kann eine Tätigkeit über regionale Grenzen hinaus den Schluss nahe legen, dass für das Unternehmen ein in kaufmännischer Weise eingerichteter Gewerbebetrieb notwendig ist.

Ergibt eine Betrachtung der oben genannten Abgrenzungskriterien nicht den Rückschluss einer Kaufmannseigenschaft, so handelt es sich bei dem Unternehmer um einen Kleingewerbetreibenden im Sinne des § 1 Abs. 2 HGB. Sofern er nicht unter den Kaufmannsbegriff des HGB fällt, sind auf ihn die Vorschriften des Bürgerlichen Gesetzbuchs (BGB) anzuwenden. Ergeben die Abgrenzungskriterien hingegen, dass es sich um ein in kaufmännischer

---

[15]   Vgl. Ebenroth / Boujong /Joost / Kindler, Handelsgesetzbuch, 1. Auflage, München 2001, § 1 Rn. 51.

Weise eingerichteten Geschäftsbetrieb handelt, so ist der Gewerbetreibende als Kaufmann im Sinne des § 1 HGB anzusehen. Aus diesem Grunde werden derartige Kaufleute in der Literatur bisweilen auch als „Ist-Kaufmann" oder als „Kaufmann kraft Gesetzes" bezeichnet.

Etwas schwieriger gestaltet sich die Frage der Kaufmannseigenschaft bei so genannten gemischten Betrieben.

Beispiel:

Der Handwerksmeister H betreibt neben seinem Handwerksbetrieb im selben Unternehmen noch einen Warenhandel. Ist sein Unternehmen als Kaufmann zu qualifizieren?

Das von H ausgeübte Handwerk stellt kein Handelsgewerbe dar. Dadurch das H neben seinem Handwerksbetrieb auch einen Warenhandel betreibt, kann von einem so genannten „gemischten Betrieb" ausgegangen werden. Bei gemischten Betrieben muss bezüglich der Einordnung ihrer Kaufmannseigenschaft eine Gesamtbetrachtung des Unternehmens vorgenommen werden. D.h. es muss geprüft werden, ob für den Betrieb bzw. für einen wesentlichen Teil des Betriebes ein in kaufmännischer Weise eingerichteter Geschäftsbetrieb erforderlich ist. Ist dies der Fall, so ist der gesamte Betrieb als Handelsgewerbe einzuordnen.

Es sei noch einmal deutlich darauf hingewiesen, dass § 29 HGB zwar die Eintragung eines Ist-Kaufmanns in das Handelsregister vorschreibt; seine Kaufmannseigenschaft jedoch in der Praxis oftmals früher, nämlich bereits mit dem Beginn seiner Tätigkeit einsetzt. Nach deutschem Rechtsverständnis hat die Eintragung in das Handelsregister nur deklaratorischen Charakter.[16]

2.2.2   Kann-Kaufmann

Im Gegensatz zu den eben beschriebenen Ist-Kaufleuten zählen Kleingewerbetreibende gewöhnlich nicht zu den Kaufleuten. Allerdings besteht auch für sie die Möglichkeit, die Kaufmannseigenschaft zu erlangen. Denn sofern ein Gewerbebetrieb nicht bereits unter die Regelung des § 1 Abs. 2 HGB fällt, sofern er also keinen in kaufmännischer Weise eingerichteten Geschäftsbetrieb erfordert, gilt er auch dann als Handelsgewerbe im Sinne des HGB, wenn dessen Firma im Handelsregister eingetragen ist. Diese Vorschrift betrifft also gewöhnlich Kleingewerbetreibende[17], die einen Geschäftsbetrieb aufweisen, bei welchem lediglich Geschäftsvorfälle einfacher Art anfallen und die dementsprechend eine überschaubare Buchhaltung aufweisen. Durch die Vorschrift des § 2 HGB eröffnet der Gesetzgeber den kleingewerblichen Unternehmen die Möglichkeit, die Kaufmannseigenschaft dadurch zu erlangen, dass sie sich freiwillig in das Handelsregister eintragen lassen. Hat sich ein derartiger Betrieb freiwillig in das Handelsregister eintragen lassen, so ist er aller-

---

[16]   Vgl. Münchner Kommentar / Schmidt, Handelsgesetzbuch §§ 1 – 104a, 3. Auflage, München 2010, § 1 Rn. 78.

[17]   Vgl. Baumbach / Hopt, Handelsgesetzbuch, 34. Auflage, München 2010, § 2 Rn. 4 f.

dings dann auch an die Regelungen des HGB und insbesondere an die Vorgaben der § 238 ff. HGB gebunden. Konsequenz ist also dann beispielsweise die handelsrechtliche und steuerrechtliche Buchführungspflicht. Die Frage, weshalb Unternehmer die eigentlich nicht unter die Kaufmannseigenschaft des § 1 HGB fallen, sich freiwillig im Handelsregister eintragen lassen und damit freiwillig den Regelungen des HGB unterwerfen bringt mehrere Motive zum Vorschein. Möchte ein Kleingewerbetreibender sein Unternehmen größer erscheinen lassen als es ist, so bietet ihm die Eintragung im Handelsregister diese Möglichkeit, da die Handelsregisternummer auch auf seinen Geschäftsbriefen aufgeführt wird. Ein anderer Vorteil kann für die Unternehmer auch darin bestehen, die Regelungen zur Beschleunigung des Handelsverkehrs, welche das HGB vorsieht, auch auf ihre Unternehmen anwenden zu können. Da es sich bei der Option für Kleingewerbetreibende um eine freiwillige Eintragung im Handelsregister handelt, ist es nicht verwunderlich, dass der Unternehmer nach § 2 Satz 3 HGB jederzeit die Möglichkeit hat, die Firma wieder aus dem Handelsregister löschen zu lassen und damit auch die übrigen Wirkungen rückgängig zu machen. Eine derartige Löschung ist nur dann nicht möglich, wenn der Betrieb in der Zwischenzeit die Voraussetzungen des § 1 HGB erfüllt und damit zwingend als Kaufmann im HGB eingetragen sein muss. Weil es sich bei der Kaufmannseigenschaft des § 2 HGB um eine freiwillige Kaufmannseigenschaft handelt, werden derartige Kaufleute in der Literatur bisweilen auch als so genannte „Kann-Kaufleute" bezeichnet. Im Gegensatz zum Ist-Kaufmann, bei welchem die Eintragung in das Handelsregister lediglich deklaratorischen Charakter besitzt, ist bei der freiwilligen Eintragung ein Entstehen der Kaufmannseigenschaft erst ab dem Zeitpunkt der Eintragung gegeben. Insofern hat die Eintragung also hier einen konstitutiven Charakter.

2.2.3   Land- und Forstwirte

Die Vorschriften über den so genannten „Ist-Kaufmann" im Sinne des § 1 HGB finden auf landwirtschaftliche und forstwirtschaftliche Betriebe keine Anwendung.[18] Egal ob ein landwirtschaftlicher oder forstwirtschaftlicher Betrieb nach Art und Umfang einen in kaufmännischer Weise eingerichteten Geschäftsbetrieb benötigt, landwirtschaftliche und forstwirtschaftliche Betriebe sind nicht verpflichtet, sich in das Handelsregister eintragen zu lassen. Allerdings besteht nach § 3 Abs. 2 HGB für landwirtschaftliche und forstwirtschaftliche Betriebe, die nach Art und Umfang einen in kaufmännischer Weise eingerichteten Geschäftsbetrieb erfordern, die Möglichkeit, sich freiwillig nach den Regeln über die Eintragung kaufmännischer Firmen im Handelsregister eintragen zu lassen.[19] Im Gegensatz zum „Ist-Kaufmann", bei welchem die Eintragung in das Handelsregister lediglich deklaratorischen Charakter besitzt, ist bei der freiwilligen Eintragung von Land- und Forstwirten ein Entstehen der Kaufmannseigenschaft ebenso wie bei den „Kann-Kaufleuten" erst ab dem Zeitpunkt der Eintragung gegeben. Insofern hat die Eintragung also hier einen konstitutiven Charakter.

---

[18] Vgl. Baumbach / Hopt, Handelsgesetzbuch, 34. Auflage, München 2010, § 3 Rn. 3 f.
[19] Vgl. vertiefen hierzu auch: Münchner Kommentar / Schmidt, Handelsgesetzbuch §§ 1 – 104a, 3. Auflage, München 2010, § 3 Rn. 9 ff.

2.2.4   Fiktivkaufmann bzw. Scheinkaufmann

2.2.4.1   Fiktivkaufmann

Die Regelung des § 5 HGB regelt den Fall des so genannten Fiktivkaufmanns. Bei dieser Normierung koppelt das Gesetz seine Beurteilung, ob ein Kaufmann vorliegt oder nicht, allein an die Tatsache, ob eine Eintragung im Handelsregister vorgenommen wurde. Hierbei ist es völlig unerheblich, ob diese Eintragung zu Recht oder zu Unrecht erfolgte. Sofern ein Unternehmen also im Handelsregister eingetragen worden ist, führt allein dieser Tatbestand der Eintragung zur Qualifikation als Kaufmann. Die Vorschrift des § 5 HGB sieht folgendes vor: wenn eine Firma im Handelsregister eingetragen ist, dann kann gegenüber demjenigen, welcher sich auf die Eintragung beruft, nicht geltend gemacht werden, dass das unter der Firma betriebene Gewerbe kein Handelsgewerbe sei. Bei einer derartigen Beurteilung geht es nicht zuletzt auch um die Rechtssicherheit, die dadurch entsteht, dass Personen sich auf das im Handelsregister Eingetragene verlassen können. Aus diesem Grunde wird oftmals auch vom so genannten „öffentlichen Glauben des Handelsregisters" gesprochen, wonach gewöhnlich alle Eintragungen im Handelsregister als richtig anzusehen sind.

2.2.4.2   Scheinkaufmann

> **Beispiel:**
>
> Der Forstwirt F möchte seinen forstwirtschaftlichen Betrieb größer und wichtiger erscheinen lassen als er in Wirklichkeit ist. Aus diesem Grunde gibt er bei einer Druckerei den Druck von hochwertigen Briefbögen in Auftrag, auf die er schreiben lässt: „Holzvertrieb F, Import und Export edler Hölzer". Mangels Personal lässt F die gesamte Buchhaltung und einen Großteil der Korrespondenz von seiner Mutter ausführen. Diese unterschreibt, um ihre Wichtigkeit damit auszudrücken, auf den neuen Briefbögen den gesamten von ihr erledigten Schriftverkehr mit der Bezeichnung „ppa.", was für den Begriff „per procura" steht. Ein Bekannter des F warnt ihn, dass dieses Verhalten dazu führen kann, als Kaufmann im Sinne des HGB angesehen zu werden. Hat der Bekannte Recht?

Von der Figur des Kaufmanns, welcher aufgrund seiner Eintragung im Handelsregister als solcher angesehen wird, ist der so genannte Scheinkaufmann abzugrenzen.[20] In der Praxis werden auch solche Personen als Kaufmann angesehen und juristisch wie ein Kaufmann behandelt, die wahrheitswidrig wie Kaufleute auftreten, ohne tatsächlich diese Eigenschaft zu besitzen. Wer sich also entgegen den tatsächlichen Verhältnissen nach außen als Kaufmann ausgibt, wird aufgrund des Rechtsscheins, den er damit erweckt, auch juristisch als Kaufmann behandelt. Ein Verschulden des Nichtkaufmanns ist hierfür nicht erforderlich.

---

[20]   Vgl. vertiefend hierzu: Münchner Kommentar / Schmidt, Handelsgesetzbuch §§ 1 – 104a, 3. Auflage, München 2010, § 5 Anh. Rn. 1 ff.

Im Rahmen der Rechtsscheinhaftung[21] geht es insbesondere darum, das Vertrauen dritter Personen in die Kaufmannseigenschaft zu schützen. Neben der Setzung eines Rechtsscheins durch den scheinbaren Kaufmann ist es allerdings auch notwendig, dass die dritte Person, die auf diesen Rechtsschein vertraut als schutzbedürftig angesehen wird. Sie muss also gutgläubig sein; hat sie nämlich Kenntnis davon, dass es sich um keinen Kaufmann handelt, so fehlt es an ihrer Schutzbedürftigkeit. Darüber hinaus muss – was eng mit der Schutzbedürftigkeit zusammenhängt – der Rechtsschein dazu geführt haben, dass der gutgläubige Dritte ein bestimmtes Geschäftsverhalten an den Tag legt. Ohne diese Kausalität, kommt es auch zu keiner Rechtsscheinhaftung. Liegen allerdings alle genannten Voraussetzungen vor, so muss sich der Scheinkaufmann entsprechend § 242 BGB in Verbindung mit dem gesetzten Rechtsschein als Kaufmann behandeln lassen.

Für den oben genannten Beispielfall bedeutet dies, dass der F sowohl durch seinen Briefkopf als auch durch das darauf befindliche Kürzel der Prokura einen Rechtsschein gesetzt hat, welcher bei einem gutgläubigen Dritten den Anschein erweckt, es handele sich bei dem Unternehmen des F um einen kaufmännischen Gewerbebetrieb. Insofern führt die Eigenschaft des Scheinkaufmanns hier dazu, dass sich der F im oben genannten Fall wie ein Kaufmann behandeln lassen muss, obwohl er es tatsächlich überhaupt nicht ist.

2.2.5 Handelsgesellschaften

Der § 6 HGB sieht vor, dass die in Bezug auf Kaufleute vom HGB getroffenen Vorschriften auch auf Handelsgesellschaften anzuwenden sind.[22] Hierbei ist zwischen den Handelsgesellschaften, welche in Form einer juristischen Person geführt werden und den so genannten Personenhandelsgesellschaften zu differenzieren. Juristische Personen – wie beispielsweise die GmbH, die AG sowie die KGaA – sind bereits aufgrund ihrer Rechtsform als Kaufmann anzusehen; unabhängig davon ob sie tatsächlich ein Handelsgewerbe betreiben. Die Kaufmannseigenschaft dieser Unternehmensformen knüpft alleine daran an, welche Rechtsform sie führen. Dies ist im Gesetz für die GmbH in § 13 Abs. 3 GmbHG und für die Aktiengesellschaft in § 3 Abs. 1 AktG explizit angeordnet. Personenhandelsgesellschaften wie beispielsweise die OHG, die KG oder die GmbH & Co. KG hingegen werden nur dann als Kaufmann im Sinne des HGB angesehen, wenn sie auch tatsächlich ein Handelsgewerbe betreiben oder auch wenn sie im Handelsregister eingetragen sind. Die Eintragung ins Handelsregister entfaltet bei Kapitalgesellschaften eine konstitutive Wirkung; d.h. erst die Eintragung der Kapitalgesellschaft in das Handelsregister begründet ihre Kaufmannseigenschaft im Sinne des § 6 HGB.

---

[21] Vgl. hierzu beispielsweise auch: BGH, Urteil vom 31.07.2012, X ZR 154/11, NJW-Spezial, Heft 22, 2012, S. 687.
[22] Vgl. Baumbach / Hopt, Handelsgesetzbuch, 34. Auflage, München 2010, § 6 Rn. 1 ff.

3 Handelsfirma

Auch wenn umgangssprachlich die Bezeichnung „Firma" mit dem Begriff eines Unternehmens synonym verwendet wird, wenn beispielsweise jemand sagt „ich fahre in meine Firma", so ist dieser Satz juristisch gesehen falsch. Der Begriff der Firma ist in § 17 HGB gesetzlich normiert. Dieser lautet:

§ 17 HGB Begriff der Firma

(1) Die Firma eines Kaufmanns ist der Name, unter dem er seine Geschäfte betreibt und die Unterschrift abgibt.

(2) Ein Kaufmann kann unter seiner Firma klagen und verklagt werden.

Aus dem Gesetzestext geht eindeutig hervor dass der Begriff „Firma" lediglich den Namen eines Unternehmens bezeichnet, unter welchem es bei rechtlichen Handlungen auftritt.

3.1 Grundsätze der Firmierung

Bei der Suche nach einem Unternehmensnamen kann zwischen drei Möglichkeiten unterschieden werden:

Abbildung 3.1 Möglichkeiten der Firmierung

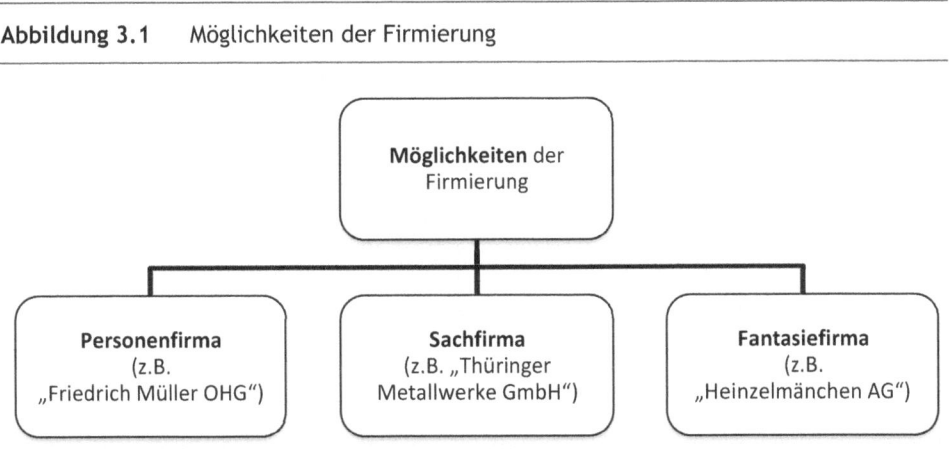

Darüber hinaus besteht auch die Möglichkeit, eine sogenannte Mischfirma zu bilden. Unter „Mischfirma" ist eine Kombination aus mehreren der eben genannten Möglichkeiten zu verstehen. Ein Beispiel für eine Mischfirma wäre etwa „Friedrich & Schulz Gartengeräte GmbH". Hier haben wir eine Kombination aus Personen- und Sachfirma. Während sich eine Personenfirma von dem Namen mindestens eines der Kaufleute ableitet, wird eine Sachfirma danach gebildet, welchen Unternehmensgegenstand das Geschäft hat. So entstand beispielsweise der

Unternehmensname BASF AG als Kürzel für „Badische Anilin- & Soda-Fabrik AG". Die dritte Variante der Bildung, nämlich die Fantasiefirma, kann frei erfunden werden und muss weder etwas mit dem Gegenstand des Unternehmens noch mit dem Namen eines der Gesellschafter zu tun haben. Darüber hinaus muss die Rechtsform (zum Beispiel OHG oder KG) angefügt werden. Nach diesen Ausführungen könnte man denken, eine Unternehmung könnte mit jedem beliebigen Namen versehen werden, ohne dass hierbei jedwede Regeln zu beachten seien. Dass dies nicht so ist, soll folgendes Beispiel zeigen:

Beispiel:

X hat sich einen alten LKW gekauft, mit dem er in Berlin und im Umland von Berlin kleine Umzüge durchführt und Waren ausliefert. Er möchte für sein Unternehmen den Namen „X-Transporte international" führen. Das Handelsregister versagt ihm die Eintragung dieser Firma.

Auch wenn seit Einführung der Fantasienamen nunmehr eine nahezu unbegrenzte Auswahlmöglichkeit an Namensalternativen gegeben ist, so sind bei der Wahl der Firmierung dennoch die in den §§ 18 und 19 HGB normierten Firmengrundsätze[23] zu beachten.[24] Diese Paragraphen lauten:

§ 18 HGB Grundsätze der Firmenbildung

(1) Die Firma muss zur Kennzeichnung des Kaufmanns geeignet sein und Unterscheidungskraft besitzen.

(2) Die Firma darf keine Angaben enthalten, die geeignet sind, über geschäftliche Verhältnisse, die für die angesprochenen Verkehrskreise wesentlich sind, irrezuführen. Im Verfahren vor dem Registergericht wird die Eignung zur Irreführung nur berücksichtigt, wenn sie ersichtlich ist.

§ 19 HGB Hinweis auf Kaufmannseigenschaft oder Gesellschaftsform

(1) Die Firma muss, auch wenn sie nach den §§ 21, 22, 24 oder nach anderen gesetzlichen Vorschriften fortgeführt wird, enthalten:

1. *bei Einzelkaufleuten die Bezeichnung „eingetragener Kaufmann", „eingetragene Kauffrau" oder eine allgemein verständliche Abkürzung dieser Bezeichnung, insbesondere „e. K.", „e. Kfm." oder „e.Kfr.";*

2. *bei einer offenen Handelsgesellschaft die Bezeichnung „offene Handelsgesellschaft" oder eine allgemein verständliche Abkürzung dieser Bezeichnung;*

3. *bei einer Kommanditgesellschaft die Bezeichnung „Kommanditgesellschaft" oder eine allgemein verständliche Abkürzung dieser Bezeichnung.*

---

[23] Vgl. Münchner Kommentar / Heidinger, Handelsgesetzbuch §§ 1 – 104a, 3. Auflage, München 2010, Vor § 17 Rn. 17 ff.
[24] Vgl. Baumbach / Hopt, Handelsgesetzbuch, 34. Auflage, München 2010, § 17 Rn. 7 ff.

> *(2) Wenn in einer offenen Handelsgesellschaft oder Kommanditgesellschaft keine natürliche Person persönlich haftet, muss die Firma, auch wenn sie nach den §§ 21, 22, 24 oder nach anderen gesetzlichen Vorschriften fortgeführt wird, eine Bezeichnung enthalten, welche die Haftungsbeschränkung kennzeichnet.*

Zunächst ist also der Firmengrundsatz der **Unterscheidbarkeit** zu nennen. Dieser wird deshalb auch als Grundsatz der Firmenklarheit bezeichnet. Der zu wählende Name muss danach sowohl **kennzeichnungsfähig** für das Unternehmen sein, als auch eine Unterscheidungskraft aufweisen, die es ermöglicht, dieses von bereits bestehenden Unternehmen unterscheiden zu können. Hierbei ist darauf zu achten, dass das Merkmal der Unterscheidungskraft nicht nur identische Bezeichnungen umfasst, sondern einer Verwechslungsgefahr aufgrund einer Begriffsähnlichkeit ausschließen soll. Eine unterschiedliche Schreibweise ist nicht in der Lage, einer Verwechslungsgefahr aufgrund einer Begriffsähnlichkeit entgegenzutreten. Insofern könnte einer Firma „Meyer e.K" die Firmierung untersagt werden, wenn eine Verwechslungsgefahr mit der bereits ortsansässigen Firma „Meier e.K." bestünde.

Besondere Probleme bezüglich der Unterscheidungskraft können beispielsweise auch dann auftreten, wenn der Unternehmensname in der Firmierung abgekürzt werden soll. Hierbei ist zwischen aussprechbaren, aus sich selbst heraus verständlichen Buchstabenfolgen und Abkürzungen, die nicht aussprechbar bzw. nicht selbsterklärend sind, zu unterscheiden. Während die Rechtsordnung aussprechbare, verständliche Abkürzungen wie beispielsweise „BMW AG" oder „BASF" zulassen, haben Gerichte gewöhnlich nicht aussprechbare Buchstabenfolgen, welche nicht selbsterklärend sind, wie beispielsweise „A.A.A.A.A."[25] als Firmenbezeichnungen nicht zugelassen. Bei der letztgenannten, unzulässigen Firmierung kommt darüber hinaus noch hinzu, dass diese Bezeichnung erkennbar das wohl missbräuchliche Ziel verfolgt, in Telefonverzeichnissen und Übersichten an vorderster Stelle eingeordnet zu werden.

Auch wenn nur der Unternehmensgegenstand genannt wird, kann es an einer Unterscheidungskraft fehlen. So würde beispielsweise die schlichte Bezeichnung "Bäckerei" für eine Bäckerei nicht geeignet sein, eine Firma mit Unterscheidungskraft auszudrücken. Darüber hinaus muss gemäß § 30 Abs. 1 HGB für die Firma auch die Möglichkeit zur Unterscheidung in Bezug auf andere, am selben Ort bzw. derselben Stadt bestehende, ins Handelsregister eingetragene Firmen gegeben sein. Darüber hinaus ist es auch zwingend erforderlich, dass im Rahmen der Firma auch die **Rechtsform** der Unternehmung als Rechtsformzusatz richtig angegeben wird. Dieses wird gesetzlich für den eingetragenen Kaufmann (e.K.) in § 19 Abs. 1 Nr. 1 HGB, für die offene Handelsgesellschaft (OHG) in § 19 Abs. 1 Nr. 2 HGB, für die Kommanditgesellschaft (KG) in § 19 Abs. 1 Nr. 3 HGB, für die Europäische wirtschaftliche Interessenvereinigung (EWIV) in Art. 5 EWIV-VO bzw. § 2 EWIV-AG, für die Gesellschaft mit beschränkter Haftung (GmbH) in § 4 GmbHG, für die Aktiengesellschaft (AG) in § 4 AktG sowie für die Kommanditgesellschaft auf Aktien (KGaA) in § 279 AktG

---

[25] Vgl. OLG Frankfurt, Entscheidung vom 28.02.2002, AZ 20 W 531/01.

vorgeschrieben. Für neue Unternehmen legt der § 30 HGB zusätzlich noch fest, dass sich deren Firma deutlich von der Firmierung anderer im Bezirk des Handelsregisters ansässiger Unternehmen abzuheben hat.

Durch § 18 Abs. 2 Satz 1 HGB ist auch ein so genanntes **Irreführungsverbot** gesetzlich verankert. Hiernach ist es untersagt, dass eine Firma Angaben enthält, welche geeignet sind, über ihre geschäftlichen Verhältnisse, die für die angesprochenen Verkehrskreise wesentlich sind, irrezuführen. Aus diesem Grunde wird das Irreführungsverbot auch als „Grundsatz der Firmenwahrheit" bezeichnet. Der oben genannte Beispielfall mit der Firmierung „X-Transporte international" zeigt deutlich, dass Kunden hier das Gefühl bekommen könnten, X würde über Landesgrenzen hinweg Transporte vornehmen. Der Name international täuscht somit Größe und Umfang des Geschäftsbetriebs vor. Insofern handelt es sich hierbei um einen Verstoß gegen das Irreführungsverbot. Aus diesem Grund wird sich das Handelsregister mit Recht weigern, den Namen „X-Transporte international" für eine kleine, regional tätige Unternehmung einzutragen. Nach § 18 Abs. 2 Satz 2 HGB ist die Weigerung, eine Firma in das Handelsregister einzutragen, für das Gericht nur dann gegeben, wenn eine Firma ersichtlich zur Täuschung geeignet ist. Es sei jedoch darauf hingewiesen, dass das Gericht nicht verpflichtet ist, eine beantragte Firma von Amts wegen daraufhin zu überprüfen, ob sie mit dem Grundsatz der Firmenwahrheit vereinbar ist. Vielmehr wird nur eine grobe Überprüfung vorgenommen, bei in der Regel lediglich derartige Firmen auffallen, deren Verstoß gegen den Grundsatz der Firmenwahrheit nahezu ins Auge springt.

Der Grundsatz der so genannten **Firmeneinheit** ist eigentlich eine Selbstverständlichkeit. Hiernach ist es einem Unternehmen lediglich gestattet, eine einzige Firmenbezeichnung für ein Unternehmen zu verwenden. Dementsprechend ist es nicht gestattet, mehrere unterschiedliche Firmenbezeichnungen für ein und dasselbe Unternehmen zu nutzen. Aus diesem Grund wird dieser Grundsatz auch als „Grundsatz der Firmeneinheit" bezeichnet.

3.2   Fortführung der Firma

Die Regelungen der §§ 21 ff. HGB erlauben es auch dann, die bisherige Firma weiterzuführen, wenn beispielsweise der Inhaber wechselt oder sich lediglich Name des Inhabers ändert. Sofern sich äußere Verhältnisse im Rahmen des Unternehmens ändern, darf die Firma ebenso eine anpassende Veränderung erfahren. Allerdings verbietet § 23 HGB es, die Firma – also lediglich den Namen – zu verkaufen, ohne dass das dazugehörige Unternehmen ebenfalls veräußert wird. Der § 22 HGB sieht jedoch vor, dass, sofern ein existentes Handelsgeschäft unter lebenden oder von Todes wegen auf Dritte übertragen wird und die bisherigen Geschäftsinhaber respektive deren Erben einer Beibehaltung der Firmierung explizit zustimmen, die bisherige Firma vom Unternehmenserwerber fortgeführt werden darf.[26]

---

[26]   Vgl. hierzu vertiefend auch: Baumbach / Hopt, Handelsgesetzbuch, 34. Auflage, München 2010, § 22 Rn. 1 ff.

3.2.1   Die Firmenbeständigkeit

Zusätzlich zu den oben aufgeführten Firmengrundsätzen tritt auch der so genannte „Grundsatz der Firmenbeständigkeit".[27] Hiernach ist es möglich, eine Firma auch dann unter der bekannten Bezeichnung weiterzuführen, wenn sich der Inhaber oder der Name eines Gesellschafters geändert hat. Insofern stellt der Grundsatz der Firmenbeständigkeit eine Durchbrechung des Grundsatzes der Firmenwahrheit dar. Dieses wird jedoch in der Praxis einhellig akzeptiert und wird unter anderem damit begründet, dass die Beibehaltung der Firma dazu dient, den Marktwert eines Unternehmens zu erhalten. Aber auch hier gibt es Ausnahmen. Besteht durch die Firmierung nämlich die Gefahr der Irreführung, so ist ausnahmsweise dem Grundsatz der Firmenwahrheit der Vorrang einzuräumen.

> **Beispiel:**
>
> Dr. Frust hat ein Unternehmen für medizinische Geräte. Nach dem Verkauf des Unternehmens möchte der neue Eigentümer wegen der Werbewirksamkeit und weil das Unternehmen am Markt bereits unter diesem Namen bekannt ist, den Namen des Unternehmens „Dr. Frust" fortführen. Er selbst besitzt keinen Doktortitel. Darf er die Firma „Dr. Frust" weiterhin beibehalten?

Bei dem eben genannten Beispielfall besteht möglicherweise die Gefahr einer Irreführung potentieller Vertragspartner. Wie oben bereits dargelegt, ist der Firmenwahrheit bei Irreführungsgefahr der Vorrang einzuräumen. Weil der neue Eigentümer selbst keinen Doktortitel besitzt, darf der im Unternehmensnamen enthaltene Titel, welcher auf eine Promotion hinweist, aufgrund des Grundsatzes der Firmenwahrheit nicht weiter verwendet werden.

Sofern jemand ein Unternehmen durch Erwerb übernimmt, hat er die Möglichkeit, dieses Unternehmen unter einer neuen Firma fortzuführen. Bezüglich der Haftung hat dies den Vorteil, dass der Unternehmenserwerber für etwaige gegen das alte Unternehmen gerichtete Forderungen, so genannte „Altschulden", nicht haften muss. Allerdings bedeutet dies auch, dass ihm etwaige offene Forderungen des alten Unternehmens, welches unter dem alten Firmennamen geführt worden ist, nicht zustehen. Gewöhnlich wird jedoch in der Praxis zwischen dem ursprünglichen Inhaber des Unternehmens und dem Unternehmenserwerber bezüglich etwaiger Forderungen und Verbindlichkeiten im Rahmen des Unternehmenskaufs eine vertragliche Regelung ausgehandelt.

Ein am Markt eingeführter Unternehmensname stellt mitunter einen großen Wert dar. Dieser wird in der Literatur bisweilen auch als „Goodwill" oder „Imagewert" bezeichnet. Da in der Praxis ein bereits am Markt bekannter Unternehmensname – nicht zuletzt weil er bei der Akquise eines Kundenstammes eine große Rolle spielen kann – einen gewissen Wert darstellt, lässt der Gesetzgeber nach § 22 Abs. 1 HGB zu, dass der Unternehmenserwerber das von ihm gekaufte Unternehmen unter der bisher geführten Firmierung – mit oder ohne Nachfolgezusatz – weiterführen darf. Von einer derartigen Firmenfortführung

---

[27]   Vgl. Münchner Kommentar / Heidinger, Handelsgesetzbuch §§ 1 – 104a, 3. Auflage, München 2010, § 21 Rn. 1.

wird selbst dann ausgegangen, wenn der Firmenname nicht absolut identisch, sondern mit kleinen Abweichungen fortgeführt wird.

> **Beispiel:**
>
> Das „Textilhaus Fritz Auerbach" wird vom neuen Unternehmensinhaber als „Textilhaus Auerbach" fortgeführt.

Auf derartige Fälle, bei denen die Firmierung nur leicht verändert fortgeführt wird, werden dieselben Vorschriften bzw. wird dieselbe Haftung angewandt, als wäre die Firma des Unternehmens absolut identisch fortgeführt worden. Nach § 25 Abs. 1 Satz 1 HGB ist der Unternehmenserwerber verpflichtet, auch für die Altschulden des von ihm erworbenen Unternehmens zu haften. Zur Absicherung der Gläubiger sieht das Gesetz vor, dass der ehemalige Inhaber des Unternehmens neben dem neuen Inhaber des Unternehmens als Gesamtschuldner haftet.[28] Dies bedeutet, dass der Gläubiger dabei das Recht hat, sich einen von beiden Schuldnern auszusuchen und von ihm die gesamte Zahlung zu verlangen. Es ist dann nicht mehr sein Problem, wie die beiden Schuldner im Innenverhältnis untereinander eine etwaige Ausgleichszahlung geregelt haben bzw. regeln.

Der Erwerber des Unternehmens haftet für etwaige Schulden des übernommenen Unternehmens mit seinem gesamten Privatvermögen. Sollten der ursprüngliche Unternehmer und der Unternehmenserwerber vertraglich eine von der Gesetzeslage abweichende Übereinkunft getroffen haben, so regelt der § 25 Abs. 2 HGB, dass eine derartige Haftungsbeschränkung gegenüber etwaigen Gläubigern nur dann Wirkung entfalten kann, wenn eine Eintragung in das Handelsregister vorgenommen worden oder diese Regelung dem Gläubiger explizit bekannt gegeben wurde.

Unabhängig von der Fortführung der Firma besteht beim Unternehmenserwerb allerdings nach § 613a BGB für den Erwerber des Unternehmens die Verpflichtung, etwaige Mitarbeiter des ursprünglichen Unternehmens zu übernehmen bzw. in deren Arbeitsverträge einzutreten.[29]

3.2.2   Haftung bei Eintritt in ein Einzelunternehmen

> **Beispiel:**
>
> Der Einzelkaufmann K betreibt ein Geschäft mit Bürobedarf. Nachdem er einige Jahre das Unternehmen aufgebaut hat, benötigt er Geld und möchte seinen Freund F als Gesellschafter in das Unternehmen aufnehmen. Hierbei fragt er sich jedoch, ob dies Auswirkungen auf seine im Einzelunternehmen entstandenen Forderungen und Verbindlichkeiten hat.

---

[28] Vgl. vertiefend hierzu: BGH, Urteil vom 22.12.2011, VII ZR 136/11, NJW 2012, S. 1070; BGH, Urteil vom 22.12.2011, VII ZR 7/11, NJW 2012, S. 1071; Schwab, Schuldrecht: Wirkungen der Gesamtschuld, JuS 2012, S. 643 ff.

[29] Vgl. hierzu vertiefend: Wien, Arbeitsrecht – Eine praxisorientierte Einführung, Wiesbaden 2009, S. 122 ff.

Sowie ein weiterer Gesellschafter in das Unternehmen eines Einzelkaufmanns eintritt, entsteht bei diesem Zusammenschluss eine Gesellschaft. Was mit den Forderungen und Verbindlichkeiten in derartigen Fällen passiert, ist in § 28 HGB explizit geregelt. Diese Vorschrift lautet:

§ 28 HGB Haftung bei Eintritt in ein Einzelunternehmen

(1) Tritt jemand als persönlich haftender Gesellschafter oder als Kommanditist in das Geschäft eines Einzelkaufmanns ein, so haftet die Gesellschaft, auch wenn sie die frühere Firma nicht fortführt, für alle im Betriebe des Geschäfts entstandenen Verbindlichkeiten des früheren Geschäftsinhabers. Die in dem Betriebe begründeten Forderungen gelten den Schuldnern gegenüber als auf die Gesellschaft übergegangen.

(2) Eine abweichende Vereinbarung ist einem Dritten gegenüber nur wirksam, wenn sie in das Handelsregister eingetragen und bekannt gemacht oder von einem Gesellschafter dem Dritten mitgeteilt worden ist.

(3) Wird der frühere Geschäftsinhaber Kommanditist und haftet die Gesellschaft für die im Betrieb seines Geschäfts entstandenen Verbindlichkeiten, so ist für die Begrenzung seiner Haftung § 26 entsprechend mit der Maßgabe anzuwenden, dass die in § 26 Abs. 1 bestimmte Frist mit dem Ende des Tages beginnt, an dem die Gesellschaft in das Handelsregister eingetragen wird. Dies gilt auch, wenn er in der Gesellschaft oder einem ihr als Gesellschafter angehörenden Unternehmen geschäftsführend tätig wird. Seine Haftung als Kommanditist bleibt unberührt.

Der eben dargestellte § 28 HGB sagt also deutlich aus, dass sowohl die Forderungen als auch die Altschulden des ursprünglichen Einzelkaufmanns auf die neue Gesellschaft übergehen. Hierbei ist es unerheblich, ob die alte Firmierung fortgeführt wird.[30] Insofern haftet also – anders als es oben beim Erwerb eines Unternehmens dargestellt worden ist – beim Eintritt eines Gesellschafters in ein einzelkaufmännisches Unternehmen der neue Mitgesellschafter auch für die Altschulden des ursprünglichen Einzelkaufmanns. Sollte zwischen dem Einzelunternehmer und dem neu eintretenden Gesellschafter eine vom Gesetz abweichende Übereinkunft erzielt worden sein, so entfaltet diese lediglich dann Außenwirkung, wenn sie entsprechend § 28 Abs. 2 HGB auch in das Handelsregister eingetragen oder dem Gläubiger von einem der Gesellschafter explizit mitgeteilt worden ist. Gewöhnlich haftet der ursprüngliche Einzelkaufmann natürlich neben der neu entstandenen Gesellschaft weiterhin für die Verbindlichkeiten, welche er als Einzelunternehmer zuvor eingegangen ist.

Für den oben genannten Beispielfall bedeutet das eben dargestellte, dass die Forderungen und Verbindlichkeiten des Einzelkaufmanns K mit Aufnahme des neuen Gesellschafters F auf die neue Gesellschaft übergegangen sind; der K jedoch weiterhin neben der neuen Gesellschaft für alte Verbindlichkeiten haftet. F haftet für die Altschulden gemäß § 128 i.V.m. § 28 HGB. Möchten K und F vertraglich eine hiervon abweichende Regelung treffen, so ist zu beachten, dass diese, um Wirksamkeit zu entfalten, entweder in das Handelsregister eingetragen oder den etwaigen Gläubigern explizit mitgeteilt werden muss.

---

[30] Vgl. Münchner Kommentar / Thiessen, Handelsgesetzbuch §§ 1 – 104a, 3. Auflage, München 2010, § 28 Rn. 4.

3.3   Schutz der Firma

Da die Firma als Name eines Unternehmens im Wirtschaftsleben einen hohen Wert darstellt, ist es nicht verwunderlich, dass es gleich mehrere Vorschriften gibt, die dem Schutz
eines Unternehmensnamens dienen. Im Handelsgesetzbuch ist es der § 37 Abs. 2 HGB,
welcher den Schutz der Firma bewirkt.[31] Daneben kann ein Betroffener sich auch auf das
Namensrecht des § 12 BGB stützen.[32] Vorteil dieser Rechtsnorm ist es, dass sie insbesondere
auch Privatpersonen gegenüber angewandt werden kann. Etwaige Schäden, welche für den
Berechtigten aus einer Verletzung seines Unternehmensnamens entstehen, können auf der
Grundlage des § 823 Abs. 1 BGB bzw. § 823 Abs. 2 BGB[33] in Verbindung mit § 37 Abs. 2 Satz
1 HGB gegen dem Schädiger geltend gemacht werden. Darüber hinaus kann bisweilen,
sofern die Voraussetzungen vorliegen, auch bei Verletzungen des Markengesetzes oder bei
Verletzungen des Rechts des unlauteren Wettbewerbs (UWG) die Verwendung von Firmennamen untersagt und Schadensersatzansprüche geltend gemacht werden.[34]

3.4   Angaben auf Geschäftsbriefen

Unabhängig davon, welche Rechtsform ein Unternehmen gewählt hat, ist nach § 37a HGB
jeder Kaufmann dazu verpflichtet, seine Firma mit den darüber hinaus in dieser Vorschrift
vorgeschriebenen Angaben auf seinen Geschäftsbriefen deutlich zu machen. Für den Fall,
dass dies nicht erfüllt wird, sieht § 37a Abs. 4 HGB vor, dass das Registergericht den Unternehmer durch ein Zwangsgeld sanktionieren kann.

---

[31] Vgl. hierzu vertiefend auch: Münchner Kommentar / Krebs, Handelsgesetzbuch §§ 1 – 104a, 3.
       Auflage, München 2010, § 37 Rn. 40 ff.
[32] Vgl. zum Namensrecht vertiefend auch: Wien, Bürgerliches Recht – Eine praxisorientierte Einfüh-
       rung, Wiesbaden 2012, Seite 29 f.
[33] Vgl. zum Schadensersatz nach § 823 BGB vertiefend auch: Wien, Bürgerliches Recht – Eine praxis-
       orientierte Einführung, Wiesbaden 2012, S. 174 ff. und S. 178 f.
[34] Vgl. zum Markenrecht und zum UWG vertiefend: Wien, Existenzgründung, München 2009, S. 136
       f. bzw. S. 147 f.

4 Handelsregister

4.1 Funktion des Registers

Das Handelsregister ist in den §§ 8 bis 16 HGB geregelt. Es ist ein öffentliches Verzeichnis, in welches Kaufleute bzw. ihre Zweigniederlassungen eingetragen werden.[35] Sinn des Handelsregisters ist es, durch die in ihm enthaltenen rechtserheblichen Informationen mehr Sicherheit im Handelsverkehr zu schaffen.[36] Neben der Publizität von Unternehmen kommt dem Handelsregister eine Beweisfunktion aber auch eine Schutz- und Kontrollfunktion bezüglich der in ihm eingetragenen Tatsachen zu. Das Handelsregister wird nach § 8 HGB in Verbindung mit § 125 FGG als öffentliches Verzeichnis bei den Amtsgerichten geführt und enthält Tatsachen, die für die Abwicklung kaufmännischer Geschäfte wichtig sind. Mittlerweile wird es nicht mehr in Papierform, sondern entsprechend den Vorgaben des § 8a HGB elektronisch geführt. Dem Handelsregister kommen unterschiedliche Funktionen zu, welche grob in folgende vier Kategorien eingeteilt werden können:

Abbildung 4.1   Funktionen des Handelsregisters

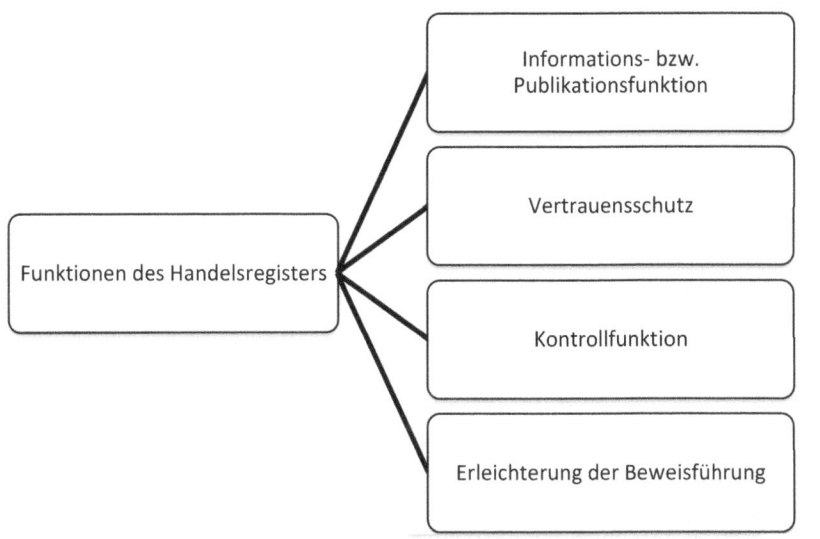

---

[35] Zur Handelsregisteranmeldung durch Prokuristen vgl.: OLG Düsseldorf, Beschluss vom 16.03.2012, I-3 Wx 296/11, NJW-Spezial. Heft 18, 2012, S. 561.
[36] Vgl. hierzu vertiefend auch: Baumbach / Hopt, Handelsgesetzbuch, 34. Auflage, München 2010, § 15 Rn. 1 ff.

Unter der **Informationsfunktion bzw. der Publikationsfunktion** des Handelsregisters ist
zu verstehen, dass die im Register einzutragenden Tatsachen durch den Vorgang der Eintragung auch der Öffentlichkeit mitgeteilt werden. Insofern ist das Handelsregister das
Medium, welches die für kaufmännische Vorgänge wichtigen Tatsachen öffentlich macht
und somit über wichtige Tatsachen informiert. Die zweite Funktion des Handelsregisters ist
die **Vertrauensfunktion.** Derjenige, der in das Handelsregister Einblick nimmt, muss darauf vertrauen können, dass die dort aufgeführten Informationen auch der Wahrheit entsprechen. Gerade das Handelsregister bietet mit der im § 15 HGB gesetzlich normierten
positiven und negativen Publizität ein hohes Maß an Vertrauensschutz.[37] Die dritte Funktion, welche das Handelsregister bietet, ist die **Kontrollfunktion.** Um sicher zu gehen, dass
die im Handelsregister eingetragenen Tatsachen auch der Wahrheit entsprechen und vollständig sind, werden im Rahmen der Handelsregistereintragung auch andere Organe des
Handels mit eingebunden. So wird beispielsweise die Industrie- und Handelskammer mit
in den Eintragungsvorgang eingebunden, indem diese Institution daran beteiligt wird, zu
verhindern dass von den in den Registern einzutragenden bzw. eingetragenen Unternehmen irreführende oder nicht zulässige Firmennamen geführt werden. Darüber hinaus bietet das Handelsregister als vierte Funktion eine **Erleichterung der Beweisführung.** Unternehmern ist es durch die Eintragung im Handelsregister nicht schwer, gegenüber Institutionen und Behörden Beweis darüber zu erbringen, dass sie Gesellschafter eines Unternehmens sind. Der Nachweis hierfür kann aufgrund eines Zeugnisses des betreffenden Registergerichts bzw. durch Einsichtnahme in das Handelsregister relativ schnell erbracht werden. Auch die Vertretungsberechtigung für ein Unternehmen kann, egal ob es sich hierbei
um die Geschäftsführereigenschaft oder um eine Vertrauensstellung wie die eines Prokuristen handelt, mit Hilfe des Handelsregisters schnell und problemlos belegt und nachgewie-
sen werden.

4.2   Inhalt des Registers

Das Handelsregister ist in zwei Abteilungen gegliedert; in Handelsregister Abteilung A, in
welche die wesentlichen rechtserheblichen Tatsachen für Einzelkaufleute, Personenhandelsgesellschaften sowie von Unternehmen öffentlicher Körperschaften eingetragen werden und in Handelsregister Abteilung B, in welches die rechtserheblichen Tatsachen für
Kapitalgesellschaften sowie für Versicherungsvereine auf Gegenseitigkeit eingetragen werden. Nicht in das Handelsregister aufgenommen werden Informationen zu Genossenschaften. Hierfür gibt es ein eigenes Genossenschaftsregister. Für jede Firma wird bei Eintragung
im Handelsregister ein so genannter Sonderband angelegt, welcher für jedermann einseh-
bar ist und ein so genannter Hauptband angelegt, welcher nur bei berechtigtem Interesse
eingesehen werden kann. Jeder Kaufmann im Sinne des HGB ist entsprechend § 29 HGB
dazu verpflichtet, seine Firma, den Ort und die inländische Anschrift seiner Niederlassung
zur Eintragung in das Handelsregister anzumelden. Dies ist für die Gesellschaft mit be-

---

[37]   Vgl. vertiefend hierzu: Körber / Schaub, § 15 HGB in der Fallbearbeitung, JuS 2012, S. 303 ff.

schränkter Haftung in § 7 Abs. 1 GmbHG und für die Aktiengesellschaft in § 36 Abs. 1 AktG explizit gesetzlich vorgeschrieben. Nach § 9 Abs. 1 HGB ist die Einsichtnahme in das Handelsregister und die dazu eingereichten Dokumente jedem zu Informationszwecken gestattet. So ist es beispielsweise möglich, über die Internetseite des Bundesjustizministeriums auf die gespeicherten Daten Zugriff zu nehmen.

4.3   Publizität

Sein Ziel, mehr Sicherheit im Handelsverkehr zu schaffen, erreicht das Handelsregister durch die so genannte Publizitätswirkung. Diese Wirkung findet ihren Niederschlag in § 15 HGB. Er lautet:

> *§ 15 HGB Bekanntmachungswirkung; Publizität des Handelsregisters*
>
> *(1) Solange eine in das Handelsregister einzutragende Tatsache nicht eingetragen und bekannt gemacht ist, kann sie von demjenigen, in dessen Angelegenheiten sie einzutragen war, einem Dritten nicht entgegengesetzt werden, es sei denn, dass sie diesem bekannt war.*
>
> *(2) Ist die Tatsache eingetragen und bekannt gemacht worden, so muss ein Dritter sie gegen sich gelten lassen. Dies gilt nicht bei Rechtshandlungen, die innerhalb von fünfzehn Tagen nach der Bekanntmachung vorgenommen werden, sofern der Dritte beweist, dass er die Tatsache weder kannte noch kennen musste.*
>
> *(3) Ist eine einzutragende Tatsache unrichtig bekannt gemacht, so kann sich ein Dritter demjenigen gegenüber, in dessen Angelegenheiten die Tatsache einzutragen war, auf die bekannt gemachte Tatsache berufen, es sei denn, dass er die Unrichtigkeit kannte.*
>
> *(4) Für den Geschäftsverkehr mit einer in das Handelsregister einzutragenden Zweigniederlassung eines Unternehmens mit Sitz oder Hauptniederlassung im Ausland ist im Sinn dieser Vorschriften die Eintragung und Bekanntmachung durch das Gericht der Zweigniederlassung entscheidend.*

Das Handelsregister folgt also den Grundsätzen der negativen und der positiven Publizität.[38] Negative Publizität (§ 15 Abs. 1 HGB) bedeutet, dass man sich darauf verlassen kann, dass eine Veränderung auch nicht eingetreten ist, sofern sie nicht in das Handelsregister eingetragen wurde. Voraussetzung für die negative Publizität ist das vorliegen folgender Punkte:

---

[38]   Vgl. hierzu vertiefend auch: Münchner Kommentar / Krebs, Handelsgesetzbuch §§ 1 – 104a, 3. Auflage, München 2010, § 13 Rn. 13 ff.

Abbildung 4.2   Negative Publizität

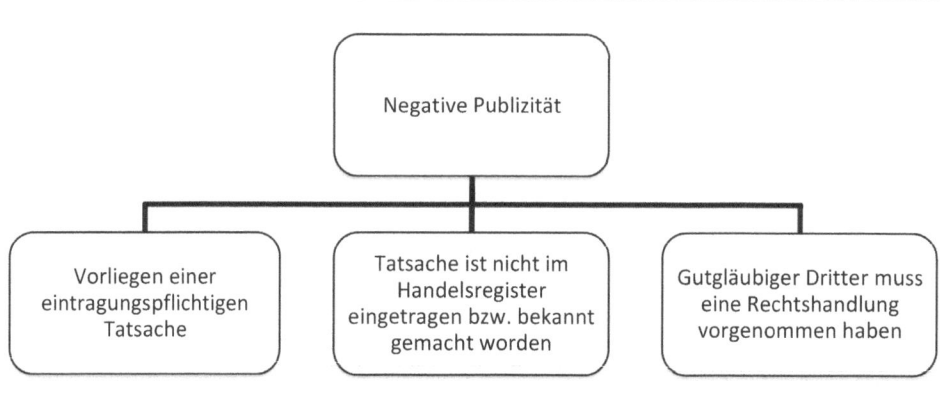

Wenn diese drei Voraussetzungen vorliegen, kann sich eine Person, die verpflichtet war diese Tatsachen eintragen zu lassen nicht auf die wirkliche Rechtslage berufen. Stattdessen kann der gutgläubige Dritte auswählen, ob er sich auf die Rechtslage beruft, welche sich aus dem Schweigen des Handelsregisters ergibt oder ob er sich lieber auf die tatsächliche Rechtslage berufen möchte.

Unter positiver Publizität (§ 15 Abs. 2 HGB) ist zu verstehen, dass sofern eine Tatsache im Handelsregister eingetragen und bekannt gemacht worden ist, man diese auch gegen sich gelten lassen muss. Eine positive Publizität kann auch § 15 Abs. 3 HGB entnommen werden, wonach immer dann, wenn eintragungspflichtige Tatsachen unrichtig bekannt gemacht worden sind, sich ein gutgläubiger Dritter hierauf berufen darf. Auf Fälle, bei welchen sowohl eine unrichtige Eintragung als auch eine unrichtige Bekanntmachung erfolgt ist, wird § 15 Abs. 3 HGB analog angewandt, so dass auch hier als Rechtsfolge konstatiert werden kann, dass ein gutgläubiger Dritter sich hier ebenfalls auf die Bekanntmachung berufen darf.

In das Handelsregister werden Tatsachen gewöhnlich nur dann eingetragen, wenn vom Kaufmann ein entsprechender Antrag gestellt wird. Das Registergericht hat nach § 14 HGB die Möglichkeit, durch ein Zwangsgeld von bis zu 5.000 € die Verpflichtung zur Anmeldung bzw. die Pflicht zur Einreichung von Dokumenten durchzusetzen.

Beispiel (für die negative Publizität):

U ist Inhaber eines großen Möbelgeschäfts. Sein Möbelhaus hat am 12. Februar der Winter-KG, die in mehreren Großstädten große Büros unterhält in erheblichem Umfang spezialangefertigte Büromöbel unter Eigentumsvorbehalt verkauft und diese auch geliefert. Die Zahlungen der Winter-KG verlaufen jedoch sehr schleppend. So wurden bisher drei fällige Kaufpreisraten nicht bezahlt. Unterschrieben worden ist der Vertrag von Winter, welcher Komplementär der Winter KG ist. Nachdem U Einsicht in das Handelsregister genommen hat, stellt er fest, dass außer Winter auch noch der Gesellschafter Sommer

Komplementär der Winter-KG ist. Zum Schrecken von U ist dem Handelsregister zu entnehmen, dass ausweislich der dort geführten Eintragung Winter und Sommer nur gemeinschaftlich berechtigt sind, die Winter-KG zu vertreten. Als Sommer von U auf Zahlung der offenen Kaufpreisraten für die Möbel in Anspruch genommen wird, weigert sich dieser zu bezahlen. Seine Weigerung verknüpft er mit der Begründung, dass er bereits zum 1. August des Vorjahres – also lange vor dem Möbelkauf – als Gesellschafter aus der Winter-KG ausgeschieden sei. Dieses kann er auch anhand einer schriftlichen Gesellschaftervereinbarung belegen. Hat U gegen die Winter-KG einen Anspruch auf Bezahlung der offenen Kaufpreisraten?

Im hier beschriebenen Fall kann nun erörtert werden, wie sich eine Diskrepanz zwischen tatsächlicher Rechtslage und der Eintragung im Handelsregister in der Praxis auswirkt. Im vorliegenden Fall kann ein Anspruch des U gegen die Winter-KG auf Zahlung der offenen Raten auf die Anspruchsgrundlage des § 433 Abs. 2 BGB geschützt werden. Voraussetzung hierfür ist allerdings, dass ein wirksamer Kaufvertrag zwischen der Winter-KG und dem Unternehmen des U geschlossen worden ist. Für die Wirksamkeit des Kaufvertrages ist es zwingend erforderlich, dass die Winter-KG im Rahmen des Vertragsschlusses wirksam von Winter vertreten worden ist. Zwar hat Winter, so wie es § 164 Abs. 1 BGB im Rahmen der Stellvertretung verlangt, eine eigene Willenserklärung im Namen der Winter-KG abgegeben; doch stellt sich hierbei die Frage, ob Winter hierfür überhaupt die Vertretungsmacht für die Winter-KG hatte. Nach Gesellschaftsvertrag war Winter nur zusammen mit Sommer zu einer gemeinsamen Gesamtvertretung der Gesellschaft im Sinne des § 125 Abs. 2 HGB in Verbindung mit § 161 Abs. 2 HGB berechtigt. Eine alleinige Vertretung durch ihn wäre demnach nicht möglich und würde insofern eine Vertretung ohne Vertretungsmacht darstellen. Im vorliegenden Fall ist allerdings zu beachten, dass Sommer bereits lange vor dem Vertragsschluss aus der Winter-KG als Gesellschafter ausgeschieden ist. Dieses hat zur Folge, dass Winter als alleiniger persönlich haftender Gesellschafter bzw. als einziger vertretungsberechtigter Gesellschafter im Rahmen der KG übrig blieb. In der Praxis wird es so gehandhabt, dass wenn das Ausscheiden dazu führt, dass lediglich der andere Komplementär als vertretungsberechtigter Gesellschafter übrig bleibt, nicht mehr an einer Gesamtvertretung der Gesellschaft festgehalten wird. Wäre dies nämlich der Fall, so wäre die Gesellschaft handlungsunfähig. Da die Eintragung einer Vertretungsmacht in das Handelsregister keine konstitutive sondern nur deklaratorische Wirkung hat, ist davon auszugehen, dass Winter die Winter-KG mit wirksamer Vertretungsmacht vertreten hat. Fraglich ist, ob hier der § 15 Abs. 1 HGB diesem Ergebnis entgegensteht. Denn das Handelsregister gibt eindeutig Auskunft darüber, dass Winter nur zusammen mit dem Gesellschafter Sommer zur Vertretung der Winter-KG befugt war. Eine etwaige Änderung dieser Vertretungsbefugnis wäre auch im Handelsregister zur Änderung einzutragen. Eine derartige Eintragung hat allerdings nicht stattgefunden. Der § 15 Abs. 1 HGB sieht ausdrücklich vor, dass eine in das Handelsregister einzutragende Tatsache solange sie nicht eingetragen und bekannt gemacht ist, von denjenigen, in dessen Angelegenheiten sie einzutragen war, einem Dritten nicht entgegengesetzt werden kann. Eine Ausnahme besteht nur in den Fällen, in welchen die Tatsache dem Dritten bekannt war. Nach herrschender Auffassung gibt der § 15 HGB dem Dritten jedoch die Möglichkeit, ein Wahlrecht auszuüben. Entweder er beruft sich auf die wirkliche Rechtslage oder er beruft sich auf das, was im Handelsregister eingetragen ist.

Wenn U sich auf das Handelsregister berufen würde, so hätte Winter die Winter-KG nicht
wirksam vertreten, weil das Handelsregister ausdrücklich aussagt, dass er lediglich zusammen mit dem Gesellschafter Sommer vertretungsberechtigt war. Beruft sich U jedoch
auf die wirkliche Rechtslage, dann war Winter – wegen des Ausscheidens des einzigen
anderen Komplementärs Sommer – auch berechtigt alleine die Winter-KG wirksam zu
vertreten. Für die Durchsetzung des Kaufpreisanspruchs kann U also nur der Ratschlag
erteilt werden, sich auf die für ihn günstigere tatsächliche Rechtslage zu berufen. In diesem
Fall hat er dann einen Anspruch gegen die Winter-KG auf Zahlung der offenen Kaufpreisraten.

5   Prokura

Die Prokura muss von der Handlungsvollmacht abgegrenzt werden. Obwohl beide im fünften Abschnitt des „Ersten Buches" des HGB geregelt sind, befinden sich die Normen der Prokura in § 48 bis § 53 HGB, während die Regelungen der Handlungsvollmacht erst ab § 54 HGB beginnen. Während die Prokura eine nahezu allumfassende Vertretungsmacht einräumt, ist die Handlungsvollmacht in ihrem Umfang eingeschränkter als die Prokura.

> **Beispiel:**
>
> Auf dem Weg zum Werkstor begegnet der Einzelunternehmer U seinem fleißigen Mitarbeiter M. U, der die Treue und den Arbeitseifer von M sehr schätzt, sagt ihm, dass er ihn mit sofortiger Wirkung zum Prokuristen des Unternehmens ernenne. Ist eine derartige mündliche Ernennung wirksam?

Die Prokura stellt eine spezielle Form einer durch Rechtsgeschäft erteilten Vertretungsmacht dar. Ihr Umfang wird durch im HGB gesetzlich geregelte Vorgaben genau umrissen. Sie ist in das Handelsregister einzutragen. Grundsätzlich können auf die Prokura auch die allgemeinen Regelungen des BGB zur Stellvertretung im Sinne der § 164 BGB angewandt werden. Nach § 48 Abs. 1 HGB ist es erforderlich, dass die Prokura durch eine ausdrückliche Erklärung erteilt wird. Eine bestimmte Form ist für die Erteilung der Prokura nicht vorgeschrieben. Insofern ist in oben genanntem Beispielfall die mündliche Ernennung des M zum Prokuristen geeignet, eine wirksame Prokuraerteilung durchzuführen. Zwar muss diese auch ins Handelsregister eingetragen werden, doch ist sie – weil das HGB keine bestimmte Form für die Erteilung vorschreibt – bereits durch die mündliche Prokuraerteilung wirksam. Die Eintragung im Handelsregister ist, auch wenn sie in § 53 Abs. 1 Satz 1 HGB vorgeschrieben ist, dementsprechend nur noch deklaratorisch. Weil es sich bei der Prokura um eine sehr spezielle Form der Vollmacht handelt, muss sie ausdrücklich und persönlich vom Inhaber des Handelsgeschäfts erklärt werden. Auch wenn die Prokura formfrei erteilt werden kann, ist es nicht möglich, die Prokura stillschweigend zu erteilen. Etwaige Regelungen der Duldungs- oder Anscheinsvollmacht, wie sie beispielsweise im BGB zu finden sind, finden auf die Prokuraerteilung keine Anwendung. Nicht nur Unternehmer als natürliche Personen sind in der Lage, Prokura zu erteilen. Auch offene Handelsgesellschaften und Kommanditgesellschaften können Prokura vergeben. Aus Gründen des Minderjährigenschutzes bedarf es im Rahmen der Prokuraerteilung durch einen minderjährigen Kaufmann allerdings nach § 1822 Nr. 11 BGB einer Genehmigung des Vormundschaftsgerichts.

5.1   Wirkung und Umfang der Prokura

Durch die Prokura wird der Prokurist ermächtigt, alle Arten von gerichtlichen und außergerichtlichen Geschäften und Rechtshandlungen vorzunehmen, welche der Betrieb eines Handelsgewerbes mit sich bringt.[39] Um es prägnant auszudrücken: Prokura ist eine Vertrauensstellung. Denn der Prokurist hat im Unternehmen derart weit gehende Rechte, wie sie sonst nur der Unternehmer selbst besitzt. So darf der Prokurist beispielsweise Kaufverträge abschließen, Darlehen aufnehmen, Personal einstellen oder entlassen. Er darf fast alle die Dinge tun, zu denen auch der Unternehmer berechtigt ist. Lediglich ganz wenige Tatbestände sind ihm untersagt. So darf ein Prokurist nach § 49 Abs. 2 HGB keine Grundstücke des Unternehmens veräußern oder belasten, soweit ihm eine Befugnis hierfür nicht ausdrücklich erteilt worden ist. Darüber hinaus ist ein Prokurist zur Unterzeichnung des Jahresabschlusses nicht berechtigt, darf ein Prokurist nicht die Firma (also den Unternehmensnamen) ändern bzw. beim Handelsregister anmelden, das Handelsgeschäft einstellen oder veräußern, einen Insolvenzantrag stellen oder anderen Personen seinerseits Prokura erteilen. Eine weitere Frage, die sich stellt ist, ob man die Prokura des Prokuristen nicht beschränken kann.

> **Beispiel:**
>
> P ist Prokurist des Unternehmers U. Im Arbeitsvertrag mit P hat der Unternehmer U die Möglichkeit zum Vertragsabschluss auf Rechtsgeschäfte bis zu einer Höhe von 20.000 € beschränkt. Für Rechtsgeschäfte, welche diesen Wert übersteigen, hat P also keine Befugnis. Trotzdem schließt P in seiner Eigenschaft als Prokurist einen Vertrag über den Einkauf von Waren in Höhe von 50.000 € ab. Als U hiervon erfährt, teilt er dem Vertragspartner mit, dass er sich nicht an den Vertrag gebunden fühle, weil sein Prokurist P im Umfang seiner Vertretungsmacht beschränkt gewesen sei. Hat er Recht?

Im Rahmen der Wirkung einer erteilten Prokura und der Möglichkeit ihrer Beschränkung, ist zwischen Außen- und Innenverhältnis zu differenzieren. Zwar ist es durchaus möglich, im Innenverhältnis – also im Verhältnis zwischen dem Unternehmer und dem Prokuristen – die Handlungsmöglichkeiten des Prokuristen vertraglich zu beschränken. Derartige Beschränkungen können beispielsweise explizit in den Arbeitsvertrag aufgenommen werden. Nach außen – also dritten Personen gegenüber – ist eine Beschränkung jedoch nicht möglich, sondern gemäß § 50 Abs. 1 und Abs. 2 HGB sogar ausdrücklich unwirksam. Insofern ist im oben genannten Beispielfall der von P geschlossene Kaufvertrag über 50.000 € für das Unternehmen des U bindend, da eine Beschränkung der Prokura im Außenverhältnis unwirksam ist. Im Innenverhältnis, also im Verhältnis zwischen Unternehmer und Prokurist, entfaltet die Beschränkung jedoch eine Wirksamkeit. Aus diesem Grunde könnte der Unternehmer also versuchen, etwaige Schäden vom Prokuristen ersetzt zu verlangen, da dieser gegen die im Innenverhältnis wirksam erteilte Beschränkung seiner Handlungsmöglichkeiten verstoßen hat.

---

[39]   Vgl. hierzu vertiefend auch: Baumbach / Hopt, Handelsgesetzbuch, 34. Auflage, München 2010, § 49 Rn. 1 ff.

Nach § 51 HGB ist ein Prokurist verpflichtet, bei der Leistung seiner Unterschrift einen Zusatz anzufügen, welcher die Prokura andeutet. Hierfür wird in der Praxis gewöhnlich das Kürzel „ppa." genutzt, welches so viel wie bedeutet wie „per procura". Als vollständig ausgeschriebene Formen des Vollmachtzusatzes sind die Bezeichnungen „als Prokurist", „per procura" oder „in Prokura" zu nennen.[40] Der § 51 HGB hat zwar den Zweck, den Vertragspartner auf die Prokuristenstellung des Unterzeichnenden hinzuweisen. Doch macht eine Unterschrift, welche das Kürzel nicht enthält, die Unterschrift trotzdem nicht unwirksam.

5.2 Besondere Formen der Prokura

Neben der oben beschriebenen Ausgestaltung als Einzelprokura, nach welcher dem Prokuristen das Recht zusteht, alleine in fast vollem Umfang all diejenigen Rechtsgeschäfte vorzunehmen, die ein Handelsgewerbe mit sich bringt, sind im Rahmen der Prokura noch folgende zwei besondere Formen zu unterscheiden:

Abbildung 5.1   Besondere Formen der Prokura

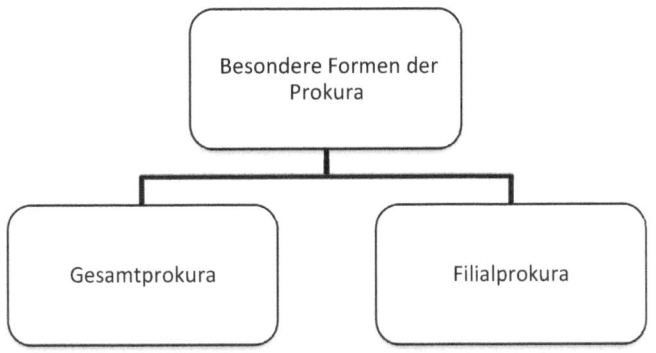

Gesamtprokura bedeutet, dass mehrere Personen zu Prokuristen ernannt werden und nur gemeinsam ihre Aufgabe wahrnehmen können. Hinter einer derartigen Konstruktion steht letztlich auch der Grundgedanke, dass die durch die Prokura erlangte Machtfülle dadurch sinnvoll beschränkt werden kann, dass der Prokurist nicht alleine sondern nur mit einer oder mehreren Personen gemeinsam zum Handeln befugt ist. Die Erteilung einer Gesamtprokura ist durch das Gesetz mit § 48 Abs. 2 HGB ausdrücklich anerkannt. Verstößt ein Prokurist gegen die Gesamtprokura und handelt ohne die Zustimmung der übrigen zur Prokura berufenen Personen, so ist seine Handlung juristisch als Vertretung ohne Vertretungsmacht im Sinne der §§ 177 bis 179 BGB zu werten.

---

[40]   Vgl. Münchner Kommentar / Krebs, Handelsgesetzbuch §§ 1 – 104a, 3. Auflage, München 2010, § 51 Rn. 6.

Unter der Filialprokura ist, in Abgrenzung zu der eben besprochenen Gesamtprokura, eine Beschränkung der Prokura auf lediglich einen Zweigbetrieb bzw. eine Zweigniederlassung des Unternehmens zu verstehen. Der hierzu berufene Prokurist ist nur berufen, Rechtshandlungen bezüglich dieser einzelnen Zweigstelle vorzunehmen. Weitergehende Befugnisse sind nicht vorgesehen.

5.3   Ende der Prokura

Beispiel:

Unternehmer U hat seinem Mitarbeiter M lediglich mündlich die Prokura erteilt. Aufgrund eines Versehens vergaß U jedoch, die Prokura zur Eintragung in das Handelsregister anzumelden. Acht Monate später kommt es zu einem Streit zwischen M und U. U möchte M nunmehr die Prokura wieder entziehen. Was muss er dabei beachten?

Im vorliegenden Fall müsste zunächst geprüft werden, ob ein Widerruf überhaupt notwendig ist. Denn ein Widerruf ist schließlich nur dann erforderlich, wenn die Prokura überhaupt wirksam erteilt worden ist. Zweifel könnten diesbezüglich deshalb bestehen, weil § 53 Abs. 1 Satz 1 HGB eine Eintragung der Prokura in das Handelsregister vorsieht. Doch ist hierbei zu bedenken, dass der Eintragung in das Handelsregister lediglich eine deklaratorische Funktion zukommt. Bereits mit dem Vorliegen der in § 48 HGB genannten Voraussetzungen – also der Erteilung durch den Inhaber des Handelsgeschäfts bzw. seines gesetzlichen Vertreters und dem Vorliegen einer ausdrücklichen Erklärung – ist eine Prokuraerteilung wirksam erfolgt. Für den nun erforderlichen Widerruf ist zu bedenken, dass § 52 Abs. 1 HGB einen jederzeitigen Widerruf ohne Festlegung einer bestimmten Form vorsieht. Auch wenn es merkwürdig anmutet, so sollte man die Regelung des § 53 Abs. 3 HGB ernst nehmen und wegen der Eindeutigkeit des Widerrufes trotz fehlender Eintragung der Prokuraerteilung den Widerruf im Handelsregister eintragen lassen. In der Praxis werden dann Eintragung und Widerruf gleichzeitig vermerkt. Losgelöst vom Beispielfall lässt sich für die Beendigung der Prokura folgendes festhalten:

Der Unternehmer ist nach § 52 Abs. 1 HGB dazu berechtigt, die Prokura jederzeit, ohne Rücksicht auf das Fortbestehen des Arbeitsverhältnisses zu widerrufen. Ebenso wie die Erteilung, kann auch der Widerruf durch eine formlose Erklärung gegenüber dem Prokuristen oder der Öffentlichkeit erfolgen. Ob eine Erklärung gegenüber einem Dritten bereits genügt, ist in der Literatur umstritten. Weitere Beendigungsgründe können die Eröffnung eines Insolvenzverfahrens oder nach einer Ansicht in der Literatur die Einstellung bzw. die Veräußerung eines Betriebes sein. In der Rechtsprechung wird jedoch festgestellt, dass die Auflösung einer Personengesellschaft nicht zum Erlöschen der Prokura führt.[41] Aber der Tod des Prokuristen führt zu einer Beendigung der Vertretungsmacht. Es bleibt also fest-

---

[41]   Zum Fortbestand einer Prokura bei der Auflösung einer Personengesellschaft vgl.: OLG München, Beschluss vom 09.08.2011, 31 Wx 314/11, DB 2011, S. 2713.

zuhalten, dass die Prokura gemäß § 52 HGB widerruflich ist. Sie ist weder übertragbar noch vererblich; aber die Prokura überdauert den Tod des prokuraerteilenden Unternehmensinhabers.

Von der Prokura zu unterscheiden ist die so genannte Handlungsvollmacht. Sie ist ab § 54 HGB geregelt und stellt eine in Betrieben erteilte Vollmacht dar, die in ihrem Umfang geringer ist, als die umfassende Vollmacht eines Prokuristen. Die schlichte Handlungsvollmacht wird nicht in das Handelsregister eingetragen.

5.4   Abgrenzung zur Handlungsvollmacht

Die in den § 54 HGB bis § 58 HGB geregelte Handlungsvollmacht ist von der Prokura abzugrenzen. Auch sie ist neben der Prokura eine Sonderform der Bevollmächtigung. Allerdings stellt die Handlungsvollmacht den „Regelfall kaufmännischer Stellvertretung"[42] dar. Der Kaufmann, welcher die Vertretungsmacht erteilt, kann den Umfang der Vertretungsmacht selbst bestimmen. Um hierbei eine Sicherheit für gutgläubige Dritte zu erreichen, hat der Gesetzgeber in § 54 HGB einen gesetzlichen Mindestumfang der Vollmacht festgelegt. Diese Vorschrift lautet:

§ 54 Handlungsvollmacht

(1) Ist jemand ohne Erteilung der Prokura zum Betrieb eines Handelsgewerbes oder zur Vornahme einer bestimmten zu einem Handelsgewerbe gehörenden Art von Geschäften oder zur Vornahme einzelner zu einem Handelsgewerbe gehörender Geschäfte ermächtigt, so erstreckt sich die Vollmacht (Handlungsvollmacht) auf alle Geschäfte und Rechtshandlungen, die der Betrieb eines derartigen Handelsgewerbes oder die Vornahme derartige Geschäfte gewöhnlich mit sich bringt.

(2) Zur Veräußerung oder Belastung von Grundstücken, zur Eingehung von Wechselverbindlichkeiten, zur Aufnahme von Darlehen und zur Prozessführung ist der Handlungsbevollmächtigte nur ermächtigt, wenn ihm eine solche Befugnis besonders erteilt ist.

(3) Sonstige Beschränkungen der Handlungsvollmacht braucht ein Dritter nur dann gegen sich gelten zu lassen, wenn er sie kannte oder kennen musste.

Im Gegensatz zur Prokura, welche nicht stillschweigend erteilt werden kann, kann eine Handlungsvollmacht im Sinne des § 54 HGB auch stillschweigend erteilt werden. Anders als bei der Prokura ist eine Eintragung der Handlungsvollmacht in das Handelsregister nicht erforderlich. Eine der umfassendsten Formen der Handlungsvollmacht stellt die so genannte Generalhandlungsvollmacht dar.[43] Hierbei hat der Handlungsbevollmächtigte die Berechtigung, alle Geschäfte, die der Betrieb eines derartigen Handelsgewerbes gewöhnlich mit sich bringt, durchzuführen. Die Generalhandlungsvollmacht unterscheidet sich aller-

---

[42]   Münchner Kommentar / Krebs, Handelsgesetzbuch §§ 1 – 104a, 3. Auflage, München 2010, § 54 Rn. 1.
[43]   Vgl. hierzu vertiefend auch: Baumbach / Hopt, Handelsgesetzbuch, 34. Auflage, München 2010, § 54 Rn. 10.

dings zur Prokura darin, dass sie durch den Begriff der Branchenüblichkeit begrenzt wird. Der Generalhandlungsbevollmächtigte darf also nur insoweit Geschäfte vornehmen, wie sie auch branchenüblich sind. Die Regelung des § 54 Abs. 2 HGB verbietet bestimmte Rechtsgeschäfte für den Handlungsbevollmächtigten explizit. Derartige Rechtsgeschäfte kann er nur vornehmen, wenn ihm eine diesbezügliche Befugnis gesondert erteilt wurde. Die in Deutschland geltende Autonomie lässt es darüber hinaus zu, dem Handlungsbevollmächtigten durch Vertrag weiter reichende Beschränkungen aufzuerlegen.

Im Rahmen des § 54 HGB kann zwischen drei Stufen der Handlungsvollmacht differenziert werden. So sieht der § 54 Abs. 1, 1. Alt. HGB die so genannte Generalhandlungsvollmacht vor. Ein Beispiel für eine derartige Handlungsvollmacht ist, wenn ein Mitarbeiter ermächtigt wird, als Geschäftsführer eine Geschäftsdependance zu führen. Die zweite Abstufung einer Handlungsvollmacht findet sich in § 54 Abs. 1, 2. Alt. HGB. Diese bezieht sich nur auf gewisse Arten von Geschäften. Ein Beispiel für eine derartige Handlungsvollmacht ist es, wenn ein Mitarbeiter befugt wird, alleine den Einkauf von Waren vornehmen zu können. Die dritte Abstufung im Rahmen der Handlungsvollmacht zeigt sich in § 54 Abs. 1, 3. Alt. HGB. Diese wird bisweilen auch als Einzelhandlungsvollmacht bezeichnet. Ein Beispiel hierfür ist es, wenn einem Mitarbeiter die Durchführung eines bestimmten Projektes in Eigenverantwortung anvertraut wird.

Abbildung 5.2   Handlungsvollmacht

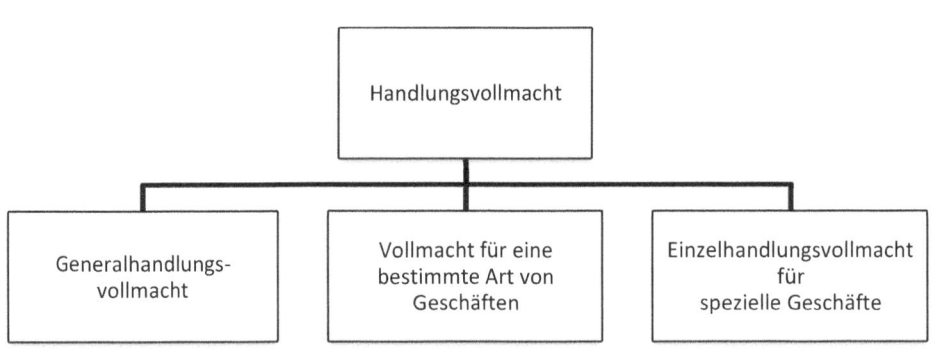

5.5   Vollmacht von Angestellten

Mit der Regelung des § 56 HGB hat der Gesetzgeber eine weitere Form der Vertretung normiert, die neben der Handlungsvollmacht einzuordnen ist. Diese Vorschrift ermächtigt Personen, welche in einem Laden oder offenen Warenlager angestellt sind, zu Verkäufen und bevollmächtigt sie zu Empfangnahmen, sofern diese in einem derartigen Laden oder

Warenlager gewöhnlich vorkommen.[44] Die Wortwahl des § 56 HGB zeigt deutlich, dass die Vollmacht für den Angestellten nach dieser Vorschrift nur zum Schutz etwaiger Vertragspartner und zur besseren Abwicklung fingiert wird. Sinn einer derartigen Regelung ist es, etwaige Rechtsstreitigkeiten auszuschließen, die ansonsten über die Bevollmächtigung derartiger Angestellter entbrennen würden. Die gesetzliche Regelung, nach der eine derartige Vollmacht einfach unterstellt werden kann, trägt insoweit also nur zum Erhalt des Rechtsfriedens bei. Begrifflich versteht der Gesetzgeber unter „Ladengeschäft" jeden Verkaufsraum, der für die Öffentlichkeit zugänglich ist. Weitere Voraussetzung für die Anwendung des § 56 HGB ist die Anstellung der Hilfsperson. Das heißt, der Ladenangestellte muss mit Wissen und Wollen des Unternehmensinhabers in dem Ladengeschäft tätig sein.[45] Darüber hinaus ermächtigt § 56 HGB den Ladenangestellten lediglich zu Verkäufen und Empfangnahmen. Der Begriff des Ankaufs ist von dieser Vorschrift explizit nicht erfasst.

---

[44] Vgl. hierzu vertiefend auch: Münchner Kommentar / Krebs, Handelsgesetzbuch §§ 1 – 104a, 3. Auflage, München 2010, § 56 Rn. 8 ff.
[45] Vgl. Baumbach / Hopt, Handelsgesetzbuch, 34. Auflage, München 2010, § 56 Rn. 2.

6   Personen des kaufmännischen Lebens

Für die Abwicklung von Rechtsgeschäften bedient sich der Unternehmer im Rahmen seiner beruflichen Tätigkeit einer Vielzahl an Personen. Für diese und insbesondere zur Festlegung ihrer Rechtsverhältnisse bietet das Handelsgesetzbuch in Verbindung mit den Regelungen des Bürgerlichen Gesetzbuchs eine Vielzahl an gesetzlich festgelegten Normen.

Abbildung 6.1   Personen des kaufmännischen Lebens

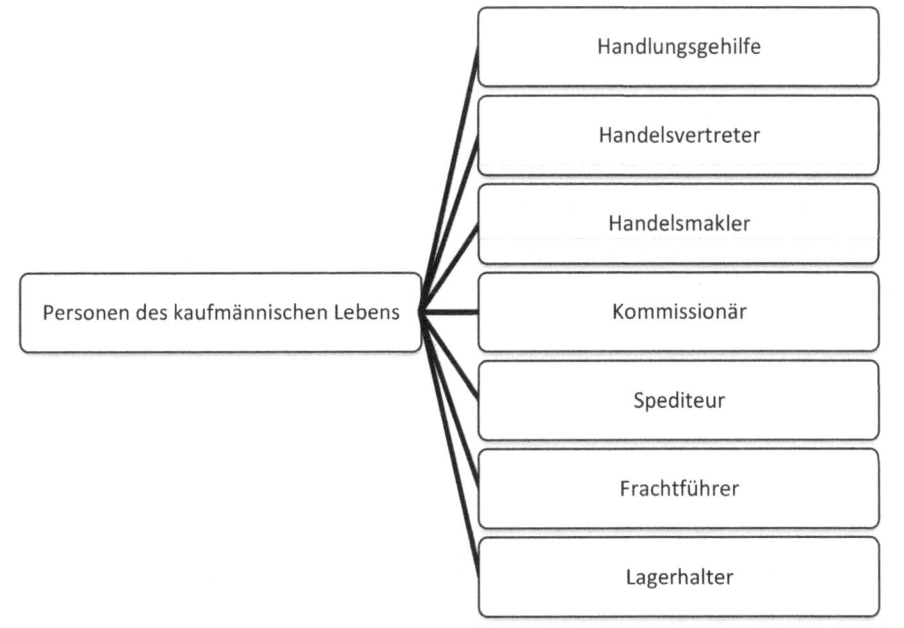

Die Bezeichnung „Personen des kaufmännischen Lebens" kann als Oberbegriff verstanden werden. Bei den Personen des kaufmännischen Lebens handelt es sich entweder um selbständige oder um unselbständige Hilfspersonen. Diese wiederum können sinnvoll in unselbständige und selbständige Hilfspersonen des Kaufmanns sowie in die Kategorie der besonderen Kaufleute untergliedert werden. Zu den Hilfspersonen des Kaufmanns gehören:

Abbildung 6.2   Hilfspersonen des Kaufmanns

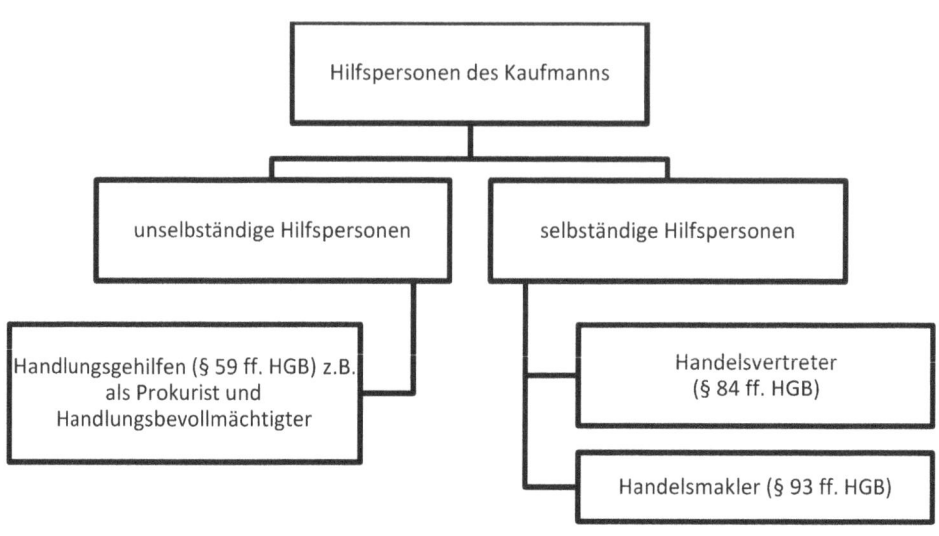

Daneben gibt es aber auch noch selbständige besondere Kaufleute, denen sich ein Kaufmann bei der Abwicklung seiner Handelsgeschäfte bedient. Hierzu zählen insbesondere:

Abbildung 6.3   Selbständige besondere Kaufleute

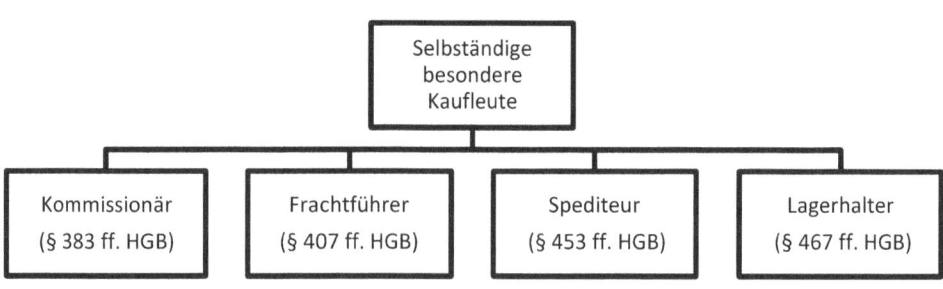

Alle oben genannten Personen des kaufmännischen Lebens werden im Folgenden näher dargestellt.

6.1   Handlungsgehilfe

Ab dem § 59 HGB wird der so genannte „Handlungsgehilfe" geregelt. Er ist eine unselbständige Hilfsperson des Kaufmanns. Eine Definition des Handlungsgehilfen nebst den
damit verbundenen Pflichten finden sich explizit in § 59 HGB. Diese Vorschrift lautet:

> *§ 59 HGB Pflichten des Handlungsgehilfen*
>
> *Wer in einem Handelsgewerbe zur Leistung kaufmännischer Dienste gegen Entgelt angestellt ist
> (Handlungsgehilfe), hat, soweit nicht besondere Vereinbarungen über die Art und den Umfang
> seiner Dienstleistungen oder über die ihm zukommende Vergütung getroffen sind, die dem Orts-
> gebrauch entsprechenden Dienste zu leisten sowie die dem Ortsgebrauch entsprechende Vergü-
> tung zu beanspruchen. In Ermangelung eines Ortsgebrauchs gelten die den Umständen nach an-
> gemessenen Leistungen als vereinbart.*

Der Begriff des Handlungsgehilfen ist im heutigen Sprachgebrauch – abgesehen von juristischen Fachtermini – kaum noch zu finden. Stattdessen wird heute von einem „kaufmännischen Angestellten" gesprochen. Insofern ist es leicht nachvollziehbar, dass das Rechtsverhältnis zwischen dem Kaufmann und dem Handlungsgehilfen bzw. synonym zwischen
dem Arbeitgeber und dem Arbeitnehmer zu weiten Teilen dem Arbeitsrecht unterfällt. In
den §§ 59 bis 83 HGB werden spezielle Rechtsnormen genannt, die das Verhältnis des Unternehmers zu seinen Arbeitnehmern näher beschreiben. Diese Vorschriften dienen insofern lediglich der Ergänzung der arbeitsrechtlichen Vorschriften sowie insbesondere der
Ergänzung der §§ 611 ff. BGB. Sie sagen allerdings nichts darüber aus, welche Arten von
Handlungsgehilfen existieren. Die nähere Ausgestaltung der Arten und Regelungen über
die Möglichkeiten unselbständiger Hilfspersonen des Kaufmanns finden sich im fünften
Abschnitt des „Ersten Buches" des Handelsgesetzbuches in den Vorschriften über die Prokura und die Handlungsvollmacht. Denn Prokurist, Handlungsbevollmächtigter und La-
denangestellter sind die Unterarten der unselbständigen Hilfsperson „Handlungsgehilfe".

Abbildung 6.4   Umfang der Vertretungsmacht im Außenverhältnis

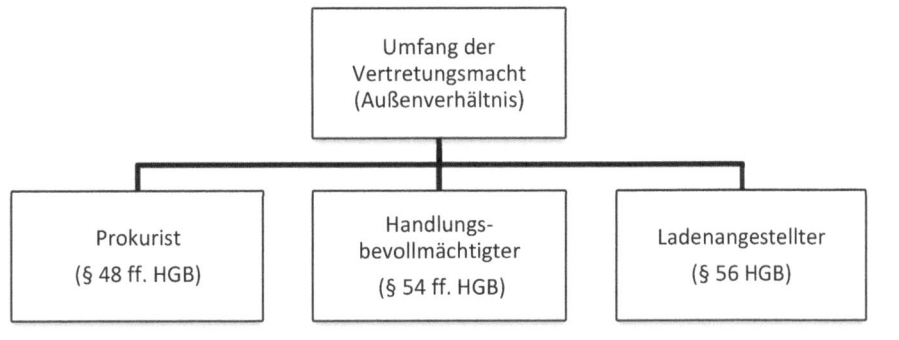

Jede dieser drei Arten unselbständiger Hilfspersonen des Kaufmanns erhält durch eine rechtsgeschäftliche Bevollmächtigung die Möglichkeit, in unterschiedlichem Umfang Stellvertretung auszuüben. Insofern ist es auch kaum verwunderlich, dass die Vorschriften des Bürgerlichen Gesetzbuches auf die Erteilung der Vertretungsmacht angewendet werden. Ebenso wie für die Erteilung auf § 167 Abs. 1 BGB zurückgegriffen werden kann, so bemisst sich die Wirksamkeit des Handelns nach den Vorschriften der §§ 164 ff. BGB. Die Regelungen des HGB sind dementsprechend lediglich für den Umfang der Vertretungsmacht relevant.

6.2   Handelsvertreter

Beispiel:

A ist von einem großen Verlag damit beauftragt worden, Buchhandlungen in der gesamten Region des Bundeslandes Nordrhein-Westfalen zu besuchen, ihnen die Neuheiten des Verlages vorzustellen und im Namen des Verlages Kaufverträge mit den Kunden abzuschließen. Für diese Tätigkeit ist dem A in seinem mit dem Verlag abgeschlossenen Vertrag eine Provision zugesagt worden. Bei der Gestaltung seiner Tätigkeit macht ihm der Verlag ansonsten keinerlei Vorgaben. Wie ist die Art seiner Tätigkeit rechtlich einzuordnen?

Handelsvertreter kann jede natürliche oder juristische Person sein.[46] Der Handelsvertreter ist in den §§ 84 ff. HGB geregelt. Hiernach ist der Handelsvertreter ein selbständiger Gewerbetreibender, welcher ständig damit betraut ist, für einen Unternehmer Geschäfte zu vermitteln oder Geschäfte in dessen Namen abzuschließen. Demzufolge sind folgende Aspekte ausschlaggebend dafür, eine Person als Handelsvertreter zu qualifizieren:

---

[46]   Vgl. Baumbach / Hopt, Handelsgesetzbuch, 34. Auflage, München 2010, § 84 Rn. 7.

Abbildung 6.5   Handelsvertreter

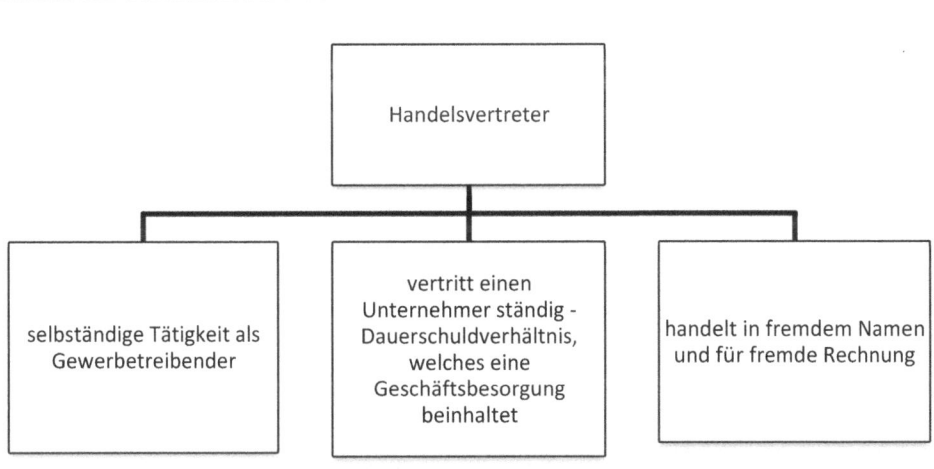

Der Begriff der Selbständigkeit ist in § 84 Abs. 1 Satz 2 HGB näher definiert. Hiernach ist als Selbstständiger anzusehen, wer im Wesentlichen frei seine Tätigkeit gestalten und seine Arbeitszeit bestimmen kann. Wenn der § 84 Abs. 1 Satz 1 HGB als weiteres Kriterium das Merkmal „ständig betraut" nennt, so wird dies zwar im Regelfall eine unbefristete Tätigkeit meinen; allerdings kann unter diese Formulierung auch eine zeitlich begrenzte Tätigkeit, wie beispielsweise eine Tätigkeit für eine Saison oder eine Tätigkeit für die Durchführung eines bestimmten Projektes subsummiert werden. In § 84 Abs. 4 HGB wird der selbstständige Handelsvertreter insofern konkretisiert, als es nach dieser Vorschrift nicht erforderlich ist, dass es sich bei dem Handelsvertreter um einen Kaufmann im Sinne des § 1 Abs. 2 HGB oder im Sinne des § 2 HGB handelt. Der Auftraggeber des Handelsvertreters hingegen braucht nach der Vorschrift des § 91 Abs. 1 HGB selbst kein Kaufmann zu sein. Es ist nicht erforderlich, dass der Handelsvertreter nur für ein Unternehmen alleine tätig ist. In der Praxis kommt es vielmehr sehr häufig vor, dass ein Handelsvertreter für mehrere Unternehmer zugleich arbeitet. Es ist allerdings zulässig, durch Vertrag einen Handelsvertreter auf das „Tätigwerden" für lediglich ein Unternehmen zu beschränken.[47]

Im oben genannten Beispielfall handelt A als Selbständiger. Aufgrund seiner vertraglichen Absprache mit dem Verlag ist er auch ständig damit betraut, für den Verlag Neuheiten vorzustellen und diesbezügliche Verträge im Namen des Verlages abzuschließen. Aufgrund seines Handelns in fremdem Namen und auf fremde Rechnung ist er, weil alle oben genannten Voraussetzungen vorliegen, als Handelsvertreter einzustufen.

---

[47]   Vgl. zu den unterschiedlichen Arten der Handelsvertreter: Münchner Kommentar / von Hoyningen-Huene, Handelsgesetzbuch §§ 1 – 104a, 3. Auflage, München 2010, § 84 Rn. 7 ff. und Rn. 13 ff.

In der Praxis ist der Handelsvertreter vom so genannten Handlungsreisenden zu differenzieren. Denn ein Handlungsreisender hat zwar einen ähnlichen Aufgabenbereich wie der Handelsvertreter, doch gibt es hierbei erhebliche Unterschiede. Während der Handlungsreisende fest bei einem Unternehmen angestellt ist, handelt ein Handelsvertreter als Selbstständiger. Die Tätigkeit des Handelsvertreters kann entweder im Abschließen von Verträgen bestehen, dann wird von einem Abschlussvertreter gesprochen; oder der Handelsvertreter wird vornehmlich für die Vermittlung von Geschäften eingesetzt; dann kann von einem so genannten Vermittlungsvertreter gesprochen werden. Die besonderen Regelungen für selbständige Handelsvertreter gelten nach § 84 Abs. 4 HGB unabhängig vom Umfang des Geschäftsbetriebs des Handelsvertreters. Sie können also auch dann auf einen Handelsvertreter angewandt werden, wenn das Unternehmen des Handelsvertreters nach Art oder Umfang einen in kaufmännischer Weise eingerichteten Geschäftsbetrieb nicht erfordert.

Beispiel:

Der Handelsvertreter H schließt mit einer großen Buchhandlung einen Vertrag über Waren im Werte von 20.000 € ab. Dieser Vertrag wird an die Bedingung geknüpft, dass ein bestimmter, bei dem Verlag unter Vertrag stehender Autor beim Firmenjubiläum der Buchhandlung eine Rede hält. Nachdem der Autor zum vereinbarten Zeitpunkt schuldlos nicht erschienen, und damit die Bedingung nicht erfüllt worden ist, entfaltet der Kaufvertrag zwischen der Buchhandlung und dem Verlag im Werte von 20.000 € mangels Eintritt der vereinbarten Bedingung keine Wirksamkeit. Kann der Handelsvertreter H trotzdem seine Provision verlangen?

Nach § 87 HGB erhält der Handelsvertreter als Gegenleistung für die Vermittlung fremder Geschäfte eine Provision.[48] Diese fällt nach § 87 HGB mit der Ausführung des von ihm vermittelten Rechtsgeschäfts an. D.h. in diesem Zeitpunkt tritt ihre Fälligkeit ein. Diese Vorschrift lautet:

§ 87 HGB Provisionspflichtige Geschäfte

(1) Der Handelsvertreter hat Anspruch auf Provision für alle während des Vertragsverhältnisses abgeschlossenen Geschäfte, die auf seine Tätigkeit zurückzuführen sind oder mit Dritten abgeschlossen werden, die er als Kunden für Geschäfte der gleichen Art geworben hat. Ein Anspruch auf Provision besteht für ihn nicht, wenn und soweit die Provision nach Absatz 3 dem ausgeschiedenen Handelsvertreter zusteht.

(2) Ist dem Handelsvertreter ein bestimmter Bezirk oder ein bestimmter Kundenkreis zugewiesen, so hat er Anspruch auf Provision auch für die Geschäfte, die ohne seine Mitwirkung mit Personen seines Bezirkes oder seines Kundenkreises während des Vertragsverhältnisses abgeschlossen sind. Dies gilt nicht, wenn und soweit die Provision nach Absatz 3 dem ausgeschiedenen Handelsvertreter zusteht.

---

[48] Zu den Anforderungen an Buchabzug über provisionspflichtige Geschäfte vgl. auch: BGH, Beschluss vom 20.01.2011, I ZB 67/09, DB 2011, S. 705.

(3) Für ein Geschäft, das erst nach Beendigung des Vertragsverhältnisses abgeschlossen ist, hat der Handelsvertreter Anspruch auf Provision nur, wenn

1. er das Geschäft vermittelt hat oder es eingeleitet und so vorbereitet hat, dass der Abschluss überwiegend auf seine Tätigkeit zurückzuführen ist, und das Geschäft innerhalb einer angemessenen Frist nach Beendigung des Vertragsverhältnisses abgeschlossen worden ist oder

2. vor Beendigung des Vertragsverhältnisses das Angebot des Dritten zum Abschluss eines Geschäfts, für das der Handelsvertreter nach Absatz 1 Satz 1 oder Absatz 2 Satz 1 Anspruch auf Provision hat, dem Handelsvertreter oder dem Unternehmer zugegangen ist.

Der Anspruch auf Provision nach Satz 1 steht dem nachfolgenden Handelsvertreter anteilig zu, wenn wegen besonderer Umstände eine Teilung der Provision der Billigkeit entspricht.

(4) Neben dem Anspruch auf Provision für abgeschlossene Geschäfte hat der Handelsvertreter Anspruch auf Inkassoprovision für die von ihm auftragsgemäß eingezogenen Beträge.

Diese Vorschrift zeigt deutlich, dass in den Fällen, in welchen das vermittelte Rechtsgeschäft nicht ausgeführt wird, der Handelsvertreter auch keinen Anspruch auf seine Provision hat. Für den oben genannten Fall bedeutet dies, dass der H auch keinen Anspruch auf seine Provision erheben kann, wenn der Vertrag aufgrund des Nichteintretens der Bedingung nicht wirksam wird und damit das Rechtsgeschäft auch nicht zur Ausführung kommt.

Darüber hinaus können neben der Provision auch weitere Ansprüche wie beispielsweise eine Delkredereprovision im Sinne des § 86b HGB, eine Inkassoprovision im Sinne des § 87 Abs. 4 HGB oder ein Anspruch auf Ersatz seiner Aufwendungen im Sinne des § 87d HGB bestehen. Nach Beendigung des Vertragsverhältnisses kann zu Gunsten des Handelsvertreters darüber hinaus gegenüber dem Unternehmer auch nach § 89b HGB ein Anspruch auf eine angemessene Ausgleichszahlung bestehen, wenn und soweit der Unternehmer aus der Geschäftsverbindung mit neuen Kunden, die der Handelsvertreter geworben hat, auch nach Beendigung des Vertragsverhältnisses erhebliche Vorteile hat und wenn bzw. soweit die Zahlung eines Ausgleichs unter Berücksichtigung aller Umstände, insbesondere der dem Handelsvertreter aus Geschäften mit diesen Kunden entsprechenden Provisionen, der Billigkeit entspricht. In der Höhe ist der angemessene Ausgleichsanspruch nach § 89b Abs. 2 HGB gedeckelt und wird gesetzlich deshalb auf maximal eine Jahresprovision beschränkt. Um diese Jahresprovision zu ermitteln wird in der Praxis gewöhnlich auf die Zahlen des Vorjahres zurückgegriffen. Ein Rückgriff auf die Vorjahreszahlen scheidet allerdings dann aus, wenn das vorangegangene Geschäftsjahr untypisch verlaufen ist.

Ein Handelsvertretervertrag kann aus mehreren Gründen beendet werden. Verträge, welche nur für eine bestimmte Zeitdauer eingegangen werden, enden gemäß § 620 Abs. 1 BGB mit dem Zeitpunkt, in welchem die vereinbarte Zeitdauer abgelaufen ist. Darüber hinaus besteht auch die Möglichkeit, dass der auf unbestimmte Zeit abgeschlossen Handelsvertretervertrag durch einen zwischen den Parteien einvernehmlich vereinbarten Aufhebungsvertrag aufgelöst wird. Eine weitere Möglichkeit stellt die Kündigung des Handelsvertretervertrages dar. Hierbei sind allerdings die in § 89 Abs. 1 HGB normierten Kündigungs-

fristen zu beachten. In wichtigen Fällen kann allerdings auch aus wichtigem Grund eine
außerordentliche Kündigung im Sinne des § 89a HGB vorgenommen werden. Ein Handelsvertretervertrag endet darüber hinaus nach §§ 115 und 116 InsO auch bei Insolvenz des
Unternehmers oder durch den Tod des Handelsvertreters.

6.3   Handelsmakler

Der Handelsmakler ist rechtlich vom Handelsvertreter abzugrenzen. Obwohl beide relativ
ähnliche Tätigkeiten ausüben, so bestehen hier einige gravierende Unterschiede.

Abbildung 6.6   Kennzeichen des Handelsmaklers

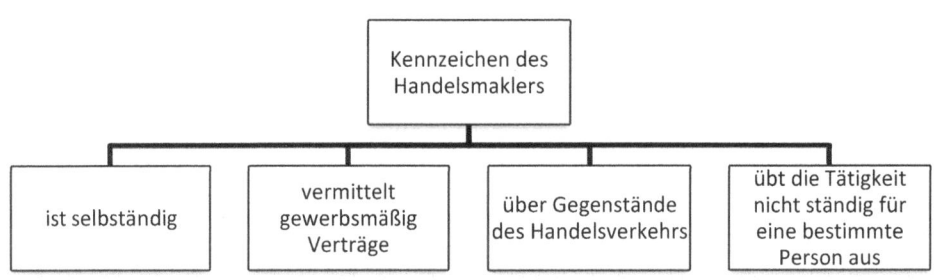

Zwar ist der Handelsmakler ebenso wie der Handelsvertreter als selbständiger Unternehmer und damit als Kaufmann einzuordnen, doch ist es die Aufgabe des Handelsmaklers
lediglich Verträge zu vermitteln[49] und nicht – wie beim Handelsvertreter – Verträge abzuschließen. Insofern kommt es bei Verträgen mittels Handelsmakler lediglich dazu, dass ein
Vertragsschluss zwischen dem vom Makler gefundenen Dritten und dem Auftraggeber des
Maklers zu Stande kommt. Die Tätigkeit des Handelsmaklers ist im Handelsgesetzbuch ab
§ 93 HGB geregelt. Darüber hinaus sind allerdings auch aus dem Bürgerlichen Gesetzbuch
die Regelungen der §§ 652ff. BGB anzuwenden. Ein weiterer wichtiger Unterschied des
Handelsmaklers zum Handelsvertreter besteht darin, dass der Handelsmakler kein ständiges Vertragsverhältnis zu seinem Auftraggeber hat, wie es beispielsweise beim Handelsvertreter der Fall ist. Der Handelsmakler wird also nicht im Rahmen eines Dauerschuldverhältnisses tätig. Die Hauptaufgabe des Handelsmaklers ist dementsprechend nur die gelegentliche Vermittlung von Verträgen. Um welche Verträge es sich hierbei handelt, wird in
§ 93 Abs. 1 HGB explizit genannt: es handelt sich um die Vermittlung von Verträgen über
die Anschaffung oder Veräußerung von Waren oder Wertpapieren, um die Vermittlung
von Versicherungen, Güterbeförderungen, Schiffsmiete oder sonstige Gegenstände des

---

[49]   Vgl. hierzu vertiefend auch: Baumbach / Hopt, Handelsgesetzbuch, 34. Auflage, München 2010,
        § 93 Rn. 1 ff.

Handelsverkehrs. Während auf die eben genannten Verträge die Vorschriften der §§ 93 ff. HGB Anwendung finden, so gelten bei der Vermittlung sonstiger Geschäfte, wie beispielsweise der Vermittlung von Immobilien, lediglich die Vorschriften des Bürgerlichen Gesetzbuchs für Maklerverträge. Nach § 98 HGB haftet der Handelsmakler jeder der beiden Parteien für den durch sein Verschulden entstehenden Schaden. Diese besondere Schadenshaftung ist der Tatsache geschuldet, dass der Handelsmakler nicht auf Dauer an einen bestimmten Auftraggeber gebunden ist. Vielmehr ist der Handelsmakler zur Neutralität verpflichtet; d.h. er ist nicht als Interessenvertreter anzusehen. Wesentlich für den Handelsmakler ist – ähnlich wie beim Handelsvertreter – der Provisionsanspruch. Die Provision erhält der Handelsmakler gemäß § 652 BGB für die Vermittlung von Vertragsabschlüssen. Hierbei ist insbesondere zu beachten, dass nach § 99 HGB die Provision, sofern keine andere vertragliche Vereinbarung existiert oder sofern keine ortsübliche Abweichung besteht, von beiden Vertragsparteien jeweils zur Hälfte zu entrichten ist. Es findet also gewöhnlich keine Gesamtschuldnerschaft statt. Allerdings kann dieser Umstand aufgrund dispositiven Rechtes im Rahmen von Vertragsabsprachen abweichend geregelt werden.

6.4　Kommissionär

6.4.1　Das Kommissionsgeschäft

Die Regelungen über den Kommissionskauf sind im Handelsgesetzbuch in den §§ 383 ff. HGB geregelt. An einem Kommissionsgeschäft sind gewöhnlich drei Personen beteiligt:

Abbildung 6.7　Kommissionsgeschäft

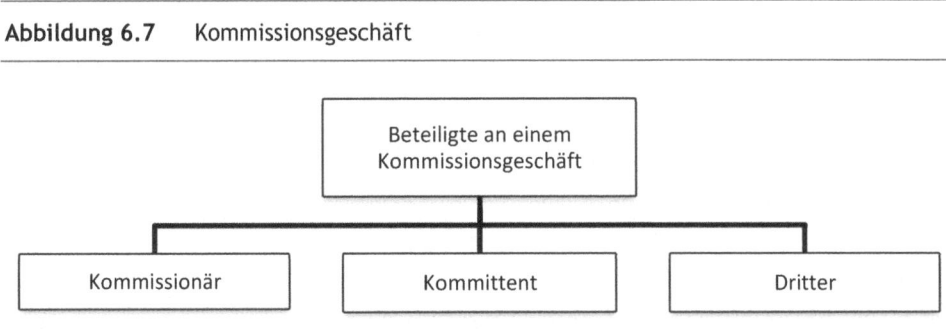

Die Hauptpflicht eines Kommissionärs besteht im Ein- oder Verkauf von Waren oder Wertpapieren.[50]

---

[50]　Vgl. hierzu vertiefend auch: Baumbach / Hopt, Handelsgesetzbuch, 34. Auflage, München 2010, § 383 Rn. 1 ff.

Abbildung 6.8   Kennzeichen des Kommissionärs

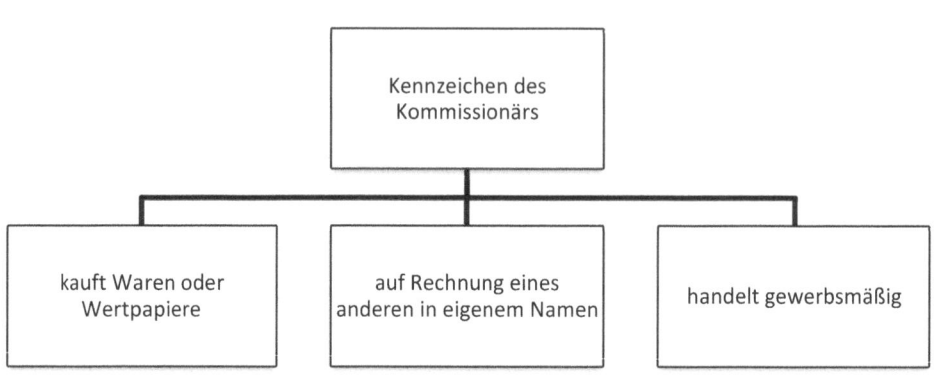

Ein Kommissionär zählt zu den selbständigen Gewerbetreibenden. Er kauft oder verkauft in eigenem Namen für Rechnung seines Auftraggebers, dem so genannten Kommittenten, Waren oder Wertpapiere. Insofern stellt das Kommissionsgeschäft eine mittelbare Stellvertretung dar. Der Kommissionsvertrag kann systematisch als entgeltliche Geschäftsbesorgung im Sinne des § 675 BGB eingeordnet werden. Hiernach ist der Kommissionär nach § 384 HGB insbesondere zur Durchführung des Ausführungsgeschäftes verpflichtet. Im Gegenzug schuldet der Kommittent nach § 396 HGB die Zahlung der Provision. Der Kommittent ist der Auftraggeber des Kommissionärs. Der Kommissionär handelt auf Rechnung des Kommittenten. In der Praxis bedienen sich Unternehmen beispielsweise dann eines Kommissionsvertrages, wenn der Kommittent für die Durchführung derartiger Geschäfte nicht die erforderliche Organisationsstruktur aufweist oder aber in Fällen, in welchen der Kommittent seine Anonymität dem Dritten gegenüber wahren möchte. Als Dritter wird im Rahmen des Kommissionsgeschäftes derjenige bezeichnet, mit welchem der Kommissionär den Vertrag abschließt. Eine unmittelbare Rechtsbeziehung zwischen Kommittent und Drittem besteht nicht. Denn bei Kommissionsgeschäften werden Kommissionär und Dritter Vertragspartner, weil der Kommissionär bei derartigen Geschäften in eigenem Namen auftritt. Dementsprechend werden durch den Vertragsschluss auch alle Rechte und Pflichten nur zwischen Kommissionär und Drittem begründet.

Nach § 383 Abs. 2 HGB finden die Vorschriften über das Kommissionsgeschäft auch dann Anwendung, wenn das Unternehmen des Kommissionärs nach Art oder Umfang einen in kaufmännischer Weise eingerichteten Geschäftsbetrieb nicht erfordert und die Firma des

Unternehmens nicht nach § 2 HGB in das Handelsregister eingetragen worden ist. Allerdings kommen dann die §§ 348 bis 350 HGB nicht zur Anwendung, wenn der Kommissionär nicht in das Handelsregister eingetragen ist. Nach herrschender Meinung entsteht der Provisionsanspruch zwar schon mit dem Abschluss des Ausführungsgeschäftes; doch wird die Fälligkeit des Provisionsanspruches unter die aufschiebende Bedingung der Erfüllung des Rechtsgeschäftes gestellt.

6.4.2   Arten von Kommissionsgeschäften

Begrifflich kann im Rahmen der Kommission zwischen vier Erscheinungsvarianten differenziert werden.

Abbildung 6.9   Die Varianten der Kommission

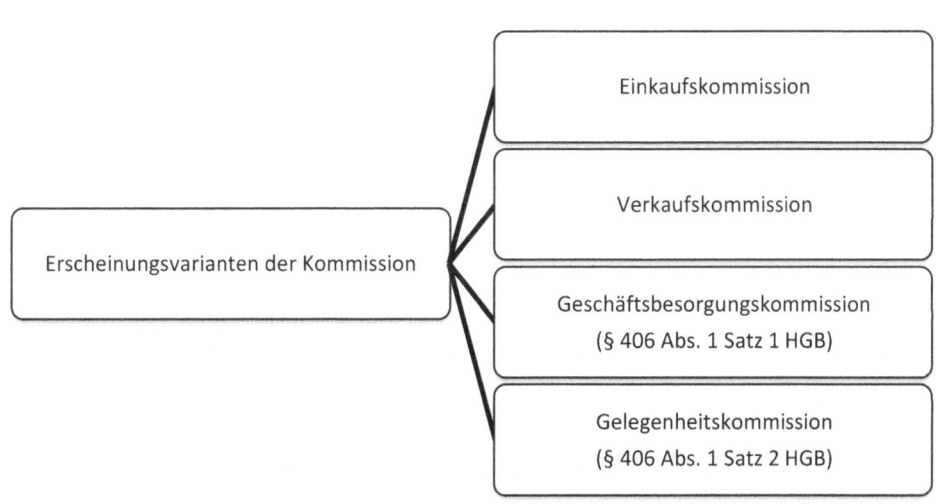

Im Rahmen der Kommissionsgeschäfte kann zwischen Einkaufs- und Verkaufskommission differenziert werden. Die Einkaufskommission ist dadurch gekennzeichnet, dass hier zunächst eine Übereignung vom verkaufenden Dritten an den Kommissionär stattfindet. Erst dann übereignet der Kommissionär den Gegenstand an den Kommittenten weiter. Im Rahmen dieser weitergehenden Eigentumsübertragung kann zwischen zwei Varianten gewählt werden. Entweder die Übereignung an den Kommittenten findet durch die so genannte antizipierte Übereignung statt, bei welcher bereits bei der Übereinkunft der Kommission im Vorfeld zwischen Kommissionär und Kommittent eine Übereinkunft dahingehend erzielt wurde, dass der Kommittent sofort nach dem Kommissionär das Eigentum erwerben soll und der Kommissionär somit den Besitz an der Ware lediglich für den Kommittenten ausüben soll. Eine andere Gestaltungsalternative der Übereignung ist es, den Kommissionär von den Regelungen des § 181 BGB freizustellen und ihm zu gestatten, im Namen des Vertretenen mit sich in eigenem Namen als Vertreter eines Dritten ein Rechtsgeschäft vorzunehmen.

Im Rahmen der Verkaufskommission findet ein Verkauf einer im Eigentum des Kommittenten stehenden Sache im Namen des Kommissionärs und auf fremde Rechnung statt. Hierbei wird dem Kommissionär gewöhnlich vom Kommittenten lediglich der Besitz und nicht das Eigentum an der betreffenden Sache übertragen. Wenn dann das Eigentum vom Kommissionär an einen Dritten übertragen wird, so findet diese Eigentumsübertragung dergestalt statt, dass der Kommissionär als Nichtberechtigter anzusehen ist. Da er dieses jedoch mit Einwilligung des Kommittenten tut ist diese Konstellation rechtlich nicht zu beanstanden.

Darüber hinaus gibt es begrifflich noch die Geschäftsbesorgungs- und die Gelegenheitskommission. Beide finden ihre gesetzliche Grundlage in § 406 Abs. 1 HGB. Der § 406 HGB lautet:

> *§ 406 HGB Ausdehnung auf ähnliche Geschäfte*
>
> *(1) Die Vorschriften dieses Abschnitts kommen auch zur Anwendung, wenn ein Kommissionär im Betriebe seines Handelsgewerbes ein Geschäft anderer als der im § 383 bezeichneten Art für Rechnung eines anderen in eigenem Namen zu schließen übernimmt. Das gleiche gilt, wenn ein Kaufmann, der nicht Kommissionär ist, im Betriebe seines Handelsgewerbes ein Geschäft in der bezeichneten Weise zu schließen übernimmt.*
>
> *(2) Als Einkaufs- und Verkaufskommission im Sinne dieses Abschnitts gilt auch eine Kommission, welche die Lieferung einer nicht vertretbaren beweglichen Sache, die aus einem von dem Unternehmer zu beschaffenden Stoffe herzustellen ist, zum Gegenstande hat.*

Unter einer Geschäftsbesorgungskommission sind Kommissionsgeschäfte zu verstehen, bei welchen der Kommissionär andere Geschäfte als den Kauf oder Verkauf übernimmt. Hierzu gehört beispielsweise die so genannte Inkassokommission. Geregelt ist die Geschäftsbesorgungskommission in § 406 Abs. 1 Satz 1 HGB. Im Satz 2 dieser Rechtsnorm findet sich die Grundlage für ein anderes Kommissionsgeschäft – nämlich die Gelegenheitskommission. Im Rahmen einer Gelegenheitskommission werden von dem Kaufmann lediglich gelegentlich Kommissionsgeschäfte übernommen.

6.4.3   Pflichten des Kommissionärs

Die Pflichten des Kommissionärs sind in § 384 HGB gesetzlich normiert. Diese Vorschrift lautet:

> *§ 384 HGB Pflichten des Kommissionärs*
>
> *(1) Der Kommissionär ist verpflichtet, das übernommene Geschäft mit der Sorgfalt eines ordentlichen Kaufmanns auszuführen; er hat hierbei das Interesse des Kommittenten wahrzunehmen und dessen Weisungen zu befolgen.*
>
> *(2) Er hat dem Kommittenten die erforderlichen Nachrichten zu geben, insbesondere von der Ausführung der Kommission unverzüglich Anzeige zu machen; er ist verpflichtet, dem Kommittenten über das Geschäft Rechenschaft abzulegen und ihm dasjenige herauszugeben, was er aus der Geschäftsbesorgung erlangt hat.*
>
> *(3) Der Kommissionär haftet dem Kommittenten für die Erfüllung des Geschäfts, wenn er ihm nicht zugleich mit der Anzeige von der Ausführung der Kommission den Dritten namhaft macht, mit dem er das Geschäft abgeschlossen hat.*

Aus dieser Vorschrift kann man folgende Pflichten des Kommissionärs herleiten:

Abbildung 6.10   Pflichten des Kommissionärs

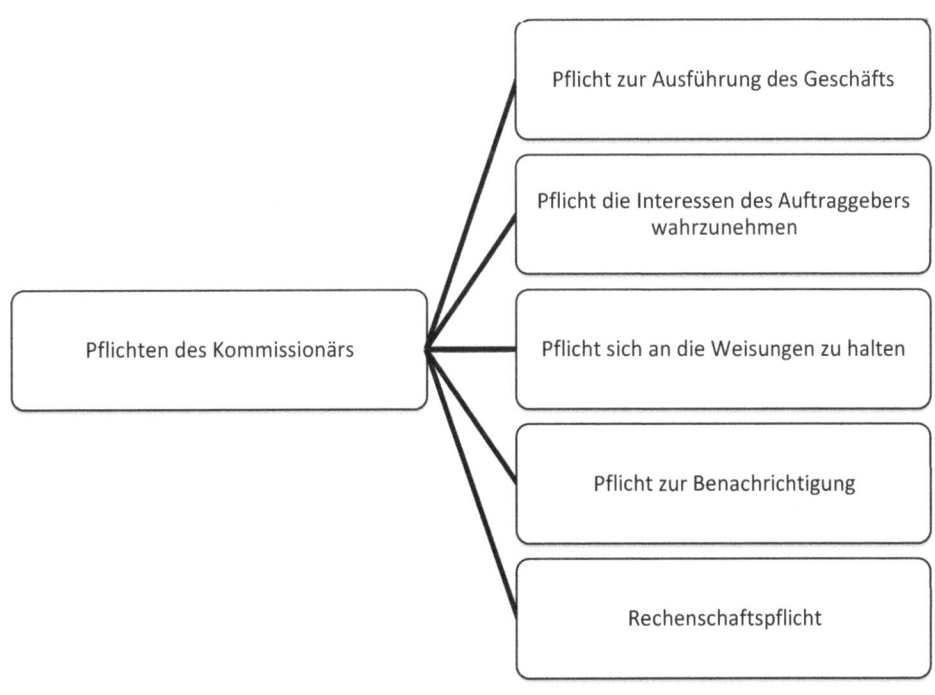

Der Pflicht zur Ausführung des Geschäfts ist der Kommissionär noch nicht nachgekommen, wenn er lediglich das Kommissionsgeschäft in Form eines Verpflichtungsgeschäfts abgeschlossen hat. Zur Ausführung gehört nämlich noch die tatsächliche Erfüllung des Vertrages. Findet diese allerdings beispielsweise aufgrund eines Verschuldens des Auftraggebers, also des Kommittenten, nicht statt, so kann der Kommissionär ihm gegenüber trotzdem seinen Provisionsanspruch geltend machen. Im Rahmen seiner Tätigkeit ist der Kommissionär nach § 384 HGB verpflichtet, im Rahmen der Ausführung des mit dem Kommittenten geschlossenen Kommissionsvertrages die Interessen des Kommittenten wahrzunehmen. Dies bedeutet beispielsweise, dass der Kommissionär nicht mit Dritten Verträge zu unangepassten Vertragsbedingungen abschließen darf. Stattdessen hat er dafür zu sorgen, mögliche Rabatte, Preisvorteile oder andere günstige Vertragsbedingungen für seinen Auftraggeber auszuhandeln. Darüber hinaus ist der Kommissionär auch verpflichtet sich an die Weisungen seines Auftraggebers zu halten. Diese sollte er allein schon deshalb strikt einhalten, weil er sich ansonsten gegenüber dem Kommittenten als seinen Auftraggeber schadensersatzpflichtig macht. Die Regelung des § 385 HGB geht sogar soweit, einem Kommittenten, dessen Kommissionär sich nicht an die von ihm vorgegebenen Weisungen hält, damit zu sanktionieren, dass der Kommittenten das Rechtsgeschäft nicht für seine

Rechnung abgeschlossen gelten lassen muss. Zur weiteren Absicherung des Kommittenten ist der Kommissionär neben den eben genannten Pflichten auch zur Benachrichtigung und zur Berücksichtigung von Rechenschaftspflichten verpflichtet. Aufgrund der Benachrichtigungspflicht ist der Kommissionär beispielsweise dazu verpflichtet, dem Kommittenten alle wesentlichen Informationen bezüglich des Ausführungsgeschäftes zukommen zu lassen und ihm die Ausführung etwaiger Geschäfte ohne schuldhaftes Zögern anzuzeigen. Über die von ihm eingenommenen Geldbeträge bzw. das ihm übertragene Eigentum an Waren hat er seinem Auftraggeber, nämlich dem Kommittenten, Rechenschaft abzulegen und ihm die erhaltenen Geldbeträge herauszugeben bzw. Eigentum oder Besitz zu verschaffen.

6.4.4 Pflichten des Kommittenten

Beim Abschluss eines Kommissionsvertrages werden nicht nur Pflichten für den Kommissionär begründet. Auch dem Kommittenten fallen durch den Vertrag Pflichten zu. Im Wesentlichen sind es folgende Pflichten:

Abbildung 6.11 Pflichten des Kommittenten

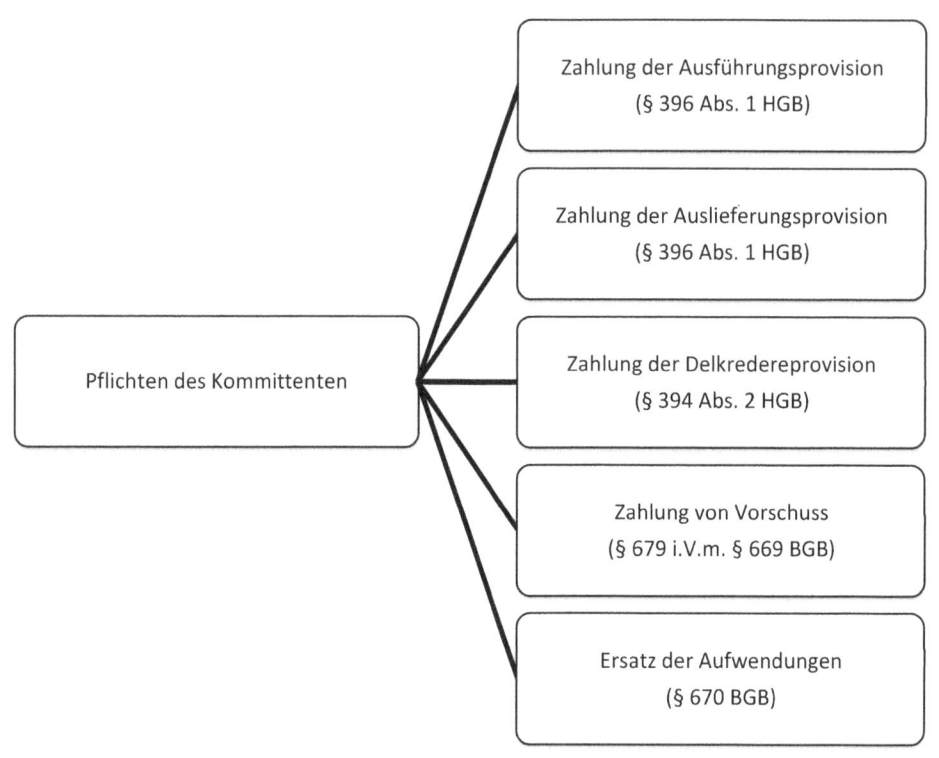

Die oben aufgeführte Darstellung mit den Pflichten des Kommittenten macht deutlich, dass der Provisionsanspruch des Kommissionärs im Rahmen des Kommissionsvertrages einen erheblichen Stellenwert einnimmt. Dementsprechend ist es auch nicht verwunderlich, dass es eine der vorrangigen Pflichten des Kommittenten ist, nach Ausführung des Kommissionsgeschäfts die Provision des Kommissionärs zu zahlen. Über den Provisionsanspruch hinaus hat der Kommissionär gemäß § 396 Abs. 2 HGB in Verbindung mit § 670 BGB und § 675 BGB einen Aufwendungsersatzanspruch gegen den Kommittenten für alle Aufwendungen, welche der Kommissionär zur Ausführung des ihm anvertrauten Geschäfts gemacht hat und welche er zum damaligen Zeitpunkt für erforderlich halten durfte. In der Praxis zählen zu solchen Aufwendungen beispielsweise Ersatz von Telefonkosten, Porto oder Kosten für die Versicherung der Ware. Auch Reisekosten können hierzu zählen.

6.4.5   Haftung bei Leistungsstörungen

Sofern die in Verwahrung des Kommissionärs befindliche Ware bei der Abwicklung des Kommissionsgeschäftes verloren geht oder diese lediglich beschädigt wird, ist der Kommissionär nach § 390 Abs. 1 HGB zu einer Haftung verpflichtet. Denn nach dieser Vorschrift ist er für Verlust bzw. Beschädigung verantwortlich. Eine Haftung ist lediglich dann ausgeschlossen, wenn die Beschädigung oder der Verlust auf Umständen beruht, die durch die Sorgfalt eines ordentlichen Kaufmanns nicht abgewendet werden konnten.

Ein besonderes Problem kann im Rahmen von Kommissionsgeschäften immer dann entstehen, wenn Leistungsstörungen wie beispielsweise Unmöglichkeit oder Verzug eintreten.

> **Beispiel:**
>
> K ist Kommissionär. Der Kommittent Z gibt ihm den Auftrag eine große Kollektion an Möbelstücken für ihn einzukaufen. Nach abgeschlossenem Kommissionsvertrag kauft K beim Verkäufer D eine große Menge Möbel ein. Allerdings kommt D mit der Lieferung der Möbel in Verzug. Wie ist die Rechtslage?

Bei einer derartigen Fallkonstellation, wie sie oben beschrieben wird und wie sie in der Praxis häufig vorkommen kann, steht dem Kommissionär gegen den Verkäufer grundsätzlich ein auf den Kaufvertrag gestützter Schadensersatzanspruch aus den §§ 280, 286 BGB in Verbindung mit § 433 BGB zu. Allerdings ist dem Kommissionär als Vertragspartner bei einer derartigen Konstellation gewöhnlich kein Schaden entstanden. Den Schaden hat vielmehr der Auftraggeber – also der Kommittent. Für den vorliegenden, oben genannten Fall bedeutet dies also, dass K gegen D zwar grundsätzlich einen Anspruch auf Ersatz des ihm entstandenen Schadens zusteht; der eigentliche Schaden allerdings bei dem Kommittenten entstanden ist. Da der Kommittent aber nicht Vertragspartner des Verkäufers geworden ist, hat er selbst aus eigenem Recht keinen Anspruch gegen den Verkäufer. In der Praxis bietet die Rechtsfigur der so genannten Drittschadensliquidation die Möglichkeit, eine allgemein verträgliche Lösung des Problems zu finden. Das Rechtsinstitut der Drittschadensliquidation führt dazu, dass der Anspruch des Kommissionärs zum Schaden gezogen werden kann. Gestützt auf § 249 BGB in Verbindung mit § 285 BGB führt die Drittschadensliquidation dazu, dass der Kommittent, hier also der X, den Schadensersatzanspruch des K direkt gegen den Verkäufer geltend machen kann. Eine andere Möglichkeit wäre, dass sich der Kommittent von dem Kommissionär K den Schadensersatzanspruch abtreten lässt und dann seinerseits mit diesem abgetretenen Anspruch Schadensersatz von dem Verkäufer D fordert.

6.5   Spediteur und Frachtführer

Beispiel:

A ist Inhaber eines Fuhrunternehmens. Er besitzt vier Lkw, mit denen er zwischen Berlin und Dresden aufgrund einzelner Aufträge Waren befördert. Kann seine Tätigkeit als die Tätigkeit eines Spediteurs aufgefasst werden?

Das HGB unterscheidet zwischen dem Spediteur und dem Frachtführer. Nach § 453 HGB ist es Gegenstand des Speditionsvertrages, die Versendung eines Gutes zu besorgen. Der Spediteur hat also gewerbsmäßig die Aufgabe, in eigenem Namen die Versendung von Gütern mittels Frachtführer oder Seeschiffen zu besorgen. Unter der in § 453 Abs. 1 HGB verwendeten Formulierung „die Verwendung des Gutes zu besorgen" ist zu verstehen, dass der Spediteur die Organisation der Beförderung übernimmt[51] und dabei insbesondere den in § 454 HGB genannten Pflichten nachkommt. Die mit dem Speditionsgeschäft verbundenen Risiken des Transportes, sowie die Pflichten nach § 454 Abs. 2 HGB, wie beispielsweise die Versicherung, Verpackung des Gutes, seine Kennzeichnung sowie die Zollbehandlung, werden im Rahmen des Speditionsvertrages vom Versender auf den Spediteur übertragen. Im Rahmen des Speditionsvertrages stehen sich auf der einen Seite die Verpflichtung zur Besorgung der Güterversendung durch den Spediteur und auf der anderen Seite die Verpflichtung zur Zahlung der vereinbarten Vergütung durch den Versender gegenüber. Es handelt sich bei dem Speditionsvertrag um einen so genannten Geschäftsbesorgungsvertrag, welcher zwischen dem Versender und dem Spediteur geschlossen wird. Der Geschäftsbesorgungsvertrag ist im Bürgerlichen Gesetzbuch in § 675 BGB geregelt. Insgesamt sind auf den Speditionsvertrag sehr unterschiedliche Rechtsquellen, nämlich die § 453 ff. HGB, die § 663 ff. BGB sowie Regelungen des Werkvertragsrechts anzuwenden. Darüber hinaus kommt in der Praxis den „Allgemeinen Deutschen Spediteur-Bedingungen" (ADSp) eine große Bedeutung zu. Der Spediteur ist als Kaufmann im Sinne des § 1 HGB anzusehen. Da er es gewerblich übernimmt, in eigenem Namen auf Rechnung des Versenders das Speditionsgeschäft durchzuführen, ist zu beachten, dass der Spediteur selbst Vertragspartner des Frachtführers wird. In der Praxis kann es für den Spediteur sinnvoll sein, sein Haftungsrisiko dadurch zu reduzieren, dass er eine so genannte Speditionsversicherung abschließt. Aus einer Zusammenschau des § 453 Abs. 2 HGB und des

---

[51]   Vgl. hierzu auch: Baumbach / Hopt, Handelsgesetzbuch, 34. Auflage, München 2010, § 453 Rn. 5.

§ 456 HGB wird deutlich, dass die Vergütung, welche der Versender an den Spediteur zu zahlen hat, bei der Übergabe des zu versendenden Gutes an den Frachtführer fällig wird. Inwieweit der Versender dem Spediteur auch seine Aufwendungen zu ersetzen hat, ist davon abhängig, was vertraglich vereinbart worden ist. Gewöhnlich hat der Versender entsprechend den §§ 670, 675 BGB dem Spediteur diejenigen Aufwendungen zu ersetzen, welche er bei der Erledigung seiner Tätigkeit für erforderlich halten konnte. Handelt es sich hingegen bei dem Speditionsvertrag nach § 459 HGB um eine so genannte „Fixkostenspedition", also eine Spedition zu festen Kosten, so ist ein Ersatz der Aufwendungen gewöhnlich nicht erforderlich.

Die Organisation der Beförderung, welche also das Tätigkeitsfeld eines Spediteurs ist, ist von der Tätigkeit eines Frachtführers, der nach § 407 HGB mit dem Transport, also der eigentlichen Beförderung des Gutes befasst ist, abzugrenzen. Man kann hierbei sehr prägnant sagen, dass der Spediteur, im Unterschied zum Frachtführer, den Gütertransport nur organisiert und die Güter nicht unbedingt selbst transportiert. Der Frachtführer ist jedoch nicht als Erfüllungsgehilfe des Spediteurs anzusehen. Denn er erfüllt schließlich keine Verbindlichkeit des Spediteurs gegenüber dem Versender. Seine Tätigkeit beruht auf einer alleinigen Verpflichtung gegenüber dem Spediteur.[52]

Zu dem oben aufgeführten Beispielfall ist also zu sagen, dass es sich bei A nicht um einen Spediteur sondern um einen Frachtführer handelt, da er in dieser Funktion die Waren zwischen Berlin und Dresden transportiert.

Aus einem Frachtvertrag ergeben sich allerdings nicht nur Pflichten des Frachtführers gegenüber dem Absender; es ergeben sich auch Pflichten des Absenders gegenüber dem Frachtführer. So haftet der Frachtführer dem Absender gegenüber beispielsweise für Schäden, die dadurch entstehen, dass die zu versendende Ware von ihm ungenügend verpackt oder nicht ordnungsgemäß gekennzeichnet wurde bzw. dafür, dass unrichtige oder unvollständige Angaben im Frachtbrief gemacht worden sind. Auch das Unterlassen von Mitteilungen über die Gefährlichkeit der zu befördernden Ware oder das Fehlen, die Unvollständigkeit oder die Unrichtigkeit von Urkunden kann Schäden verursachen, für die der Absender verschuldensunabhängig gegenüber dem Frachtführer haften muss. Denn aus § 411 HGB ergibt sich eine Verpflichtung des Absenders, die zu befördernden Ware so zu verpacken, dass sie vor Verlust und Beschädigung geschützt ist und dem Frachtführer keine Schäden entstehen.[53] Die Haftung selbst ergibt sich aus § 414 HGB, dessen Abs. 1 in Satz 2 zu Gunsten des Absenders jedoch eine Haftungsbeschränkung vorsieht, wonach eine Begrenzung auf einen Betrag von 8,33 Rechnungseinheiten für jedes Kilogramm des Rohgewichts der Sendung vorsieht.

---

[52]   Vgl. hierzu auch: BGH NJW 1988, S. 640 (S. 642).
[53]   Vgl. Baumbach / Hopt, Handelsgesetzbuch, 34. Auflage, München 2010, § 411 Rn. 1.

6.6 Lagerhalter und Lagervertrag

Der Lagervertrag ist in den §§ 467 bis 475h HGB geregelt. Beim Lagervertrag handelt es sich um einen gegenseitigen Vertrag. Im Rahmen eines Lagergeschäfts wird der Lagerhalter nach § 467 Abs. 1 HGB verpflichtet, ein Gut zu lagern und aufzubewahren. Im Gegenzug hat der Lagerhalter gegen seinen Vertragspartner, den so genannten „Einlagerer", nach § 467 Abs. 2 HGB einen Anspruch auf Zahlung der vereinbarten Vergütung.

Ein wesentliches Kriterium, welches auf eine Qualifizierung als Lagerhalter hindeutet, ist die so genannte „Obhutspflicht". Überlässt nämlich jemand einem anderen gegen Entgelt lediglich Lagerraum, ohne Obhutspflichten bezüglich der dort gelagerten Gegenstände zu übernehmen, so ist er als Vermieter oder Verpächter, nicht jedoch als Lagerhalter zu qualifizieren. Denn sowohl Miete im Sinne der §§ 535 ff. BGB als auch Pacht im Sinne der §§ 581 ff. BGB sind als Gebrauchsüberlassung gegen Entgelt zu qualifizieren. Erst das den Vertragsschwerpunkt bildende Element der „Obhutspflicht" über das eingelagerte Gut macht den Vertrag zu einem Lagervertrag. Und eben wegen der genannten Obhutspflicht sind auf Lagerverträge neben den §§ 467 ff. HGB zur Ergänzung auch die in den §§ 688 ff. BGB normierten Regelungen des Verwahrungsvertrages anwendbar. Neben seinem Anspruch auf Zahlung der vereinbarten Vergütung, hat der Lagerhalter gemäß § 474 HGB auch einen Anspruch auf Ersatz seiner für das Gut getätigten Aufwendungen, soweit er sie den Umständen nach für erforderlich halten durfte. Der Lagerhalter ist nicht dazu verpflichtet, das ihm anvertraute Gut in seinem Machtbereich zu lagern. Aufgrund der von ihm übernommenen Obhutspflicht ist er allerdings bei Beschädigung oder Verlust allerdings verpflichtet, dem Einlagerer gegenüber hierfür zu haften.

In der Praxis kommt dem Lagerschein im Rahmen des Lagergeschäfts eine besondere Bedeutung zu. Der Lagerhalter kann nach § 475c HGB, nachdem er das einzulagernde Gut erhalten hat, über die Verpflichtung zur Auslieferung einen Lagerschein ausstellen. Dieser soll gemäß § 475c Abs. 1 HGB folgende Angaben enthalten:

- Ort und Tag der Ausstellung des Lagerscheins;

- Name und Anschrift des Einlagerers;

- Name und Anschrift des Lagerhalters;

- Ort und Tag der Einlagerung;

- Die übliche Bezeichnung der Art des Gutes und die Art der Verpackung, bei gefährlichen Gütern ihre nach den Gefahrgutvorschriften vorgesehene, sonst ihre allgemein anerkannte Bezeichnung;

- Anzahl, Zeichen und Nummern der Packstücke;

- Rohgewicht oder die anders angegebene Menge des Gutes;

- Im Falle der Sammellagerung einen Vermerk hierüber.

Es bleibt dem Lagerhalter unbenommen, auf dem Lagerschein noch weitere Punkte aufzuführen, die seiner Meinung nach zweckmäßig sind. Sinn des Lagerscheins ist es nach § 475d HGB, die widerlegbare Vermutung zu erzeugen, dass der Lagerhalter das auf dem Schein beschriebene Gut in der Anzahl und in dem Zustand erhalten hat, wie es im Lagerschein beschrieben wird. Der § 475e HGB stellt klar, dass der Lagerhalter – sofern ein Lagerschein ausgestellt wurde – zur Auslieferung des Gutes nur gegen Rückgabe des Lagerscheins verpflichtet ist.

Im Rahmen der Haftung des Lagerhalters besteht ein eklatanter Unterschied zum Spediteur und auch zum Frachtführer. Da der Lagerhalter bei Verlust des Gutes oder einer Beschädigung des Gutes, welche in der Zeit von der Übernahme zur Lagerung bis zu deren Auslieferung entsteht, nach § 475 HGB nur für vermutetes Verschulden haftet – und nicht wie der Spediteur oder der Frachtführer, die einer verschuldensunabhängigen Haftung unterliegen. Darüber hinaus sieht § 475 HGB vor, dass eine Haftung dann entfällt, wenn der Schaden durch die Sorgfalt eines ordentlichen Kaufmanns nicht abgewendet werden konnte.

6.7 Besondere Vertriebswege bzw. besondere Vertragstypen

Neben den oben dargestellten selbstständigen besonderen Arten von Kaufleuten, welche dem Kaufmann beim Absatz seiner Waren unterstützen, gibt es noch zwei für das Handelsrecht wesentliche besondere Vertragsarten, die im Folgenden näher dargestellt werden sollen. Zum einen handelt es sich hierbei um den so genannten Vertragshändler und zum anderen um die Nutzung von Franchiseverträgen, welche den Warenabsatz unterstützen sollen.

6.7.1 Vertragshändler

In der Wirtschaftspraxis, insbesondere im Bereich des PKW-Verkaufs, hat sich im Rahmen von Vertriebssystemen besonders der so genannte „Vertragshändler" stark durchgesetzt. Gewöhnlich erhält ein Vertragshändler aufgrund eines – zumeist langfristigen – Vertrages das Recht, bestimmte, im Vertrag näher bezeichnete Waren, gegebenenfalls in einem ihm zugewiesenen Gebiet zu vertreiben. Einen Vertragshändler kennzeichnen folgende Merkmale:

Abbildung 6.12 Merkmale des Vertragshändlers

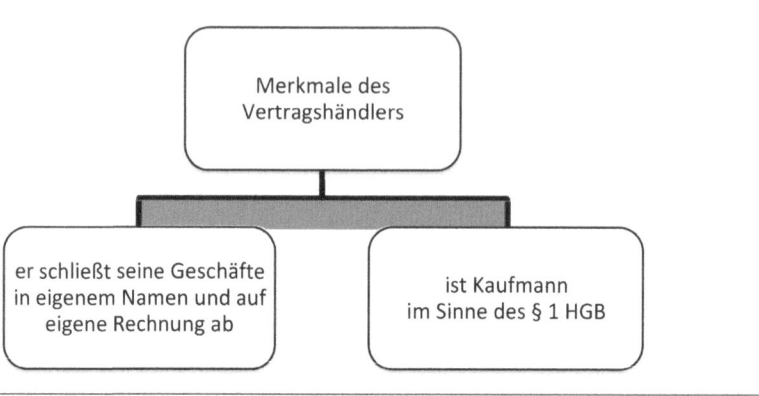

Die Rechtsposition bzw. die Rahmenbedingungen eines Vertragshändlers sind im Gesetz nicht ausdrücklich festgelegt. Aus diesem Grunde werden die rechtlichen Rahmenbedingungen oftmals auch in einem Rahmenvertrag näher geregelt. Darüber hinaus wird in der Praxis oftmals der Regelungsgehalt des im Handelsgesetzbuch geregelten Handelsvertreterrechts, also die Regelungen der §§ 84 ff. HGB, auf Vertragshändlerverträge angewandt.

6.7.2 Franchising

Ein weiterer besonderer Absatzweg ist der Franchisevertrag. Regelungen zu Franchiseverträgen sind explizit weder im Handelsgesetzbuch noch in anderen Gesetzeswerken zu finden. Derartige Verträge sind atypische Verträge, welche Elemente von sehr unterschiedlichen Vertragsarten enthalten. Diese Vermischung von unterschiedlichen Elementen macht es den Juristen nicht leicht, derartige Verträge rechtlich einzuordnen. So können im Rahmen des Franchisevertrages beispielsweise Elemente aus Lizenzverträgen und Pachtverträgen ebenso vorliegen, wie Elemente aus Dienst-, Werk- oder Kaufverträgen. Wegen seiner Ähnlichkeit zum Recht des Handelsvertreters werden allerdings – ebenso wie bei dem oben dargestellten Vertragshändler – die Regelungen der §§ 84 ff. HGB weitgehend auf Franchiseverträge entsprechend angewandt. Franchising wurde als Absatz- und Finanzierungssystem in den USA entwickelt. Im Rahmen dieses Systems gibt es dem Franchisenehmer die Möglichkeit, ein Geschäftskonzept zu übernehmen und Waren bzw. Dienstleistungen unter dem Markennamen des Franchisegebers anzubieten. Obwohl es sich bei dem Franchisenehmer um einen selbstständigen Unternehmer handelt, verpflichtet er sich dem Franchisegeber gegenüber, beim Verkauf der Waren bzw. beim Angebot von Dienstleistungen die mit dem Franchisegeber vereinbarten Vorgaben bzw. vorgegebenen Qualitätsstandards einzuhalten und die vereinbarte Franchisegebühr zu bezahlen.

Franchising kann für den Franchisenehmer sowohl Vorteile als auch Nachteile mit sich bringen. Zu den Vorteilen des Franchisings gehört für den Franchisenehmer insbesondere die Tatsache, dass er sich als selbstständiger Unternehmer kein eigenes Geschäftskonzept überlegen muss, sondern ein – zumeist am Markt bereits erprobtes und etabliertes – Geschäftskonzept des Franchisegebers übernehmen kann. Durch das Recht, auch den am Markt bereits bekannten Markennamen des Franchisegebers verwenden zu dürfen, hat der Franchisenehmer gewöhnlich das Glück, auf einen festen Kundenstamm des Franchisegebers zurückgreifen zu können und nicht umständlich erst einen Kundenstamm akquirieren zu müssen. Den Vorteilen, welche das Franchising dem Franchisenehmer bietet, stehen allerdings auch gravierende Nachteile gegenüber. So ist der Franchisenehmer trotz seines Status als selbstständiger Unternehmer gewöhnlich in seinen Entscheidungen derart eingeschränkt, dass es ihm ohne Erlaubnis des Franchisegebers beispielsweise oftmals nicht möglich ist, sein Sortiment zu erweitern oder Einfluss auf Farbgestaltung und Ausstattung seiner Geschäftsräume zu nehmen. Darüber hinaus ist der Franchisenehmer auch stark abhängig vom Image des Franchisegebers. Solange der Franchisegeber in der Öffentlichkeit ein hohes Ansehen genießt, profitiert der Franchisenehmer, der sein Unternehmen schließlich unter demselben Namen führt, von diesem Ansehen. Umgekehrt ist es allerdings ebenso. Jeder Ansehensverlust bzw. jeder Skandal des Franchisegebers kann damit unvermindert auch auf das Unternehmen des Franchisenehmers zurückfallen.

7   Handelsgeschäfte

Unter Handelsgeschäften sind nach § 343 Abs. 1 HGB alle Geschäfte eines Kaufmanns zu verstehen, die zum Betriebe seines Handelsgewerbes gehören. Aus dieser Vorschrift geht also hervor, dass die Person, welche das Geschäft tätigt, die „Kaufmannseigenschaft" im Sinne des HGB besitzt. Der Geschäftsbegriff, welcher den § 343 HGB durchzieht, ist weiter zu verstehen, als es der Wortlaut des Gesetzes auf den ersten Blick vermuten lässt. Zu den „Geschäften eines Kaufmanns" gehören demnach nicht bloß gegenseitige Verträge; vielmehr umfasst der Begriff sogar Handlungen des Kaufmanns, die nur rechtsgeschäftsähnlichen Charakter besitzen wie beispielsweise Mängelrügen oder vom Kaufmann erteilte Auskünfte. Darüber hinaus fallen unter den Begriff der „Geschäfte eines Kaufmanns" neben gegenseitigen Verträgen auch einseitige Rechtsgeschäfte. Für die Frage, ob derartige Rechtsgeschäfte zum Handelsgewerbe des Kaufmanns gehören, bietet der § 344 Abs. 1 HGB die Möglichkeit, dies durch eine Rechtsvermutung zu klären. Der § 344 HGB, der eine widerlegbare Vermutung bezüglich der vorgenommenen Rechtsgeschäfte beinhaltet, lautet:

> *§ 344 HGB Vermutung für Zugehörigkeit zum Handelsgewerbe*
>
> *(1) Die von einem Kaufmanne vorgenommenen Rechtsgeschäfte gelten im Zweifel als zum Betriebe seines Handelsgewerbes gehörig.*
>
> *(2) Die von einem Kaufmanne gezeichneten Schuldscheine gelten als im Betriebe seines Handelsgewerbes gezeichnet, sofern nicht aus der Urkunde sich das Gegenteil ergibt.*

Anders als § 344 Abs. 1 HGB, welcher eine widerlegbare Vermutung bezüglich der Zugehörigkeit zum Handelsgewerbe beinhaltet, ist die Regelung des § 344 Abs. 2 HGB nicht widerlegbar. Hier wird die Zuordnung eindeutig aus dem Gesetzeswortlaut vorgenommen, sofern sich aus dem Text der Urkunde nicht etwas anderes ergibt.

Der Gesetzgeber des HGB differenziert bei der Wortwahl zwischen „einseitigen Handelsgeschäften" und „beiderseitigen Handelsgeschäften". Eine Definition des einseitigen Handelsgeschäfts kann dem § 345 HGB entnommen werden. Diese lautet:

> *§ 345 HGB einseitige Handelsgeschäfte*
>
> *Auf ein Rechtsgeschäft, das für einen der beiden Teile ein Handelsgeschäft ist, kommen die Vorschriften über Handelsgeschäfte für beide Teile gleichmäßig zur Anwendung, soweit nicht aus diesen Vorschriften sich ein anderes ergibt.*

Eine Anzahl an Vorschriften des HGB ist jedoch nur dann anzuwenden, wenn auf beiden Seiten Kaufleute stehen. Hierzu gehört beispielsweise die Mängelrüge nach § 377 Abs. 1 HGB, bei welcher im Gesetz explizit die Formulierung verwendet wird: „Ist der Kauf für beide Teile ein Handelsgeschäft, so (…)". Aber auch die Formulierung „unter Kaufleuten", wie sie beispielsweise in § 346 HGB bei den Regelungen zu Handelsbräuchen verwendet wird, zeigt, dass für die Anwendung dieser Vorschrift auf beiden Seiten Kaufleute stehen müssen.

7.1   Die kaufmännische Sorgfalt

Für die Frage nach der kaufmännischen Sorgfalt findet sich eine Regelung in § 347 HGB. Diese Vorschrift lautet:

> *§ 347 HGB Haftungsmaßstab*
>
> *(1) Wer aus einem Geschäfte, das auf seiner Seite ein Handelsgeschäft ist, einem anderen zur Sorgfalt verpflichtet ist, hat für die Sorgfalt eines ordentlichen Kaufmanns einzustehen.*
>
> *(2) Unberührt bleiben die Vorschriften des Bürgerlichen Gesetzbuchs, nach welchen der Schuldner in bestimmten Fällen nur grobe Fahrlässigkeit zu vertreten oder nur für diejenige Sorgfalt einzustehen hat, welche er in eigenen Angelegenheiten anzuwenden pflegt.*

Unter der so genannten „kaufmännischen Sorgfalt", welche in § 347 HGB normiert ist, ist eine Verschärfung des § 276 BGB zu verstehen. Hierbei ist jedoch zu beachten, dass der Haftungsmaßstab von Branche zu Branche variieren kann.

7.2   Annahmeverzug des Käufers

Der Annahmeverzug des Käufers wird synonym auch als „Gläubigerverzug" bezeichnet. Die Voraussetzungen des Annahme- bzw. Gläubigerverzuges richten sich mangels einer Normierung im Handelsgesetzbuch nach den Regelungen des Bürgerlichen Gesetzbuchs – genauer gesagt nach den §§ 293 bis 304 BGB. Ein Gläubigerverzug liegt beispielsweise dann vor, wenn ein Kunde die gelieferte Ware nicht annehmen möchte.[54] Der Annahmeverzug hat folgende drei Voraussetzungen:

---

[54]   Vgl. zum bürgerlich-rechtlichen Gläubigerverzug vertiefend auch: Wien, Bürgerliches Recht, Wiesbaden 2012, S. 113 ff.

Abbildung 7.1   Annahmeverzug - Voraussetzungen nach BGB

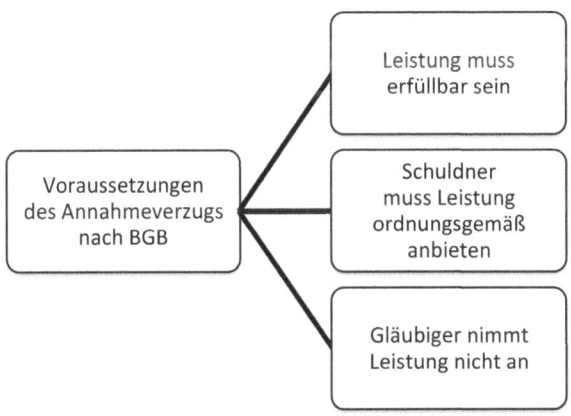

Bezüglich der Rechtsfolge sieht das Handelsgesetzbuch mit der Vorschrift des § 373 HGB für Kaufleute weitreichende Änderungen zu den Regelungen des BGB vor. Denn der § 373 HGB erweitert die Möglichkeiten des Verkäufers im Vergleich zu den Regelungen des Bürgerlichen Gesetzbuchs. Nach den Regelungen der §§ 372 ff. BGB müssen die zu hinterlegenden Gegenstände beim Amtsgericht hinterlegt werden. Auch das Spektrum der Gegenstände, die hinterlegt werden können, ist durch das Gesetz sehr eng vorgegeben. So nennt § 372 Satz 1 BGB explizit nur „Geld, Wertpapiere und sonstige Urkunden sowie Kostbarkeiten". Anders verhält es sich beim handelsrechtlichen Annahmeverzug. Der § 373 Abs. 1 HGB lässt im Gegensatz zu der Regelung des Bürgerlichen Gesetzbuchs jede Ware als hinterlegbaren Gegenstand zu. Darüber hinaus eröffnet diese Vorschrift ausdrücklich die Möglichkeit einer Hinterlegung „in einem öffentlichen Lagerhaus oder sonst in sicherer Weise". Das heißt, das Spektrum der hinterlegbaren Gegenstände und das Spektrum der Verwahrungsorte werden durch die handelsrechtliche Vorschrift in hohem Maße erweitert.

Eine weitere Erweiterung gegenüber den BGB-Regelungen findet sich in § 373 Abs. 2 HGB. Anders als das Bürgerliche Gesetzbuch, welches einen Selbsthilfeverkauf nur bei nicht hinterlegungsfähigen Gegenständen erlaubt, können nach den Regelungen des Handelsgesetzbuches nach vorheriger Androhung alle Waren im Rahmen des Selbsthilfeverkaufs durch einen zu solchen Verkäufen öffentlich ermächtigten Handelsmakler oder durch eine zur öffentlichen Versteigerung befugten Person veräußert werden – verderbliche Waren sogar ohne vorhergehende Androhung, sofern Gefahr im Verzuge ist.

Die Vorschrift des § 373 HGB lautet im Original:

§ 373 HGB Rechtsfolgen bei Annahmeverzug, Selbsthilfeverkauf

(1) Ist der Käufer mit der Annahme der Ware im Verzuge, so kann der Verkäufer die Ware auf Gefahr und Kosten des Käufers in einem öffentlichen Lagerhaus oder sonst in sicherer Weise hinterlegen.

(2) Er ist ferner befugt, nach vorgängiger Androhung die Ware öffentlich versteigern zu lassen; er kann, wenn die Ware einen Börsen- oder Marktpreis hat, nach vorgängiger Androhung den Verkauf auch aus freier Hand durch einen zu solchen Verkäufen öffentlich ermächtigten Handelsmakler oder durch eine zur öffentlichen Versteigerung befugte Person zum laufenden Preise bewirken. Ist die Ware dem Verderb ausgesetzt und Gefahr im Verzuge, so bedarf es der vorgängigen Androhung nicht; dasselbe gilt, wenn die Androhung aus anderen Gründen untunlich ist.

(3) Der Selbsthilfeverkauf erfolgt für Rechnung des säumigen Käufers.

(4) Der Verkäufer und der Käufer können bei der öffentlichen Versteigerung mitbieten.

(5) Im Falle der öffentlichen Versteigerung hat der Verkäufer den Käufer von der Zeit und dem Orte der Versteigerung vorher zu benachrichtigen; von dem vollzogenen Verkaufe hat er bei jeder Art des Verkaufs dem Käufer unverzüglich Nachricht zu geben. Im Falle der Unterlassung ist er zum Schadensersatz verpflichtet. Die Benachrichtigungen dürfen unterbleiben, wenn sie untunlich sind.

7.3   Spezifikationskauf

Beispiel:

Boutique-Besitzer B hat im Jahr 2012 bei dem relativ unbekannten Modeschöpfer M Textilien aus seiner aktuellen Modekollektion eingekauft und festgestellt, dass seine Kunden diese Artikel besonders gerne kaufen. Damit ihm im Folgejahr erneut ein großer Umsatz garantiert ist, möchte B noch im Jahre 2012 mit dem M einen Kaufvertrag über eine große Anzahl an Textilien über die künftige Winterkollektion 2013/14 abschließen. Allerdings möchte B sicher sein, dass die Farben der Kleidungsstücke den Trendfarben des Jahres 2013 entsprechen. Da ihm zum Zeitpunkt des Vertragsschlusses diese Trendfarben noch nicht bekannt sind, möchte er sich im Vertrag vorbehalten, die Bestimmung der Farben dem M erst im Jahre 2013 bekannt geben zu müssen. Ist ein solcher Vertrag möglich?

Der Spezifikationskauf wird synonym auch als Bestimmungskauf bezeichnet. Er ist in § 375 Abs. 1 HGB gesetzlich geregelt. Diese Vorschrift lautet:

§ 375 HGB Bestimmungskauf

(1) Ist bei dem Kaufe einer beweglichen Sache dem Käufer die nähere Bestimmung über Form, Maß oder ähnliche Verhältnisse vorbehalten, so ist der Käufer verpflichtet, die vorbehaltene Bestimmung zu treffen.

(2) Ist der Käufer mit der Erfüllung dieser Verpflichtung in Verzug, so kann der Verkäufer die Bestimmung statt des Käufers vornehmen oder gemäß den §§ 280, 281 des Bürgerlichen Gesetzbuchs Schadensersatz statt der Leistung verlangen oder gemäß § 323 des Bürgerlichen Gesetzbuchs vom Vertrag zurücktreten. Im ersteren Falle hat der Verkäufer die von ihm getroffene Bestimmung dem Käufer mitzuteilen und ihm zugleich eine angemessene Frist zur Vornahme einer anderweitigen Bestimmung zu setzen. Wird eine solche innerhalb der Frist von dem Käufer nicht vorgenommen, so ist die von dem Verkäufer getroffene Bestimmung maßgebend.

Der Gesetzestext macht deutlich, dass ein Spezifikations- bzw. Bestimmungskauf immer dann gegeben ist, wenn im Rahmen eines Kaufvertrages über bewegliche Sachen dem Käufer überlassen wird, nähere Bestimmungen über Form, Maß oder andere Verhältnisse des Kaufgegenstandes zu treffen. Verträge im Rahmen eines Bestimmungskaufs bieten sich in der Praxis oftmals dort an, wo die Waren starken Preisschwankungen unterworfen sind. Vorteil des Bestimmungskaufs ist es dabei, dass trotz vertraglich festgelegter Abnahmemenge, bzw. trotz vereinbartem Preises flexibel auf die Anforderungen des Marktes reagiert werden kann. Aus diesem Grunde sind derartige Vertragsabschlüsse beispielsweise in der Praxis oftmals im Bereich der Textilindustrie zu finden. Denn dann kann trotz vereinbarter Abnahmemenge zum Beispiel die Farbe je nach Moderichtung oder Nachfrage kurzfristig angepasst werden. Eine andere Sparte, in welcher der Bestimmungskauf weit verbreitet ist, ist der Handel mit teuren Edel-Hölzern. Auch hier besteht das Bedürfnis, je nach Nachfrage, bestimmte Spezifikationen des Kaufvertrages erst später vorzunehmen.

Für den oben dargestellten Beispielfall bedeutet dies, dass B tatsächlich die Möglichkeit hat, einen Vertrag bezüglich eines Bestimmungskaufs bzw. Spezifikationskaufs mit M abzuschließen und sich somit die Möglichkeit offen zu halten, die genaue Farbwahl erst später bestimmen zu müssen. Da der Kauf für beide Seiten ein Handelsgeschäft ist, stellt die Bestimmung nach § 375 Abs. 1 HGB sogar eine Hauptleistungspflicht des Käufers dar. Insofern ist es nachvollziehbar, dass in Fällen, in welchen der Käufer mit dieser Leistungspflicht in Verzug gerät, also keine Bestimmung setzt, mit den in § 375 Abs. 2 HGB genannten Rechtsfolgen rechnen muss. Das bedeutet, dass der Verkäufer berechtigt ist, die Bestimmung selbst vorzunehmen. Hierbei ist er allerdings nach § 375 Abs. 2 Satz 2 HGB verpflichtet, die von ihm getroffene Bestimmung dem Käufer mitzuteilen und ihm zugleich eine angemessene Frist zur Vornahme einer anderweitigen Bestimmung zu setzen. Sollte der Käufer diese Frist ungenutzt verstreichen lassen, so bleibt es bei der vom Verkäufer getroffenen Bestimmung. Andere Möglichkeiten, welche dem Verkäufer nach § 375 Abs. 2 HGB zustehen, sind beispielsweise der Schadensersatz wegen Nichterfüllung und der Rücktritt vom Vertrag. Selbstverständlich hat der Verkäufer auch das Recht, einen etwaigen Verzögerungsschaden ersetzt zu bekommen.

7.4   Fixhandelskauf

Beispiel:

Der Supermarkt S möchte sich zum Jahresende für die anstehende Silvesterfeier ausreichend mit Sektflaschen eindecken. Es bestellt beim Getränkegroßhändler G eine Anzahl von 65 Kartons Sekt. Es wird vereinbart, dass die Weinflaschen „fix" am Vormittag des 27. Dezembers dem S geliefert werden sollen. Der G verpflichtet sich gegenüber S, die Ware pünktlich am Vormittag des 27. Dezember an S auszuliefern. Als die Lieferung nicht vereinbarungsgemäß eintrifft und bereits viele Kunden wegen des anstehenden Feiertages im Supermarkt nach Sekt fragen, entschließt sich S den Sekt bei einem anderen Großhändler einzukaufen, um die Nachfrage seiner Kunden zu befriedigen. Der andere

Großhändler beliefert S umgehend mit dem Sekt, nimmt jedoch einen erheblich höheren Preis als G. Welche Rechte hat S gegen G?

Der § 376 HGB regelt das so genannte handelsrechtliche Fixgeschäft, welches auch als Fixhandelskauf bezeichnet werden kann. Bei einem Fixgeschäft wird mit dem Vertragspartner abgesprochen, dass die zu erbringende Leistung des einen Vertragspartners genau zu einer fest bestimmten Zeit oder innerhalb einer fest bestimmten Frist bewirkt werden soll. Hält sich der betreffende Vertragspartner nicht an diese Fristsetzung, so kann der andere Teil vom Vertrag zurücktreten. Um Unklarheiten auszuschließen: Ein Fixhandelskauf entsteht nicht bereits dadurch dass eine Zeit für die Leistungserbringung vereinbart wird, und auch nicht dadurch, dass einem Vertragteil die Erfüllung zu einem bestimmten Termin besonders wichtig ist; vielmehr muss bereits aus der vertraglichen Absprache deutlich werden, dass bei Nichteinhaltung der vereinbarten Frist die entsprechenden Rechtsfolgen eintreten sollen – und zwar ohne dass es hierfür einer Mahnung bedarf. Die Vereinbarung eines Fixhandelskaufs wird bei Absprachen und in Vertragswerken in der Praxis durch Formulierungen wie „fix" oder „spätestens" und dem eben beschriebenen Hinweis auf die Rechtsfolgen deutlich gemacht. Die Regelung des § 376 HGB dient, wie so vieles im HGB, der Beschleunigung im Handelsverkehr. Aus diesem Grunde ist bei Nichteinhaltung der vereinbarten Lieferfrist auch der Gläubiger im Rahmen des Fixhandelskaufs nach § 376 Abs. 1 Satz 2 HGB verpflichtet, nach Ablauf der Zeit oder der Frist dem Vertragspartner anzuzeigen, wenn er weiterhin auf Erfüllung besteht.

Das handelsrechtliche Fixgeschäft ist als Sonderfall des bürgerlich-rechtlichen Fixgeschäftes im Sinne des § 323 Abs. 2 Nr. 2 BGB zu verstehen. Das handelsrechtliche Fixgeschäft im Sinne des § 376 Abs. 1 HGB unterscheidet sich vom bürgerlich-rechtlichen Fixgeschäft im Sinne des § 323 Abs. 2 Nr. 2 BGB in der Rechtspraxis insbesondere darin, dass der Käufer beim Fixhandelskauf im Sinne des § 376 HGB auch ohne das Setzen einer Nachfrist berechtigt ist, Schadensersatz statt der Leistung zu verlangen. Zusammenfassend lässt sich also sagen, dass sich der im Handelsgesetzbuch normierte Fixhandelskauf im Sinne des § 376 HGB in einigen Facetten von dem im Bürgerlichen Gesetzbuch normierten Fixgeschäft unterscheidet. Denn der im Handelsgesetzbuch normierte Fixhandelskauf bringt für den Schuldner sehr viel stärkere Rechtsfolgen mit sich, als es die zivilrechtlichen Regelungen des BGB vorsehen. So kann im Rahmen des handelsrechtlichen Fixgeschäftes der Gläubiger bei Nichteinhaltung des fixen Termins entweder vom Vertrag zurücktreten oder – sofern ein Verschulden des Schuldners vorliegt – zusätzlich vom Schuldner Schadensersatz wegen Nichterfüllung verlangen, ohne dass es hierfür einer Nachfrist bedarf.

Im juristischen Sprachgebrauch wird zwischen relativen Fixgeschäften und absoluten Fixgeschäften unterschieden. Unter einem absoluten Fixgeschäft sind solche Geschäfte zu verstehen, deren Leistungserbringung nur zu einem bestimmten Zeitpunkt erfolgen kann. Eine spätere Leistungserbringung wäre nicht mehr möglich. Derartige Fixgeschäften unterfallen in ihrer Rechtsfolge dem § 275 BGB. In der Praxis sehr viel häufiger tritt das so genannte „relative Fixgeschäft" auf. Zwar wird auch hier durch Vertrag ein fester, also ein „fixer" Leistungstermin vereinbart, doch ist es dennoch möglich, dass die Leistung auch nach Ablauf dieses Leistungstermins noch erbracht werden kann. Aus diesem Grunde spricht man auch von einem so genannten „relativen Fixgeschäft". Als Rechtsfolge hierauf sind nicht wie beim absoluten Fixgeschäft die Regelungen der Unmöglichkeit (§ 275 BGB) anzuwenden, sondern bei relativen Fixgeschäften greifen gewöhnlich die Regelungen der §§ 280 ff. BGB zum Verzug. In der Praxis handelt es sich bei einem sehr großen Anteil an Verträgen, welche unter Verwendung von fixen Terminen zwischen Kaufleuten geschlossen werden, um relative Fixgeschäfte. Zur Beschleunigung der Abwicklung derartiger Verträge sieht der § 376 HGB im Rahmen der Rechtsfolgen die bereits oben genannten besonderen Regelungen für Kaufleute vor.

Für den oben dargestellten Beispielfall bedeutet dieses folgendes: Großhändler G und Supermarkt S haben einen Kaufvertrag über einen Handelskauf abgeschlossen. Der Vertrag beinhaltete eine Klausel die als fixen Termin den Vormittag des 27. Dezember vorsah. Der Kaufvertrag ist als so genanntes „relatives Fixgeschäft" zu qualifizieren. Im Rahmen dieses Rechtsgeschäftes ist der G jedoch seiner vereinbarten Pflicht nicht nachgekommen. Aus diesem Grunde befindet er sich – insbesondere weil keine Hinweise auf ein fehlendes Verschulden seinerseits ersichtlich sind – im Schuldnerverzug. S hat gegen G dementsprechend nach § 376 Abs. 1 Satz 1 HGB einen Anspruch auf Schadensersatz. Da in der Bundesrepublik Deutschland Schadensersatz nach dem Grundsatz der Naturalrestitution bemessen wird, also der Geschädigte so zu stellen ist, als hätte das schädigende Ereignis nicht stattgefunden, ist der Schaden, welcher dem S entstanden ist, der Differenzbetrag zwischen der Summe, welche der S an den G zu zahlen gehabt hätte und dem Betrag, welchen er dem anderen Großhändler dafür gezahlt hat, dass er sich bei ihm mit den fehlenden Sektflaschen eindecken konnte. Der Differenzbetrag stellt insofern den Schaden des S dar.

7.5   Weniger Schutz für Kaufleute

Wie bereits mehrfach dargelegt, handelt es sich beim Handelsgesetzbuch um keine abschließende Regelung. Vielmehr stellt es nur das Sonderrecht der Kaufleute dar, so dass für grundsätzliches immer wieder auf die Regelungen des BGB zurückgegriffen werden muss. Anders als das Bürgerliche Gesetzbuch, welches aus Rücksichtnahme auf diejenigen Personen, die sich in rechtlichen Angelegenheiten nicht besonders auskennen, etliche Schutzvorschriften enthält, verzichtet das HGB bei vielen Regelungen auf zivilrechtliche Schutzbestimmungen. Dieses ist darauf zurückzuführen, dass der Gesetzgeber davon ausgeht, dass Kaufleute in geschäftlichen und rechtlichen Dingen derart erfahren sind, dass Schutzvorschriften überflüssig wären.

Ein wesentliches Kriterium, welches das Handelsrecht durchzieht, ist das Fehlen gesetzlicher Formvorschriften. Haben im Bürgerlichen Gesetzbuch Vorschriften, wie beispielsweise die Anordnung einer Schriftform den Zweck, die Vertragsparteien davor zu schützen, übereilte Entscheidungen zu treffen, so sieht das HGB für erfahrene Kaufleute oftmals weniger Formvorschriften vor. Ein wesentliches Beispiel für das Fehlen einer Formvorschrift kann man beispielsweise bei einem Vergleich der Bürgschaftsregelungen im Bürgerlichen Gesetzbuch und im Handelsgesetzbuch feststellen. Nach § 766 BGB bzw. nach § 780

f. BGB sieht das Gesetz für die Abgabe einer Bürgschaftserklärung bzw. für die Abgabe von Schuldanerkenntnissen bzw. Schuldversprechen ein Schriftformerfordernis vor. Anders verhält es sich im HGB. Da die Regelungen des HGB lediglich auf den in Wirtschaftsdingen erfahreneren Personenkreis von Kaufleuten abzielen, ist es leicht nachzuvollziehen, weshalb der Gesetzgeber hier auf das Schriftformerfordernis verzichten konnte. Die Vorschrift des § 350 HGB trifft hierfür explizit folgende Regelung:

> **§ 350 HGB Form einer Bürgschaft oder eines Schuldversprechens**
>
> *Auf eine Bürgschaft, ein Schuldversprechen oder ein Schuldanerkenntnis finden, sofern die Bürgschaft auf der Seite des Bürgen, das Versprechen oder das Anerkenntnis auf Seite des Schuldners ein Handelsgeschäft ist, die Formvorschriften des § 766 Satz 1 und 2, des § 780 und des § 781 Satz 1 und 2 des Bürgerlichen Gesetzbuchs keine Anwendung.*

Gerade im Bereich der Bürgschaft kann noch eine weitere Besonderheit für Kaufleute dargestellt werden. So sieht das Bürgerliche Gesetzbuch beispielsweise vor, dass ein Bürge, wenn er von dem Gläubiger in Anspruch genommen wird, nach § 771 BGB die Möglichkeit hat, die so genannte „Einrede der Vorausklage" geltend zu machen. Hierbei handelt es sich um das Recht, die Inanspruchnahme aus der Bürgschaft so lange zu verweigern, bis der Gläubiger – bis hin zur Zwangsvollstreckung – alles unternommen hat, um seine Forderung bei dem eigentlichen Schuldner durchzusetzen. Für Kaufleute sieht das HGB auch hier weniger Schutz vor. So ordnet der § 349 HGB für den Fall, dass ein Kaufmann bezüglich einer Bürgschaft als Bürge in Anspruch genommen wird folgendes an:

> **§ 349 HGB Keine Einrede der Vorausklage bei Vorliegen eines Handelsgeschäfts**
>
> *Dem Bürgen steht, wenn die Bürgschaft für ihn ein Handelsgeschäft ist, die Einrede der Vorausklage nicht zu. Das Gleiche gilt unter der bezeichneten Voraussetzung für denjenigen, welcher aus einem Kreditauftrag als Bürge haftet.*

Ein weiterer Themenbereich, an welchem der geringere Schutz von Kaufleuten durch die Vorschriften des Handelsgesetzbuchs deutlich wird, ist die Vereinbarung von Vertragsstrafen.

> **Beispiel:**
>
> Der Bauunternehmer B vereinbart mit seinem Kunden, der X-GmbH, dass er für jeden Monat, in dem er den vereinbarten Fertigstellungstermin für das neue Verwaltungsgebäude der X-GmbH überzieht, an die X-GmbH 2.000 € zu zahlen habe. Er hält den Termin nicht ein und überzieht die Fertigstellung terminlich um zwei Monate. Muss er an die X-GmbH 4.000 € zahlen?

Vereinbarte Vertragsstrafen, wie sie im vorangegangenen Beispielfall dargestellt werden, sind in der Praxis nicht ungewöhnlich. Der Vorteil derartiger Vertragsstrafen liegt zum einen darin, dass der Vertragspartner zur termingerechten Vertragserfüllung motiviert wird; zum anderen stellt die Vereinbarung einer Vertragsstrafe auch eine Erleichterung der Beweislast für den Vertragspartner dar. Bei Nichteinhaltung des vereinbarten Fertigstellungstermins ist der Vertragspartner nun nicht mehr gezwungen, eine konkrete Schadenshöhe nachzuweisen, sondern braucht hierfür nur noch auf die vereinbarte Vertragsstrafe hinzuweisen. Im Rahmen der Höhe der vereinbarten Vertragsstrafe bestehen jedoch zwischen dem Bürgerlichen Gesetzbuch und dem HGB erhebliche Unterschiede. So sieht das Bürgerliche Gesetzbuch in § 343 BGB explizit vor, dass die Vertragsstrafe bei Antrag des Schuldners auf einen angemessenen Betrag herabgesetzt werden kann. Im Handelsrecht ist dies nach § 348 HGB anders. Die Vorschrift lautet:

> *§ 348 HGB Versprechen und Herabsetzung einer Vertragsstrafe*
>
> *Eine Vertragsstrafe, die von einem Kaufmann im Betrieb seines Handelsgewerbes versprochen ist, kann nicht aufgrund der Vorschriften des § 343 des Bürgerlichen Gesetzbuchs herabgesetzt werden.*

Die gesetzliche Regelung führt also dazu, dass bei Kaufleuten keine Herabsetzung der Vertragsstrafe auf einen angemessenen Betrag vorgenommen wird. Auch hier wird wieder deutlich, dass der Gesetzgeber Kaufleuten aufgrund ihrer rechtlichen und geschäftlichen Erfahrung zutraut, die angemessene oder zumindest für sie vertretbare Höhe einer Vertragsstrafe selbst abschätzen zu können.

7.6 Schweigen im Handelsrecht

7.6.1 Schweigen im Geschäftsverkehr

Beispiel:

Die Dresdner Computerspiele-GmbH hat bisher nur Lern-Software für Jugendliche programmiert, welche das Lernen mit kleinen Unterhaltungsspielen interessanter macht. Das Unternehmen möchte sein Sortiment um die Programmierung von Action-Spielen erweitern und hat in München einen potentiellen Abnehmer hierfür gefunden. Aus diesem Grunde möchte die Computerspiele-GmbH eine größere Anzahl an CDs ihres frisch programmierten brutalen Action-Spiels nach München befördern lassen. Zu diesem Zweck bringt der Geschäftsführer persönlich die in zwei große Kartons verpacken Spiele zu dem, in derselben Straße gelegenen Transportunternehmen des Frachtführers X, mit welchem die Computerspiele-GmbH seit Jahren Geschäftsbeziehungen unterhält. Nahezu alle Transporte der Computerspiele-GmbH werden seit vier Jahren von dem Unternehmen des Frachtführers X durchgeführt. Da er in der Mittagspause in dem Betrieb des X keinen entscheidungsbefugten Mitarbeiter, sondern lediglich den Praktikanten P antrifft, lässt der Geschäftsführer der Computerspiele-GmbH die zwei Kartons dort und fügt ihnen einen Zettel bei, auf dem er den X darum bittet, die zwei Kartons unverzüglich nach München zu befördern. X, der ein Gegner von brutalen Computerspielen ist, ist wegen ihres Inhalts nicht bereit, die zwei Pakete nach München zu befördern und lässt sie deshalb einfach in seinem Lager stehen, ohne sich diesbezüglich bei der Dresdner Computerspiele-GmbH zu melden. Vier Tage nach der Ablieferung der Pakete bei X meldet sich der Geschäftsführer der Dresdner Computerspiele-GmbH bei X und besteht auf Durchführung der von ihm abgegebenen Warensendung. X ist jedoch nicht bereit diese durchzuführen. Hat die Dresdner Computerspiele-GmbH einen rechtlichen Anspruch auf die Beförderung ihrer zwei Pakete?

Schweigen gilt – ebenso wie bei Rechtsgeschäften zwischen Privatpersonen – auch unter Kaufleuten grundsätzlich nicht als Zustimmung oder Annahme. Schweigen bedeutet vielmehr nach den Grundsätzen des Bürgerlichen Gesetzbuchs im Rechtsverkehr Ablehnung. Das HGB kennt hier aber für Kaufleute einige gravierende Ausnahmen. Eine dieser Ausnahmen ist § 362 HGB. Diese Vorschrift lautet:

§ 362 HGB Wirkungen des Schweigens im Geschäftsverkehr

(1) Geht einem Kaufmann, dessen Gewerbebetrieb die Besorgung von Geschäften für andere mit sich bringt, ein Antrag über die Besorgung solcher Geschäfte von jemand zu, mit dem er in Geschäftsverbindung steht, so ist er verpflichtet, unverzüglich zu antworten; sein Schweigen gilt als Annahme des Antrags. Das gleiche gilt, wenn einem Kaufmann ein Antrag über die Besorgung von Geschäften von jemandem zugeht, dem gegenüber er sich zur Besorgung solcher Geschäfte erboten hat.

(2) Auch wenn der Kaufmann den Antrag ablehnt, hat er die mitgesendeten Waren auf Kosten des Antragstellers, soweit er für diese Kosten gedeckt ist und soweit es ohne Nachteil für ihn geschehen kann, einstweilen vor Schaden zu bewahren.

Der § 362 HGB gilt auch für „Kann-Kaufleute" im Sinne des § 2 HGB. Die Vorschrift des § 362 Abs. 1 HGB macht deutlich, dass in den Fällen, in welchen ein Kaufmann, der Geschäftsbesorgungen vornimmt, sofern er mit dem Antragenden in Geschäftsverbindung steht, oder ihm seine Dienste angeboten hat, unverzüglich auf Anträge antworten muss. Sofern er darauf schweigt wird dies als Annahme des Antrags gewertet. Sinn derartige Regelungen ist die Beschleunigung des Handelsverkehrs. Um einen reibungslosen Ablauf des Vertragsschlusses zu gewährleisten, hat der Gesetzgeber sich für derartige Ausnahmen von dem Grundsatz, dass Schweigen keine Zustimmung bedeutet, entschieden.

Für den oben genannten Beispielfall bedeutet dies also, dass der Frachtführer X durch sein Schweigen den Antrag der Dresdner Computerspiele-GmbH in Bezug auf einen Vertrag über die zwei Pakete angenommen hat. Die Tätigkeit des Frachtführers ist die Tätigkeit eines Kaufmanns, welcher Geschäftsbesorgungen vornimmt. Darüber hinaus ist im vorliegenden Fall auch die Voraussetzung der bestehenden Geschäftsverbindung erfüllt. Denn die Dresdner Computerspiele-GmbH und das Unternehmen des Frachtführers X arbeiten bereits seit vier Jahren regelmäßig zusammen, so dass das Bestehen einer Geschäftsverbindung hier offenkundig ist. Aufgrund des bestehenden Vertrages hat die Dresdner Computerspiele-GmbH gegen den Frachtführer X einen Anspruch auf Beförderung der zwei Pakete. Um das Entstehen des Vertrages zu verhindern, hätte der Frachtführer X zeitnah und ausdrücklich die Durchführung der Beförderung gegenüber der Dresdner Computerspiele-GmbH ablehnen müssen. Es sei an dieser Stelle jedoch ausdrücklich noch einmal angemerkt, dass im vorliegenden Fall das Schweigen des Frachtführers X nur deshalb ausnahmsweise zu einem Vertragsschluss geführt hat, weil hier eine langjährige Geschäftsverbindung zwischen den beiden Beteiligten bestand. Ohne bestehende Geschäftsverbindung oder der in § 362 Abs. 1 Satz 2 HGB genannten Alternative, bei der sich der Kaufmann gegenüber einem Dritten zur Besorgung solcher Geschäfte erboten hat, würde das Schweigen eines Kaufmanns nicht zu einem Vertragsschluss führen können.

Über den eben genannten Ausnahmefall – des Schweigens eines Kaufmanns bei bestehender Geschäftsbeziehung bzw. bei Anerbietung eines Geschäftes – hinaus gibt es noch weitere Situationen, in welchen Schweigen unter Kaufleuten ausnahmsweise den Stellenwert einer Zustimmung oder Annahme hat. Hierzu gehören beispielsweise die Rügeobliegenheit und das so genannte kaufmännische Bestätigungsschreiben.

7.6.2   Die Rügeobliegenheit

Dass HGB normiert mit der Rügeobliegenheit einen Tatbestand, bei welchem das Schweigen des Kaufmanns bei der Anlieferung der Ware ausnahmsweise Zustimmung zum Ausdruck bringt. Sinn dieser Vorschrift ist es, den Handelsverkehr mit Wirtschaftsgütern zu beschleunigen und lediglich dann die Mängelgewährleistungsrechte des Kaufvertrages bei fehlerhafter Ware bestehen zu lassen, wenn man den Fehler sofort bei Lieferung der Ware rügt oder es sich um Fehler handelt, die bei Sicht- oder Stichproben für den Kunden nicht erkennbar waren. Auch wenn in der Literatur bisweilen der Begriff „Rügepflicht" verwendet wird, so ist der in Rechtsprechung und Literatur häufig synonym verwendete Begriff „Rügeobliegenheit" insofern treffender, als es keine Pflicht des Kaufmanns zum Untersuchen gelieferter Ware gibt, sondern ihm die Möglichkeit der Untersuchung lediglich obliegt.

Der § 377 HGB ist nur auf Rechtsgeschäfte anzuwenden, bei denen beide Vertragspartner Kaufleute sind. Auch wenn der Gesetzeswortlaut es nicht explizit sagt, ist eine Mängelrüge nicht nur bei beschädigter oder fehlerhafter Ware sofort abzugeben, sondern auch bei falsch- oder zu wenig Lieferung von Ware. Der belieferte Kunde hat unverzüglich bei Ablieferung der Ware diese auf etwaige Mängel zu überprüfen. Er kann dieses in der Praxis auf zweierlei Weise gestalten. Entweder durch Sichtproben oder durch Stichproben. Eine Sichtprobe kann vom Kaufmann in jedem Fall erwartet werden. Hierbei schaut er sich die gelieferte Ware an und überprüft Kartons auf etwaige Beschädigungen und Vollständigkeit der Lieferung. Je nachdem, wie wertvoll die Ware ist und wie viel er davon bestellt hat, kann man ebenfalls von ihm erwarten, dass er etwas an Ware opfert, um deren Qualität zu überprüfen.

> **Beispiel:**
>
> Einzelhändler E bekommt vom Großhändler G vertragsgemäß 17 Kartons zu je 20 Dosen Erbsensuppe geliefert.

Hierbei ist es dem E zuzumuten, nicht nur per Sichtprobe die Kartons auf Beschädigungs-
freiheit und Vollständigkeit zu überprüfen; es ist ihm auch zuzumuten, etwas von der
Ware zu opfern und ein paar Dosen Suppe zu öffnen, um nachzusehen, ob der Inhalt tatsächlich der Verpackung entspricht. Anders verhält es sich jedoch, wenn der Käufer nur
sehr wenig, dafür aber sehr wertvolle Ware geliefert bekommt. Bestellt beispielsweise der
Weinhändler W lediglich sieben Flaschen eines sehr erlesenen und sehr teuren Weines, so
ist es ihm nicht zuzumuten, dass er über die reine Sichtprobe hinaus auch eine Stichprobe
vornimmt und eine Flasche öffnet, um den Inhalt zu prüfen. Insofern bleibt die Frage, ob
neben der Sichtprobe auch eine Stichprobe durchgeführt wird, immer eine Frage des Ein-
zelfalls; wobei hier der Grundsatz gilt: je billiger die Ware und je mehr Ware davon geliefert wird, desto eher ist es dem Kunden auch zuzumuten etwas Ware zu opfern, um Stichproben vorzunehmen. Der Gesetzeswortlaut des § 377 HGB lautet:

§ 377 HGB Unverzügliche Mängelrüge

*(1) Ist der Kauf für beide Teile ein Handelsgeschäft, so hat der Käufer die Ware unverzüglich nach
der Ablieferung durch den Verkäufer, soweit dies nach ordnungsmäßigem Geschäftsgange tunlich
ist, zu untersuchen und, wenn sich ein Mangel zeigt, dem Verkäufer unverzüglich Anzeige zu
machen.*

*(2) Unterlässt der Käufer die Anzeige, so gilt die Ware als genehmigt, es sei denn, dass es sich um
einen Mangel handelt, der bei der Untersuchung nicht erkennbar war.*

*(3) Zeigt sich später ein solcher Mangel, so muss die Anzeige unverzüglich nach der Entdeckung
gemacht werden; andernfalls gilt die Ware auch in Ansehung dieses Mangels als genehmigt.*

(4) Zur Erhaltung der Rechte des Käufers genügt die rechtzeitige Absendung der Anzeige.

*(5) Hat der Verkäufer den Mangel arglistig verschwiegen, so kann er sich auf diese Vorschrift
nicht berufen.*

7.6.3   Kaufmännisches Bestätigungsschreiben

Das kaufmännische Bestätigungsschreiben ist ein weiterer Ausnahmefall, bei dem das
Schweigen eines Kaufmanns die Bedeutung einer Zustimmung erlangt. Das Bestätigungsschreiben zählt zu den Handelsbräuchen im Sinne des § 346 HGB und ist nicht im Gesetz
geregelt.

Beispiel:

Die Kaufleute A und B treffen sich zu einem Geschäftsessen. Während des Essens be-
sprechen sie einen wichtigen Kaufvertrag, der elf Einzelpositionen enthält. Am Ende des
Essens schließen sie mündlich den Vertrag. Als B nach dem Essen wieder in sein Büro
kommt, fragt er sich, ob A sich auch wirklich noch an alle elf verhandelten wichtigen
Punkte erinnert. Aus diesem Grunde schreibt er sie in einem Bestätigungsschreiben noch
einmal auf und schickt dieses Schreiben dem A zu. Während des Auflistens schreibt B –
so wie er es von den Verhandlungen auch noch im Kopf hat – es sei vereinbart gewesen,

die Ware bis zum 15. März zu liefern. In Wirklichkeit hatten jedoch beide vereinbart, dass die Ware bereits bis zum 1. März zu liefern sei. A erhält das kaufmännische Bestätigungsschreiben per Post, überfliegt es kurz und antwortet dem B nicht darauf. Welche Lieferfrist gilt? Ist es die tatsächlich vereinbarte Lieferfrist oder das, was im kaufmännischen Bestätigungsschreiben steht?

Der Handelsbrauch des kaufmännischen Bestätigungsschreibens ist bereits seit langer Zeit durch die Rechtsprechung anerkannt. Rechtsfolge des kaufmännischen Bestätigungsschreibens ist, dass der Empfänger des kaufmännischen Bestätigungsschreibens, auch wenn der Inhalt des Schreibens von den tatsächlich getroffenen Vereinbarungen abweicht, diesen gegen sich gelten lassen muss.[55] Die Voraussetzungen eines kaufmännischen Bestätigungsschreibens sind:

- Dem kaufmännischen Bestätigungsschreiben muss ein Vertragsschluss vorausgehen. Dieser kann mündlich, telegrafisch oder telefonisch – nicht aber schriftlich – erfolgt sein.[56]

- Empfänger des kaufmännischen Bestätigungsschreibens muss ein Kaufmann sein.[57] Darüber hinaus ist das kaufmännische Bestätigungsschreiben auch anwendbar auf Personen, welche ähnlich wie Kaufleute in großem Umfang am Geschäftsverkehr teilnehmen. Hierzu gehören beispielsweise Wirtschaftsprüfer[58] oder Makler[59].

- Das kaufmännische Bestätigungsschreiben muss dem Kaufmann in zeitlichem Zusammenhang zu dem zuvor abgeschlossenen Vertrag zugehen.

- Der Empfänger des kaufmännischen Bestätigungsschreibens muss auf das Schreiben unverzüglich antworten, um eine für ihn negative Rechtsfolge auszuschließen. Der Bundesgerichtshof lässt einen Zeitraum von maximal drei Tagen noch als unverzüglich gelten.[60]

- Der Inhalt darf nicht vom Absender unredlicher Weise bewusst vom eigentlichen Vertrag abweichend dargestellt werden. In derartigen Fällen soll das kaufmännische Bestätigungsschreiben den Absender nicht schützen. Auch wenn der Empfänger des kaufmännischen Bestätigungsschreibens auf ein unredliches Bestätigungsschreiben schweigt, entfaltet dieses keine Wirksamkeit.[61]

---

[55] Vgl. BGHZ 67, S. 381.
[56] Vgl. BGH, NJW 1965, S. 965.
[57] Vgl. BGH, NJW 1975, S. 1385.
[58] Vgl. BGH, DB 1967, S. 1362.
[59] Vgl. BGHZ 40, 42.
[60] Vgl. BGH, NJW 1962, S. 104, S. 246.
[61] Vgl. BGH, DB 1969, S. 125.

7.6.4   Zusammenfassung

Grundsätzlich lässt sich festhalten, dass – ebenso wie im BGB – das Schweigen von Kaufleuten grundsätzlich keine Zustimmung bedeutet. Allerdings gibt es im Handelsrecht einige gravierende Ausnahmen. Diese sind in folgender Übersicht zusammengefasst:

Abbildung 7.2   Schweigen als Zustimmung

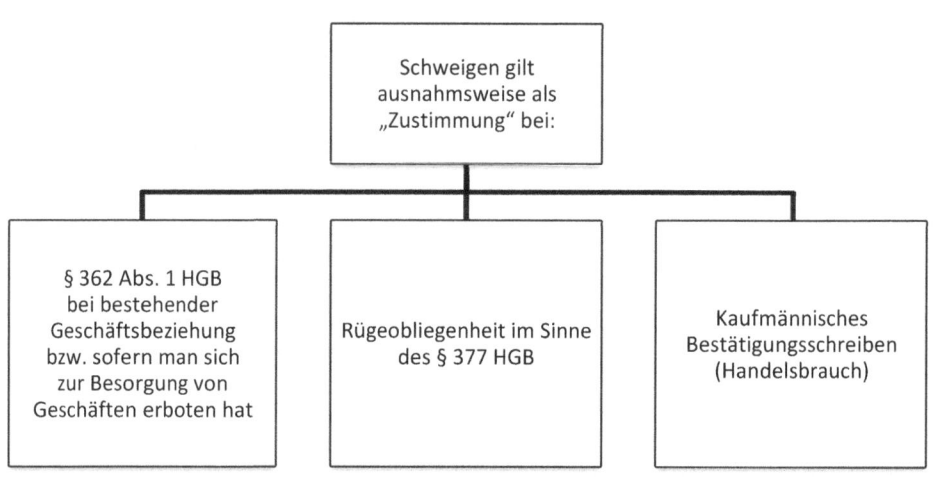

8   Orderpapiere

Orderpapiere lauten auf bestimmte Namen und unterscheiden sich deshalb stark von so genannten Inhaberpapieren, welche lediglich auf „den Inhaber" ausgestellt sind. Orderpapiere sind im Handelsgesetzbuch in § 363 HGB gesetzlich normiert. Unter kaufmännischen Orderpapieren sind Wertpapiere zu verstehen, welche auf bestimmte Namen ausgestellt sind. Allerdings lassen sich derartige Orderpapiere auch nach § 364 Abs. 1 HGB durch Indossament auf andere Personen übertragen. Zu den Orderpapieren gehören in der Praxis beispielsweise Lagerscheine, Namensaktien und Wechsel. Gerade in der Beschleunigung und Vereinfachung des Güterumlaufs liegt die Hauptfunktion der kaufmännischen Orderpapiere. Denn die Normen des Bürgerlichen Gesetzbuchs wären für Regelungen der Eigentumsübertragung an Waren oder für Regelungen über die Abtretung von Forderungen zu unflexibel. Im Handelsrecht kommen den kaufmännischen Orderpapieren deshalb mehrere Funktionen zu.

Abbildung 8.1   Funktionen der Orderpapiere

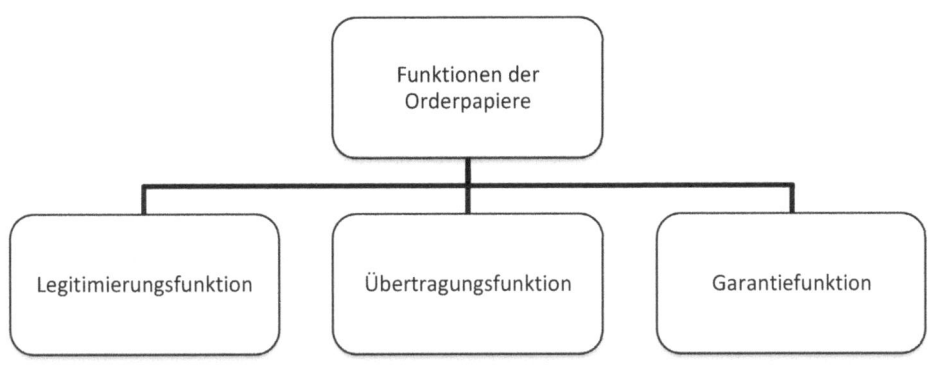

Das Orderpapier bietet durch den aufgeführten Namen bzw. das Indossament eine Legitimierungsfunktion. Denn mit diesem Papier kann sich der darauf Aufgeführte als Berechtigter ausweisen. Von einer Übertragungsfunktion kann gesprochen werden, weil kaufmännische Orderpapiere es möglich machen, dass durch die Übertragung des Papiers auch das Recht übertragen wird, welches in dem Orderpapier bezeichnet wird. Neben diesen beiden Funktionen kommt dem Orderpapier zusätzlich auch eine Garantiefunktion zu. Denn durch das Orderpapier als Urkunde wird auch der Bestand des in diesem Papier verbrieften Rechtes garantiert.

Im Rahmen der kaufmännischen Orderpapiere kann zwischen so genannten „geborenen Orderpapieren" und so genannten „gekorenen Orderpapieren" differenziert werden. Diese beiden Arten unterscheiden sich darin, dass die geborenen Orderpapiere bereits durch Regelungen im Gesetz dafür vorgesehen sind, dass sie mittels Indossament übertragen werden. Zu den geborenen Orderpapieren gehören beispielsweise die Namensaktien und der Wechsel. Gekorene Orderpapiere hingegen müssen die Eigenschaft, durch Indossament weitergegeben zu werden, erst dadurch bekommen, dass auf Grundlage einer individuellen Vereinbarung eine so genannte Orderklausel aufgenommen wird, die ihre Weitergabe erst ermöglicht. Hierzu zählen beispielsweise der Lagerschein und der Verpflichtungsschein.

9 Möglichkeiten der kurzfristigen Fremdfinanzierung

9.1 Handelskredite

Unter Handelskrediten sind Kredite zu verstehen, welche im Bereich der Industrie bzw. im Bereich des Handels gewährt werden. Gewöhnlich kommen Handelskredite im Rahmen von Warenlieferungen oder Dienstleistungen zu Stande, wobei entweder der Lieferant oder der Abnehmer der Waren bzw. Dienstleistungen zum Kreditnehmer wird. Im Rahmen derartiger Handelskredite spielen Banken gewöhnlich keine Rolle. Lediglich im einigen Fällen treten sie indirekt zur Refinanzierung eines der Handelspartner in Erscheinung. Im Rahmen der Handelskredite können zwei Arten von Handelskrediten unterschieden werden: nämlich der Lieferantenkredit und die Kundenanzahlung.

9.1.1 Lieferantenkredit

Bei einem Lieferantenkredit handelt es sich um einen kurzfristigen Kredit, welcher durch die Gewährung von Zahlungszielen, d.h. durch die Verzögerung der Zahlung vom Unternehmen an den Lieferanten, entsteht. Voraussetzung für einen Lieferantenkredit ist ein Kaufvertrag zwischen dem Lieferanten, welcher dementsprechend als Kreditgeber anzusehen ist und einem Abnehmer, welcher der Kreditnehmer ist.

Nach § 433 Abs. 1 BGB ist der Verkäufer dazu verpflichtet, dem Käufer die Kaufsache auszuhändigen; wohingegen der Käufer gemäß § 433 Abs. 2 BGB verpflichtet ist, den Kaufpreis zu entrichten. Bei einem Lieferantenkredit gewährt jedoch der Lieferant dem Abnehmer ein Zahlungsziel. D.h. der Verkäufer liefert die Ware und der Käufer hat gegenüber dem Lieferanten eine Verbindlichkeit, da dieser die Ware nicht sofort bezahlt. Im Rahmen des Lieferantenkredites gibt es zwei Möglichkeiten, auf welche Art und Weise die Stundung des Kaufpreises erfolgen kann. Die erste Möglichkeit ist der Buchkredit. Eine derartige Gestaltung beinhaltet, dass der Käufer die Ware innerhalb der Zahlungsfrist bezahlt, gegebenenfalls unter Abzug des Skontosatzes. Der Lieferantenkredit kann aber auch als Wechselkredit gewährt werden. Er entsteht dann durch das Akzeptieren eines, der Rechnung beigelegten Wechsels durch das belieferte Unternehmen.

An dieser Stelle sei zur besseren Verständlichkeit ein kleiner Exkurs zum Thema „Wechsel" gestattet. Unter einem Wechsel wird ein Wertpapier verstanden, welches eine unbedingte Zahlungsanweisung eines Ausstellers an einen Bezogenen beinhaltet. Der Bezogene hat innerhalb einer festgelegten Frist den Wechselbetrag an eine im Wechsel benannte Person zu zahlen. Hierbei handelt es sich um ein vom Grundgeschäft losgelöstes Zahlungsversprechen. D.h., sollte das Grundgeschäft aus welchen Gründen auch immer für nichtig erklärt werden, dann bleibt der Anspruch aus dem Wechsel trotzdem bestehen. Um das Gebiet des

Wechsels rechtlich abzusichern, wurde ein entsprechendes Wechselgesetz (WG)[62] geschaffen. In diesem Gesetz ist unter anderem festgeschrieben, welche Elemente in einem Wechsel enthalten sein müssen. Dazu gehören die in der Urkunde genannte Bezeichnung des Wechsels als „Wechsel", die unbedingte Anweisung eine Summe zu zahlen, der Name des Bezogenen, die Verfallszeit, der Zahlungsort, der Name des Remittenten, Tag und Ort der Ausstellung sowie die Unterschrift. Der Bezogene ist die Person, welche das Geld zu zahlen hat und der Remittent ist die Person, welche den Geldbetrag erhält. Diese in Art. 1 WG genannten acht Bestandteile sind durch das Gesetz zwingend vorgegeben. Sollte auch nur einer dieser Bestandteile fehlen, so gilt nach Art. 2 WG dieser Wechsel als nicht gezogen. Ausnahmen bilden nach Art. 2 Abs. 2 WG lediglich das Verfallsdatum und der Ort der Ausstellung. Das Fehlen des Verfallsdatums führt dazu, dass der Wechsel als Sichtwechsel, welcher in Art. 34 WG geregelt ist, zählt. Das bedeutet, in dem Moment, in dem man den Wechsel zu sehen bekommt, muss man die entsprechende Summe bezahlen. Sollte der Ort der Ausstellung fehlen, dient der Wohnort des Ausstellers als Ort der Ausstellung. Darüber hinaus muss eine Annahmeerklärung erfolgten, welche in Art. 25 Abs. 1 WG geregelt ist. Nach dieser Vorschrift muss die Annahmeerklärung auf den Wechsel, zum Beispiel mit dem Wort „angenommen" gesetzt und auch mit einer Unterschrift versehen werden. Weshalb ein Wechsel als Finanzierungsinstrument so sicher ist, liegt in der Bedeutung des Wechselprotests. Dieser bedeutet, dass die Vorlage zur Annahme oder die Zahlung des Wechsels erfolglos war. Sollte der Protest erfolgt sein, kann man sofort auf das Vermögen des Schuldners aus dem Wechsel zurückgreifen. Gesetzlich ist dies in Art. 44 WG geregelt.

Diese Vorschrift lautet:

Artikel 44 WG Protest mangels Annahme oder Zahlung

(1) die Verweigerung der Annahme oder der Zahlung muss durch eine öffentliche Urkunde (Protest mangels Annahme oder mangels Zahlung) festgestellt werden.

(2) Der Protest mangels Annahme muss innerhalb der Frist erhoben werden, die für die Vorlegung zur Annahme gilt. Ist im Falle des Artikels 24 Abs. 1 der Wechsel am letzten Tag der Frist zum ersten Male vorgelegt worden, so kann der Protest noch am folgenden Tage erhoben werden.

(3) Der Protest mangels Zahlung muss bei einem Wechsel, der an einem bestimmten Tag oder bestimmte Zeit nach der Ausstellung oder nach Sicht zahlbar ist, an einem der beiden auf den Zahlungstag folgenden Werktage erhoben werden. Bei einem Sichtwechsel muss der Protest mangels Zahlung in den gleichen Fristen erhoben werden, wie sie im vorhergehenden Absatz für den Protest mangels Annahme vorgesehen sind.

(4) Ist Protest mangels Annahme erhoben worden, so bedarf es weder der Vorlegung zur Zahlung noch des Protestes mangels Zahlung.

(5) Hat der Bezogene, gleichviel ob er den Wechsel angenommen hat oder nicht, seine Zahlungen eingestellt, oder ist eine Zwangsvollstreckung in sein Vermögen fruchtlos verlaufen, so kann der Inhaber nur Rückgriff nehmen, nachdem der Wechsel dem bezogenen zur Zahlung vorgelegt und Protest erhoben worden ist.

---

[62]   Vgl. Wechselgesetz vom 21.06.1933, RGBl. I, S. 399 mit späteren Änderungen.

(6) Ist über das Vermögen des Bezogenen, gleichviel ob er den Wechsel angenommen hat oder nicht, oder über das Vermögen des Ausstellers eines Wechsels, dessen Vorlegung zur Annahme untersagt ist, das Insolvenzverfahren eröffnet worden, so genügt es zur Ausübung des Rückgriffsrechts, dass der gerichtliche Beschluss über die Eröffnung des Insolvenzverfahrens vorgelegt wird. Die Vorlegung der Bekanntmachung des gerichtlichen Beschlusses im Bundesanzeiger oder in dem zur Veröffentlichung amtlicher Bekanntmachungen des Gerichts bestimmten Blatte ist der Vorlegung des gerichtlichen Beschlusses gleichzuachten.

Es gibt für Wechsel auch eine entsprechende Verjährungsfrist, welche in Artikel 70 des Wechselgesetzes genannt wird. Danach muss man innerhalb von drei Jahren, gerechnet vom Verfalltage, Forderungen aus einem Wechsel durchsetzen. Nach Ablauf dieser Zeit hat man keine Ansprüche mehr. Der Wechsel stellt ein so genanntes „hinkendes Inhaberpapier" dar. Das Inhaberpapier ist im § 807 BGB geregelt und besagt, dass derjenige, der das Papier im Besitz hat, das Geld ausgezahlt bekommt. Dabei wird auf der Urkunde kein Gläubiger benannt. Da aber im Wechsel der Name des Remittenten genannt wird, ist es kein klassisches Wertpapier. Sollte es nun vorkommen, dass ein Kreditinstitut, das Geld an den Inhaber auszahlt; sich aber hinterher herausstellt, dass dieser nicht der Remittent war, so haftet die Bank nicht. Denn sie durfte von Rechts wegen zahlen. Wenn die Bank aber Kenntnis davon hat, dass der Inhaber nicht der Remittent ist, darf sie die Zahlung auch verweigern.

Man kann zwischen einem gezogenen Wechsel und einem eigenen Wechsel unterscheiden. Ein gezogener Wechsel bedeutet, dass der Aussteller einen Dritten dazu auffordert, einen entsprechenden Geldbetrag zu zahlen. Bei einem eigenen Wechsel, auch Solawechsel genannt, verpflichtet sich der Aussteller, eine Zahlung an einen Dritten zu leisten. Die Übertragung des Wechsels auf einen anderen, welches in Artikel 11 WG geregelt ist, ist möglich. Man spricht in diesem Fall von einem Indossament. Derjenige, der auf der Rückseite des Wechsels unterschreibt, steht auch in der Haftung. Als Beispiel wäre zu nennen, wenn der Lieferant den Wechsel, der von seinem Abnehmer akzeptiert wurde, an seinen Vorlieferanten weitergibt.

9.1.1.1 Sicherung des Lieferantenkredits

Die Sicherung eines solchen Kredits erfolgt gewöhnlich durch „Eigentumsvorbehalt".[63] Der Eigentumsvorbehalt besagt, dass der Verkäufer solange Eigentümer der gelieferten Sache bleibt, bis der Kaufpreis vollständig bezahlt worden ist. Die Eigentumsübertragung wird also unter eine aufschiebende Bedingung gestellt. Die aufschiebende Bedingung ist im § 158 BGB geregelt. D.h. der Käufer wird zwar Besitzer der beweglichen Sache – aber nicht Eigentümer, solange er die Ware nicht vollständig bezahlt hat. Der Eigentumsvorbehalt ist für das Verpflichtungsgeschäft in § 449 BGB festgeschrieben. Beim Eigentumsvorbehalt unterscheidet man drei Arten.

---

[63] Vgl. hierzu vertiefend auch: Wien, Bürgerliches Recht – Eine praxisorientierte Einführung, Wiesbaden 2012, S. 220 f.

Abbildung 9.1   Eigentumsvorbehalt - Arten

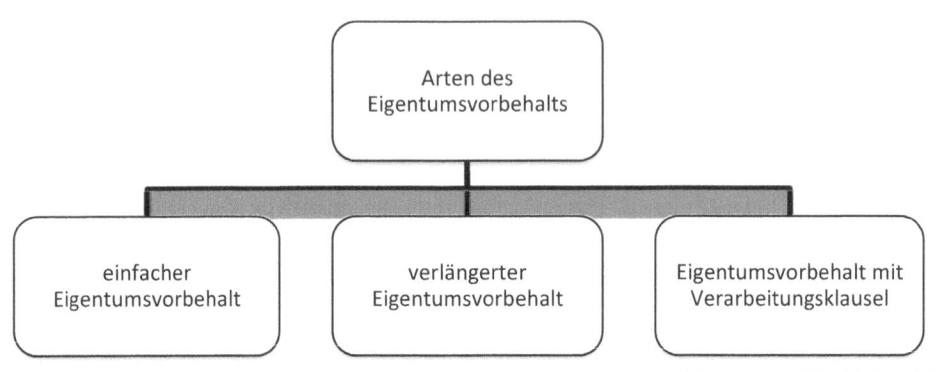

Der einfache Eigentumsvorbehalt besagt, dass der Verkäufer vom Vertrag zurücktreten und die Herausgabe der Sache fordern kann, wenn der Käufer in Zahlungsverzug kommt. Problematisch wird es allerdings beim „gutgläubigen Eigentumserwerb" und bei Fällen der „Weiterverarbeitung" der gelieferten Ware. Der gutgläubige Erwerb ist in § 932 BGB geregelt und besagt, dass der Erwerber der Sache auch dann Eigentümer wird, wenn der Verkäufer, welcher ihm die Sache verkauft hat, nicht Eigentümer der Sache ist und der Käufer gutgläubig ist. Gutgläubig bedeutet, dass der Käufer nichts davon wusste, dass der Verkäufer nicht Eigentümer der Kaufsache war. Darüber hinaus ist hier auch die Sperre des gutgläubigen Eigentumserwerbs zu beachten. Gutgläubiger Eigentumserwerb liegt nach § 935 BGB nicht vor, wenn die Sache vorher gestohlen worden oder verloren gegangen oder sonst abhanden gekommen ist. Mit dem verlängerten Eigentumsvorbehalt soll nun verhindert werden, dass der Sicherungseffekt des Eigentumsvorbehalts durch den Weiterverkauf der Sachen aufgehoben wird. Zu diesem Zweck wird im Rahmen des Eigentumsvorbehalts zusätzlich vereinbart, dass, sollte die gekaufte Sache weiterverkauft werden, der Erlös aus dem Verkauf als an den Vorbehaltsverkäufer abgetreten gilt. Dieses schützt den Lieferanten aber nicht vor allen Möglichkeiten des Eigentumsverlusts. Eine Gefahr besteht nämlich immer dann, wenn der Verkäufer beispielsweise unter Eigentumsvorbehalt Rohstoffe liefert, die vom Käufer durch Vermischung (§ 948 BGB) oder durch Verarbeitung (§ 950 BGB) umgebildet respektive weiterverarbeitet werden. Im Rahmen einer Weiterverarbeitung wird der Verarbeitende nämlich nach den eben genannten Vorschriften durch die Verarbeitung automatisch zum Eigentümer; auch wenn ihm die verarbeitete Sache nicht gehört. Zwar sieht das Gesetz in § 951 BGB für denjenigen, der durch die Umarbeitung sein Eigentum verliert, einen Anspruch auf Wertersatz vor, doch ist dieser in der Praxis insbesondere im Rahmen eines Insolvenzverfahrens schlecht durchsetzbar. Um sich gegen derartige Gefahren abzusichern, ist es in der Praxis erforderlich, zusätzlich zum normalen Eigentumsvorbehalt bzw. zum verlängerten Eigentumsvorbehalt vertraglich eine weitere Regelung zu treffen. Hierzu wird im Rahmen der vertraglichen Vereinbarung eines Eigentumsvorbehalts zusätzlich vereinbart, dass, sollte die gelieferte Ware vom Käufer umgearbeitet bzw. verarbeitet werden, unterstellt wird, dass nicht der Käufer, sondern der Verkäufer die

Umarbeitung vorgenommen hat. Sinn dieser Vereinbarung ist es, dem ursprünglichen Eigentümer auch durch die Verarbeitung das Eigentum zu erhalten. Wenn nämlich unterstellt wird, dass nicht der Käufer sondern der Vorbehaltsverkäufer die Umarbeitung vorgenommen hat, so wird nach Gesetzeslage dann auch der ursprüngliche Eigentümer durch die Umarbeitung wieder Eigentümer. Die eben genannte vertragliche Absprache, die dies ermöglicht, wird in der Praxis auch als „Eigentumsvorbehalt mit Verarbeitungsklausel" bezeichnet.

9.1.1.2   Vorteile des Lieferantenkredits

Ein wesentlicher Vorteil des Lieferantenkredites ist, dass er gesetzlich keiner Rechtsform unterliegt. Insofern wird die Kreditgewährung sehr schnell und bequem abgewickelt. Darüber hinaus ist eine Einbeziehung von Kreditinstituten nicht notwendig. Dieses spielt insbesondere für Unternehmen mit geringer Kapitalausstattung und wenig Sicherheiten eine große Rolle. Denn diese bekommen bisweilen die benötigte Kreditlinie nicht bewilligt, weil einfach die nötigen Sicherheiten fehlen. Außerdem wird durch die Gewährung eines Lieferantenkredites vorübergehend die Liquidität des Unternehmens verbessert, da die eventuell eingeräumte Kreditlinie der Bank entlastet wird, wenn der eingeräumte Lieferantenkredit in Anspruch genommen wird. Dieses mindert wiederum die Abhängigkeit des Unternehmens vom Kreditinstitut. Durch die Gewährung eines Kredites kann der Lieferant gegebenenfalls seinen Umsatz steigern, Kunden an sich binden und eventuell seine Geschäftsbeziehungen ausbauen. Denn eine reibungslose Abwicklung kann dazu führen, dass der Kunde zufrieden ist und daher weiter Bestellungen bei diesem Unternehmen vornehmen wird. Dieses wiederum kann dazu führen, dass weitere Lieferantenkredite entstehen und es zu einer langfristigen Kreditgewährung kommt. Oftmals stellt die Erteilung eines Lieferantenkredites die letzte Kreditmöglichkeit für ein Unternehmen dar, wenn der Kreditrahmen bei Banken bereits ausgeschöpft ist und die benötigten Sicherheiten fehlen; da Banken in der Regel wesentlich höhere Ansprüche an die Kreditwürdigkeit haben, als der Vertragspartner.

9.1.1.3   Nachteile des Lieferantenkredits

Zwar wird durch den Lieferantenkredit die Abhängigkeit zum Kreditinstitut gemindert; jedoch erhöht sich im Gegenzug eine Abhängigkeit zum Lieferanten. Neben der Abhängigkeit besteht ein weiterer wesentlicher Nachteil in den so genannten Kapitalkosten.

9.1.1.4   Exkurs: Problematik der Kapitalkosten

An folgendem Beispiel soll die Problematik der Kapitalkosten aufgezeigt werden:

Beispiel:

Unternehmenskunde A bekommt von seinem Lieferanten die Rechnung für die geleistete Lieferung zugeschickt. Der Kunde wird darin aufgefordert, innerhalb von 30 Tagen die Rechnungssumme zu begleichen. Darüber hinaus wird darin erklärt, dass A 3 Prozent Skonto abziehen könne, wenn er den Rechnungsbetrag bereits innerhalb von drei Tagen bezahlt.

Was die meisten Kunden bei der Inanspruchnahme des Zahlungsaufschubs nicht bedenken, ist, dass der Lieferant sich diesen Zahlungsaufschub mit 3 % honorieren lässt. Die 3 %
sind aber nicht auf das ganze Jahr gerechnet, sondern nur auf die 27 Tage. Da Banken ihre
Zinsen immer auf das Jahr gerechnet angeben, kann man den Zins des Lieferanten nicht
einfach mit dem Zinssatz eines Kredites bei einer Bank vergleichen, um herauszufinden,
was günstiger wäre. Um eine Vergleichbarkeit zu schaffen, muss Kunde A die Zinsen des
Lieferantenkredites für ein Jahr ausrechnen. Die entsprechende Formel lautet wie folgt:

$$i = S : z\text{-}f \times 360$$

hierbei bezeichnet i den Zinssatz pro Jahr (in Prozent), S den Skontosatz (in Prozent), z das
Zahlungsziel (in Tagen) und f die Skontofrist (in Tagen).

Für das oben genannte Beispiel würde es also bedeuten, dass der Lieferant sich den Zahlungsaufschub mit einem Zinssatz von 40 % pro Jahr honorieren lassen würde. Kunde A
wäre also besser damit beraten, wenn er bei seiner Hausbank ein Kredit in Anspruch nehmen würde. Eine Möglichkeit würde der Kontokorrentkredit darstellen. Er könnte somit
innerhalb von drei Tagen den Rechnungsbetrag unter Abzug des Skonto begleichen und
die enorm hohen Zinsen einsparen.

Aufgrund der erheblichen Nachteile sollte ein Lieferantenkredit nur in Anspruch genommen werden, wenn es keine andere Möglichkeit mehr gibt.

9.1.2   Kundenkredit

Der Kundenkredit kann auch als Kundenanzahlung, Kredit, Abnehmerkredit oder Beschaf-
fungskredit bezeichnet werden. Die Grundlage eines solchen Kredites stellt, wie beim oben
dargestellten Lieferantenkredit, ein Kaufvertrag nach § 433 BGB dar. Im Gegensatz zum
oben dargestellten Lieferantenkredit ist beim Kundenkredit nunmehr der Lieferant der
Kreditnehmer und der Abnehmer der Ware der Kreditgeber. Ein Kundenkredit entsteht
dadurch, dass der Abnehmer eine Zahlung leistet, bevor die Lieferung der Ware überhaupt
erfolgt. Die Zahlung erfolgt dabei entweder als Teilbetrag – dann wird von einer Anzahlung gesprochen – oder in voller Höhe des Kaufpreises – dann wird von einer Vorauszah-
lung gesprochen. Die Art der Finanzierung durch Kundenkredit wird unter anderem genutzt, wenn die Erstellung der Leistung mit sehr hohen Kosten einhergeht, der Zeitpunkt
zwischen Planung und Fertigstellung der Leistung weit auseinander fällt oder es sich um
eine Individualanfertigung handelt, die speziell auf die Bedürfnisse des Kunden ausgerichtet ist. Angewandt wird der Kundenkredit in der Praxis also typischerweise im Wohnungsbau, im Schiffs- oder Flugzeugbau oder bei der Entwicklung von Maschinen. In welcher
Höhe der Kundenkredit gewährt wird und natürlich auch zu welchen Zeitpunkten und in
welcher Höhe die Zahlungen zu erfolgen haben, ist von verschiedenen Bedingungen abhängig. Eine Rolle dabei spielt die Marktposition des Lieferanten. Diese bezieht sich vor
allem auf die Stärkung der Geschäftspartner im Wettbewerb. Je stärker das Unternehmen
gegenüber seinen Konkurrenten im Wettbewerb ist, umso besser ist seine Verhandlungspo-
sition. Ein anderer Punkt ist die Auftragslage. Bei einer guten Auftragslage befindet sich

der Lieferant in einer wesentlich besseren Position als bei einer schlechten Auftragslage, da er in diesem Fall mehr Zugeständnisse machen müsste. Es spielt aber auch eine Rolle wie die branchenüblichen Zahlungsbedingungen aussehen.

9.1.2.1   Vorteile des Kundenkredits

Die Wahrscheinlichkeit, dass der Kunde die Ware am Ende der Fertigstellung nicht abnimmt, wird wesentlich reduziert, da der Kunde eine entsprechende Zahlung bereits geleistet hat. Was besonders wichtig ist, wenn es sich um eine Individualanfertigung handelt, da der Lieferant dafür vermutlich keinen anderen Abnehmer finden würde. Hinzu kommt natürlich, dass das Risiko, dass der Abnehmer die Ware nicht bezahlt, sich verringert. Die Liquidität des Lieferanten wird durch die geleisteten Zahlungen wesentlich verbessert. Der Lieferant kann mit dem Geld arbeiten. Er kann zum Beispiel neue Anlagen kaufen oder seine eigenen Lieferanten bezahlen. Je höher der Kapitalbedarf ist, desto wichtiger wird auch dieser Faktor. Zinsen werden in dem Sinne nicht erhoben; aber trotzdem kann man davon ausgehen, dass sie mit berücksichtigt worden sind. Dies bedeutet, dass ein Rechnungspreis für eine vom Lieferanten erbrachte Leistung umso höher sein wird, je später eine oder mehrere Zahlungen liegen. Die Vorteile liegen vor allem beim Kreditnehmer. Der Kreditgeber sollte immer darauf achten, dass eine entsprechende Absicherung vorliegt – vorzugsweise eine Bankbürgschaft.

9.1.2.2   Nachteile des Kundenkredits

In der Praxis kann es natürlich passieren, dass der Lieferant die geschuldete Leistung nicht bzw. nicht wie vertraglich vereinbart fertig stellt, weil das Unternehmen beispielsweise insolvent wird oder weil er die Leistung einfach nicht mehr erbringen will oder kann. Um dieses Risiko zu mindern, werden vertraglich Konventionalstrafen vereinbart. Zusätzlich wird gewöhnlich als Absicherung noch eine Bankbürgschaft gefordert. Der Kundenkredit führt zu einer gesteigerten Abhängigkeit, vor allem aus der Sicht des Kreditgebers, da dieser darauf bauen muss, dass der Lieferant die Leistung laut Vertrag auch wirklich in vollem Umfang erbringt und die Gefahr besteht, dass das Unternehmen insolvent wird. Die Liquidität des Abnehmers wird durch die Anzahlung negativ beeinflusst, da dieser das Geld nicht für andere Dinge nutzen kann; wie beispielsweise für den Kauf von Geschäftsausstattung oder um wiederum andere Verbindlichkeiten gegenüber anderen Kunden oder seiner Bank zu begleichen.

9.2   Geldkredite

Das Handelsgesetzbuch und das Bürgerliche Gesetzbuch treffen auch Regelungen zu Geldkrediten. Zu denken wäre hier insbesondere an die Regelungen der § 355 ff. HGB zum so genannten Kontokorrent. Im Folgenden sollen also die Regelungen zur Kreditleihe, welche im handelsrechtlichen Wirtschaftsleben eine wesentliche Rolle spielen im Zusammenhang dargestellt werden.

Es existieren drei Arten von Geldkrediten: der Kontokorrentkredit, der Diskontkredit und der Lombardkredit.

9.2.1   Kontokorrentkredit

Unter einem Kontokorrentkredit ist ein variabler, kurzfristiger Kredit zu verstehen, welcher einem Kreditnehmer auf seinem Kontokorrentkonto zur Verfügung gestellt wird. Bei dieser Form der Kreditfinanzierung handelt es sich um die meistgenutzte Art der Geldkredite. Regelungen zum Kontokorrentkredit finden sich in § 355 HGB bis § 357 HGB und in § 607 BGB bis § 610 BGB. Die Laufzeit beträgt in der Regel sechs bis zwölf Monate, wobei allerdings durch die wiederholte Prolongation (Verlängerung) der Kreditlinie aus dem kurzfristigen Kontokorrentkredit schnell ein mittel- bis langfristiger Kredit wird. Der Kreditrahmen wird in regelmäßigen Abständen durch einen Kreditsachbearbeiter überprüft. Zur Sicherheit verlangen Banken häufig den Nachweis regelmäßiger Zahlungseingänge oder machen die Kreditlinie vom Nettogehalt des Kunden abhängig. Zusätzlich können noch Sicherheiten, wie Bürgschaft[64], Zession, Sicherungsübereignung[65] oder Grundpfandrechte[66] verlangt werden. Das Kreditinstitut stellt dem Kreditnehmer eine Kreditlinie bereit. Diese Grenze stellt einen Maximalbetrag des flexibel zu beanspruchenden Kredites dar. Bis zur Kreditlinie kann das Konto ohne vorherige Rücksprache mit dem Kreditinstitut jederzeit genutzt werden. Der Kreditnehmer kann also frei darüber verfügen. Jedoch ist ein entsprechender Soll-Zins für die Inanspruchnahme der Kreditlinie zu zahlen. Die Kreditlinie kann aber auch überschritten werden. Man spricht in dem Fall von einem so genannten Überziehungskredit. Dieser muss jedoch zuvor mit dem Kreditinstitut abgesprochen werden. Die Soll-Zinsen für die Überziehung der Kreditlinie sind wesentlich höher als die Zinsen für die in Anspruch genommene Kreditlinie. Die Kosten für einen Kontokorrentkredit ergeben sich im Allgemeinen aus dem Soll-Zins, der Kreditprovision, den Kontoführungsgebühren, der Überziehungsprovision und dem Spesen- und Auslagenersatz. Die Kosten beziehen sich aber nicht auf den eingeräumten Kredit, sondern nur auf die wirklich in Anspruch genommene Kreditlinie.

9.2.1.1   Vorteile des Kontokorrentkredits

Der Kreditnehmer kann frei und flexibel entscheiden, inwieweit er die Kreditlinie in Anspruch nimmt, da diese nicht an einen Bestimmungszweck gebunden ist. Die Liquidität des Kreditnehmers wird verbessert, da dieser in der Lage ist, auf plötzlich auftretende Verbindlichkeiten schnell zu reagieren. Die Abhängigkeit zu einem Kreditinstitut wird verringert, umso mehr Kontokorrentkredite bei verschiedenen Kreditinstituten in Anspruch genommen werden, da ein Unternehmen den benötigten Kapitalbedarf auf die Banken verteilen

---

[64]   Vgl. vertiefend zur Bürgschaft auch: Alexander, Gemeinsame Strukturen von Bürgschaft, Pfandrecht und Hypothek, JuS 2012, S. 481 ff.

[65]   Vgl. hierzu auch: Wien, Existenzgründung, München 2009, S. 43.

[66]   Vgl. zu den Grundpfandrechten „Hypothek" und „Grundschuld" auch: Wien, Bürgerliches Recht, Wiesbaden 2012, S. 214 ff.

kann und somit die Kreditlinie nicht unbedingt überzogen werden muss. Dieses würde wiederum zu höheren Kosten führen. Außerdem kann das Unternehmen schnell reagieren, wenn ein Kreditinstitut die Kreditlinie nach Prüfung heruntersetzt oder die Bedingungen ändert. Das Kreditinstitut kann aber dagegenwirken, indem es beispielsweise auf eine Ausschließlichkeitserklärung besteht. Mit ihr wird das Unternehmen gezwungen, sämtliche Bankgeschäfte über ein Kreditinstitut abzuwickeln. Das Kreditinstitut bekommt einen guten Einblick in die aktuelle Betriebssituation bezüglich der Umsätze mit Abnehmern und Lieferanten sowie der regelmäßigen Zahlungsverpflichtungen. Auch als Vorteil zu sehen ist, dass die Kosten sich nicht aus dem gesamten gewährten Kreditbetrag ergeben, sondern nur aus der Kreditlinie, die tatsächlich in Anspruch genommen wurde.

9.2.1.2   Nachteile des Kontokorrentkredits

Für das Unternehmen ist der Einblick, den das Kreditinstitut in die Betriebssituation bekommt, eher distanziert zu betrachten, da die Bank eine eventuelle weitere Kreditanfrage (beispielsweise über eine andere Kreditart) vielleicht ablehnen würde, weil sie die Bonität des Kreditnehmers dafür als nicht ausreichend ansieht. Durch eine etwaige Ausschließlichkeitserklärung ist der Kreditnehmer an das Kreditinstitut gebunden. Darüber hinaus ist es als nachteilig zu betrachten, dass verschiedene Provisionen und Gebühren (Kontoführungsgebühren) erhoben werden, welche die Kosten anheben. Dazu kommt, dass die Kosten nicht genau kalkuliert werden können, da man nicht genau vorhersagen kann, inwieweit die Kreditlinie in Anspruch genommen wird.

9.2.1.3   Sicherheiten

Die Kreditinstitute können je nach Höhe der Kreditlinie verschiedene Sicherungsmöglichkeiten verlangen. Im Folgenden werden einige mögliche Sicherheiten näher dargestellt.

> **Beispiel:**
>
> Der Unternehmer U möchte eine neue Fräsmaschine für sein Unternehmen anschaffen. Das Geld hierfür benötigt er von der B-Bank. Da er jedoch über keine Sicherheiten verfügt, bietet die B-Bank ihm an, die neu angeschaffte Maschine an die B-Bank zur Sicherung zu übereignen. Wie funktioniert dies?

Im Rahmen einer **Sicherungsübereignung** wird eine bewegliche Sache oder ein Recht belastet. Hierbei übereignet der Sicherungsgeber im Rahmen der Sicherungsübereignung den Gegenstand an den Sicherungsnehmer. Anders als beim Pfandrecht muss sich hierbei jedoch der Gegenstand nicht im Besitz des Sicherungsnehmers befinden. Vielmehr wird zur Übereignung lediglich ein so genanntes „Besitzmittlungsverhältnis" eingegangen. Unter einem Besitzmittlungsverhältnis im Sinne des § 868 BGB ist ein Rechtsverhältnis zu verstehen, durch das der Besitzer dem Eigentümer gegenüber auf Zeit zum Besitz des Sicherungsgutes berechtigt ist. Dies kann beispielsweise eine Leihe oder Miete sein. Dabei erhält der Kreditgeber die Rechte über die Sache und wird zum mittelbaren Besitzer. Der Kreditnehmer bleibt jedoch unmittelbarer Besitzer der Sache. Es ist ihm also möglich, weiter über die zur Sicherung übereignete Sache zu verfügen. Man spricht hierbei von einem Besitzkonstitut, welches im § 930 BGB geregelt ist. Das Problem, welches sich bei dieser Sicherungsform ergeben kann, stellt ein eventuell eintretender Wertverlust dar. Daher gilt die Sicherung meistens nur bis zum Restwert. Darüber hinaus hat der Kreditgeber gewöhnlich keine Möglichkeit einzusehen, ob die Sache nicht eventuell schon an eine andere Person übereignet wurde.

Eine weitere Absicherungsmöglichkeit stellt die so genannte **Sicherungsabtretung** dar. Man kann hierbei auch von einer Forderungsabtretung oder Zession sprechen. Bei einer Sicherungszession kommt es zu einer Abtretung von Forderungen. D.h. der Kreditnehmer überträgt dem Kreditgeber seine Rechte aus Forderungen gegenüber einer dritten Person. Man unterscheidet dabei die offene und die stille Zession. Bei der offenen Zession wird die Abtretung dem Drittschuldner angezeigt, der die Zahlung nun an den Kreditgeber leistet. Dieses ist dem § 407 BGB zu entnehmen. Bei der stillen Zession erfolgt, wie der Name schon sagt, keine Mitteilung an die dritte Person, so dass diese wie zuvor an den Lieferanten zahlt. Darüber hinaus kann man noch zwischen der so genannten Mantel- und der Globalzession unterscheiden. Bei einer Mantelzession werden laufende Forderungen in einer bestimmten Gesamthöhe abgetragen. Der Kreditnehmer hat entsprechend Rechnungskopien oder Saldenlisten der Bank als Nachweis vorzulegen. Von einer Globalzession spricht man hingegen, wenn Forderungen eines bestimmten Personenkreises (beispielsweise ein Personenkreis, bei dem der Nachname mit dem Buchstaben A bis O beginnt) abgetreten wird. Dabei kann es sich sowohl um gegenwärtige als auch um zukünftige Forderungen handeln. Ein Problem, welches auch bei dieser Sicherungsform auftreten kann, ist, dass möglicherweise Forderungen mehrmals abgetreten werden, ohne dass der Kreditgeber hiervon erfährt.

Beim **Pfandrecht**[67] kommt es zu einer Verpfändung einer beweglichen Sache (§§ 1204 ff. BGB), einer unbeweglichen Sache (§ 1113 ff. BGB) oder eines Rechts (§ 1273 ff. BGB), wobei der Pfandgläubiger Besitzer der Sache wird, während der Schuldner weiter Eigentümer der Sache bleibt.[68] Es handelt sich hierbei um eine akzessorische Sicherheit; d.h., dass eine Forderung zu Grunde liegen muss. Sollte es dazu kommen, dass der Schuldner nicht seinen Verpflichtungen nachkommt, hat der Pfandgläubiger das Recht, die Pfandsache zu verwerten. Dieses ist allerdings an bestimmte Voraussetzungen gebunden. Zum einen müssen nach § 1228 BGB die Forderungen teilweise oder ganz fällig sein und zum anderen hat der Gläubiger nach § 1234 Abs. 1 BGB nach dem Eintritt der Verkaufsberechtigung den Verkauf anzudrohen. Nach § 1234 Abs. 2 BGB darf der Verkauf erst einen Monat nach der Androhung erfolgen.

Die **Hypothek** ist BGB ab § 1113 BGB geregelt. Sie stellt eine dingliche Belastung des Grundstücks des Sicherungsgebers dar. Eine Hypothek gibt dem Gläubiger die Möglichkeit, bei Fälligkeit der Hypothek ein Verwertungsrecht am Grundstück des Sicherungsge-

---

[67] Vgl. vertiefend zum Pfandrecht auch: Alexander, Gemeinsame Strukturen von Bürgschaft, Pfandrecht und Hypothek, JuS 2012, S. 481 ff.
[68] Vgl. zum Pfandrecht auch: Wien, Bürgerliches Recht, Wiesbaden 2012, S. 217 f.

bers auszuüben.[69] Nach § 1147 BGB hat der Gläubiger durch die Hypothek die Möglichkeit, das Grundstück im Wege einer Zwangsvollstreckung zu verwerten.[70] Denn unter einer Hypothek wird nach § 1113 Abs. 1 BGB eine Belastung verstanden, die so ausgestaltet ist, dass an denjenigen, zu dessen Gunsten die Belastung erfolgt, eine bestimmte Geldsumme zur Befriedigung wegen einer ihm zustehenden Forderung aus dem Grundstück zu zahlen ist. Hierbei spielt die so genannte Akzessorietät der Hypothek eine große Rolle. Eine Hypothek kann nicht ohne eine zu sichernde Forderung entstehen. Dies ist explizit in § 1113 Abs. 2 BGB geregelt. Dementsprechend ist die Hypothek ein Sicherungsmittel, welches in ihrem Bestand von der zu sichernden Forderung abhängig ist. Daraus folgt, dass der Hypothekengläubiger und der Gläubiger der Forderung zwingend dieselbe Person sein müssen. Auf der Seite des Sicherungsgebers muss diese Identität nicht vorliegen. So können Grundstückseigentümer und Schuldner der Forderung durchaus unterschiedliche Personen sein. Dies ergibt sich bereits aus dem Wortlaut des § 1143 Abs. 1 BGB, in welchem ausdrücklich zwischen Eigentümer und persönlichem Schuldner differenziert wird. Es ist nach § 1113 Abs. 2 BGB auch möglich, eine Hypothek für eine künftige oder für eine unter einer Bedingung gestellte Forderung zu bestellen. Um eine Hypothek zu bestellen, bedarf es einer Einigung zwischen dem Gläubiger der zu sichernden Forderung und dem Grundstückseigentümer. Darüber hinaus muss die Hypothek gemäß § 873 BGB im Grundbuch eingetragen werden. Sofern auf das Sicherungsmittel der Hypothek zurückgegriffen werden muss, weil der Schuldner seinen Verpflichtungen nicht nachkommt, haftet das mit einer Hypothek belastete Grundstück in der Weise, dass der Eigentümer entsprechend dem § 1147 BGB gegebenenfalls sogar die Zwangsversteigerung oder Zwangsverwaltung des Grundstücks bzw. der Immobilie hinnehmen muss.

Die **Grundschuld** gehört zu den Grundpfandrechten. Sie entsteht durch die Verpfändung von Grundstücken oder gleichen Rechten. Gesetzlich ist die Grundschuld in den § 1191 BGB bis § 1198 BGB geregelt. Es handelt sich hierbei um eine fiduziarische Sicherungsart; d.h., dass diese Sicherung nicht an ein Bestehen einer Forderung gebunden ist. Die Grundschuld belastet ein Grundstück in der Weise, dass an denjenigen, zu dessen Gunsten die Belastung erfolgt, eine bestimmte Geldsumme aus dem Grundstück zu zahlen ist. Hypothek und Grundschuld weisen erhebliche Ähnlichkeiten auf.[71] Dies liegt nicht zuletzt daran, dass über § 1192 Abs. 1 BGB für die Grundschuld in das Recht der Hypothek verwiesen wird. Diese Vorschrift lautet:

§ 1192 BGB Anwendbare Vorschriften

(1) Auf die Grundschuld finden die Vorschriften über die Hypothek entsprechende Anwendung, soweit sich nicht daraus ein anderes ergibt, dass die Grundschuld nicht eine Forderung voraussetzt.

(1a) Ist die Grundschuld zur Sicherung eines Anspruchs verschafft worden (Sicherungsgrundschuld), können Einreden, die dem Eigentümer auf Grund des Sicherungsvertrags mit dem

---

69   Vgl. vertiefend hierzu: Reinicke / Tiedtke, Kreditsicherung, 5. Auflage, Neuwied 2006, Rn. 1055 ff.
70   Vgl. vertiefend hierzu: Schapp / Schur, Sachenrecht, 4. Auflage, München 2010, Rn. 400 ff.
71   Vgl. zur Vertiefung: Weller, Die Sicherungsgrundschuld, JuS 2009, S. 969 ff.

> *bisherigen Gläubiger gegen die Grundschuld zustehen oder sich aus dem Sicherungsvertrag ergeben, auch jedem Erwerber der Grundschuld entgegengesetzt werden; § 1157 Satz 2 findet insoweit keine Anwendung. Im Übrigen bleibt § 1157 unberührt.*
>
> *(2) Für Zinsen der Grundschuld gelten die Vorschriften über die Zinsen einer Hypothekenforderung.*

Ein wesentlicher Unterschied zur Hypothek ist also, dass die Grundschuld nicht an das Bestehen einer Forderung geknüpft ist und somit keine Akzessorietät aufweist. Eine Grundschuld gibt dem Gläubiger quasi aus sich selbst heraus ein Verwertungsrecht bezüglich des Grundstücks. Mittlerweile kann festgestellt werden, dass Kreditinstitute zur Absicherung von Darlehen in der Praxis lieber eine Grundschuld als eine Hypothek verwenden. Weil eine Grundschuld den Interessen der Beteiligten eher gerecht wird und wegen ihrer flexiblen Handhabung hat sie die Hypothek nahezu verdrängt. Man unterscheidet zwischen der Brief- und der Buchgrundschuld. Die Briefgrundschuld wird nicht nur ins Grundbuch eingetragen, sondern es wird vielmehr ein spezielles Formular der Bundesdruckerei vom Grundbuchamt ausgestellt – ein so genannter Grundschuldbrief. Die Buchgrundschuld hingegen wird ins Grundbuch eingetragen.

9.2.2   Diskontkredit

Der Diskontkredit ist ein Kredit, den Kreditinstitute dem Kreditnehmer durch Ankauf von noch nicht fälligen Wechseln unter Abzug der Zinsen gewähren. Daher wird der Diskontkredit auch als Wechseldiskontkredit bezeichnet. Den Abzug der Zinsen bezeichnet man als Diskontierung. Wie ein Diskontkredit funktioniert, soll folgendes Beispiel zeigen:

Ein Unternehmen L (Lieferant) gewährt seinem Abnehmer durch das ausstellen eines Wechsels ein Zahlungsziel. Das entsprechende Grundgeschäft ist in diesem Fall ein Kaufvertrag im Sinne des § 433 ff. BGB. Der Abnehmer akzeptiert diesen Wechsel und verpflichtet sich dadurch zur Zahlung an einem späteren, im Wechsel erfassten, Termin. Das Unternehmen L ist nun in der Lage diesen Wechsel in liquide Mittel umzuwandeln. Das geschieht dadurch, dass seine Bank (Kreditgeber) diesen Wechselankauf und die Summe vor Fälligkeit des Wechsels dem Unternehmen (Kreditnehmer) auf sein Konto gutschreibt. Er bekommt jedoch nicht die volle Summe, sondern nur den Diskonterlös; d.h. von der Summe wird der Zins für den Wechseldiskont und die Diskontspesen abgezogen. Die Bank ist aber nur bereit, Wechsel innerhalb einer festgelegten Diskontlinie, einer so genannten Wechselobligo, zu diskontieren. Am Tag der Fälligkeit wird der Wechsel nun der Bank des Bezogenen (Abnehmer), die auch die Bank des Ausstellers (Unternehmer L) sein kann, vorgelegt, und die Bank zahlt nun die Wechselsumme zu Lasten des Bezogenen an den Vorlegenden aus. Somit wird der Kredit nicht durch den Kreditnehmer, sondern durch den Bezogenen zurückgezahlt. Die Kosten, welche durch einen solchen Kredit entstehen, ergeben sich zum einen aus den oben bereits erwähnten Diskontierungszinsen, die wiederum abhängig von der Restlaufzeit des Wechsels und dem Diskontsatz der Bank sind und von den Diskontspesen der Bank. Der Diskontsatz orientiert sich an den entsprechenden Geldmarktzinsen für die Laufzeit des Wechsels und einer individuell festgelegten Marge, die

von der Kreditwürdigkeit des Unternehmens abhängig gemacht wird. Diskontspesen setzen sich beispielsweise aus Abwicklungsgebühren, Auskunftsgebühren bzw. eventuellen
Inkassoprovisionen zusammen. Sicherheiten stellen zum einen der eingeräumte Eigentumsvorbehalt, den sich das Unternehmen aufgrund des gewährten Zahlungsaufschubs hat
einräumen lassen, und zum anderen die so genannte „Wechselstrenge" dar.

9.2.2.1   Vorteile des Diskontkredits

Die Bank erhält dadurch, dass sie den Wechselankauf und somit das Unternehmen vorfi-
nanziert, Diskontzinsen und Spesen. Ein weiterer wesentlicher Vorteil für die Bank ist, dass
dieses Finanzierungsinstrument besonders sicher ist. Daher werden zusätzliche Sicherheiten in der Regel für den Kreditnehmer nicht nötig. Da die Unternehmen bereits vor der
eigentlichen Fälligkeit den Rechnungsbetrag zur Verfügung haben, können Sie mit dem
Geld arbeiten. Sie können zum Beispiel neue Maschinen erwerben, die eventuell bessere
Technologien enthalten und können dadurch effizienter arbeiten. Oder sie können wiederum ihre eigenen Lieferanten bezahlen. Sie können, um es auf den Punkt zu bringen, ihre
Liquidität verbessern und somit ihre Geschäftätigkeit gewährleisten. Der Kreditnehmer
kann bis zur Diskontlinie frei entscheiden, inwieweit er diese in Anspruch nimmt. D.h. er
muss nicht die gesamte Diskontlinie in Anspruch nehmen.

9.2.2.2   Nachteile des Diskontkredits

Ein Wechseldiskontkredit kommt nur zu Stande, wenn sowohl die Bank bereit ist, einen
solchen Kredit zu gewähren, als auch der Lieferant gewillt ist, einen Wechsel zu akzeptieren. Durch diese Dreierkonstellation (Lieferant, Abnehmer, Kreditinstitut) wird die Entstehung eines solchen Kredits nicht gerade begünstigt, da alle ihr Zutun leisten müssen. Sollte
der Lieferant seinen Zahlungen nicht nachkommen, liegt das Risiko beim Kreditnehmer.
Als nachteilig ist es auch anzusehen, dass die entsprechenden wechselrechtlichen Vorschriften zu beachten sind und dadurch die Flexibilität eingeschränkt wird.

9.2.3   Lombardkredit

Der Lombardkredit ist ein Kredit, der einem Kreditnehmer gegen Verpfändung von Forderungen, Waren, Edelmetallen, Wertpapieren oder Wechseln gewährt wird. Der Pfandgegen-
stand dient somit der Kreditsicherung. Daher ist eine weitere Besicherung nicht notwendig.
Diese Kreditform wird in einem festen Betrag gewährt und am Ende einer festen Laufzeit –
eine Prolongation ist also nicht möglich – in voller Höhe zurückgezahlt. Der Kreditbetrag
entspricht aber nicht dem Wert des Pfandgutes, sondern nur einem Prozentsatz davon, welcher wiederum von der Art des Gutes abhängig ist. Ob das Pfandobjekt überhaupt zur Beleihung genutzt werden kann, ist davon abhängig, ob die Kriterien der Wertbeständigkeit, der
schnellen Liquidierbarkeit und gegebenenfalls das Kriterium der Einlagerbarkeit erfüllt werden. Dies muss gegebenenfalls individuell entschieden werden. Es lassen sich verschiedene
Lombardarten unterscheiden. Zum einen gibt es den Forderungs-Lombard. Dabei handelt es
sich, wie der Name schon sagt, um Forderungen, die beliehen werden. Verwendung findet

dieser insbesondere bei Lebensversicherungspolicen (zum Rückkaufwert). Dabei ist eine Mitteilung über die Verpfändung an den Schuldner erforderlich, welches dem § 1280 BGB zu entnehmen ist. Daher bevorzugen beispielsweise Arbeitnehmer eher eine stille Zession, da der Arbeitgeber hierbei keine Mitteilung erhält. Bei einem Warenlombard werden dem Gläubiger Waren verpfändet. Das Problem dabei besteht in der Wertbeständigkeit. Als Pfandgut werden also nur Waren akzeptiert, die nicht verderblich sind. Außerdem ist es ebenfalls problematisch, dass die Ware, da sie sich nun im Besitz des Gläubigers befindet, nicht mehr im Produktionsprozess verwendet werden kann. In der Regel werden die Waren in einem Lagerhaus eingelagert und ein Dokument, welches die Rechte an den Waren verbrieft, wird an den Gläubiger übergeben. Oft geschieht dies in Form von Lagerscheinen. In der Praxis wird die Sicherungsübereignung eher bevorzugt, da die Ware im Besitz des Kreditnehmers bleibt und somit weiter im Produktionsprozess eingesetzt werden kann. Der Beleihungswert liegt bei ca. 50 %. Wird eine Forderung beliehen, so spricht man von einem Wechsellombard, da die Kosten des Wechsellombards jedoch höher sind als die des Wechseldiskontkredits, sollte nur bei einer vorübergehenden Beschaffung von Liquidität darauf zurückgegriffen werden. Die Beleihungsgrenze hierbei liegt bei ca. 90 %. Eine weitere Lombardart stellt der Edelmetall-Lombard dar. Hierbei werden Kunstgegenstände, Goldbarren, Schmuck oder Ähnliches beliehen. Für Unternehmen spielt diese Art der kurzfristigen Fremdfinanzierung keine Rolle. Kreditinstitute beziehen sich nur auf Edelmetalle, die mit einem Kurs notiert sind, wie beispielsweise Gold. Der Effekten-Lombard stellt die bevorzugte Lombardart dar. Hierbei werden Wertpapiere beliehen, die je nach der Sicherheit des Wertpapiers unterschiedlichen Beleihungsgrenzen unterliegen. Aktien können unter anderem schon bei einer Beleihungsgrenze von ca. 50% liegen; hingegen liegt die Grenze bei Schuldverschreibungen bei ca. 80%. Da Wertpapiere überwiegend an der Börse gehandelt werden, ist ihr Wert einfach zu ermitteln. Da Wertpapiere nicht für den Produktionsprozess von Bedeutung sind, wird dieser auch nicht durch die Beleihung beschränkt oder gar unmöglich. Die Kosten für einen Lombardkredit ergeben sich aus den Zinsen und sonstigen Kosten. Die Zinsen setzen sich zum einen aus dem Zinssatz für die Spitzenrefinanzierungsfazilität der Europäischen Zentralbank und zum anderen aus eventuellen Margen, die individuell an das Risiko des Kreditnehmers angepasst ermittelt werden, zusammen. Sonstige Kosten entstehen zum Beispiel, wenn Gutachter zur Bewertung hinzugezogen werden müssen oder durch Verwaltung und Verwahrung.

9.2.3.1   Vorteile des Lombardkredits

Ein wichtiger Vorteil besteht darin, dass Unternehmen ihre Liquidität vorübergehend verbessern können, ohne dadurch Vermögensgüter verkaufen zu müssen. Der Kreditgeber kann das Pfandgut verwerten, wenn der Kreditnehmer der Verpflichtung, welche er eingegangen ist, nicht mehr nachkommt bzw. wenn er dieser nicht mehr nachkommen kann. Dabei müssen natürlich bestimmte Voraussetzungen gegeben sein. Wertpapiere, die an der Börse gehandelt werden, sind ohne großen Kostenaufwand zu verwerten, was den Effekten-Lombard so attraktiv macht. Wenn das Pfandgut alle Voraussetzungen, die an das Gut gestellt werden, erfüllt – es also einfach zu bewerten, leicht zu liquidieren und wenn es wertbeständig ist – ist diese Kreditart leichter zu erhalten. Das Interesse aus der Sicht der Bank liegt vor allem auf dem Pfandgut.

9.2.3.2   Nachteile des Lombardkredits

Dadurch, dass bei Verpfändung des Pfandgegenstandes der Gläubiger zum Besitzer aber nicht zum Eigentümer des Gegenstandes wird, kann das Gut nicht weiter durch den Schuldner verwendet werden; was bei Waren ein großes Problem darstellt, da diese eventuell für den Produktionsprozess unerlässlich sind. Auch stellen die oben genannten Voraussetzungen, die an das Pfandgut gestellt werden, einen Nachteil dar. Unter anderem führen sie dazu, dass nicht alle Güter zur Verpfändung genutzt werden können. Auch kann die Bewertung ein Problem darstellen, da diese durch den Gläubiger erfolgt und eventuell nicht mit den Vorstellungen des Schuldners übereinstimmt, welcher das Gut eventuell höher bewerten würde. Wird deshalb gegebenenfalls ein Gutachter zur Bewertung hinzugezogen, so verursacht das weitere Kosten. Man spricht hier von so genannten sonstigen Kosten, die beglichen werden müssen. Ein weiteres Beispiel ist, dass Schmuck generell weder durch Unternehmen noch durch Kreditinstitute beliehen wird. Zwar können diese Güter durch Pfandhäuser beliehen werden; dieses soll jedoch in der vorliegenden Darstellung keine Rolle spielen, da Pfandhäuser nach § 1 des Kreditwesengesetzes (KWG)[72] keine Kreditinstitute darstellen. Eine Prolongation, wie bei einem Kontokorrentkredit ist nicht möglich; auch ist die Flexibilität des Kontokorrentkredits nicht gegeben, da die Kreditsumme nicht flexibel in Anspruch genommen werden kann. Eine große Gefahr besteht vor allem beim Effekten-Lombard. Sollte es zum Beispiel dazu kommen, dass die Kurse einer Aktie sinken, würde die Besicherungssumme sich verringern. Daher wird in der Regel auch eher eine kurze Laufzeit vereinbart.

9.3   Kreditleihe

Bei der Kreditleihe geht es nicht darum, dass ein Kreditinstitut einem Unternehmen Geld zur Verfügung stellt, sondern es geht um Kreditwürdigkeit. Das bedeutet, die Bank übernimmt bedingt und unbedingt Zahlungsverpflichtungen und überträgt damit ihre einwandfreie Kreditwürdigkeit auf das Unternehmen. Bei der Entscheidung, ob eine Kreditleihe gewährt werden soll, spielen Kriterien wie zum Beispiel Branchengewohnheiten, Geschäftsinteressen des Kreditnehmers oder dessen Kreditwürdigkeit eine Rolle. Die Kreditleihe ist wie folgt zu unterteilen: die Kreditleihe kann in Akzeptkredit und Avalkredit unterteilt werden.

9.3.1   Akzeptkredit

Der Akzeptkredit ist ein Wechselkredit. Wie ein Wechsel funktioniert, ist bereits oben erklärt worden, so dass an dieser Stelle auf eine erneute Darstellung verzichtet wird. Ein Akzeptkredit ist ein Kredit, der deshalb zu Stande kommt, weil ein Kunde auf ein Kreditinstitut einen Wechsel zieht und dieses den Wechsel auch akzeptiert. Die Bank zahlt keine

---

72   Gesetz über das Kreditwesen vom 09.09.1998, BGBl. I S. 2776 mit späteren Änderungen.

Geldmittel an den Kreditnehmer aus, sondern stellt nur ihre Kreditwürdigkeit zur Verfügung. Natürlich knüpft die Bank bestimmte Bedingungen daran, dass sie sich dazu bereit erklärt. Denn immerhin wird sie zum wechselrechtlichen Hauptschuldner. Der Kreditnehmer muss spätestens einen Tag vor Fälligkeitsdatum den Betrag auf sein Konto gutschreiben lassen. Das Kreditinstitut vergibt einen solchen Kredit nur an erstklassige Unternehmen, da die Bank ihren guten Ruf und ihre eigene Kreditwürdigkeit auf Spiel setzt. Die Kosten eines solchen Kredites ergeben sich aus der Akzeptprovision und den Bearbeitungsgebühren. Im Falle einer Diskontierung treten noch Zinskosten für den Kreditnehmer auf. Die Akzeptprovision ist von der Bonität bzw. der Art des Handelsgeschäftes abhängig und wird erfahrungsgemäß zwischen 1,2 und 2,5 % liegen. Die Bearbeitungsgebühren betragen in der Regel 0,5 %. Der Kreditnehmer hat nur drei verschiedene Möglichkeiten, was er mit dem Kredit nun anfangen kann. Der Wechsel kann vom selben Kreditinstitut, welches ihn akzeptiert hat diskontiert werden oder auch einem anderen Kreditinstitut vorgelegt werden, welches ihn dann diskontiert. Diese letztgenannte Möglichkeit wird aber von vielen Kreditinstituten vertraglich untersagt. Die dritte Möglichkeit ist, dass der Wechsel an einen Lieferanten weitergegeben werden kann. Da der Akzeptkredit besonders im Außenhandel sehr gerne angewendet wird, soll er im Folgenden anhand eines Beispiels noch einmal näher erläutert werden.

Ein spanisches Unternehmen möchte aus Deutschland Waren beziehen. Das deutsche Unternehmen möchte natürlich eine Sicherheit haben, damit es sich darauf verlassen kann, dass die Waren auch entsprechend des Kaufvertrages im Sinne des § 433 BGB bezahlt werden. Das spanische Unternehmen vereinbart einen Akzeptkredit mit seiner Bank, was bedeutet, dass das Unternehmen auf die Bank einen Wechsel ziehen darf. Diese wird somit zum bezogenen, wenn die Bank dies auch akzeptiert. Spätestens einen Tag vor Fälligkeit wird das spanische Unternehmen die Summe auf das Konto des Unternehmens einzahlen. Die Bank wird den vom Wechselinhaber vorgelegten Wechsel nun zulasten des spanischen Unternehmens einlösen. Sollte jedoch der Fall eintreten, dass das Unternehmen die Summe nicht einzahlt, weil es dies nicht kann oder auch nicht will; so kann das deutsche Unternehmen aufgrund des Akzeptkredits den Wechsel trotzdem einlösen – und zwar zu Lasten der Bank, da diese wechselrechtlicher Hauptschuldner ist. Die Bank wird sich die Geldmittel natürlich entsprechend beim spanischen Unternehmen wieder zurückholen.

9.3.1.1   Vorteile des Akzeptkredits

Da kein Geld fließt, werden auch keine Zinsen fällig; was dazu führt, dass die Kosten für einen Akzeptkredit relativ gering sind. Eine Ausnahme stellen die Zinsen dar, die bei einer Diskontierung anfallen würden. Für den Wechselnehmer besteht kein Risiko beim Akzeptkredit, da das Kreditinstitut bei der Einlösung mit in der Haftung steht. Der Außenhandel wird erleichtert, da eine Kreditwürdigkeitsprüfung durch den Wechselnehmer nicht notwendig ist.

9.3.1.2 Nachteile des Akzeptkredits

Da das Kreditinstitut ihre Kreditwürdigkeit zur Verfügung stellt, haftet es natürlich auch mit seinem guten Namen. Sollte es sich also einmal bezüglich der Erstklassigkeit eines Unternehmens irren, kann dies auch Imageeinbußen zur Folge haben. Dieses wiederum kann zu einem Nachteil für den Kreditnehmer führen. Sollte eine Bank einen Kreditnehmer nicht als erstklassig einstufen, so wird dieser nicht in den Genuss eines Akzeptkredits gelangen.

9.3.2 Avalkredit

Bei einem Avalkredit übernimmt ein Kreditinstitut im Auftrage ihres Kunden einem Dritten gegenüber eine Bürgschaft[73] oder auch eine Garantie. D.h., das Kreditinstitut zahlt keine Geldmittel an den Kreditnehmer aus, sondern stellt nur seine einwandfreie Kreditwürdigkeit zur Verfügung. Dieses macht es aber nur für erstklassige Unternehmen. Ob ein Unternehmen im Sinne einer Bank als erstklassig angesehen werden kann, hängt sowohl von der Bonität des Unternehmens als auch von der Kreditwürdigkeit des Unternehmens und dem zu Grunde liegenden Grundgeschäft ab. Gesetzliche Regelungen sind in den § 765 BGB bis § 778 BGB sowie in den § 349 HGB bis § 351 HGB zu finden. Die Kosten für einen derartigen Kredit ergeben sich aus der Avalprovision, die oben bereits Erwähnung fand. Die Provision ist je nach Höhe, Art und Laufzeit der Bürgschaft oder Garantie unterschiedlich hoch und kann zwischen 0,5 bis 2,5 % pro Jahr liegen. Zinsen sind bei dieser Art des Kredits nicht zu leisten, da das Kreditinstitut keine Geldmittel zur Verfügung stellt. Die Laufzeit ist je nach Ausgestaltung der Bürgschaft oder der Garantie unterschiedlich lang bemessen.

> **Beispiel:**
>
> Ein Bauträger beauftragt eine Baufirma mit der Errichtung eines Wohnhauses. Beide Parteien schließen also einen Werkvertrag im Sinne des § 631 ff. BGB, bei welchem vor allem der Erfolg im Vordergrund steht. Die Baufirma entscheidet sich für einen Avalkredit, den sie mit ihrer Bank abschließt. Hiermit soll abgesichert werden, dass sie die Zahlung nach der Errichtung des Wohnhauses leisten wird.

Die Bank stellt also in dem oben genannten Fall den Kreditgeber dar und tritt als selbstschuldnerischer Garant für den Kreditnehmer auf, der in diesem Beispiel der Bauträger ist. Die Baufirma erbringt für den Bauträger eine Leistung (beispielsweise Wohnungsbau) und erwartet im Gegenzug dafür die vereinbarte Vergütung. Als Sicherheit, dass der Kreditnehmer auch die entsprechende Zahlung tätigt, nachdem die Baufirma die Leistung erbracht hat, stellt der Bauträger – wie oben bereits erwähnt – einen Avalkredit. Das bedeutet, die Bank, mit welcher der Kreditnehmer diesen Avalkredit schließt, garantiert selbstschuldnerisch für den Bauträger, dass dieser die Zahlung entsprechend erbringen wird. Dafür zahlt der Kreditnehmer an die Bank eine vereinbarte Avalprovision. Sollte der Kre-

---

[73] Vgl. vertiefend zur Bürgschaft auch: Alexander, Gemeinsame Strukturen von Bürgschaft, Pfandrecht und Hypothek, JuS 2012, S. 481 ff.

ditnehmer seinen Verpflichtungen gegenüber der Baufirma nun wirklich nicht nachkommen, so kann die Baufirma die Bank aus dem Avalkredit heraus in Anspruch nehmen. D.h., die Bank zahlt den Kaufpreis bzw. den Restkaufpreis. Man spricht von einer so genannten Zahlungsgarantie. Die Zahlungsgarantie wird in der Praxis sehr gerne auch im Außenhandel eingesetzt. Natürlich spielen Avalkredite auch in anderen Situationen eine Rolle. Die bedeutendsten Erscheinungsformen sollen deshalb hier kurz vorgestellt werden.

9.3.2.1   Erscheinungsformen

Ein Avalkredit wird nicht immer nur dazu benutzt, um die Zahlung einer Baufirma bei einem Wohnungsbau abzusichern. Es gibt noch viele weitere Erscheinungsformen. Zum Beispiel kann der Fall auch umgekehrt auftreten, so dass ein Avalkredit zwischen der Baufirma und deren Bank geschlossen wird und die Bank somit selbstschuldnerisch garantiert, für einen bestimmten Erfolg einzutreten. Man spricht in derartigen Fällen von einer Leistungsgarantie. Natürlich kann nicht die Bank in dem Sinne in Anspruch genommen werden, dass sie für die Baufirma die Leistung erbringt; sondern sie stellt die Zahlung einer Konventionalstrafe sicher. Oder es kann auch eine Gewährleistungsgarantie vereinbart werden, die in ihrer Höhe 5 bis 10 % des Objektwertes abdeckt. Eine weitere Erscheinungsform ist die Zahlungsgarantie. Der Garant verpflichtet sich, die geleistete Anzahlung des Gläubigers für den Fall, dass der Lieferant nicht liefert oder herstellt, zurückzuzahlen. Darüber hinaus gibt es auch noch die so genannte Bietungsgarantie. Eine Bietungsgarantie bedeutet, dass der Garantiegeber Schadensersatz zu zahlen hat, wenn der Schuldner an einer Ausschreibung teilgenommen und auch den Zuschlag dafür bekommen hat und nun vom Angebot zurücktritt, bzw. die Ausführung für denjenigen als unwahrscheinlich gilt oder die in der Ausschreibung gesetzten Bedingungen nicht erfüllt werden. In Form von Bürgschaften können unter anderem auch Zollbürgschaften oder Frachtstundungsbürgschaften auftreten. Solche Bürgschaften werden oftmals vor allem bei Importen von Zoll- und Finanzämtern verlangt – zur Stundung von Zollzahlungen. Frachtstundungsbürgschaften werden vor allem Unternehmen mit hohem Frachtaufkommen für die Stundung diesbezüglicher Zahlungen gewährt.

Bei einer Garantie verpflichtet sich der Garantiegeber (Garant) für einen bestimmten Erfolg oder für ein bestimmtes Verhalten einzustehen bzw. gegebenenfalls einen Schaden, der sich aufgrund eines bestimmten Handelns ergibt, zu übernehmen. Es handelt sich im Gegensatz zur Bürgschaft nicht um eine akzessorische, sondern um eine fiduziarische Sicherheit. D.h. sie ist nicht an das Bestehen einer zu Grunde liegenden Forderung gebunden. Dies bedeutet einen höheren Wert an Sicherheit für den Gläubiger. Der Gläubiger kann an den Garanten herantreten, sobald die Situation, für die die Garantie abgegeben wurde, eingetreten ist. Da die Garantie nicht gesetzlich geregelt ist, gibt es auch keine Formvorschriften. Trotzdem sollte, zum Zweck des Beweises, eine Garantie immer schriftlich abgegeben werden.

9.3.2.2   Vorteile des Avalkredits

Ein großer Vorteil des Avalkredits liegt darin, dass die Kosten für diesen eingeräumten Kredit nicht durch Zinsen zusätzlich erhöht werden. Zinsen treten aus diesem Grund nicht auf, da kein Geld fließt, sondern nur die Kreditwürdigkeit zur Verfügung gestellt wird. Für Kreditnehmer wird bei manchen Geschäften der Abschluss dieser Transaktionen, erst durch die Gewährung des Kredites möglich, so dass die Geschäftstätigkeit weitergeführt werden kann. Der Geschäftspartner des Kreditnehmers kann auf eine Kreditwürdigkeitsprüfung im weiteren Sinne verzichten, da diese unter anderem bereits durch den Kreditgeber erfolgt ist. Zum anderen kann der Geschäftspartner im Falle von Schlechtleistung oder Nichtleistung den Kreditgeber des Avalkredits in Anspruch nehmen. Durch den Avalkredit wird es dem Kreditnehmer ermöglicht, gegenüber einem Dritten einen Kredit (beispielsweise einen Lieferantenkredit) in Anspruch zu nehmen. In der Regel brauchen keine Sicherheiten gestellt zu werden, da das Unternehmen zu den erstklassigen Unternehmen gehört und somit eine entsprechende Bonität und Kreditwürdigkeit gegeben ist. Der Geschäftsverkehr – vor allem im Außenhandel – wird erleichtert, da es keine direkte Möglichkeit gibt, aus der Ferne heraus das Unternehmen zu beurteilen. Durch die Garantie oder Bürgschaft einer Bank ist man eher dazu bereit, Geschäfte abzuschließen.

9.3.2.3   Nachteile des Avalkredits

Einen großen Nachteil stellt es dar, dass diese Art generell nur erstklassigen Unternehmen vorbehalten ist; so dass es dazu kommen kann, dass Unternehmen solche Geschäfte, die als Voraussetzung für den Zuschlag einen Avalkredit voraussetzen, nicht abschließen können. Dieses wirkt sich wiederum negativ auf ihre Geschäftstätigkeit aus.

10 Das Zurückbehaltungsrecht des Kaufmanns

Beispiel:

Die X-GmbH betreibt einen Handel mit PKWs. Der Unternehmer U, welcher seine gesamte Flotte an Firmenwagen bei der X-GmbH gekauft hat, schuldet der X GmbH aus einem anderen Rechtsgeschäft, welches er vor acht Monaten mit der X-GmbH abgeschlossen hat, noch 2.000 €. Als U einen der Firmenwagen zum Reifenwechsel in die Werkstatt der X-GmbH bringt, teilt ihm die X-GmbH nach wenigen Stunden mit, sie werde den Pkw einbehalten und ihn dem U erst zurückgeben, wenn er den noch offenen Geldbetrag in Höhe von 2.000 € an die X-GmbH beglichen habe. Darf die X-GmbH so mit ihrem Kunden U verfahren, um so die Bezahlung der offenen Rechnung zu erzwingen?

Im Bürgerlichen Gesetzbuch ist in § 273 BGB geregelt, dass ein Schuldner berechtigt ist, die geschuldete Leistung zu verweigern, bis die ihm gebührende Leistung bewirkt wird, sofern er aus demselben rechtlichen Verhältnis, auf dem seine Verpflichtung beruht, einen fälligen Anspruch gegen den Gläubiger hat. Diese als „Zurückbehaltungsrecht" bezeichnete Möglichkeit fußt nicht zuletzt auch auf dem in § 242 BGB normierten Grundsatz von Treu und Glauben. Eine nähere Ausgestaltung des Zurückbehaltungsrechts findet sich für gegenseitige Verträge auch in § 320 Abs. 1 BGB. Nach dieser Vorschrift kann jemand, der aus einem gegenseitigen Vertrag verpflichtet ist, die ihm obliegende Leistung ebenfalls bis zu Bewirkung der Gegenleistung verweigern – sofern er nicht vorleistungspflichtig ist. Auch das HGB sieht in den §§ 369 ff. HGB für Kaufleute ein Zurückbehaltungsrecht vor. Der § 369 HGB lautet:

§ 369 HGB Zurückbehaltungsrecht des Kaufmanns

(1) Ein Kaufmann hat wegen der fälligen Forderungen, welche ihm gegen einen anderen Kaufmann aus den zwischen ihnen geschlossenen beiderseitigen Handelsgeschäften zustehen, ein Zurückbehaltungsrecht an den beweglichen Sachen und Wertpapieren des Schuldners, welche mit dessen Willen aufgrund von Handelsgeschäften in seinen Besitz gelangt sind, sofern er sie noch im Besitze hat, insbesondere mittels Konnossements, Ladescheins oder Lagerscheins darüber verfügen kann. Das Zurückbehaltungsrecht ist auch dann begründet, wenn das Eigentum an dem Gegenstande von dem Schuldner auf den Gläubiger übergegangen oder von einem Dritten für den Schuldner auf den Gläubiger übertragen, aber auf den Schuldner zurück zu übertragen ist.

(2) Einem Dritten gegenüber besteht das Zurückbehaltungsrecht insoweit, als dem Dritten die Einwendungen gegen den Anspruch des Schuldners auf Herausgabe des Gegenstandes entgegengesetzt werden können.

(3) Das Zurückbehaltungsrecht ist ausgeschlossen, wenn die Zurückbehaltung des Gegenstandes der von dem Schuldner vor oder bei der Übergabe erteilten Anweisung oder der von dem Gläubiger übernommenen Verpflichtung, in einer bestimmten Weise mit dem Gegenstand zu verfahren, wiederstreitet.

(4) Der Schuldner kann die Ausübung des Zurückbehaltungsrechts durch Sicherheitsleistung abwenden. Die Sicherheitsleistung durch Bürgen ist ausgeschlossen.

Verglichen mit den Regelungen im Bürgerlichen Gesetzbuch kann festgestellt werden, dass die Regelungen des HGB umfassender und weitreichender sind. Denn anders als das Zurückbehaltungsrecht im Sinne des BGB, bei welchem dem Berechtigten lediglich ein Leistungsverweigerungsrecht zugesprochen wird, bietet das Zurückbehaltungsrecht im Sinne des HGB dem Kaufmann sogar ein Verwertungsrecht. Ein weiterer wesentlicher Unterschied zwischen dem Zurückbehaltungsrecht im Sinne des BGB und dem Zurückbehaltungsrecht im Sinne des HGB ist, dass das BGB neben der Fälligkeit der Forderung auch eine Konnexität, also ein Zurückführen auf dasselbe Rechtsverhältnis, verlangt. Bei dem Zurückbehaltungsrecht nach dem HGB ist neben der Fälligkeit keine Konnexität der Ansprüche erforderlich. Anwendbar ist der § 369 HGB allerdings nur in den Fällen, in welchen sowohl der Gläubiger als auch der Schuldner die Kaufmannseigenschaft im Sinne der §§ 1 ff. HGB besitzen oder als so genannte Scheinkaufleute anzusehen sind. Darüber hinaus ist es zwingend erforderlich, dass die Forderung, welche durch das Zurückbehaltungsrecht abgesichert werden soll, sowohl zwischen Gläubiger als auch Schuldner als Handelsgeschäft im Sinne der §§ 345, 343 HGB abgeschlossen worden ist. Zweck der Voraussetzung, dass das Handelsgeschäft zwingend zwischen Gläubiger und Schuldner abgeschlossen sein muss, ist hierbei auszuschließen, dass ein Wechsel der Vertragsparteien zu einer Verlagerung des Zurückbehaltungsrechts auf andere Personen führt.

Für den oben genannten Beispielfall bedeutet dieses, dass die X-GmbH ihren Anspruch nicht auf § 273 BGB stützen kann, da das Zurückbehaltungsrecht der X-GmbH und der Anspruch des U auf Herausgabe des Firmenwagens nicht auf das selbe Rechtsverhältnis im Sinne des § 273 BGB zurückzuführen sind. Insofern besteht also nicht die für die Anwendung des § 273 BGB erforderliche Konnexität. Da beide Beteiligten jedoch Kaufleute im Sinne des HGB sind, könnte die X-GmbH ihr Zurückbehaltungsrecht vorliegend auf die Regelung des § 369 Abs. 1 Satz 1 HGB stützen. Diese Vorschrift setzt – anders als § 273 BGB – keine Konnexität der Ansprüche voraus. Insofern hat die X-GmbH aus dieser Vorschrift ein Zurückbehaltungsrecht, welches sich nicht nur auf die Bezahlung des Reifenwechsels, sondern auch auf die acht Monate zurückliegende offene Summe von 2.000 € erstreckt. Die X-GmbH hat als Gläubiger der Forderung in Höhe von 2.000 € entsprechend den Regelungen des § 371 Abs. 1 HGB das Recht, den zurückbehaltenen Gegenstand für die Befriedigung ihrer Forderung zu nutzen. Der § 371 HGB lautet:

§ 371 Recht auf Befriedigung aus dem zurückbehaltenen Gegenstand

(1) Der Gläubiger ist kraft des Zurückbehaltungsrechts befugt, sich aus dem zurückbehaltenen Gegenstande für seine Forderung zu befriedigen. Steht einem Dritten ein Recht an dem Gegenstand zu, gegen welches das Zurückbehaltungsrecht nach § 369 Abs. 2 geltend gemacht werden kann, so hat der Gläubiger in Ansehung der Befriedigung aus dem Gegenstande den Vorrang.

(2) Die Befriedigung erfolgt nach den für das Pfandrecht geltenden Vorschriften des Bürgerlichen Gesetzbuchs. An die Stelle der in § 1234 des Bürgerlichen Gesetzbuchs bestimmten Frist von einem Monate tritt eine solche von einer Woche.

> *(3) Sofern die Befriedigung nicht im Wege der Zwangsvollstreckung stattfindet, ist sie erst zuläs-*
> *sig, nachdem der Gläubiger einen vollstreckbaren Titel für sein Recht auf Befriedigung gegen den*
> *Eigentümer oder, wenn der Gegenstand ihm selbst gehört, gegen den Schuldner erlangt hat; in*
> *dem letzteren Falle finden die den Eigentümer betreffenden Vorschriften des Bürgerlichen Gesetz-*
> *buchs über die Befriedigung auf den Schuldner entsprechende Anwendung. In Ermangelung des*
> *vollstreckbaren Titels ist der Verkauf des Gegenstandes nicht rechtmäßig.*
>
> *(4) Die Klage auf Gestattung der Befriedigung kann bei dem Gericht, in dessen Bezirke der Gläu-*
> *biger seinen allgemeinen Gerichtsstand oder den Gerichtsstand der Niederlassung hat, erhoben*
> *werden.*

Der § 371 Abs. 1 HGB sieht also ein Befriedigungsrecht des Gläubigers nach den Vorschriften über den Pfandverkauf im Sinne der §§ 1233 ff. BGB vor. Der Gläubiger, welcher sich
auf der Grundlage des § 371 Abs. 1 HGB aus dem zurückbehaltenen Gut befriedigen möchte, muss allerdings bedenken, dass er anders als nach dem bürgerlich-rechtlichen Pfandverkauf im Rahmen des handelsrechtlichen Zurückbehaltungsrechts gegen den Schuldner
der gesicherten Forderung entsprechend § 369 Abs. 1 Satz 2 HGB bzw. gegen den Eigentümer der zurückbehaltenen Sache gemäß § 371 Abs. 3 HGB einen vollstreckbaren Titel haben
muss. Derartige Titel können beispielsweise sein:

Abbildung 10.1   Vollstreckbare Titel

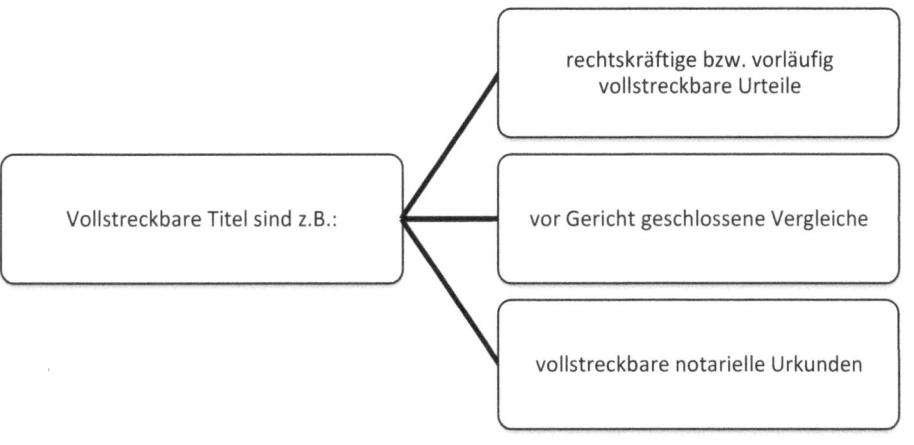

Vollstreckbare Titel sind z.B.:

- rechtskräftige bzw. vorläufig vollstreckbare Urteile
- vor Gericht geschlossene Vergleiche
- vollstreckbare notarielle Urkunden

Beispiel (Fall-Abwandlung):

Der Unternehmer U bringt unter denselben Umständen wie im vorangegangenen Fall-
beispiel einen PKW in die Werkstatt der X-GmbH. Dieses Mal handelt es sich allerdings
nicht um einen PKW, welcher im Eigentum des U steht. Dieses Mal ist es ein Fahrzeug,
welches der U von der Z-AG für seine Firmenwagenflotte geleast hat. Der Pkw ist also

nicht sein Eigentum. Besteht für die X-GmbH auch an diesem PKW ein Zurückbehaltungsrecht, wenn die sonstigen Umstände ebenso wie im vorangegangenen Beispielfall sind?

Die Vorschrift des § 369 Abs. 1 Satz 1 HGB sieht ein Zurückbehaltungsrecht des Kaufmanns lediglich „an den beweglichen Sachen und Wertpapieren des Schuldners", also nur an seinem Eigentum vor. Ein geleaster PKW ist zivilrechtlich jedoch nicht als Eigentum des Leasingnehmers zu betrachten. Aus diesem Grund hat die X-GmbH im Rahmen der Fallabwandlung also kein Zurückbehaltungsrecht an dem Pkw, weil dieser nicht im zivilrechtlichen Eigentum des U steht.

11 Handels- und gesellschaftsrechtliche Pflichtangaben

Beispiel:

Jungunternehmer J eröffnet in der Fußgängerzone ein Feinkostgeschäft. Er fragt sich, ob er verpflichtet ist, bestimmte Informationen über sein Unternehmen auf Briefköpfe, Kassenbeleg, usw. Anzugeben.

Nach handelsrechtlichen und gesellschaftsrechtlichen Vorschriften sind Unternehmen, die im Handelsregister eingetragen sind, verpflichtet, auf ihren Geschäftsbriefen – zu denen aufgrund einer weiten Auslegung auch E-Mails und Telefaxe gehören – Informationen über folgende Punkte abzugeben:

Abbildung 11.1   Pflichtangaben auf Geschäftsbriefen

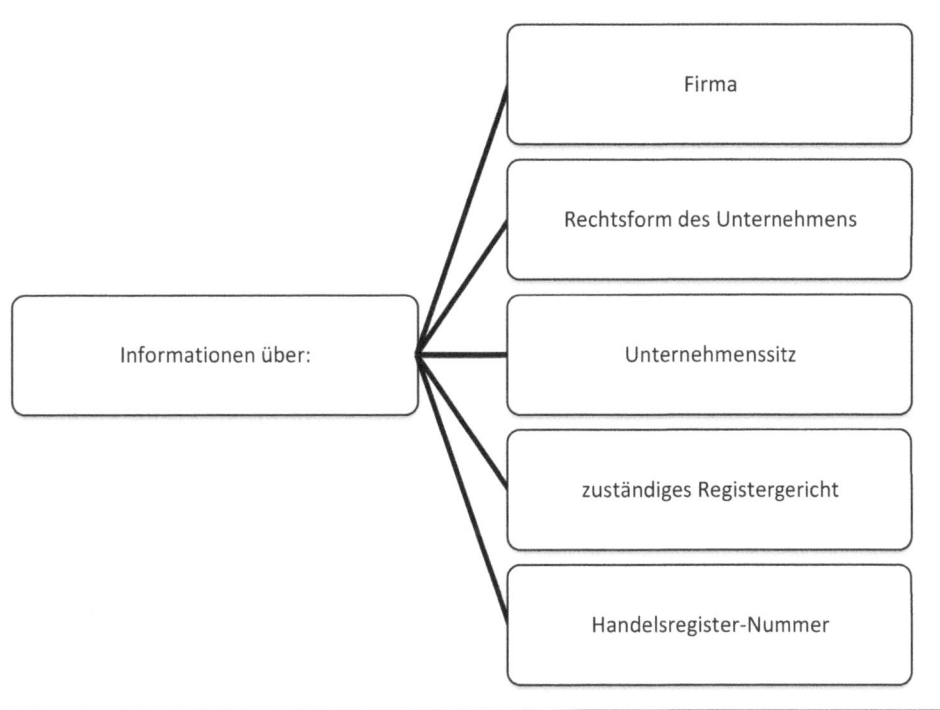

12 Buchführung, Handelsbücher, Aufzeichnung und Aufbewahrungspflichten

Das „Dritte Buch" des HGB ist die Grundlage für das deutche Bilanzierungsrecht. Im Rahmen der §§ 238 ff. HGB differenziert der Gesetzgeber zwischen den im ersten Abschnitt befindlichen Vorschriften, die quasi als allgemeine Vorschriften verstanden werden können und ergänzenden Regelungen, welche als spezielle Regelungen alleine für Kapitalgesellschaften gelten. Darüber hinaus finden sich in den danach folgenden Abschnitten noch weitere Sonderregelungen, welche für bestimmte Rechtsgebilde ergänzend hinzugezogen werden.

Das „Dritte Buch" des HGB behandelt in den §§ 238 bis 342e HGB insbesondere die Handelsbilanzen, welche nicht mit den Steuerbilanzen identisch sind. Der § 330 HGB ermächtigt das Bundesministerium der Justiz im Einvernehmen mit dem Bundesministerium der Finanzen und dem Bundesministerium für Wirtschaft und Technologie weitere Normen zur Gliederung des Jahresabschlusses oder des Konzernabschlusses bzw. über den Inhalt des Anhangs, Lageberichts oder Konzernlageberichts zu erlassen. Das HGB stellt somit eine Ermächtigungsgrundlage zum Erlass weiterer Regelungen dar. Insofern ist es auch nicht verwunderlich, wenn neben dem HGB bezüglich des Bilanzrechts noch weitere nationale und internationale Rechtsquellen beachtet und angewandt werden müssen.

Zunächst findet sich in den §§ 238 f. HGB der handelsrechtliche Rahmen und die Grundlage für die so genannten „Grundsätze ordnungsmäßiger Buchführung" (GoB). Das Handelsgesetzbuch schreibt für Kaufleute zwingende Aufzeichnungspflichten vor. Die Aufzeichnungspflichten können unterteilt werden in:

Abbildung 12.1 Aufzeichnungspflichten

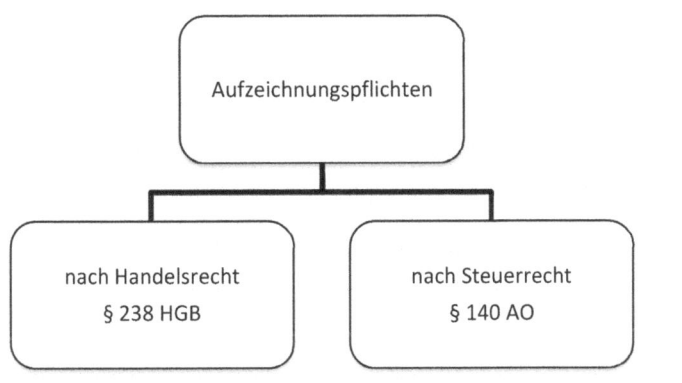

12.1   Handelsrechtliche Aufzeichnungspflichten

Nach § 238 HGB ist jeder Kaufmann verpflichtet Bücher zu führen und in diesen seine Handelsgeschäfte und die Lage seines Vermögens nach den „Grundsätzen ordnungsmäßiger Buchführung" ersichtlich zu machen. Die Grundsätze ordnungsgemäßer Buchführung sind in § 238 HGB sowie § 239 HGB verwurzelt. Der § 338 HGB lautet:

§ 238 HGB Buchführungspflicht

(1) Jeder Kaufmann ist verpflichtet, Bücher zu führen und in diesen seine Handelsgeschäfte und die Lage seines Vermögens nach den Grundsätzen ordnungsmäßiger Buchführung ersichtlich zu machen. Die Buchführung muss so beschaffen sein, dass sie einem sachverständigen Dritten innerhalb angemessener Zeit einen Überblick über die Geschäftsvorfälle und über die Lage des Unternehmens vermitteln kann. Die Geschäftsvorfälle müssen sich in ihrer Entstehung und Abwicklung verfolgen lassen.

(2) Der Kaufmann ist verpflichtet, eine mit der Urschrift übereinstimmende Wiedergabe der abgesandten Handelsbriefe (Kopie, Abdruck, Abschrift oder sonstige Wiedergabe des Wortlauts auf einem Schrift-, Bild oder anderen Datenträger) zurückzubehalten.

Auch die Führung der Handelsbücher ist im HGB gesetzlich normiert. Hierfür bietet insbesondere der § 239 HGB die gesetzliche Grundlage. Diese Vorschrift lautet:

§ 239 HGB Führung der Handelsbücher

(1) Bei der Führung der Handelsbücher und bei den sonst erforderlichen Aufzeichnungen hat sich der Kaufmann einer lebenden Sprache zu bedienen. Werden Abkürzungen, Ziffern, Buchstaben oder Symbole verwendet, muss im Einzelfall deren Bedeutung eindeutig festlegen.

(2) Die Eintragungen in Büchern und die sonst erforderlichen Aufzeichnungen müssen vollständig, richtig, zeitgerecht und geordnet vorgenommen werden.

(3) Eine Eintragung oder eine Aufzeichnung darf nicht in einer Weise verändert werden, dass der ursprüngliche Inhalt nicht mehr feststellbar ist. Auch solche Veränderungen dürfen nicht vorgenommen werden, deren Beschaffenheit es ungewiss lässt, ob sie ursprünglich oder erst später gemacht worden sind.

(4) Die Handelsbücher und die sonst erforderlichen Aufzeichnungen können auch in der geordneten Ablage von Belegen bestehen oder auf Datenträgern geführt werden, soweit diese Form der Buchführung einschließlich des dabei angewandten Verfahrens den Grundsätzen ordnungsmäßiger Buchführung entsprechen. Bei der Führung der Handelsbücher und der sonst erforderlichen Aufzeichnungen auf Datenträgern muss insbesondere sichergestellt sein, dass die Daten während der Dauer der Aufbewahrungsfrist verfügbar sind und jederzeit innerhalb angemessener Frist lesbar gemacht werden können. Absätze 1 bis 3 gelten sinngemäß.

Zusammenfassend kann also gesagt werden, dass ein Kaufmann dazu verpflichtet ist, die im Rahmen seiner Geschäfte anfallenden Geschäftsvorfälle vollständig, korrekt, zeitlich nachvollziehbar und geordnet einzutragen. Bereits bei Aufnahme des Handelsgewerbes hat der Kaufmann entsprechend den §§ 240, 241 HGB seine Forderungen und Schulden, den Betrag seines baren Geldes sowie seine sonstigen Vermögensgegenstände genau zu verzeichnen. Im Rahmen dieser Aufzeichnungen hat er auch den Wert der einzelnen Vermögensgegenstände sowie die Schulden darzulegen. Die eben genannte Pflicht zum Führen eines Inventars trifft den Unternehmer nach § 240 Abs. 2 HGB auch für den Schluss eines jeden Geschäftsjahres. Bei vorliegen der Voraussetzungen des § 241a HGB können jedoch Befreiungen von der oben genannten Pflicht greifen. Der § 241a HGB lautet:

§ 241a HGB Befreiung von der Pflicht zur Buchführung und Erstellung eines Inventars

Einzelkaufleute, die an den Abschlussstichtagen von zwei aufeinander folgenden Geschäftsjahren nicht mehr als 500.000 Euro Umsatzerlöse und 50.000 Euro Jahresüberschuss aufweisen, brauchen die §§ 238 bis 241 nicht anzuwenden. Im Fall der Neugründung treten die Rechtsfolgen schon ein, wenn die Werte des Satzes 1 am ersten Abschlussstichtag nach der Neugründung nicht überschritten werden.

Die darauf folgenden §§ 242 ff. HGB legen eine Verpflichtung des Unternehmers zur Aufstellung einer Eröffnungsbilanz sowie darauf folgender Jahresschlussbilanzen dar. Hiernach ist der Kaufmann zu Beginn seines Handelsgewerbes sowie für den Schluss eines jeden Geschäftsjahres verpflichtet, einen das Verhältnis seines Vermögens und seiner Schulden darstellenden Abschluss aufzustellen. Zum Jahresabschluss gehören nach § 242 Abs. 3 HGB sowohl die Bilanz als auch die Gewinn- und Verlustrechnung. Im Rahmen der Bilanzierung sind auch die in den §§ 252 ff. HGB normierten handelsrechtlichen Bewertungsvorschriften zu berücksichtigen.

12.2 Steuerliche Aufzeichnungspflichten

Neben den im HGB normierten „handelsrechtlichen Aufzeichnungspflichten" hat der Unternehmer auch die in der Abgabenordnung (AO) enthaltenen „steuerlichen Aufzeichnungspflichten" zu berücksichtigen. Hierbei ist insbesondere auf § 140 AO zu achten. Diese Vorschrift schreibt nämlich vor, dass es ein Nebeneinander von steuerlichen und anderen – also beispielsweise handelsrechtlichen – Buchführungs- und Aufzeichnungspflichten geben kann. Diese Vorschrift lautet:

§ 140 AO Buchführungs- und Aufzeichnungspflichten nach anderen Gesetzen

Wer nach anderen Gesetzen als den Steuergesetzen Bücher und Aufzeichnungen zu führen hat, die für die Besteuerung von Bedeutung sind, hat die Verpflichtungen, die ihm nach den anderen Gesetzen obliegen, auch für die Besteuerung zu erfüllen.

Im Rahmen des Steuerrechts ist die Handelsbilanz sehr wichtig. Denn im Steuerrecht gilt der so genannte „Grundsatz der Maßgeblichkeit der Handelsbilanz für die Steuerbilanz".

Dieser Grundsatz hat sich beispielsweise in § 5 Abs. 1 EStG niedergeschlagen und besagt, dass die entsprechend den Grundsätzen ordnungsmäßiger Buchführung erstellte und ausgewiesene Handelsbilanz auch die Grundlage für die steuerliche Gewinnermittlung bildet. Ergänzend muss an dieser Stelle allerdings angemerkt werden, dass eine Einschränkung des Grundsatzes der Maßgeblichkeit immer dann besteht, wenn die Bilanzansätze des Handelsrechts zwingenden steuerrechtlichen Vorschriften zuwider laufen.

12.3   Buchführungspflicht

Nach § 141 AO sind gewerbliche Unternehmer sowie Land- und Forstwirte steuerrechtlich verpflichtet, Bücher zu führen, wenn eines der folgenden Kriterien erfüllt ist:

- Umsätze von mehr als 500.000 € im Kalenderjahr,

- selbst bewirtschaftete landwirtschaftliche und forstwirtschaftliche Flächen mit einem Wirtschaftswert von mehr als 25.000 €,

- Gewinn aus Gewerbebetrieb von mehr als 50.000 € im Wirtschaftsjahr,

- Gewinn aus Land- und Forstwirtschaft von mehr als 50.000 € im Kalenderjahr.

Für die steuerrechtliche Buchführungspflicht genügt also bereits, dass eine der dort genannten Voraussetzungen vorliegt. Nicht der Buchführungspflicht unterliegen deshalb lediglich folgende Unternehmen:

Abbildung 12.2   Befreiung von der Buchführungspflicht

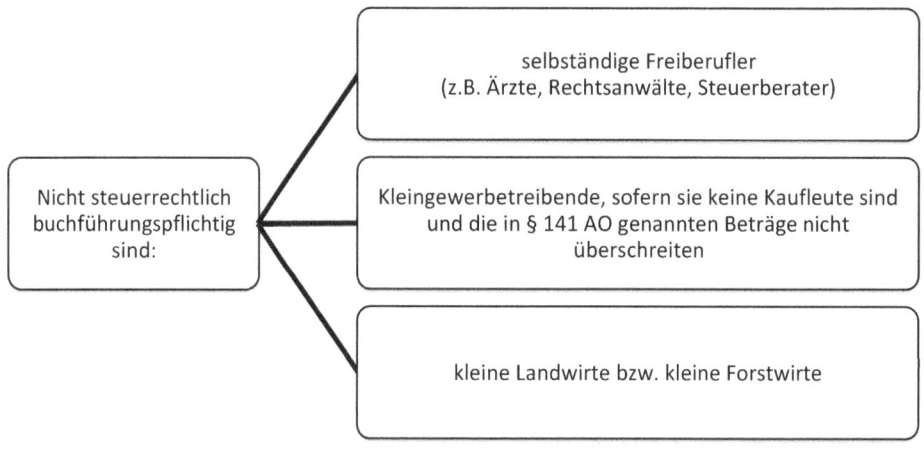

selbständige Freiberufler
(z.B. Ärzte, Rechtsanwälte, Steuerberater)

Nicht steuerrechtlich buchführungspflichtig sind:

Kleingewerbetreibende, sofern sie keine Kaufleute sind und die in § 141 AO genannten Beträge nicht überschreiten

kleine Landwirte bzw. kleine Forstwirte

12.4 Aufbewahrungspflichten

Aufbewahrungspflichten für bestimmte Unterlagen bestehen sowohl im Steuerrecht als auch im Handelsrecht. Sie dienen der Dokumentation und Beweissicherung der Geschäftsvorfälle. Um ein besseres Verständnis für diese Thematik zu schaffen, werden die relevanten Normen beider Rechtsgebiete kurz dargestellt. Bereits im Anwendungsbereich sind beide Themengebiete bezüglich ihres Adressaten-Kreises zu unterscheiden. Nach § 257 HGB sind alle Kaufleute verpflichtet, bestimmte Unterlagen aufzubewahren. Das Steuerrecht betrifft mit der Regelung des § 147 AO nicht nur Kaufleute, sondern alle nach dem Steuerrecht zur Buchführung verpflichteten und freiwillig Bücher führenden Unternehmer. Auch der Aufbewahrungsumfang, der sich aus dem Steuerrecht ergibt, ist wesentlich größer als der aus dem Handelsgesetzbuch.

Im Steuerrecht sind die Aufbewahrungspflichten im § 147 AO gesetzlich normiert. Der Absatz 1 dieser Vorschrift nennt ausdrücklich folgende Unterlagen, welche geordnet aufzubewahren sind:

§ 147 AO Ordnungsvorschriften für die Aufbewahrung von Unterlagen

(1) Die folgenden Unterlagen sind geordnet aufzubewahren:

1. *Bücher und Aufzeichnungen, Inventare, Jahresabschlüsse, Lageberichte, die Eröffnungsbilanz sowie die zu ihrem Verständnis erforderlichen Arbeitsanweisungen und sonstigen Organisationsunterlagen,*

2. *Die empfangenen Handels- oder Geschäftsbriefe,*

3. *Wiedergaben der abgesandten Handels- oder Geschäftsbriefe,*

4. *Buchungsbelege,*

   4a. *Unterlagen, die einer mit Mitteln der Datenverarbeitung abgegebenen Zollanmeldung nach Artikel 77 Abs. 1 in Verbindung mit Artikel 62 Abs. 2 Zollkodex beizufügen sind, sofern die Zollbehörden nach Artikel 77 Abs. 2 Satz 1 Zollkodex auf ihre Vorlage verzichtet oder sie nach erfolgter Vorlage zurückgegeben haben,*

5. *Sonstige Unterlagen, soweit sie für die Besteuerung von Bedeutung sind.*

(2) (…)

(3) Die in Absatz 1 Nr. 1, 4 und 4a aufgeführten Unterlagen sind zehn Jahre, die sonstigen in Absatz 1 aufgeführten Unterlagen sechs Jahre aufzubewahren, sofern nicht in anderen Steuergesetzen kürzere Aufbewahrungsfristen zugelassen sind (…).

Das Handelsrecht enthält ähnliche Regelungen. Nach § 257 HGB in Verbindung mit § 238 Abs. 2 HGB ist ein Kaufmann verpflichtet, bestimmte Buchführungsunterlagen aufzubewahren. Derartige Unterlagen sind:

Abbildung 12.3   Aufbewahrungspflicht nach Handelsrecht

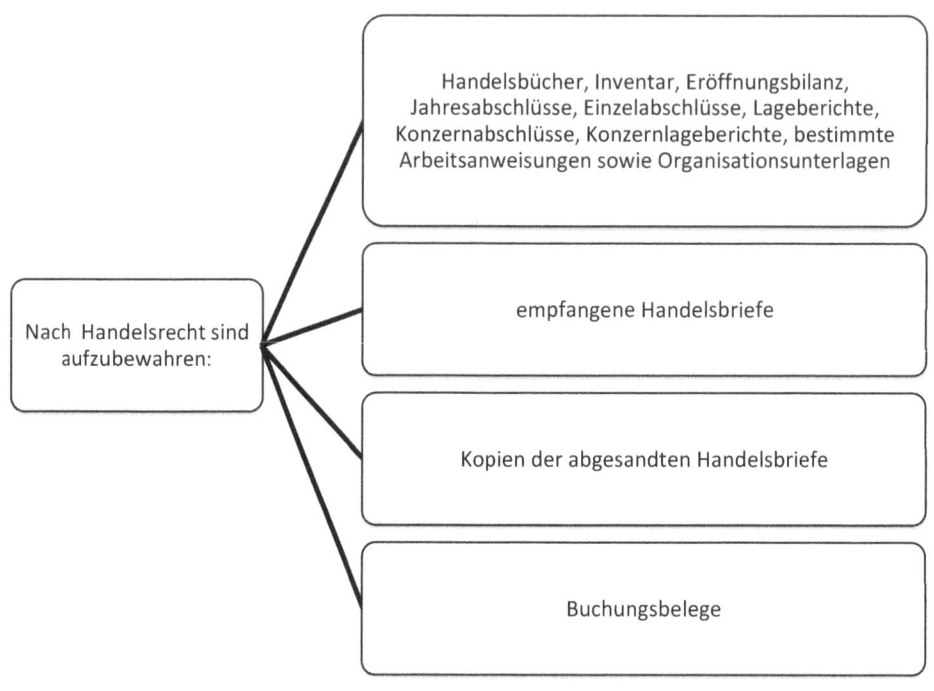

Das Handelsgesetzbuch schreibt mit § 257 Abs. 4 HGB für Handelsbücher, Inventar, Eröffnungsbilanzen, Jahresabschlüsse, Einzelabschlüsse, Lageberichte, Konzernabschlüsse, Konzernlageberichte sowie die zu ihrem Verständnis erforderlichen Arbeitsanweisungen und sonstigen Organisationsunterlagen als gewöhnliche handelsrechtliche Aufbewahrungsfrist einen Zeitraum von zehn Jahren vor. Diese zehnjährige Aufbewahrungspflicht gilt ebenfalls für Buchungsbelege. Für sonstige Unterlagen, wie beispielsweise empfangene Handelsbriefe bzw. Kopien der Abgesandten Handelsbriefe sieht das Handelsgesetzbuch in § 257 Abs. 4 HGB eine etwas kürzere Frist von sechs Jahren vor.

Beginn der Aufbewahrungsfrist ist nach § 257 Abs. 5 HGB der Schluss des Kalenderjahres, in welchem die letzte Eintragung in das Handelsbuch gemacht, das Inventar aufgestellt, die Eröffnungsbilanz oder der Jahresabschluss festgestellt, der Handels- oder Geschäftsbrief empfangen oder abgesandt bzw. Aufzeichnungen vorgenommen oder sonstige Unterlagen entstanden sind. Der Sinn derartiger Aufbewahrungspflichten ist darin begründet, dass hierdurch die Möglichkeit geschaffen wird, die wirtschaftliche Lage und die Durchführung von Geschäftsvorfällen später rückwirkend überprüfen zu können. Aufzeichnungen auf Datenträgern müssen während der Aufbewahrungsfrist verfügbar sein und müssen nach § 239 Abs. 4 Satz 2 HGB, § 147 Abs. 5 AO und § 147 Abs. 6 AO jederzeit innerhalb einer angemessenen Frist lesbar gemacht werden können.

12.4.1 Mögliche Gesetzesänderung im Steuerrecht

Der Gesetzesentwurf, welchen die Bundesregierung zum Jahressteuergesetz 2013 auf den Weg gebracht hatte, sah vor, die Fristen zur Aufbewahrung von steuerrelevanten Geschäftspapieren stufenweise zu verkürzen. Hintergrund der Verkürzungsdebatte sind die Kosten, welche den Unternehmen durch die Aufbewahrung, das Sortieren und Vernichten der Unterlagen entstehen. Der Kabinettsentwurf sah nunmehr eine Verkürzung der steuerrechtlichen Aufbewahrungsfristen vor. Hierbei sollten die Belege, welche gemäß § 257 HGB bzw. § 147 AO für einen Zeitraum von zehn Jahren aufzubewahren waren, ab dem Veranlagungszeitraum 2013 eine Verkürzung dieser Frist auf acht Jahre und ab dem Veranlagungszeitraum 2015 eine weitere Absenkung der Aufbewahrungsfrist auf sieben Jahre erfahren.

Abbildung 12.4 Aufbewahrungsfristen

bisher 10 Jahre Aufbewahrungsfrist

ab 2013 Aufbewahrungsfrist 8 Jahre

ab 2015 Aufbewahrungsfrist auf Dauer 7 Jahre

Vorteil der Verkürzung der Aufbewahrungsfristen wäre aber nicht nur die oben bereits erwähnte Kostenersparnis für Unternehmen; die Verkürzung könnte auch zu einer Angleichung der Fristen innerhalb Europas beitragen. Denn die Bundesrepublik Deutschland hatte bisher mit der Aufbewahrungsfrist von zehn Jahren eine längere Frist als viele andere Mitgliedsstaaten Europas. Eine Verkürzung der Fristen kann insofern auch zu einer Annäherung der bundesdeutschen Normen an die Vorschriften der übrigen europäischen Staaten führen. Allerdings muss im Rahmen einer etwaigen Verkürzung der Aufbewahrungsfristen unbedingt beachtet werden, dass es sich hierbei nur um eine Verkürzung der steuerrechtlich relevanten Aufbewahrungsfristen handelt. Das Handelsrecht schreibt für bestimmte Unterlagen eine zehnjährige Frist und damit eine längere als die verkürzte Frist vor. Betroffen hiervon wären die in § 257 HGB in Verbindung mit § 238 Abs. 2 HGB genannten und oben dargestellten Unterlagen, sofern sie handelsrechtliche oder gesellschaftsrechtliche Bedeutung haben. Insofern wäre hier darauf zu achten, trotz der steuerrechtlichen Verkürzung der Aufbewahrungspflichten keine handelsrechtlichen Vorgaben zu verletzen. Ob es allerdings tatsächlich zu der geplanten Absenkung der steuerrechtlichen Aufbewahrungspflichten kommt, kann zum derzeitigen Zeitpunkt nicht mit Sicherheit gesagt werden, da das Jahressteuergesetz 2013 zwar am 25. Oktober 2012 vom Bundestag beschlossen worden ist, dann aber der Bundesrat am 23. November 2012 seine Zustimmung zu diesem Gesetz nicht erteilt hat. Nachdem am 28. November 2012 von der Bundesregierung der Vermittlungsausschuss angerufen worden ist, hat der Bundesrat am 1. Februar 2013 erneut seine Zustimmung zum Jahressteuergesetz 2013 verweigert. Insofern kann den Lesern dieses Buches lediglich angeraten werden, zu verfolgen, ob der noch andauernde Gesetzgebungsprozess zu einer Verkürzung der Aufbewahrungspflichten führt.

12.4.2   Beginn und Ende der Aufbewahrungspflicht

Sowohl die Handelsrechtliche als auch die steuerrechtliche Aufbewahrungsfrist beginnt gewöhnlich dann, wenn eines der in der nachfolgenden Übersicht genannten Kriterien erfüllt ist:

Abbildung 12.5   Beginn und Ende der Aufbewahrungspflicht

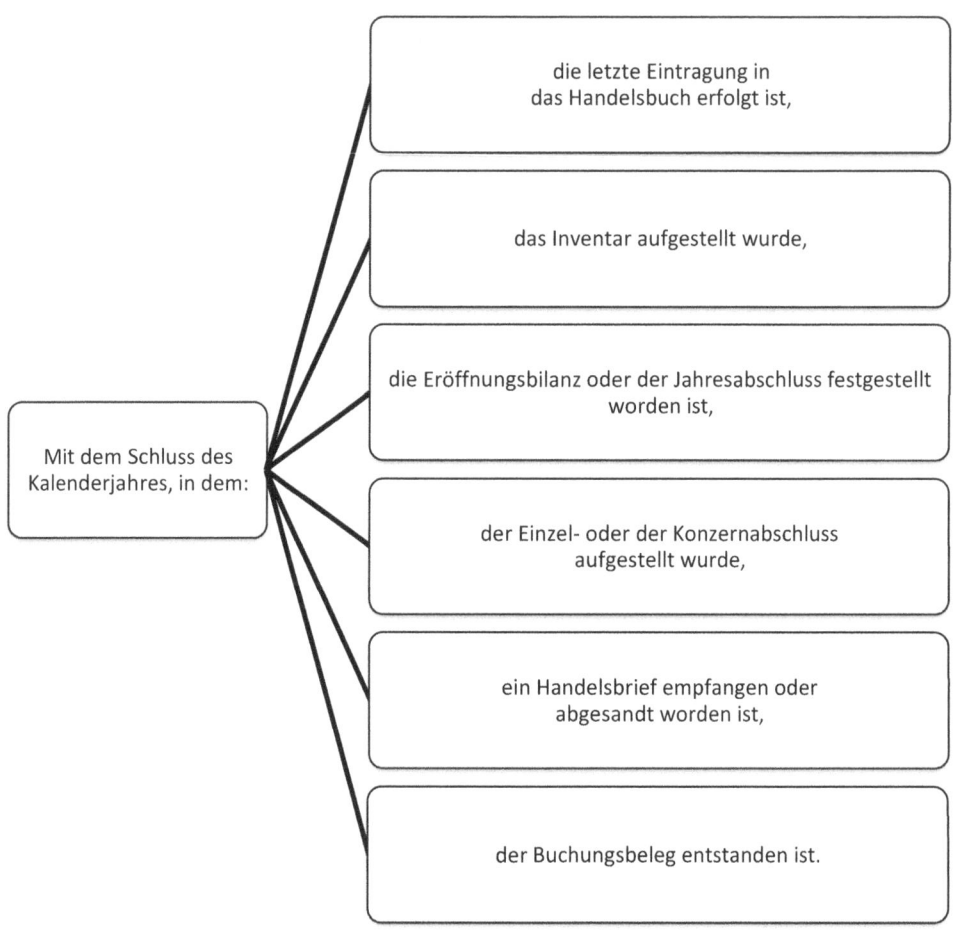

Dieses ist für die handelsrechtliche Aufbewahrungsfrist in § 257 Abs. 5 HGB und für die steuerrechtliche Aufbewahrungsfrist in § 147 Abs. 4 AO gesetzlich festgelegt. Fristen enden steuerrechtlich solange nicht, wie die Verjährung der Steuerzeiträume durch bestimmte Ereignisse gehemmt ist.

13 Einführung in das Gesellschaftsrecht

Der nun folgende Teil dieses Lehrbuches widmet sich dem Gesellschaftsrecht. Es sollen hierbei zunächst die Personengesellschaften vorgestellt werden. Im Anschluss daran werden die Besonderheiten der Kapitalgesellschaften aufgezeigt und mögliche Kooperationsformen wie beispielsweise „Arbeitsgemeinschaft" (ARGE) oder „Public Private Partnership" (PPP) erläutert.

In der Bundesrepublik Deutschland besteht die Möglichkeit, ein Unternehmen alleine, also als Einzelunternehmer, zu betreiben. Die andere Alternative wäre die Gründung einer Gesellschaft. Die zwei wesentlichen Kennzeichen einer Gesellschaft sind, dass es sich hierbei grundsätzlich um den Zusammenschluss mehrerer handelt und dass dieser Zusammenschluss dazu dient, einen gemeinsamen Zweck zu verfolgen. Der Grundsatz, dass es sich um den Zusammenschluss mehrerer handelt, wird bei den Gesellschaftsformen GmbH, UG (haftungsbeschränkt), Limited und Aktiengesellschaft insofern durchbrochen, als diese Gesellschaftsarten auch als Ein-Personen-Gesellschaften ausgestaltet sein dürfen.

Die unterschiedlichen Unternehmensformen sind in verschiedenen Gesetzen geregelt. Die folgende Tabelle stellt die jeweiligen relevanten Gesetze für die entsprechenden Gesellschaftsformen der Personengesellschaften dar.

Tabelle 13.1 Personengesellschaften

Personengesellschaften	geregelt in folgenden Vorschriften bzw. Gesetzen
Gesellschaft bürgerlichen Rechts (GbR)	§§ 705 bis 740 BGB
Partnerschaftsgesellschaft (PartG)	§§ 1 ff. PartGG
Europäische Wirtschafts- und Interessenvereinigung (EWIV)	EWIV-VA, EWIV-AG
OHG	§§ 105 bis 160 HGB
KG	§§ 161 bis 177a HGB
GmbH & Co. KG	§§ 161 bis 177a HGB bzw. GmbHG
Stille Gesellschaft	§§ 230 bis 236 HGB

Bei Kapitalgesellschaften sind insbesondere folgende Vorschriften zu berücksichtigen:

Tabelle 13.2   Kapitalgesellschaften

Kapitalgesellschaften	geregelt in folgenden Vorschriften bzw. Gesetzen
Rechtsfähiger Verein	§§ 21 ff. BGB
Gesellschaft mit beschränkter Haftung (GmbH)	§§ 1 ff. GmbHG
Unternehmergesellschaft (haftungsbeschränkt)	GmbHG, insbesondere § 5a GmbHG
Limited (Ltd.)	Companies Act 2006
Aktiengesellschaft (AG)	AktG
KG auf Aktien (KGaA)	§§ 278 ff. AktG
Europäische Aktiengesellschaft (SE)	SEAG, SE-VO, AktG

Ein wesentlicher Zweck vieler der gesellschaftsrechtlichen Vorschriften ist der Schutz derjenigen Personen, welche Forderungen gegen eine Gesellschaft innehaben. Um diese Gläubiger bestmöglich zu schützen, sehen die gesetzlichen Regelungen des HGB und der übrigen gesellschaftsrechtlichen Gesetze, wie beispielsweise das Partnerschaftsgesellschaftsgesetz (PartGG), das GmbH-Gesetz (GmbHG) oder das Aktiengesetz (AktG) Regelungen vor, welche die Gründung und Errichtung einer Gesellschaft ebenso wie ihren laufenden Betrieb derart anschaulich und durchsichtig regelt, dass ein potentieller Geschäftspartner einer Gesellschaft von Vornherein absehen kann, wie die Stellvertretung und die Haftungsverhältnisse bestimmter Gesellschaftsarten einzuordnen sind. Zu der Transparenz, die durch die Unterschiedlichen Rechtsvorschriften für die Gläubiger einer Gesellschaft geschaffen werden soll, gehören auch die Vorgaben, dass wesentliche Informationen im Handelsregister zwingend anzumelden und bestimmte Angaben auf jedweder Geschäftskorrespondenz zwingend angegeben werden müssen.

Ein weiterer Grundgedanke, welchen das Gesellschaftsrecht verfolgt, ist, auch die Rechte von Minderheiten zu schützen. Denn insbesondere in Gesellschaften, in welchen es mehrere Gesellschafter gibt, besteht in der Praxis oftmals das Problem, dass nicht immer alle Gesellschafter einer Meinung sind. Auch wenn in derartigen Situationen die Mehrheit der Gesellschafter in der Lage ist, ihre Interessen innerhalb einer Unternehmung durchzusetzen, so ist es dennoch notwendig, dass das Gesetz Regelungen trifft, die dafür sorgen, dass auch die Rechtsgüter von Minderheiten geschützt und die wirtschaftlichen Interessen der unterlegenen Gesellschafter ausreichend abgesichert sind. Und genau dieses Ziel verfolgen viele Vorschriften des Gesellschaftsrechts.

13.1 Numerus clausus der Gesellschaftsformen

Zur Transparenz und Übersichtlichkeit trägt auch der „Numerus clausus" der Gesellschaftsformen bei. Hierunter ist die Beschränkung der Anzahl der gesetzlich zulässigen Gesellschaftsformen zu verstehen. Diese Begrenzung auf die vom Gesetzgeber normierten Vertragstypen wird in der Literatur bisweilen auch als „Typenzwang" bezeichnet. „Numerus clausus" der Gesellschaftsformen bedeutet, dass neben den vom Gesetzgeber durch Gesetz geregelten und zugelassenen Gesellschaftsformen nicht einfach noch neue Formen kreiert werden dürfen. Die Zusammenschlüsse haben sich mit der Bandbreite derjenigen Gesellschaftsformen zu begnügen, die ihnen der Staat zur Auswahl zur Verfügung gestellt hat. Denn nur so ist sichergestellt, dass zu jeder denkbaren Unternehmensform passende rechtliche Regelungen existieren.

Der Numerus clausus der Gesellschaftsformen steht nur in einem scheinbaren Gegensatz zur Vertragsautonomie. Denn innerhalb der einzelnen, vom Gesetzgeber vorgegebenen Unternehmensformen besteht zumeist zu großen Teilen die Möglichkeit wegen der Vertragsfreiheit im Gesellschaftsvertrag Abweichungen von den gesetzlichen Vorgaben zu vereinbaren. Allerdings muss hierbei zwischen Personen- und Kapitalgesellschaften differenziert werden. Während bei den Personengesellschaften wie beispielsweise bei der GbR, der OHG oder der KG zumindest im Innenverhältnis sehr viel so genanntes dispositives Recht, also abänderbares Recht besteht, ist bei den Kapitalgesellschaften trotz der Vertragsautonomie nicht so stark von der Gesetzeslage abzuweichen, weil hier aufgrund des Gläubigerschutzes viele Regelungen nicht dispositiv sondern starr sind. Trotz des „Numerus clausus" der Gesellschaftsformen sind in der Praxis jedoch wegen der Vertragsfreiheit auch Michformen zwischen den gesetzlich anerkannten Unternehmensformen möglich – man denke nur an die GmbH & Co. KG oder die Limited und Co. KG.

Auch, wenn umgangssprachlich die Begriffe „Gesellschaft" und „Unternehmen" von vielen Personen synonym verwendet werden, sind diese keinesfalls deckungsgleich. Denn die Gesellschaft ist vielmehr Trägerin des Unternehmens.

13.2 Abgrenzung Innen- und Außenverhältnis

Ein wesentliches Differenzierungskriterium im Rahmen des Gesellschaftsrechtes ist die Einteilung in „Innenverhältnis" und „Außenverhältnis". Unter dem Innenverhältnis sind die Rechtsverhältnisse zu verstehen, die nach dem Gesellschaftsvertrag die Beziehung der Gesellschafter zur Gesellschaft bzw. die Beziehung der Gesellschafter untereinander betreffen. Beispiele hierfür sind Regelung der gesellschaftsinternen Gewinnverteilung oder die Geschäftsführung. Zum Außenverhältnis gehören hingegen alle diejenigen Punkte, die nach dem Gesellschaftsvertrag das Verhältnis der Gesellschaft oder der Gesellschafter mit außenstehenden dritten Personen betreffen. Zum Außenverhältnis gehören beispielsweise die Vertretungsbefugnis und die Haftung der Gesellschaft. Während das Innenverhältnis oftmals insbesondere bei den Personengesellschaften aufgrund der Vertragsfreiheit im

Rahmen des Gesellschaftsvertrages von der Gesetzeslage abweichend geregelt werden kann – man spricht hier auch von so genanntem dispositiven Recht – ist das Außenverhältnis oftmals nicht oder nur in geringem Umfang veränderbar.

13.3   Lehre von der fehlerhaften Gesellschaft

Eine juristisch besondere Situation tritt auf, wenn bei Gründung einer Personengesellschaft oder bei der Änderung des Gesellschaftsvertrages Fehler gemacht werden. Dies können entweder Verstöße gegen zwingendes Recht oder schlichte Formfehler sein. Bisweilen kann ein Gesellschaftsvertrag allerdings auch aufgrund Irrtums oder arglistiger Täuschung anfechtbar sein. Gewöhnlich sieht die Rechtsordnung bei Fehlern respektive bei Anfechtbarkeit eine Nichtigkeit von Anfang an bzw. eine rückwirkende Möglichkeit der Vernichtung von Willenserklärungen vor. Da allerdings insbesondere im Recht der Personengesellschaften die Gesellschafter nicht nur Kapital, sondern oftmals auch Dienstleistungen in die Gesellschaft einbringen, bestünde im Falle einer Nichtigkeit der Gesellschaft von Anfang an bei einer späteren Rückabwicklung der eingebrachten Leistungen das Problem, welcher Wert für etwaige an die Gesellschaft erbrachte Dienstleistungen anzusetzen ist. Unter dem Eindruck dieser Problematik hat die Rechtsprechung Grundsätze entwickelt, die mittlerweile vom Bundesgerichtshof auf derartige fehlerhafte Gesellschaften angewandt wird. Die von der Rechtsprechung[74] entwickelten Grundsätze der fehlerhaften Gesellschaft sind:

Abbildung 13.1   Die fehlerhafte Gesellschaft

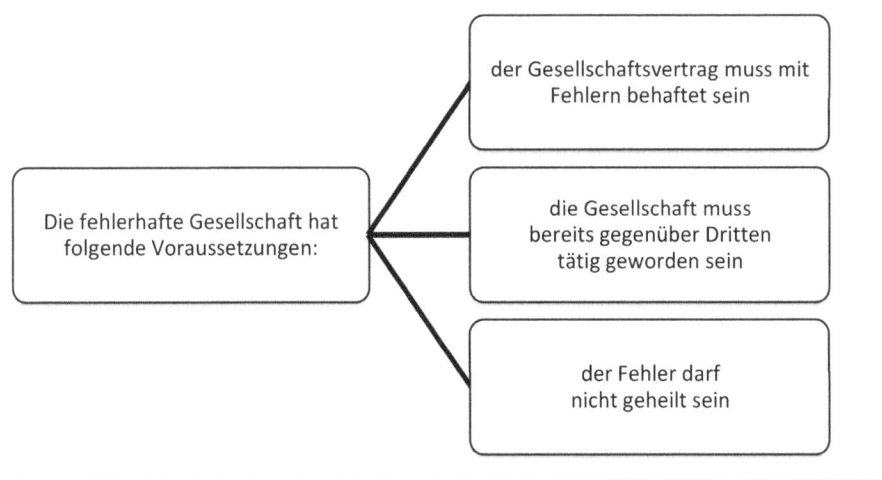

der Gesellschaftsvertrag muss mit Fehlern behaftet sein

Die fehlerhafte Gesellschaft hat folgende Voraussetzungen:

die Gesellschaft muss bereits gegenüber Dritten tätig geworden sein

der Fehler darf nicht geheilt sein

---

[74]   Vgl. für die Anwendbarkeit der Grundsätze der fehlerhaften Gesellschaft bei Personenhandelsgesellschaften wie OHG und KG: BGHZ 63, S. 338 und für die GbR: BGH NJW 1992, S. 1501.

Eine fehlerhafte Gesellschaft[75] wird grundsätzlich juristisch so behandelt, als sei sie bis zu dem Zeitpunkt, an welchem die Fehlerhaftigkeit entdeckt und geltend gemacht worden ist, fehlerfrei. Sowohl die Nichtigkeit als auch die Anfechtbarkeit des Gesellschaftsvertrages einer Personengesellschaft hat dementsprechend nur als Rechtsfolge, dass die Personengesellschaft mit Wirkung für die Zukunft – also ex nunc – durch alleinige Erklärung den übrigen Mitgesellschaftern gegenüber auflösbar ist.

---

[75] Vgl. vertiefend hierzu auch: BGH, Urteil vom 13.09.2011, VI ZR 229/09, NZG 2011, 1225; Schmidt, Gesellschaftsrecht: Fehlerhafte Gesellschaft, JuS 2012, S. 72 ff.

14 Personengesellschaften

Personengesellschaften sind dadurch gekennzeichnet, dass sie stark vom Bestand ihrer Mitglieder, den Gesellschaftern, abhängig sind. Hierin unterscheiden sie sich von den Kapitalgesellschaften. Denn diese haben eine eigene Rechtspersönlichkeit und können unabhängig vom Bestand ihrer Mitglieder existieren. Auch in der Frage der vertretungsberechtigten Organe besteht ein erheblicher Unterschied zwischen Personen- und Kapitalgesellschaften. Während in Personengesellschaften der Grundsatz der Selbstorganschaft[76] besteht, also gewöhnlich die Vertretung der Gesellschaft den Gesellschaftern oder einem Gesellschafter obliegt, besteht bei Kapitalgesellschaften der Grundsatz der Fremdorganschaft. Zwar ist es auch zulässig, dass ein Gesellschafter als Geschäftsführer der Kapitalgesellschaft eingesetzt wird, doch ist es bei Kapitalgesellschaften möglich und in der Praxis ab einer bestimmten Unternehmensgröße auch üblich, dass das vertretungsberechtigte Organ auch eine Person sein kann, die nicht Gesellschafter der Kapitalgesellschaft ist. Ein weiterer großer Unterschied, welcher Personengesellschaften von Kapitalgesellschaften trennt, ist die Haftung. Während im Rahmen einer Personengesellschaft die Gesellschafter in der Regel auch mit ihrem Privatvermögen haften, ist die Haftung bei Kapitalgesellschaften grundsätzlich auf das Vermögen der Gesellschaft beschränkt. Die Kapitalgesellschaft entfaltet eine so genannte Abschirmwirkung, die dazu führt, dass ein Zugriff auf das Privatvermögen der Gesellschafter grundsätzlich unterbleiben muss.

Personengesellschaften unterscheiden sich von den Kapitalgesellschaften dadurch, dass sie keine juristischen Personen sind – anders als bei Kapitalgesellschaften, bei denen die Kapitalgesellschaft selbst Eigentümerin der Vermögensgegenstände der Gesellschaft wird, steht das Vermögen bei Personengesellschaften den Gesellschaftern gemeinsam zu. Aus diesem Grunde wird diese Art des Eigentums auch als „Gesamthandseigentum" bezeichnet.

---

[76] Vgl. hierzu vertiefend: Steinbeck, Grundfälle zum Personengesellschaftsrecht, JuS 2012, S. 105 ff.

Abbildung 14.1 Unterschiede zwischen Personen- und Kapitalgesellschaften

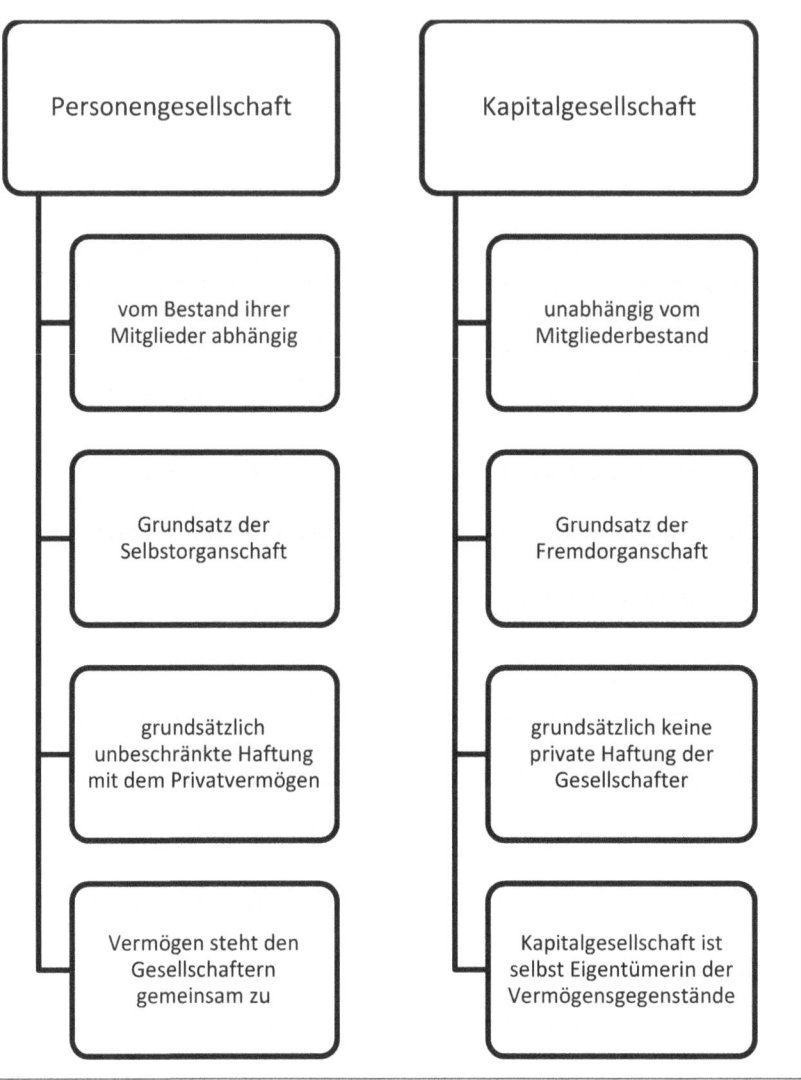

14.1 Gesellschaft bürgerlichen Rechts (GbR)

> **Beispiel:**
>
> Die drei Musiker A, B und C haben sich auf einer Musikveranstaltung kennen gelernt. Nachdem sie den Tag über gemeinsam musiziert haben, treffen sie sich abends in einer Bar und vereinbaren, künftig nur noch zusammen als Band aufzutreten. Dieses wird nur mit Handschlag besiegelt. Besondere Absprachen bestehen nicht. Welches Recht ist auf diese Band anzuwenden?

Die GbR stellt die Grundform der Personengesellschaften dar. Sie ist nicht im HGB sondern in § 705 ff. des Bürgerlichen Gesetzbuchs (BGB) geregelt. Hiernach entsteht immer, wenn sich jemand mit mindestens einem anderen zur Erreichung eines gemeinsamen Zweckes zusammen tut, eine GbR. Dieser gemeinsame Zweck kann theoretisch jeder beliebige Zweck sein, solange es sich hierbei nicht um den Betrieb eines Handelsgewerbes handelt. Denn hierfür gibt es (beispielsweise mit den Regelungen zur OHG und zur KG) besondere Gesetzesvorschriften. Aus diesem Grund ist die GbR in der Praxis häufig die typische Gesellschaftsform der freien Berufe, wie beispielsweise für Künstler, Ärzte, Anwälte, Steuerberater oder Architekten. Ein anderer Anwendungsbereich der Gesellschaftsform „GbR" besteht auch bei kleineren Gewerbetreibenden wie beispielsweise Start-Up-Unternehmen, kleinen Gastronomie-Betrieben oder kleinen Einzelhändlern – aber auch kleinen Handwerksbetrieben. Fehlt ihnen nämlich wegen fehlender Größe das Merkmal der „Erforderlichkeit eines in kaufmännischer Weise eingerichteten Gewerbebetriebes" im Sinne des § 1 Abs. 2 HGB, so fehlt es ihnen an der Kaufmannseigenschaft. Für derartige Unternehmen bleibt nur die Möglichkeit der GbR als Gesellschaftsform oder alternativ dazu können sie die Möglichkeit nutzen, die Kaufmannseigenschaft dadurch zu erreichen, dass sie sich nach § 2 HGB freiwillig im Handelsregister eintragen lassen. Der Gesellschaftsvertrag einer GbR ist grundsätzlich formfrei.

Im oben genannten Beispielfall haben sich die Musiker A, B und C zum Zwecke des gemeinsamen Musizierens und gemeinsam als Band aufzutreten zusammengeschlossen. Der Zweck ihres Wirkens ist nicht der Betrieb eines Handelsgewerbes, sondern eine freie, künstlerische Tätigkeit. Insofern ist ihr Zusammenschluss als GbR zu werten, auf welche die Vorschriften der §§ 705 ff. BGB anzuwenden sind. Im vorliegenden Fall ist es auch unerheblich, dass die Musiker ihre Vereinbarung lediglich mündlich getroffen und mit Handschlag besiegelt haben. Der GbR-Vertrag unterliegt keiner Formvorschrift. Es ist auch nicht erheblich, dass sich die Musiker lediglich über das Wesentliche, nämlich den Zusammenschluss zu einer Band, nicht jedoch über Einzelheiten wie beispielsweise Gewinnverteilung, Vertretungsbefugnis und Haftungsfragen unterhalten haben. Hier gelten neben dem mündlichen Gesellschaftsvertrag die gesetzlichen Regelungen der § 705 ff. BGB. Diese Paragraphen geben Auskunft darüber, wie etwaige Gagen für ihre Auftritte zwischen den Musikern aufzuteilen sind, wer die Band Dritten gegenüber vertreten darf oder zu welchen Anteilen welcher Gesellschafter für Forderungen Dritter gegen die Gesellschaft haftet.

Um es also noch einmal deutlich zu sagen: Eine GbR kommt zustande, wenn folgende drei in § 705 BGB genannten konstitutiven Merkmale vorliegen:

Abbildung 14.2 Merkmale einer GbR

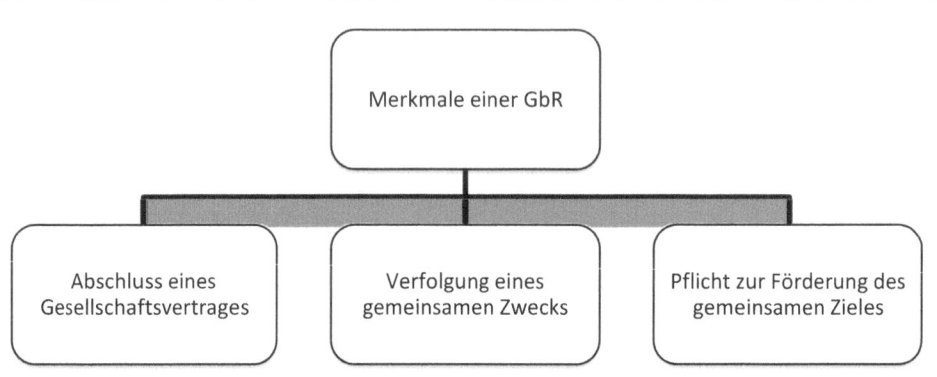

Es muss von mindestens zwei Personen ein Gesellschaftsvertrag geschlossen worden sein. Bei diesen Personen kann es sich um natürliche Personen oder auch um juristische Personen, wie z.B. eine GmbH oder eine AG, handeln. Wie oben bereits dargelegt, schreibt das Gesetz keine Formvorschrift für den GbR-Vertrag vor. Er kann also mündlich, schriftlich oder sogar konkludent, also durch schlüssiges Verhalten abgeschlossen werden. Die Gesellschafter, die einen derartigen Vertrag abschließen, müssen nicht unbedingt natürliche Personen sein. Es kann sich hierbei auch um andere Personengesellschaften, juristische Personen oder rechtsfähige Personenvereinigungen handeln, die sich zu einem bestimmten, gesetzlich zulässigen Zweck zusammenschließen, sofern es sich nicht um den Betrieb eines Handelsgewerbes handelt. Eine GbR kann entweder als Außengesellschaft oder als Innengesellschaft ausgestaltet sein. Kennzeichen einer Innengesellschaft ist es, dass diese nicht am Rechtsverkehr teilnimmt. Dementsprechend ist eine Innengesellschaft auch nicht in der Lage, die Gesellschaft treffende Verbindlichkeiten zu begründen. Beispiel für eine klassische Innengesellschaft ist die stille Gesellschaft im Sinne des § 230 ff. HGB. Im Gegensatz dazu sind Außengesellschaften solche, die am Rechtsverkehr teilnehmen. Hierzu zählen, wie oben bereits dargestellt, beispielsweise die Zusammenschlüsse von Freiberuflern wie Ärzten, Architekten und Steuerberatern.

14.1.1   Rechts- und Parteifähigkeit

Mittlerweile ist eine weitgehende Rechts- und Parteifähigkeit der GbR in Rechtsprechung und Literatur anerkannt. Das bedeutet, die Gesellschaft als solche kann am Rechtsverkehr teilnehmen, durch Verträge verpflichtet werden und sogar Partei in Rechtsstreitigkeiten sein, ohne dass hierfür allein auf die an ihr beteiligten Gesellschafter abgestellt werden muss. Das war nicht immer so. In der Vergangenheit ist die Gesellschaft bürgerlichen

Rechts viele Jahre als nicht rechtsfähig und nicht parteifähig angesehen worden. Mangels eigener Rechtspersönlichkeit war nicht die Gesellschaft selbst, sondern es waren nur die an der GbR beteiligten Gesellschafter durch Verträge gebunden. Insofern mussten früher auch die Gesellschafter und nicht die Gesellschaft verklagt werden, um Ansprüche durchzusetzen. Dies hat sich vollständig gewandelt. Mit einer Entscheidung aus dem Jahre 2001 hat der Bundesgerichtshof diese alte Rechtsansicht nahezu vollständig aufgegeben und der GbR weitgehend eine Rechts- und Parteifähigkeit zugestanden.[77] Nach dieser Rechtsprechung ist es einer GbR nunmehr auch möglich, grundsätzlich jede Rechtsposition einzunehmen, sofern diesem Status nicht besondere rechtliche Gesichtspunkte entgegenstehen.[78] Es sei aber ausdrücklich noch einmal darauf hingewiesen, dass die weitgehende Rechtsfähigkeit der GbR nicht dazu führt, die GbR als „juristische Person" einordnen zu können. Die GbR bleibt weiterhin eine Personengesellschaft. Die Entscheidung des Bundesgerichtshofs hat allerdings auch dazu geführt, dass es nunmehr keine einheitliche Sichtweise bezüglich der GbR gibt. Denn die Rechtsfähigkeit bezieht sich nur auf die BGB-Außengesellschaft. Innengesellschaften wie beispielsweise die „stille Gesellschaft" werden durch diese Rechtsprechung nicht betroffen.

14.1.2   Name der Gesellschaft

Da es sich bei der GbR um einen Zusammenschluss von Personen zu einem beliebigen Zweck handelt, kommt dieser Gesellschaftsform – anders als bei einer OHG oder KG – keine Kaufmannseigenschaft zu. Dementsprechend ist eine GbR auch nicht zum Führen einer Firma berechtigt. In der Praxis ist es allerdings aufgrund der Rechtsprechung des Bundesgerichtshofs zulässig, dass eine Gesellschaft bürgerlichen Rechts eine so genannte „Sammelbezeichnung"[79] führt. Insbesondere vor dem Hintergrund der weitestgehenden Rechtsfähigkeit der GbR[80] und ihrer Möglichkeit, Partei in einem Rechtsstreit zu sein, kommt der Entscheidung zugunsten einer Sammelbezeichnung – und damit eines Namens für eine GbR – ein hoher Stellenwert zu.

Die Frage, wie die Sammelbezeichnung zu gestalten ist, ist jedoch in Rechtsprechung und Literatur noch nicht vollständig geklärt. Allerdings haben sich Eckpunkte herausgebildet, die bei der Wahl einer „Sammelbezeichnung" für die GbR zu beachten sind. Diese werden im folgenden Schaubild kurz dargestellt.

[77] Vgl. BGHZ 116, 86 ff.; BGH, in: NJW 2001, S. 3121 ff.
[78] Vgl. BGH in: NJW 2001, S. 3121 ff. (S. 3122).
[79] Vgl. BGH-Entscheidung vom 15.07.1997, Az: XI ZR 154/96.
[80] Vgl. BGHZ 116, 86 ff.; BGH, in: NJW 2001, S. 3121 ff.

Abbildung 14.3   Sammelbezeichnung der GbR

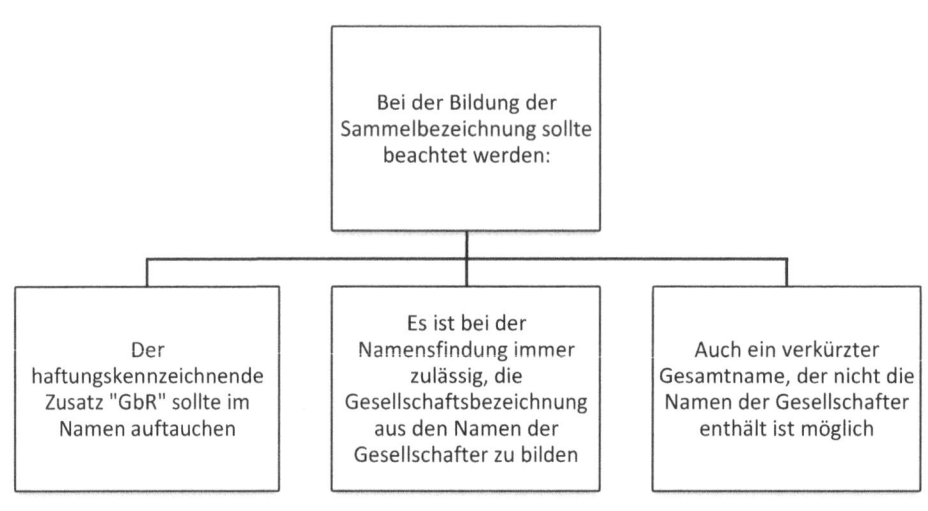

14.1.3   Geschäftsführung

Die Geschäftsführung gehört zum Innenverhältnis. Denn sie betrifft den internen Willensbildungs- und Organisationsprozess in der GbR.[81] Nach § 709 BGB ist jeder der an der GbR beteiligten Gesellschafter auch zur Geschäftsführung im Rahmen der Gesellschaft berechtigt. Zum Schutz der Interessen aller Gesellschafter geht der Gesetzgeber deshalb von einer einstimmigen Gesamtgeschäftsführung aller Gesellschafter der GbR aus. Aufgrund der Vertragsautonomie bleibt es den Gesellschaftern jedoch unbenommen, im Rahmen des GbR-Vertrages andere, von der Gesetzeslage abweichende Regelungsalternativen zu vereinbaren. Möglich wäre hierbei z.B. die Alleingeschäftsführung bzw. die Einzelgeschäftsführung.[82] Eine andere Möglichkeit wäre das Mehrheitsprinzip; oder man schließt einzelne Gesellschafter von der Geschäftsführung aus.

Nach § 712 BGB kann einem GbR-Gesellschafter die Geschäftsführungsbefugnis auch entzogen werden. Diese Vorschrift lautet:

---

[81]   Vgl. vertiefend hierzu auch: Steinbeck, Grundfälle zum Personengesellschaftsrecht, JuS 2012, S. 10 ff. (S. 12 f.)

[82]   Zum Erlöschen der Einzelgeschäftsführungsbefugnis einzelner Gesellschafter mit der Auflösung einer BGB-Gesellschaft vgl.: BGH, Urteil vom 05.07.2011, II ZR 199/10, DB 2011, S. 2252 ff.

§ 712 BGB Entziehung und Kündigung der Geschäftsführung

(1) Die einem Gesellschafter durch den Gesellschaftsvertrag übertragene Befugnis zur Geschäftsführung kann ihm durch einstimmigen Beschluss oder, falls nach dem Gesellschaftsvertrage die Mehrheit der Stimmen entscheidet, durch Mehrheitsbeschluss der übrigen Gesellschafter entzogen werden, wenn ein wichtiger Grund vorliegt; ein solcher Grund ist insbesondere grobe Pflichtverletzung oder Unfähigkeit zur ordnungsmäßigen Geschäftsführung.

(2) Der Gesellschafter kann auch seinerseits die Geschäftsführung kündigen, wenn ein wichtiger Grund vorliegt; die für den Auftrag geltende Vorschrift des § 671 Abs. 2, 3 findet entsprechende Anwendung.

14.1.4   Vertretungsmacht

Beispiel:

Die Band von A, B und C hat die Möglichkeit, einen großen Auftritt zu erhalten. Der Großveranstalter X hat ihnen einen Vertrag zugeschickt. A kann allerdings seine Bandmitglieder B und C nicht erreichen, weil diese beiden über das Wochenende an die Ostsee gefahren sind. Darf A den Vertrag im Namen der Band auch alleine unterschreiben?

Die Vertretung einer GbR betrifft das Außenverhältnis. Hier geht es um das Verhältnis der GbR zu Dritten.[83] Wie oben bereits dargestellt gilt in Personengesellschaften wie der GbR der Grundsatz der Selbstorganschaft. Das heißt, dass lediglich die Gesellschafter gewöhnlich die Gesellschaft vertreten. Der § 714 BGB sieht ausdrücklich vor, dass im Rahmen der GbR die Gesellschafter die Gesellschaft – soweit im Gesellschaftsvertrag nicht etwas anderes vereinbart worden ist – nur gemeinschaftlich vertreten können.

Für den oben genannten Fall bedeutet dies, dass der A, mangels besonderer Regelung zur Einzelvertretungsbefugnis, die Band von A, B und C alleine nicht vertreten darf. Es müssen also alle drei Musiker den Vertrag unterschreiben. Es bleibt den Beteiligten jedoch unbenommen im Rahmen des Gesellschaftsvertrages eine hiervon abweichende Regelung zu treffen. Dies wäre in der Praxis zu empfehlen, da ansonsten die Stellvertretung der GbR zu schwerfällig wäre und bei fehlender Einstimmigkeit eine Vertretung der Gesellschaft nahezu unmöglich wäre.

Hierin unterscheidet sich die GbR deutlich zu Personenhandelsgesellschaften wie beispielsweise der OHG. Bei einer OHG ist es nämlich nach § 125 Abs. 1 HGB möglich, dass ein einzelner Gesellschafter die OHG nach außen hin vertritt. Insofern ist das Recht der OHG flexibler und praxisnäher als das etwas schwerfällige Vertretungsrecht der GbR, welches darauf zurückzuführen ist, dass der Gesetzgeber bei der GbR die Interessen jedes einzelnen Gesellschafters gewahrt wissen wollte und deshalb vom Grundsatz ausgegangen ist, dass diese nur gemeinsam die Gesellschaft vertreten dürfen. Bei handelsrechtlichen

---

[83] Vgl. vertiefend hierzu auch: Steinbeck, Grundfälle zum Personengesellschaftsrecht, JuS 2012, S. 10 ff. (S. 15 f.).

Personengesellschaften ist auf diesen Grundsatz vor dem Hintergrund der Praktikabilität beim Abschluss von Rechtsgeschäften verzichtet worden.

Bezüglich der Frage, wer durch das Handeln des Stellvertreters verpflichtet ist, bzw. wer für vertragliche Verbindlichkeiten haften soll, werden in Rechtsprechung und Literatur unterschiedliche Meinungen vertreten.

Früher war die herrschende Meinung zu diesem Thema die so genannte Doppelverpflichtungstheorie. Nach dieser Theorie wurden auch die übrigen Gesellschafter durch das Handeln des Vertreters im Namen der Gesellschaft verpflichtet. Gestützt wird diese Ansicht durch die Argumentation, dass ein handelnder Gesellschafter, sofern er Vollmacht zur Vertretung einer Gesellschaft besitzt, nicht nur in seinem eigenen Namen, sondern auch im Namen der Gesellschaft und auch im Namen der übrigen Gesellschafter handelt. Ein Vertragsschluss würde dementsprechend zwangsläufig eine Haftung sowohl der Gesellschaft als auch der an ihr beteiligten Mitgesellschafter hervorrufen.

Heute stellt die Akzessorietätstheorie die herrschende Meinung in der Literatur dar. Diese besagt, dass durch die Stellvertretung in erster Linie die Gesellschaft selbst, also die GbR verpflichtet wird und nicht die übrigen, daran beteiligten Gesellschafter. Somit ist also weder ein Handeln in eigenem Namen noch ein Handeln im Namen der Mitgesellschafter, sondern gewöhnlich ein Handeln im Namen der GbR gegeben. Als Grundlage dafür, dass die Mitgesellschafter einer Gesellschaft bürgerlichen Rechts akzessorisch auch für die Verbindlichkeiten der Gesellschaft haften müssen, wird eine analoge Anwendung des § 128 HGB vorgenommen – einer Vorschrift, welche ursprünglich für die OHG geschaffen worden ist. Dies ist ein Weg, der auch durch die Rechtsprechung des Bundesgerichtshofs zu BGB-Gesellschaften (also zur GbR) getragen wird. Auch der Bundesgerichtshof wendet seit vielen Jahren Rechtsgedanken aus dem OHG-Recht auf die GbR an.

Beispiel:

Nachdem die Musiker A, B und C nunmehr seit drei Monaten gemeinsam als Band auftreten, beschließen Sie gemeinsam als Band ein Klavier für ihren Probenraum zu kaufen. Wer wird Eigentümer des Klaviers – die Band oder die Musiker?

Bei der Lösung dieser Fallgestaltung kommt es entscheidend auf die zwischen den Musikern getroffene Absprache an. Normalerweise werden Personen, die gemeinsam eine Sache erwerben Miteigentümer. Denn auf sie ist nach § 741 ff. BGB das Recht der Gemeinschaft anzuwenden. Da im vorliegenden Fall das Klavier von der Band für ihren Probenraum angeschafft werden soll, kann der Kaufvertrag über das Klavier auch derart abgeschlossen werden, dass die GbR Eigentümerin des Klaviers wird. Denn wie oben bereits dargestellt, wird der GbR bereits seit etlichen Jahren eine Rechtsfähigkeit zuerkannt, die es ihr zumindest in der Ausprägung als Außengesellschaft ermöglicht, im Rechtsverkehr Eigentümerin einer Sache zu werden. In der Praxis müssen hierfür die vertretungsberechtigten Gesellschafter im Rahmen des Kaufvertrages deutlich machen, dass sie für die Gesellschaft handeln. Wird seitens des Verkäufers dann das Eigentum an dem Klavier an die Gesellschaft übertragen, so gehört das Klavier gemäß § 718 BGB zum Gesellschaftsvermögen der Band und stellt wegen seiner Einbindung in das Gesellschaftsvermögen ein so genanntes „Gesamthandseigentum" im Sinne des § 719 BGB dar. Diese Vorschriften lauten:

> *§ 718 BGB Gesellschaftsvermögen*
>
> *(1) Die Beiträge der Gesellschafter und die durch die Geschäftsführung für die Gesellschaft erworbenen Gegenstände werden gemeinschaftliches Vermögen der Gesellschafter (Gesellschaftsvermögen).*
>
> *(2) Zu dem Gesellschaftsvermögen gehört auch, was aufgrund eines zu dem Gesellschaftsvermögen gehörenden Rechts oder als Ersatz für die Zerstörung, Beschädigung oder Entziehung eines zu dem Gesellschaftsvermögen gehörenden Gegenstandes erworben wird.*
>
> *§ 719 BGB Gesamthänderische Bindung*
>
> *(1) Ein Gesellschafter kann nicht über seinen Anteil an dem Gesellschaftsvermögen und an den einzelnen dazu gehörenden Gegenständen verfügen; er ist nicht berechtigt, Teilung zu verlangen.*
>
> *(2) Gegen eine Forderung, die zum Gesellschaftsvermögen gehört, kann der Schuldner nicht eine ihm gegen einen einzelnen Gesellschafter zustehende Forderung aufrechnen.*

14.1.5   Zusammenschlüsse von juristischen Personen

Zur Gründung einer GbR ist es – wie oben bereits dargelegt – nicht erforderlich, dass es sich bei den Mitgliedern um natürliche (also lebende) Personen handelt. Auch mehrere Gesellschaften (zum Beispiel GmbHs und AGs) können sich zu einer GbR zusammen tun. Dies ist in der Praxis beispielsweise bei Arbeitsgemeinschaften der Fall. Das in der Praxis für Arbeitsgemeinschaften verwendete Kürzel lautet „ARGE".

> **Beispiel:**
>
> In der Stadt Cottbus soll eine neue Stadthalle gebaut werden. Um dieses Projekt umsetzen zu können, tun sich mehrere kleine Bauunternehmen, welche die Gesellschaftsform einer GmbH haben, zu einer so genannten Arbeitsgemeinschaft (ARGE) zusammen.

Juristisch wird eine derartige Arbeitsgemeinschaft als GbR betrachtet. Denn hier tun sich mehrere Personen (in diesem Falle juristische Personen) zur Durchführung eines beliebigen Zweckes, hier zum Bau der neuen Stadthalle, zusammen. Insofern kann auf sie das Recht der Gesellschaft bürgerlichen Rechts angewandt werden.

14.1.6   Haftung

Im Rahmen einer Gesellschaft bürgerlichen Rechts haftet zunächst die Gesellschaft mit ihrem Gesellschaftsvermögen. Allerdings wird diese Haftung dadurch erweitert, dass neben dem Gesellschaftsvermögen auch jeder Gesellschafter[84] der GbR unbeschränkt mit

---

[84] Zur Haftung eines ausgeschiedenen Gesellschafters für die Bereicherungsschuld der Gesellschaft im Falle der Doppelzahlung eines Gläubigers vgl.: BGH, Urteil vom 17.01.2012, II ZR 197/10, DB 2012, S. 397 f.

seinem gesamten Privatvermögen für Verbindlichkeiten der Gesellschaft haftet.[85] Die Haftung der Gesellschafter ist gesamtschuldnerisch.[86] Die Gesamtschuldnerschaft ist im Bürgerlichen Gesetzbuch – genauer gesagt in § 421 BGB – gesetzlich definiert und deren Ausgleich in § 426 BGB genauer beschrieben. Diese Vorschriften lauten:

> *§ 421 BGB Gesamtschuldner*
>
> *Schulden mehrere eine Leistung in der Weise, dass jeder die ganze Leistung zu bewirken verpflichtet, der Gläubiger aber die Leistung nur einmal zu fordern berechtigt ist (Gesamtschuldner), so kann der Gläubiger die Leistung nach seinem Belieben von jedem der Schuldner ganz oder zu einem Teile fordern. Bis zur Bewirkung der ganzen Leistung bleiben sämtliche Schuldner verpflichtet.*
>
> *§ 426 BGB Ausgleichspflicht, Forderungsübergang*
>
> *(1) Die Gesamtschuldner sind im Verhältnisse zueinander zu gleichen Anteilen verpflichtet, soweit nicht ein anderes bestimmt ist. Kann von einem Gesamtschuldner der auf ihn entfallende Beitrag nicht erlangt werden, so ist der Ausfall von den übrigen zur Ausgleichung verpflichteten Schuldnern zu tragen.*
>
> *(2) Soweit ein Gesamtschuldner den Gläubiger befriedigt und von den übrigen Schuldnern Ausgleichung verlangen kann, geht die Forderung des Gläubigers gegen die übrigen Schuldner auf ihn über. Der Übergang kann nicht zum Nachteile des Gläubigers geltend gemacht werden.*

Unter Gesamtschuld ist demzufolge zu verstehen, dass der Gläubiger die Zahlung seiner Forderung auch von einem beliebigen einzelnen Gesellschafter der GbR verlangen kann. Der in Anspruch genommene einzelne Gesellschafter hat dann, nachdem er die Forderung beglichen hat, die Möglichkeit, gestützt auf den Gesellschaftsvertrag von seinen Mitgesellschaftern zu verlangen, dass diese ihm – entsprechend ihrem vertraglich festgelegten Haftungsanteil – die von ihm bereits gezahlte Forderung anteilig an ihn zurückzahlen. Sofern im Gesellschaftsvertrag keine individuelle Haftungsquote festgelegt worden ist, so wird diese Regelungslücke durch die gesetzlichen Vorschriften des GbR-Rechts gefüllt. Die Rechtsprechung wendet im Rahmen der Gesellschafterhaftung den § 128 HGB entsprechend auf die GbR an. Diese Vorschrift lautet:

> *§ 128 HGB Persönliche Haftung der Gesellschafter*
>
> *Die Gesellschafter haften für die Verbindlichkeiten der Gesellschaft den Gläubigern als Gesamtschuldner persönlich. Eine entgegenstehende Vereinbarung ist Dritten gegenüber unwirksam.*

---

[85]   Zur quotalen Haftung von Gesellschaftern einer Publikums-GbR vgl.: BGH, Urteil vom 17.04.2012, II ZR 95/10, NJW-Spezial, Heft 18, 2012, S. 559; Schmidt, Gesellschaftsrecht: Quotenhaftung von Personengesellschaftern, JuS 2011, S. 932 ff.

[86]   Vgl. vertiefend hierzu: BGH, Urteil vom 22.12.2011, VII ZR 136/11, NJW 2012, S. 1070; BGH, Urteil vom 22.12.2011, VII ZR 7/11, NJW 2012, S. 1071; Schwab, Schuldrecht: Wirkungen der Gesamtschuld, JuS 2012, S. 643 ff.

Nach einer analogen Anwendung des § 128 HGB hätte jeder Gesellschafter zu gleichen Teilen zu haften, sofern aufgrund der Vertragsfreiheit im GbR-Vertrag keine abweichende Haftungsregelung getroffen worden ist. Dritten gegenüber, also auch den Gläubigern gegenüber, kann ein Gesellschafter durch eine Regelung im Gesellschaftsvertrag seine Haftung nicht beschränken. Seinen Mitgesellschaftern gegenüber ist eine im GbR-Vertrag vereinbarte Abweichung von der gesetzlichen Haftung möglich. Die Gesellschafter können bzw. müssen sich also im Rahmen einer Gesamtschuld nach der Zahlung durch einen einzelnen Gesellschafter im Innenverhältnis um Ausgleich bemühen. Hierbei ist allerdings zu bedenken, dass ein auf § 128 HGB gestützter Rückgriff gegenüber den GbR-Mitgesellschaftern nur dann erfolgen darf, wenn zuvor erfolglos versucht wurde, die GbR unter Abzug des eigenen Haftungsanteils in Regress zu nehmen.[87]

Zu einem Großteil ist das Recht der GbR so genanntes „dispositives", also abänderbares Recht. Durch Gesellschaftsvertrag kann insbesondere im Innenverhältnis der Gesellschaft von nahezu allen gesetzlich geregelten Punkten abgewichen werden.[88] Lediglich die Haftung der Gesellschaft nach außen, nämlich die Haftung jedes Gesellschafters auch mit seinem Privatvermögen für Verbindlichkeiten der Gesellschaft einstehen zu müssen, ist nicht dispositiv und kann deshalb nicht durch Regelungen im Gesellschaftsvertrag abgeändert werden.

14.1.7 Beendigung der Gesellschaft bzw. des Gesellschafterverhältnisses

Nach § 723 BGB ist jeder Gesellschafter – sofern die Gesellschaft nicht für eine bestimmte Zeit eingegangen ist – befugt, die Gesellschaft jederzeit formlos und ohne Einhaltung einer bestimmten Frist zu kündigen.[89] Ist die GbR hingegen für eine bestimmte Zeitdauer vereinbart worden, so ist eine Kündigung vor dem Ablauf der vereinbarten Zeit nur dann zulässig, wenn ein wichtiger Grund vorliegt. Nach den Regelungen des BGB führt eine Kündigung gewöhnlich zur Liquidation[90] der Gesellschaft.[91] Es gibt noch weitere Aspekte, die zur Beendigung einer GbR führen können. So endet sie beispielsweise mit Ablauf der Zeit, für welche die Gesellschaft eingegangen ist. Ein anderer Grund für das Ende einer GbR wäre

---

[87]   Vgl. hierzu vertiefend: Gellings, Inanspruchnahme eines Gesellschafters: Innenregress und Gesamtschuldnerausgleich, JuS 2012, S. 589 ff.

[88]   Vgl. hierzu: Palandt / Sprau, Bürgerliches Gesetzbuch, 70. Auflage, München 2011, § 705 Rn. 2.

[89]   Vgl. zur unzulässigen Kündigungsbeschränkung in GbR-Verträgen: BGH, Urteil vom 22.05.2012, II ZR 205/10, NJW-Spezial, Heft 22, 2012, S. 689; zum Abfindungsanspruch des ausgeschiedenen Gesellschafters vgl.: BGH, Urteil vom 17.05.2011, II ZR 285/09, DB 2011, S. 1631 ff.; zur Verjährung des Anspruchs der Gesellschaft gegen den ausgeschiedenen Gesellschafter: BGH, Urteil vom 10.05.2011, II ZR 227/09, DB 2011, S. 1570 ff.; zum Abfindungsanspruch des ausgeschiedenen Gesellschafters: BGH-Urteil vom 17.05.2011, II ZR 285/09, DB 2011, S. 1631 ff.

[90]   Zum Anspruch des Mitgesellschafters auf Anteil am Liquidationsüberschuss und auf Rechnungslegung vgl.: BGH, Urteil vom 22.03.2011, II ZR 206/09, DB 2011, S. 1442 f.

[91]   Zum Aufwendungsersatzanspruch des BGB-Gesellschafters vor Auseinandersetzung vgl.: BGH-Urteil vom 22.02.2011, II ZR 158/09, DB 2011, S. 932 f.; zur Verjährung des Anspruchs der Gesellschaft gegen den ausgeschiedenen Gesellschafter: BGH, Urteil vom 10.05.2011, II ZR 227/09, DB 2011, S. 1570 ff.

nach § 726 BGB das Erreichen des Gesellschaftszwecks. Auch der Tod eines Gesellschafters kann nach § 727 BGB ein Ende der Gesellschaft bewirken.[92] Allerdings kann dies durch eine Regelung im Gesellschaftsvertrag ausgeschlossen werden. Ein auf Auflösung der Gesellschaft gerichteter Gesellschaftsbeschluss kann ebenso wie nach § 728 BGB die Eröffnung eines Insolvenzverfahrens über das Gesellschaftsvermögen zur Beendigung einer GbR führen.[93] Der § 730 BGB sieht vor, dass nach der Auflösung der Gesellschaft bezüglich des Gesellschaftsvermögens eine Auseinandersetzung[94] unter den Gesellschaftern stattfindet.[95] Zusammengefasst stellen sich die Auflösungs- bzw. Beendigungsgründe wie folgt dar:

Abbildung 14.4   Auflösungs- bzw. Beendigungsgründe der GbR

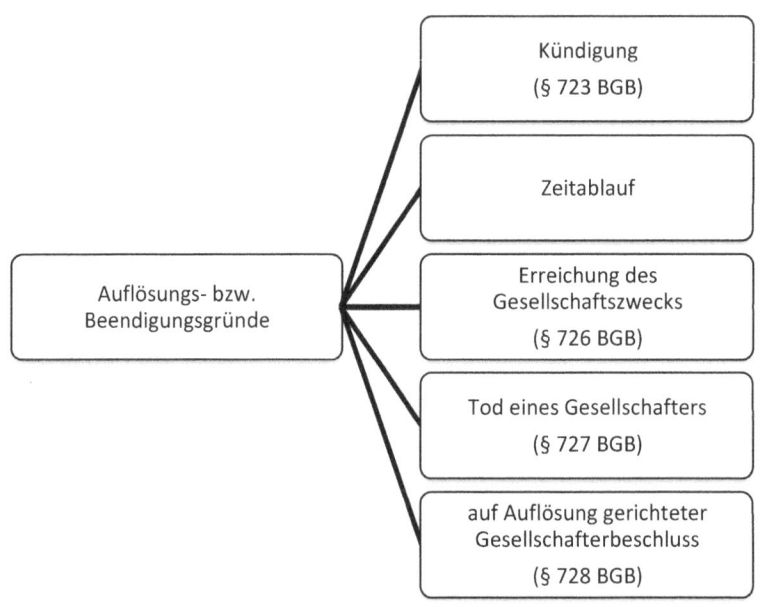

92   Vgl. vertiefend hierzu auch: Steinbeck, Grundfälle zum Personengesellschaftsrecht, JuS 2012, S. 199 ff.
93   Vgl. zur BGB-Gesellschaft in Liquidation vertiefend: BGH-Urteil vom 22.03.2011, II ZR 206/09, DB 2011, S. 1442 f.
94   Zum Aufwendungsersatzanspruch des BGB-Gesellschafters vor Auseinandersetzung vgl.: BGH, Urteil vom 22.02.2011, II ZR 158/09, DB 2011, S. 932 f.
95   Vgl. zum Aufwendungsersatzanspruch des BGB-Gesellschafters vor Auflösung: BGH-Urteil vom 22.02.2011, II ZR 158/09, DB 2011, S. 932 f.; Zum Anspruch des Mitgesellschafters auf Anteil am Liquidationsüberschuss und auf Rechnungslegung vgl.: BGH, Urteil vom 22.03.2011, II ZR 206/09, DB 2011, S. 1442 f.

14.2   Partnerschaftsgesellschaft

Seit dem Jahre 1995 bietet der Gesetzgeber mit der Rechtsform der Partnerschaftsgesellschaft den Freiberuflern eine Alternative zur GbR. Diese Gesellschaftsform ist für Gewerbetreibende nicht vorgesehen, so dass sie exklusiv von den Angehörigen der freien Berufe genutzt werden kann. Nur für die freien Berufe – wie beispielsweise Ärzte, Architekten, Anwälte[96], Steuerberater, Heilpraktiker, Krankengymnasten, Diplom-Psychologen etc. bietet sich deshalb die Möglichkeit, ihre Berufstätigkeit alternativ zur GbR in einer so genannten Partnerschaftsgesellschaft zu betreiben. Geregelt ist die Partnerschaftsgesellschaft im so genannten Partnerschaftsgesellschaftsgesetz (PartGG). Sofern bestimmte Punkte in diesem Gesetz nicht geregelt werden, kann für derartige Regelungslücken auf die Vorschriften der §§ 705 ff. BGB zurückgegriffen werden, da die Partnerschaftsgesellschaft letztlich eine besondere Ausprägung der GbR darstellt. Entsprechend der Regelung des § 1 Abs. 1 Satz 3 PartGG können auch nur natürliche Personen – also keine juristischen Personen wie GmbH oder AG – Gesellschafter einer Partnerschaftsgesellschaft sein. Dementsprechend wäre es also auch nicht möglich, dass sich eine Partnerschaftsgesellschaft als Gesellschafter an einer anderen Partnerschaftsgesellschaft beteiligt. Um eine Partnerschaftsgesellschaft zu gründen ist kein Mindestkapital erforderlich. Da die Partnerschaftsgesellschaft eine typische Gesellschaftsform für freie Berufe ist, ist es nicht vereinbar und auch nicht zulässig, mit dieser Gesellschaftsform den Betrieb eines Handelsgeschäftes zu verbinden. Nach § 1 Abs. 2 PartGG muss der Partner qualifiziert sein. Dies führt dazu, dass Zusammenschlüsse von unterschiedlichen Berufsgruppen immer nur dann möglich sind, wenn für die nach außen ausgeübte Tätigkeit das jeweilige Standes- und Berufsrecht es zulässt. Dieses ist in der Praxis beispielsweise bei Zusammenschlüssen von Rechtsanwälten und Steuerberatern gegeben.

Zur Gründung einer Partnerschaftsgesellschaft ist es nach § 3 Abs. 1 PartGG zwingend erforderlich, dass ein schriftlicher Gesellschaftsvertrag abgeschlossen wird. Hierin unterscheidet sich die Partnerschaftsgesellschaft von der GbR; denn bei der GbR ist keine Schriftform des Gesellschaftsvertrages erforderlich. Der zur Gründung einer Partnerschaftsgesellschaft zwingend vorgeschriebene schriftliche Vertrag muss mindestens Angaben zu folgenden Punkten beinhalten: Name und Sitz der Gesellschaft; voll ausgeschriebener Name, vollständiger Wohnort von jedem beteiligten Partner sowie den Beruf, welchen der Partner im Rahmen der Partnerschaft ausübt sowie das Geschäft, welches die Gesellschaft betreibt.

Auch im Unternehmensnamen muss der Name eines Gesellschafters enthalten sein. So schreibt § 2 Abs. 1 PartGG vor, dass im Rahmen des Namens der Partnerschaftsgesellschaft der Name von mindestens einem der Gesellschafter geführt wird und, dass auch sämtliche Berufsbezeichnungen der Partner zu führen sind. Eine Ausnahme hiervon findet sich lediglich in § 53 Satz 2 des Steuerberatungsgesetzes (StBerG). Um für außen stehende Personen diese Gesellschaftsform von anderen Gesellschaftstypen, insbesondere von der GbR abzu-

---

[96]   Zur Alternative einer Anwalts-GmbH & Co. KG vgl.: Schmidt, Die Anwalts-GmbH & Co. KG:
Kraftprobe des Berufsrechts oder des § 105 Abs. 2 HGB?, DB 2011, S. 2477 ff.

grenzen, ist es seit Juli 1997 ausschließlich den Partnerschaftsgesellschaften vorbehalten, die Bezeichnung „Partnerschaft" oder „…und Partner" zu verwenden. Das Recht der Partnerschaftsgesellschaft wird determiniert vom Prinzip der persönlichen Verantwortung. Dieses besagt, dass im Rahmen einer Partnerschaftsgesellschaft lediglich der Partner, der die jeweilige Leistung erbracht hat auch für die von ihm begangenen beruflichen Fehler haftet. Insofern kann die Partnerschaftsgesellschaft zu einer Haftungsreduzierung beitragen, wie sie die GbR nicht kennt. Jeder der Partner haftet neben dem Gesellschaftsvermögen nach § 8 Abs. 2 PartGG lediglich für eigene Fehler mit seinem Privatvermögen. Als Partner können nur natürliche Personen beteiligt sein.

Wirksamkeit erlangt eine Partnerschaftsgesellschaft nach § 7 Abs. 1 PartGG erst, wenn sie ins Partnerschaftsregister eingetragen wird. Der Anmeldung beim Register kommt also eine konstitutive Wirkung zu. Hat diese noch nicht stattgefunden, so kann im Außenverhältnis dritten Personen gegenüber lediglich die Wirkung einer GbR entfaltet werden. Die Partnerschaftsregister werden entsprechend § 4 PartGG bei den Amtsgerichten geführt. Hierbei ist es auch erforderlich, später jeden Wechsel von Mitgesellschaftern im Rahmen der Partnerschaftsgesellschaft beim Partnerschaftsgesellschaftsregister anzumelden. Gemäß § 4 PartGG und § 5 PartGG wird die Eintragung in das Partnerschaftsgesellschaftsregister nach den Vorschriften des Handelsrechts vorgenommen.

Auch im Rahmen der Geschäftsführung bestehen bei der Partnerschaftsgesellschaft Unterschiede zur GbR. Während bei einer GbR nach dem Gesetz grundsätzlich eine Gesamtvertretungsbefugnis besteht, sieht § 6 Abs. 3 PartGG in Verbindung mit § 114 HGB – angepasst an das Recht der OHG – für die Partnerschaftsgesellschaft den Grundsatz der Einzelgeschäftsführungsbefugnis vor. Allerdings hat nach § 6 Abs. 1 PartGG jeder der zur Geschäftsführung berufenen Partner auch die für ihn geltenden berufsrechtlichen und standesrechtlichen Regelungen zu beachten. Aus dem § 6 Abs. 3 PartGG ergeben sich allerdings auch allgemeine Treuepflichten, zu denen auch das Wettbewerbsverbot im Sinne des § 112 HGB gehört.

Da die Partner neben dem Gesellschaftsvermögen zumindest für ihre eigenen Fehler mit ihrem gesamten Privatvermögen haften, ist ein Mindestkapital bzw. Stammkapital für die Gesellschaft nicht vorgeschrieben. Eine Partnerschaftsgesellschaft ist – stärker als die übrigen Personengesellschaften – auf Kontinuität ausgerichtet. Denn die gesetzlichen Regelungen sehen vor, dass bei Ausscheiden oder Tod eines der Gesellschafter einer Partnerschaftsgesellschaft dies nicht zum Ende der Partnerschaft führt. Die gesetzlichen Regelungen sehen grundsätzlich nicht vor, dass ein Gesellschaftsanteil verkauft oder an einen Nachfolger vererbt wird. Ausnahmen können nur bestehen, sofern dies im Partnerschaftsvertrag explizit vereinbart worden ist. Sofern also aufgrund einer vertraglichen Regelung ein Erbe in die Rechtsstellung eines Partners rückt, so hat er die Möglichkeit, innerhalb von drei Monaten aus der Gesellschaft auszusteigen. Tut er dies, so kann er eine Abfindung für seinen Gesellschaftsanteil erhalten. Diese Möglichkeit besteht auch für Erben, die nicht in die Rechtsstellung eines Partners rücken. Die Höhe der Abfindung kann individuell festgelegt werden und ist abhängig davon, welche Regelungen der Partnerschaftsgesellschaftsvertrag hierfür vorsieht.

Im Rahmen der Besteuerung existieren für eine Partnerschaftsgesellschaft keine Unterschiede zur GbR. Die Gesellschafter einer Partnerschaftsgesellschaft versteuern die ihnen durch eine einheitliche und gesonderte Gewinnfeststellung ermittelten Gewinnanteile im Rahmen ihrer Einkommensteuererklärung. Für Ihre Steuererklärung ist es lediglich erforderlich, eine Gewinn- und Verlustrechnung zu führen. Denn aufgrund der freiberuflichen Tätigkeit sind die Partnerschaftsgesellschaften weder nach Handelsrecht noch nach Steuerrecht dazu verpflichtete Bücher zu führen.

14.3   Die Europäische wirtschaftliche Interessenvereinigung (EWIV)

Die Europäische wirtschaftliche Interessenvereinigung (EWIV) ist aufgrund einer EU-Verordnung entstanden und hat den Zweck, grenzüberschreitende Kooperationen zu ermöglichen und zu fördern. Diese Gesellschaftsform ist als erste auf europäischen Vorschriften fußende Gesellschaftsform besonders zur Förderung der Zusammenarbeit von kleinen und mittelständischen Unternehmen (KMU) entwickelt worden. Gesetzliche Regelungen für diese Gesellschaftsform finden sich in Deutschland im EWIV-Ausführungsgesetz (EWIV-AG)[97] und in der EWIV- Verordnung (EWIV-VO)[98]. Hilfsweise werden in der Bundesrepublik Deutschland auf die EWIV allerdings auch die Vorschriften der §§ 105 ff. HGB analog angewandt. Denn in ihrer gesamten Struktur weist die EWIV große Ähnlichkeiten zur offenen Handelsgesellschaft (OHG) auf. Bereits die Zielsetzung der Europäischen wirtschaftlichen Interessenvereinigung zeigt deutlich, dass es sich hierbei um den eingeschränkten Tätigkeitsbereich handelt, die Vorhaben ihrer Mitglieder voranzutreiben bzw. zu fördern. Dies kann beispielsweise darin bestehen, dass im Rahmen einer EWIV Gemeinschaften gebildet werden oder durch derartige Institutionen gemeinsam Forschung betrieben werden soll, bzw. eine gemeinsame Forschung gebündelt wird. Um eine EWIV zu gründen bedarf es mindestens zwei Mitglieder. Ein Mindestkapital ist für diese Gesellschaftsform nicht notwendig. Allerdings ist es nach deutschem Rechtsverständnis für die Gründung eines derartigen Gesellschaftstypus notwendig, dass ein Gründungsvertrag abgeschlossen wird und nach § 2 EWIV-AG eine Eintragung der Gesellschaft in das Handelsregister stattfindet. Diese Voraussetzungen sind auch in Art. 1 Abs. 1 Satz 2 EWIV-VO explizit genannt. Nach § 2 Abs. 1 EWIV-AG ist eine EWIV bei dem Gericht, in dessen Bezirk sie ihren im Gründungsvertrag genannten Sitz hat, zur Eintragung in das Handelsregister anzumelden. Die Eintragung ins Handelsregister ist bereits deshalb notwendig, weil die EWIV als teilrechtsfähige Gesellschaftsform erst vom Zeitpunkt ihrer Eintragung an als Träger von Rechten und Pflichten angesehen wird. Die eben angesprochene Teilrechtsfähigkeit bezieht sich allerdings lediglich auf die Bundesrepublik Deutschland. Europäisches

---

[97] Gesetz zur Ausführung der EWG-Verordnung über die Europäische wirtschaftliche Interessenvereinigung vom 14.04.1988, BGBl I S. 514 – mit späteren Änderungen.

[98] Verordnung (EWG) Nr. 2137/85 des Rates der Europäischen Gemeinschaften betr. die Schaffung einer Europäischen wirtschaftlichen Interessenvereinigung vom 25.07.1985, ABl EG Nr. L 199 vom 31.07.1985 S. 1.

Recht lässt es zu, dass jeder europäische Mitgliedstaat das Recht hat, einer EWIV durch nationales Recht eine Vollrechtsfähigkeit zu verleihen. Für diesen Weg hat die Bundesrepublik Deutschland sich nicht entschieden. Neben den in Art. 16 Abs. 1 EWIV-VO obligatorisch vorgeschrieben Gesellschaftsorganen „gemeinschaftlich handelnde Mitglieder" und „Geschäftsführer" ist es auch möglich im Gründungsvertrag weitere Organe zur Aufsicht bzw. zur Kontrolle zu bestimmen. Obwohl die EWIV als Personengesellschaft ausgestaltet ist, besitzt sie – im Gegensatz zu den deutschen Personengesellschaften – die Möglichkeit der Fremdorganschaft. D.h. die Geschäftsführung über eine EWIV kann auch an natürliche Personen übertragen werden, die nicht Mitglied der EWIV sind. Allerdings ist bei der Bestellung eines Geschäftsführers darauf zu achten, dass diese Person nicht durch die Regelung des Art. 19 Abs. 1 Satz 2 EWIV-VO von der Geschäftsführung ausgeschlossen sein darf. Der Art. 19 EWIV-VO lautet:

Artikel 19

(1) Die Geschäfte der Vereinigung werden von einer oder mehreren natürlichen Personen geführt, die durch den Gründungsvertrag oder durch Beschluss der Mitglieder bestellt werden.

Geschäftsführer einer Vereinigung können nicht Personen sein, die

- *nach dem auf sie anwendbaren Recht oder*

- *nach dem innerstaatlichen Recht des Staates des Sitzes der Vereinigung oder*

- *aufgrund einer in einem Mitgliedstaat ergangenen oder anerkannten gerichtlichen Entscheidung oder Verwaltungsentscheidung*

dem Verwaltungs- oder Leitungsorgan von Gesellschaften nicht angehören dürfen, Unternehmen nicht leiten dürfen oder nicht als Geschäftsführer einer Europäischen wirtschaftlichen Interessenvereinigung handeln dürfen.

(2) Ein Mitgliedstaat kann bei Vereinigungen, die nach Artikel 6 in seine Register eingetragen sind, vorsehen, dass eine juristische Person unter der Bedingung Geschäftsführer sein kann, dass sie eine oder mehrere natürliche Personen als Vertreter bestimmt, die Gegenstand der in Artikel 7 Buchstabe d) vorgesehenen Angabe sein müssen.

Macht ein Mitgliedstaat von dieser Möglichkeit Gebrauch, so hat er vorzusehen, dass dieser oder diese Vertreter so haften, als ob sie selbst Geschäftsführer der Vereinigung wären.

Die Verbote nach Absatz 1 gelten auch für diese Vertreter.

(3) Der Gründungsvertrag oder, falls dieser keine dahingehenden Bestimmungen enthält, ein einstimmiger Beschluss der Mitglieder legt die Bedingungen für die Bestellung und die Entlassung des Geschäftsführers oder der Geschäftsführer sowie deren Befugnisse fest.

Im Rahmen ihrer zivilrechtlichen Haftung haften Geschäftsführer einer EWIV der Gesellschaft gegenüber für die von ihnen begangenen Sorgfaltspflichtverletzungen. Bei mehreren Geschäftsführern haften sie als Gesamtschuldner. Etwaige Schadensersatzansprüche gegen den Geschäftsführer verjähren allerdings nach § 5 Abs. 3 EWIV-AG nach fünf Jahren. Dritten Personen gegenüber, sind die Geschäftsführer einer EWIV – was den Haftungsmaßstab angeht – mit den Geschäftsführern einer GmbH zu vergleichen.

Die an der EWIV beteiligten Mitglieder haften gewöhnlich von dem Zeitpunkt an, in welchem die EWIV in das Handelsregister eingetragen worden ist, für alle Gesellschaftsverbindlichkeiten der Gesellschaft gesamtschuldnerisch[99], persönlich und unbeschränkt. Eine Haftungsbeschränkung kann lediglich mittelbar dadurch erreicht werden, dass zwischen dritten Personen und den Mitgliedern der EWIV eine individuelle Übereinkunft bezüglich einer Begrenzung der Haftung vereinbart wird. Eine mittelbare Haftungsreduzierung könnte auch dadurch erreicht werden, dass juristische Personen an der EWIV beteiligt werden.

Dem Sitz einer EWIV kommt eine besondere Bedeutung zu. Denn gemäß Art. 2 Abs. 1 EWIV-VO richtet sich die Anwendbarkeit von Rechtsvorschriften danach, wo der Sitz der Gesellschaft ist. Dementsprechend kann deutsches Recht nur dann auf eine EWIV angewendet werden, wenn diese ihren Sitz in Deutschland unterhält. Darüber hinaus ist es nach Art. 12 Abs. 1 EWIV-VO vorgeschrieben, dass sich der Sitz einer EWIV zwingend in einem Mitgliedstaat der Europäischen Union befinden muss.

Probleme im Rahmen der Gründung einer EWIV können darin bestehen, dass die Beteiligung von EWIV-Mitgliedern von außerhalb der EU gelegenen Staaten unzulässig ist. Dieses kann allerdings in der Praxis insoweit umgangen werden, als interessierte Personen aus Nicht-EU-Staaten die Möglichkeit haben, sich über so genannte Joint-Venture oder auch über europäische Tochtergesellschaften an den Tätigkeiten einer EWIV beteiligen zu können. Die an einer EWIV beteiligten Mitglieder haften ohne Haftungsbeschränkung als Gesamtschuldner.

14.4   Offene Handelsgesellschaft (OHG)

Auch die offene Handelsgesellschaft ist auf die Normen der GbR zurückzuführen. Sie zählt zu den Personenhandelsgesellschaften und ist in den §§ 105 ff. HGB normiert. Sie ist durch ihre gesetzliche Ausgestaltung viel besser als die GbR auf die im Handel erforderlichen Bedürfnisse ausgerichtet. Da es sich bei dem Handelsgesetzbuch um keine abschließende Aufzählung handelt, ist es erforderlich, dass bei Fehlen etwaiger Spezialregelungen auch auf das Recht der Gesellschaft bürgerlichen Rechts, also auf die §§ 705 ff. BGB zurückgegriffen werden kann. Die Entstehungsvoraussetzungen einer OHG sind in § 105 HGB explizit genannt.

> *§ 105 HGB Begriff der OHG; Anwendung der Vorschriften des BGB*
>
> *(1) Eine Gesellschaft, deren Zweck auf den Betrieb eines Handelsgewerbes unter gemeinschaftlicher Firma gerichtet ist, ist eine offene Handelsgesellschaft, wenn bei keinem der Gesellschafter die Haftung gegenüber den Gesellschaftsgläubigern beschränkt ist.*

---

[99] Vgl. vertiefend hierzu: BGH, Urteil vom 22.12.2011, VII ZR 136/11, NJW 2012, S. 1070; BGH, Urteil vom 22.12.2011, VII ZR 7/11, NJW 2012, S. 1071; Schwab, Schuldrecht: Wirkungen der Gesamtschuld, JuS 2012, S. 643 ff.

(2) Eine Gesellschaft, deren Gewerbebetrieb nicht schon nach § 1 Abs. 2 Handelsgewerbe ist oder die nur eigenes Vermögen verwaltet, ist offene Handelsgesellschaft, wenn die Firma des Unternehmens in das Handelsregister eingetragen ist. § 2 Satz 2 und 3 gilt entsprechend.

(3) Auf die offene Handelsgesellschaft finden, soweit nicht in diesem Abschnitt ein anderes vorgeschrieben ist, die Vorschriften des Bürgerlichen Gesetzbuchs über die Gesellschaft Anwendung.

Eine offene Handelsgesellschaft ist also nach diesem Gesetzestext zum einen dadurch gekennzeichnet, dass die Gesellschafter in ihrer Haftung nach außen nicht beschränkt sind, sondern auch mit ihrem Privatvermögen haften; zum anderen ist sie jedoch auch dadurch gekennzeichnet, dass es sich bei dem Gesellschaftszweck um den Betrieb eines Handelsgewerbes oder entsprechend § 105 Abs. 2 HGB um den Zweck einer reinen Vermögensverwaltung handelt. Eine Gesellschaft die lediglich ein Kleingewerbe betreibt, wird erst dann als Personenhandelsgesellschaft angesehen, wenn sie eine Eintragung in das Handelsregister vornehmen lässt. Vor einer solchen Eintragung ist die Gesellschaft als GbR anzusehen. Auch wenn die Kaufmannseigenschaft im Sinne des § 105 Abs. 2 HGB erst dann wirksam entsteht, wenn die Eintragung in das Handelsregister vorgenommen wird, so wandelt sich auch außerhalb des Handelsregisters eine GbR in eine OHG, wenn sich der Geschäftsbetrieb einer nicht in das Handelsregister eingetragenen Gesellschaft zu einer vollkaufmännischen Größe entwickelt. Aus diesem Grunde kann die Wirksamkeit einer OHG Dritten gegenüber entweder dann entstehen, wenn sie ihre Geschäfte aufnimmt oder auch dann, wenn eine Eintragung im Handelsregister besteht.

Sowohl natürliche als auch juristische Personen können Gesellschafter einer OHG werden. Anders als die GbR, welche ihre Teilrechtsfähigkeit lediglich auf die aktuelle Rechtsprechung stützen kann, billigt der Gesetzgeber einer OHG mit der Regelung des § 124 HGB explizit eine Teilrechtsfähigkeit zu. Diese Vorschrift lautet:

§ 124 HGB Rechtsstellung der OHG; Zwangsvollstreckung in das Gesellschaftsvermögen

(1) Die offene Handelsgesellschaft kann unter ihrer Firma Rechte erwerben und Verbindlichkeiten eingehen, Eigentum und andere dingliche Rechte an Grundstücken erwerben, vor Gericht klagen und verklagt werden.

(2) Zur Zwangsvollstreckung in das Gesellschaftsvermögen ist ein gegen die Gesellschaft gerichteter vollstreckbarer Schuldtitel erforderlich.

Die Gesellschaftsform der OHG ist in der Praxis oftmals bei Unternehmen der Fertigungsindustrie sowie im Großhandel oder Einzelhandel anzutreffen. Im Rahmen der Entstehung der Gesellschaft muss zwischen dem Innenverhältnis und dem Außenverhältnis der Gesellschaft differenziert werden. Während im Innenverhältnis, also im Verhältnis der Gesellschafter untereinander, eine OHG bereits mit dem Abschluss des Gesellschaftsvertrages entsteht, ist nach § 123 HGB von einer Entstehung bzw. von einer Wirksamkeit der OHG im Außenverhältnis, also im Verhältnis der Gesellschaft zu Dritten, erst dann auszugehen, wenn die Gesellschaft in das Handelsregister eingetragen worden ist oder mit dem Einverständnis aller Gesellschafter ihren Betrieb aufgenommen hat.

14.4.1 Geschäftsführung

Die Vorschrift des § 114 HGB sieht für die offene Handelsgesellschaft eine Einzelgeschäftsführungsbefugnis jedes Gesellschafters vor. Anders als bei der Gesellschaft bürgerlichen Rechts, bei welcher im Gesetzeswortlaut des § 709 BGB explizit der Begriff „gemeinsam" verwendet wird, fehlt eine solche Formulierung in § 114 HGB. Hintergrund dieser unterschiedlichen Regelungsmöglichkeiten besteht darin, dass im Rahmen einer GbR, zum Schutz einzelner Gesellschafter vor voreiligen Handlungen, eine gemeinsame Geschäftsführung vorgeschrieben ist; wohingegen im Wirtschaftsleben eine OHG viel zu unflexibel wäre, müsste man für jede Entscheidung unter den Gesellschaftern einen Konsens herstellen. Den im Wirtschaftsleben im Rahmen einer OHG agierenden Gesellschaftern traut der Gesetzgeber zu, selbst beurteilen zu können, welche Entscheidungen für die Gesellschaft tauglich sind. Insofern geht der Gesetzgeber hier – nicht zuletzt auch zu Gunsten einer flexibleren Entscheidungskultur – von einer geringeren Schutzbedürftigkeit der Gesellschafter aus. Da es sich bei der OHG um eine Personengesellschaft handelt, für die in unserem Rechtssystem stärker als bei den Kapitalgesellschaften mit Ausnahme der Haftungsregelungen dispositives Recht möglich ist, bleibt es den Gesellschaftern einer OHG unbenommen, durch vertragliche Absprachen eine vom Gesetz abweichende Regelung zur gesetzlich normierten Einzelgeschäftsführungsbefugnis zu treffen. Die Vertragsfreiheit lässt es auch zu, dass einzelne Gesellschafter komplett von der Geschäftsführung ausgeschlossen werden. Die Geschäftsführungsbefugnis kann einem Gesellschafter auch nach § 117 HGB aus wichtigem Grund, insbesondere aufgrund grober Pflichtverletzung oder aufgrund einer Unfähigkeit zur ordnungsmäßigen Geschäftsführung entzogen werden. Doch auch wenn Gesellschafter von der Geschäftsführung ausgeschlossen sind, so verbleibt ihnen immer noch nach § 118 HGB die Möglichkeit, sich von den Angelegenheiten der Gesellschaft persönlich zu unterrichten, Einsicht in Handelsbücher und Papiere der Gesellschaft zu nehmen und sich aus diesen Unterlagen eine Bilanz und einen Jahresabschluss anzufertigen.

14.4.2 Vertretungsbefugnis

Von der Geschäftsführungsbefugnis zu unterscheiden ist das Recht der Vertretungsbefugnis. Während die Geschäftsführungsbefugnis die internen Entscheidungsprozesse innerhalb eines Unternehmens bezeichnet, ist unter Vertretungsbefugnis das Recht zu verstehen, die Gesellschaft nach außen hin Dritten gegenüber zu vertreten. Durch § 125 Abs. 1 HGB räumt der Gesetzgeber jedem einzelnen Gesellschafter einer offenen Handelsgesellschaft grundsätzlich die Berechtigung zur Vertretung der Gesellschaft ein. Ähnlich wie bereits bei der Geschäftsführung wird durch die Einzelvertretungsberechtigung des OHG-Gesellschafters die Effektivität der Geschäftsabwicklung gestärkt. Sofern also vertraglich nichts anderes vereinbart ist, können Geschäftspartner einer OHG davon ausgehen, dass jeder Gesellschafter alleine dazu berechtigt ist, die Gesellschaft durch Verträge rechtswirksam zu verpflichten. Da allerdings auch hierzu abweichende Regelungen im Gesellschaftsvertrag der OHG getroffen werden können, ist es notwendig, dass derartige Abweichungen von der Gesetzeslage nach § 106 Abs. 2 Ziff. 4 HGB im Rahmen der Anmeldung bzw. nach § 107

HGB im Rahmen des laufenden Betriebes in das Handelsregister eingetragen werden. Der § 125 HGB gibt in seinen Absätzen 1 bis 3 den Rahmen vor, in welchem die Gesellschafter aufgrund ihrer Vertragsautonomie abweichende Vertretungsregelungen treffen können. Mögliche Alternativen sind:

- Eine Regelung, dass ein einzelner Gesellschafter von der Vertretung ausgeschlossen wird;

- eine Regelung, dass alle oder mehrere Gesellschafter nur gemeinsam die Gesellschaft vertreten können;

- eine Regelung, dass mehrere Gesellschafter nur gemeinsam vertretungsberechtigt sind, während wenigstens einer von ihnen das Recht hat, sie alleine zu vertreten;

- eine Regelung, dass einer oder mehrere Gesellschafter in die Lage versetzt werden, die Gesellschaft zusammen mit einem Prokuristen wirksam vertreten zu können.

Die OHG ist geprägt vom Grundsatz der Selbstorganschaft.

> **Beispiel:**
>
> P ist Prokurist der Müller & Schulze OHG. Ist der Prokurist P dazu berechtigt alleine mit Kunden der Müller & Schulze OHG Verträge abzuschließen?

Nein, hierzu ist P alleine nicht berechtigt. Aus § 125 Abs. 3 HGB kann im Umkehrschluss hergeleitet werden, dass ein Prokurist alleine nicht berechtigt ist, ohne Teilnahme eines vertretungsberechtigten Gesellschafters einer OHG rechtsverbindlich zu vertreten. Hier wird wieder deutlich, dass die so genannte Selbstorganschaft für Personengesellschaften wie die OHG ein durchaus prägendes Element darstellt.

> **Beispiel:**
>
> X, Y und Z sind Gesellschafter der XYZ-OHG. Der Gesellschaftsvertrag sieht vor, dass Y das Recht eingeräumt wird, als alleiniger Geschäftsführer die XYZ-OHG bei Geschäften bis zu einem Wert von 50.000 € nach außen hin alleine zu vertreten. Y schließt allerdings ein, aus seiner Sicht günstiges Geschäft, in Höhe von 65.000 € im Namen der OHG ab. Ist dieses Rechtsgeschäft wirksam?

Zum Schutz von Vertragspartnern sind vertragsinterne Beschränkungen im Rahmen eines OHG-Vertrages für den Vertragspartner unbeachtlich. Hierdurch werden die Vertragspartner im Außenverhältnis in ihrem Vertrauen auf die Vertretungsberechtigung eines zur Vertretung berufenen Gesellschafters geschützt. Für den oben genannten Beispielfall bedeutet dies, dass das von Y abgeschlossene Rechtsgeschäft gültig ist. Allerdings kann das Verhalten des Geschäftsführers Y im Innenverhältnis, also im Verhältnis zu den übrigen Mitgesellschaftern, dadurch geahndet werden, dass er sich der OHG gegenüber schadensersatzpflichtig macht, wenn er über die interne Beschränkung hinaus Rechtsgeschäfte getätigt.

14.4.3 Pflichten der Gesellschafter

Abbildung 14.5 OHG – Pflichten der Gesellschafter

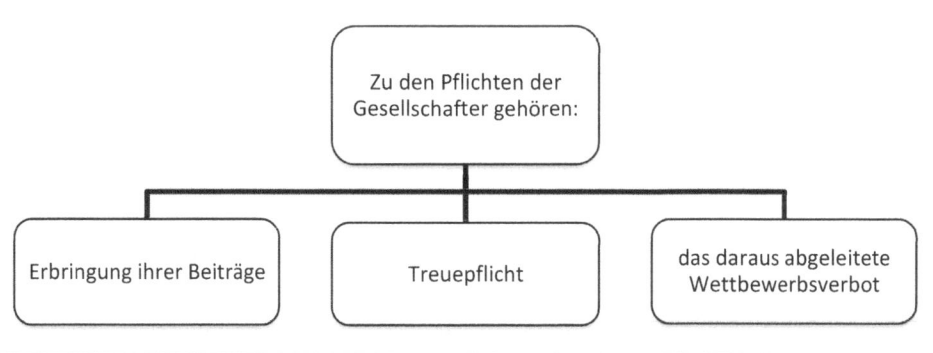

Diese Pflichten werden im Folgenden näher ausgeführt.

14.4.3.1 Erbringung der Beiträge

Die Gesellschafter einer OHG sind verpflichtet, ihre vertraglich vereinbarten Beiträge zu leisten. Die Art und der Umfang dieser Beiträge ergeben sich aus dem Gesellschaftsvertrag. Unter dem Begriff „Beitrag" sind sehr unterschiedliche Leistungen zu verstehen. Hierzu gehören nicht nur die Zahlung von Geldbeträgen, sondern auch das Erbringen von Dienstleistungen an die Gesellschaft oder das Einbringen von Sachen oder Rechten in die Gesellschaft. Sofern ein Gesellschafter seine Beiträge nicht zur vereinbarten Zeit einbringt, hat er bei einer verspäteten Geldzahlung nach § 111 HGB Zinsen zu zahlen. Auch die Geltendmachung eines darüber hinausgehenden Schadens ist nicht ausgeschlossen.

14.4.3.2 Treuepflichten

Aus dem persönlichen und gemeinschaftlichen Zusammenwirken der Gesellschafter im Rahmen der OHG ergibt sich die Notwendigkeit, gegenseitig aufeinander Rücksicht zu nehmen. Aus diesem Grunde ist es in der Rechtsordnung anerkannt, dass auf das Verhältnis der Gesellschafter einer OHG die aus § 242 BGB hergeleitete Treuepflicht anzuwenden ist. Hiernach sind die Gesellschafter verpflichtet, sich für die Interessen der Gesellschaft einzusetzen und alles zu unterlassen, was diesen Interessen zuwider laufen könnte. Hierunter fallen beispielsweise das Verbot, Betriebsgeheimnisse an Dritte weiterzugeben oder die Pflicht, der OHG drohende Schäden unverzüglich den Mitgesellschaftern zu melden. Sofern ein Gesellschafter gegen die Treuepflicht verstößt, muss er damit rechnen, sowohl auf Unterlassung als auch auf Schadensersatz im Sinne des § 280 Abs. 1 BGB in Anspruch genommen zu werden. Darüber hinaus bietet sein treuwidriges Verhalten den übrigen Gesellschaftern die Möglichkeit, ihm nach den Vorschriften der §§ 117 bzw. 127 HGB die Befugnis zur Geschäftsführung bzw. zur Vertretung der OHG Dritten gegenüber zu entziehen.

14.4.3.3   Wettbewerbsverbot

> **Beispiel:**
>
> E ist seit einigen Jahren zusammen mit C und D Gesellschafter der CDE-OHG, die im Bereich des Lebensmittelgroßhandels tätig ist. Zusammen mit seinen Freunden F und G gründet E in der 30 Kilometer entfernten Kreisstadt die EFG-KG, die ebenfalls einen Lebensmittelgroßhandel unterhält. Bei dieser neuen Gesellschaft wird E Komplementär – also persönlich haftender Gesellschafter. C und D sind empört und halten das Vorgehen des E für unzulässig. Haben sie damit Recht?

Der § 112 HGB sieht für die Gesellschafter einer OHG neben den aus § 242 BGB hergeleiteten Treuepflichten explizit eine eng mit der Treuepflicht verbundene, wesentliche Pflicht der Gesellschafter vor – das so genannte „Wettbewerbsverbot". Entsprechend dieser, in § 112 HGB normierten Regelung, darf ein Gesellschafter einer OHG ohne Einwilligung der anderen Gesellschafter weder in dem Handelszweige der Gesellschaft Geschäfte machen, noch an einer anderen gleichartigen Handelsgesellschaft als persönlich haftender Gesellschafter beteiligt sein. Sofern ein Gesellschafter gegen dieses im Gesetz explizit genannte Verbot verstößt, kann die Gesellschaft nach § 113 HGB von ihm Schadensersatz verlangen. Dieses setzt natürlich voraus, dass die OHG in der Lage ist, einen entsprechenden Schaden zu beziffern und gegebenenfalls auch zu beweisen. Alternativ hierzu kann sie stattdessen aber auch von dem Gesellschafter verlangen, dass er die für eigene Rechnung gemachten Geschäfte als für Rechnung der Gesellschaft eingegangen gelten lasse und sich die aus Geschäften für fremde Rechnung bezogene Vergütung herausgeben lassen. Oder anders gesagt: Die Gesellschaft kann die wettbewerbswidrig abgeschlossenen Geschäfte an sich ziehen und das damit erlangte Geld für sich fordern bzw. die Geschäfte zu ihrem Vorteil selbst durchführen.

Für den oben genannten Beispielfall bedeutet dies, dass die OHG-Gesellschafter C und D dem E auf der Grundlage des in § 112 HGB normierten Wettbewerbsverbots verbieten können, als persönlich haftender Gesellschafter mit der neuen KG ihrer OHG Konkurrenz zu machen. Denn im vorliegenden Fall ist die neue KG in derselben Sparte wie die CDE-OHG tätig – nämlich im Lebensmittelgroßhandel. Wäre E im Rahmen der neuen Gesellschaft nicht persönlich haftender Gesellschafter (Komplementär) sondern nur Kommanditist, so stünde der § 112 HGB seinem Engagement im Rahmen der KG nicht entgegen. Der Gesetzestext des § 112 HGB lautet:

> *§ 112 HGB Gesetzliches Wettbewerbsverbot*
>
> *(1) Ein Gesellschafter darf ohne Einwilligung der anderen Gesellschafter weder in dem Handelszweige der Gesellschaft Geschäfte machen noch an einer anderen gleichartigen Handelsgesellschaft als persönlich haftender Gesellschafter teilnehmen.*
>
> *(2) Die Einwilligung zur Teilnahme an einer anderen Gesellschaft gilt als erteilt, wenn den übrigen Gesellschaftern bei Eingehung der Gesellschaft bekannt ist, dass der Gesellschafter an einer anderen Gesellschaft als persönlich haftender Gesellschafter teilnimmt, und gleichwohl die Aufgabe dieser Beteiligung nicht ausdrücklich bedungen wird.*

14.4.4   Actio pro socio

Beispiel:

Die Gesellschafter K, L und M haben gemeinsam die KLM-OHG gegründet. Allerdings hat der Gesellschafter M die Einlage, zu welcher er sich vertraglich verpflichtet hatte, bisher noch nicht erbracht. Der Mitgesellschafter L ist hiervon nicht begeistert und fragt sich, ob er den M auf Erbringung der Einlage an die OHG verklagen darf, oder ob dieses Recht nur der OHG zustehe.

Die „actio pro socio" ist nicht gesetzlich geregelt. Sie wurde vielmehr von der Rechtsprechung entwickelt, um auch dem einzelnen Gesellschafter im Rahmen von Gesellschaften die Möglichkeit zu geben, in eigenem Namen Ansprüche der Gesellschaft gegen andere Gesellschafter durchzusetzen. Zumindest für die Gesellschaftsformen OHG, KG und mit Einschränkungen auch bei der GmbH ist das Rechtskonstrukt der actio pro socio allgemein anerkannt. Die Einschränkung bei der GmbH besteht darin, dass hier erforderlich ist, dass die entsprechenden Organe die Ansprüche nicht ordnungsgemäß versuchen durchzusetzen. Der Begriff „actio pro socio" bezeichnet die so genannte Gesellschafterklage. Dieses Rechtskonstrukt gibt dem Gesellschafter die Möglichkeit ohne die Mitwirkung der übrigen Gesellschafter Ansprüche der Gesellschaft gegenüber einzelnen Gesellschaftern zu fordern und gegebenenfalls auch gerichtlich durchzusetzen. Diese Möglichkeit besteht selbst dann, wenn der Gesellschafter in der Gesellschaft nicht zur Geschäftsführung berufen und nicht zur sonstigen Vertretung der Gesellschaft befugt ist. Hierbei ist zu beachten, dass sich die actio pro socio lediglich auf Verpflichtungen der Gesellschafter bezieht, die das Innenverhältnis der Gesellschaft betreffen. Es handelt sich also um Verpflichtungen, die die Gesellschafter auf Grundlage des Gesellschaftsvertrages gegenüber der Gesellschaft eingegangen sind. Nicht hingegen von der actio pro socio erfasst sind also gewöhnlich Ansprüche, welche die Gesellschaft gegenüber dritten, gesellschaftsfremden Personen hat. Es ist auch nicht zulässig, die Möglichkeit der actio pro socio per Gesellschaftsvertrag aufzuweichen oder zu unterbinden.

Nach übereinstimmender Auffassung ist die actio pro socio als ein Fall der Prozessstandschaft zu qualifizieren. In Rechtsprechung und Literatur ist jedoch umstritten, ob diese Prozessstandschaft als eine gesetzliche Prozessstandschaft oder eine gewillkürte Prozessstandschaft einzuordnen ist. Darüber hinaus werden unterschiedliche Meinungen bezüglich der erforderlichen Voraussetzungen der actio pro socio vertreten. Nach einer Ansicht ist die actio pro socio nur dann anzuwenden, wenn zuvor die Vertretungsorgane der Gesellschaft zum Handeln aufgefordert worden sind und diese der Aufforderung nicht nachkamen. Vertreter dieser Ansicht sehen in der Subsidiarität der actio pro socio eine Möglichkeit, zu vermeiden, dass die eigentlichen Zuständigkeiten innerhalb der Gesellschaft umgangen werden.

Eine andere Ansicht sieht die actio pro socio als grundsätzlich immer anwendbar an; räumt dem in Anspruch genommenen Gesellschafter allerdings die Möglichkeit ein, sich unter Hinweis auf „Treu und Glauben" im Sinne des § 242 BGB zu berufen. Er kann sich mit dem

Einwand des rechtsmissbräuchlichen Verstoßes gegen die gesellschaftsrechtliche Treuepflicht gegen die Klage verteidigen. Der klagende Gesellschafter muss sich jedoch darüber im Klaren sein, dass er für die Kosten der Klage alleine aufkommen muss.

Für den oben genannten Beispielfall bedeutet das eben Erörterte, dass der Mitgesellschafter L auf der Grundlage des Rechtskonstrukts „actio pro socio" dazu berechtigt ist, unter eigenem Namen den M auf Erbringung der Einlage an die KLM-OHG zu verklagen. Denn es handelt sich hierbei um eine Forderung, welche die OHG gegen einen Gesellschafter aus einem im Gesellschaftsvertrag verwurzelten Schuldverhältnis hat. Das Recht, einen solchen Anspruch gegenüber einem Mitgesellschafter geltend zu machen hätte der L sogar, wenn er nach Gesellschaftsvertrag nicht zur Geschäftsführung und nicht zur Vertretung der Gesellschaft berechtigt wäre. Wichtig ist allerdings, dass L die Leistungserbringung nicht an sich selbst, sondern an die OHG fordert.

14.4.5   Haftung

> **Beispiel:**
>
> X ist Leiter einer Filiale der Müller & Schulze OHG. In seiner beruflichen Funktion verhandelt X häufig mit Geschäftspartnern und Kunden der Müller & Schulze OHG. Leider stellt sich heraus, dass er gelegentlich die Geschäftspartner und Kunden betrügt. Muss die OHG für etwaige Ansprüche der Betrogenen Personen haften?

Im Rahmen der Haftung sind zwei unterschiedliche Haftungsszenarien zu unterscheiden: Zum einen die Haftung der Gesellschafter für die Gesellschaft und zum anderen die Haftung der Gesellschaft für etwaige Schäden, welche auf Fehlverhalten ihrer Repräsentanten zurückzuführen sind.

Im Rahmen der OHG haften entsprechend § 128 HGB die Gesellschafter für Verbindlichkeiten der OHG sowohl persönlich und unbeschränkt als auch unmittelbar und solidarisch. Dementsprechend hat nach § 129 Abs. 4 HGB ein Gläubiger die Möglichkeit, ein Urteil gegen die Gesellschaft oder ein Urteil gegen die Gesellschafter zu erwirken. Wegen dieser unbeschränkten Haftung der Gesellschafter genießt die OHG, zumindest bei entsprechender Vermögenslage ihrer Gesellschafter, in der Praxis eine bessere Kreditwürdigkeit als andere Gesellschaftsformen.

Begeht ein Repräsentant einer OHG ein Fehlverhalten, so kann hierfür auch die Gesellschaft in Haftung genommen werden. Dieses wird auch als so genannte „Organhaftung" bezeichnet. Gesetzliche Grundlage für die Organhaftung ist eine analoge – also entsprechende – Anwendung des eigentlich für Vereine normierten § 31 BGB. Diese Vorschrift lautet:

> *§ 31 BGB Haftung des Vereins für Organe*
>
> *Der Verein ist für den Schaden verantwortlich, den der Vorstand, ein Mitglied des Vorstandes oder ein anderer verfassungsmäßig berufener Vertreter durch eine in Ausführung der ihm zustehenden Verrichtungen begangene, zum Schadensersatz verpflichtende Handlung einem Dritten zufügt.*

Obwohl diese Vorschrift explizit für Vereine in das Bürgerliche Gesetzbuch aufgenommen wurde, ist sie durch Literatur und ständige Rechtsprechung analog auch auf die GbR, OHG, KG, Partnerschaftsgesellschaft sowie auf die Kapitalgesellschaften anzuwenden.

Für den oben genannten Beispielfall bedeutet das eben ausgeführte, dass die Müller & Schulze OHG für etwaige Schadensersatzansprüche, welche die betrogenen Vertragspartner gegen X haben, haften muss. Grundlage für diese Haftung ist die Organhaftung nach § 31 BGB analog.

14.4.6   Gesellschafterwechsel

Vom Grundsatz her geht der Gesetzgeber von der Prämisse aus, dass die Gesellschaftsanteile gewöhnlich nicht auf Dritte übertragen werden können. Dies kann für die OHG aus den §§ 717, 719 Abs. 1 BGB in Verbindung mit § 105 Abs. 3 HGB hergeleitet werden. Aufgrund der Vertragsautonomie können diesbezüglich jedoch auch andere, von der Gesetzeslage abweichende Regelungen im Rahmen des OHG-Gesellschaftsvertrages getroffen werden. In der Praxis wird hiervon häufig Gebrauch gemacht, und es werden dementsprechend im Gesellschaftsvertrag individuelle Regelungen zum Eintritt oder zum Ausscheiden von Gesellschaftern vereinbart.

14.4.7   Auflösung

Die Möglichkeiten, nach denen eine OHG aufgelöst werden kann, werden in § 131 HGB abschließend aufgezählt.

Abbildung 14.6 Auflösungsgründe der OHG

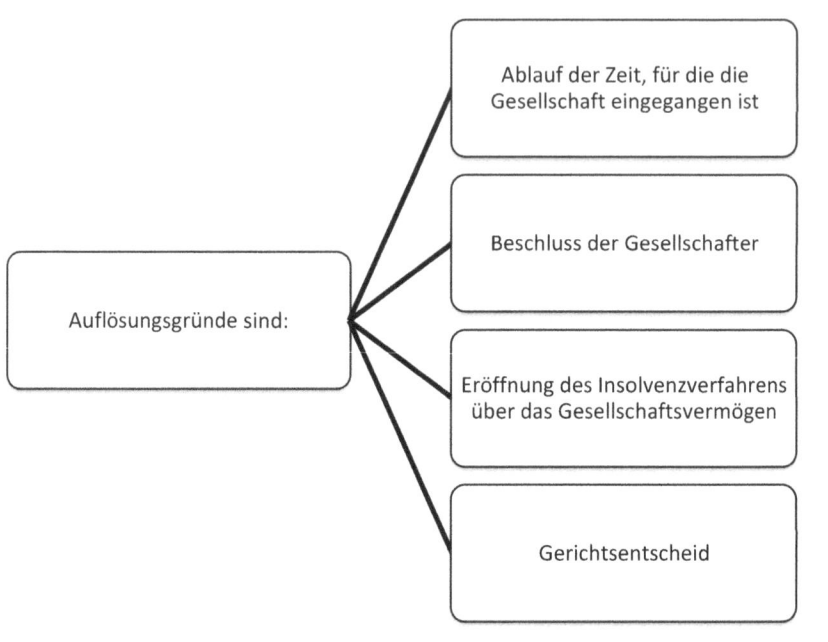

Gemäß § 143 HGB ist die Auflösung der Gesellschaft von allen Gesellschaftern zur Eintragung in das Handelsregister anzumelden. Lediglich im Falle der Insolvenz obliegt es dem Gericht, von Amts wegen die Auflösung einzutragen. Anders als bei einer GbR führt der Tod eines Gesellschafters nach § 131 Abs. 3 Satz 1 Nr. 1 HGB nicht zur Auflösung der Gesellschaft. Vielmehr ist die Rechtsfolge alleine das Ausscheiden des Gesellschafters aus der OHG. Möchte man hier eine andere Rechtsfolge erzielen, so müsste dieses im Gesellschaftsvertrag explizit vereinbart werden. In der Praxis werden häufig so genannte Nachfolgeklauseln vereinbart, die darauf abzielen, dass der Erbe des verstorbenen Gesellschafters als Nachfolger in die Stellung des Gesellschafters nachrückt.

14.5   Kommanditgesellschaft (KG)

Die Kommanditgesellschaft ist in den §§ 161 ff. HGB gesetzlich geregelt und in § 161 Abs. 1 HGB näher definiert. Hiernach handelt es sich bei der KG um eine Gesellschaft, deren Zweck auf den Betrieb eines Handelsgewerbes unter gemeinschaftlicher Firma gerichtet ist und bei der bei einem oder bei einigen Gesellschaftern die Haftung gegenüber den Gesellschaftsgläubigern auf den Betrag einer bestimmten Vermögenseinlage beschränkt ist. Sie eignet sich für alle Personen, die sich mit anderen zusammen kaufmännisch betätigen wollen, sofern sie die Haftung für einige Gesellschafter ausschließen wollen bzw. einige Gesellschafter von der Geschäftsführung ausschließen wollen. Im Rahmen einer Kommanditgesellschaft gibt es nämlich zwei Arten von Gesellschaftern: mindestens einen voll haftenden Gesellschafter, den so genannten Komplementär und mindestens einen Kommanditisten.

Abbildung 14.7 Gesellschafter einer KG

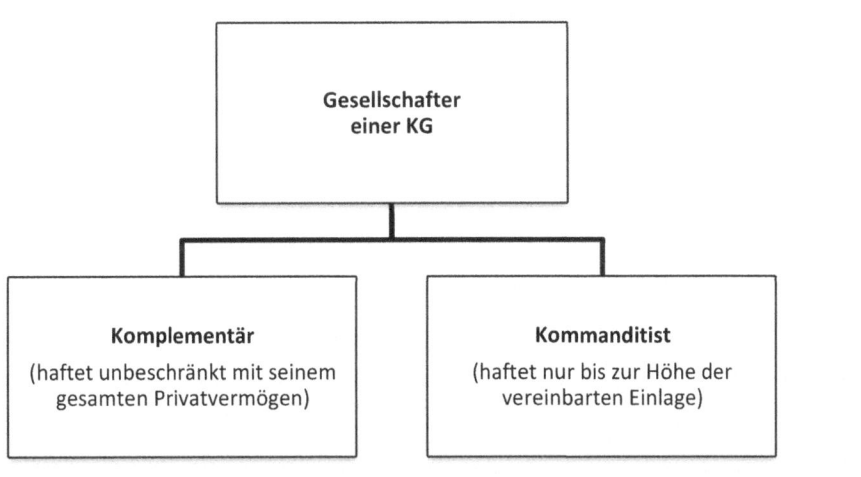

Nach § 172 Abs. 1 HGB haften die Kommanditisten im Rahmen einer Kommanditgesellschaft grundsätzlich nur bis zur Höhe ihrer vereinbarten Einlage. Oftmals wird die Haftung fälschlicherweise verkürzt mit den Worten wiedergegeben ein Kommanditist hafte nur mit seiner Einlage. Dieses ist streng betrachtet nicht richtig. Sofern die Einlage nämlich seitens des Kommanditisten noch nicht vollständig geleistet worden ist, so haftet er auch mit seinem vollständigen Privatvermögen bis zur Höhe der vereinbarten Einlage. Erst wenn die Einlage von ihm vollständig erbracht worden ist, so ist seine Haftung lediglich auf die Einlage selbst beschränkt. Die Einlage selbst stellt also eine Haftungssumme dar und muss auf einen bestimmten Geldbetrag lauten. Ihre Höhe ist auch im Handelsregister einzutragen. Zum besseren Gläubigerschutz sieht § 172 Abs. 3 HGB vor, dass eine Vereinbarung der Gesellschafter, durch welche einem Kommanditisten die Einlage erlassen oder gestundet wird, den Gläubigern gegenüber unwirksam ist.[100] In Absatz 4 dieser Vorschrift wird darüber hinaus klargestellt, dass soweit die Einlage eines Kommanditisten zurückbezahlt wird, sie den Gläubigern gegenüber als nicht geleistet gilt.

---

[100] Zur Auslegung der Annahme der Beitrittserklärung eines Kommanditisten vgl.: BGH, Urteil vom 01.03.2011, II ZR 16/10, DB 2011, S. 986 ff.

14.5.1   Gründung

Die KG wird ebenso wie die GbR oder die OHG mittels eines Gesellschaftsvertrages gegründet. Er kann sowohl von natürlichen als auch von juristischen Personen abgeschlossen
werden. Der Gesellschaftsvertrag unterliegt keiner gesetzlichen Formvorschrift. Ebenso wie
bei anderen Personengesellschaften muss der Gesellschaftsvertrag Angaben über den
Zweck der Gesellschaft, die Firma, den Sitz sowie das Geschäftsjahr und die jeweiligen
Beitragspflichten der Gesellschafter enthalten.

14.5.2   Geschäftsführung

Im Rahmen der Geschäftsführungsbefugnis ist bei der Kommanditgesellschaft zwischen
Komplementär und Kommanditist zu differenzieren. So sieht beispielsweise § 164 Satz 1, 1.
Halbsatz HGB vor, dass Kommanditisten grundsätzlich von der Geschäftsführung ausgeschlossen sind. Sie haben auch kein Widerspruchsrecht. Im Umkehrschluss ist der Formulierung, die den Kommanditisten von der Geschäftsführung ausschließt, zu entnehmen,
dass der Gesetzgeber den Komplementären die Geschäftsführung zugedacht hat.[101] Eine
derartige Verteilung ist auch logisch und nachvollziehbar; sind es doch die Komplementäre, die auch mit ihrem gesamten Privatvermögen für die Verbindlichkeiten der Gesellschaft
haften. Aufgrund der Vertragsautonomie kann das dispositive Recht des § 164 HGB jedoch
aufgrund einer vertraglichen Absprache verändert werden.

14.5.3   Vertretungsmacht

Ebenso findet die Differenzierung zwischen Kommanditisten und Komplementären auch
bei der Vertretungsmacht, also der Vertretung der Kommanditgesellschaft nach außen,
statt. So kann also ein Komplementär die Unternehmung nach außen vertreten, wohingegen nach § 170 HGB die Kommanditisten zwingend von der Vertretung der Gesellschaft
ausgeschlossen sind.

14.5.4   Steuer

Steuerlich bestehen keine Besonderheiten. Eine Besteuerung der KG ist vergleichbar mit der
im Rahmen einer OHG. Auch bei der Kommanditgesellschaft zahlen die Gesellschafter für
die auf sie entfallenden Gewinne Einkommensteuer. Dieses findet statt, selbst dann wenn
die Gewinne nicht ausgeschüttet werden.

---

[101]   Zur Unternehmereigenschaft des geschäftsführenden Komplementärs einer KG vgl.: BFH, Urteil
        vom 14.04.2010, XI R 14/09, DB 2010, S.2088; BMF-Schreiben vom 02.05.2011, IV D 2-S
        7104/11/10001 [2011/0329553], DB 2011, S. 1082; zum Klagegegner für die Feststellung einer Nich-
        tigkeit von Gesellschafterbeschlüssen einer KG vgl.: BGH, Urteil vom 01.03.2011, II ZR 83/09, DB
        2011, S. 984 ff.

14.5.5   Pflichten der Gesellschafter

Die Pflichten der Komplementäre entsprechen den Pflichten, welche den Gesellschaftern einer OHG obliegen. Für den Kommanditisten ist die Pflicht zur Zahlung des vertraglich festgelegten Beitrags wichtig. Ist der Beitrag geleistet, so kann von einer Erfüllung der Verpflichtung ausgegangen werden. Darüber hinaus besteht für Kommanditisten auch die „Treuepflicht". Wie weitreichend die dadurch begründeten Verpflichtungen reichen, ist davon abhängig, ob es sich um einen normalen, wie im Gesetz normierten Kommanditisten handelt, oder ob ihm durch den Gesellschaftsvertrag mehr Rechte als im Gesetz vorgesehen, wie beispielsweise das Recht zur Geschäftsführung, zugestanden wurden. Während beim normalen Kommanditisten keine überzogenen Anforderungen an seine Treuepflichten gestellt werden können, bestehen bei Kommanditisten, welche durch den Gesellschaftsvertrag mit mehr Rechten ausgestattet wurden, auch höhere Anforderungen an die Treuepflicht; so dass ein Kommanditist mit Geschäftsführungsbefugnis im Gegensatz zu einen gewöhnlichen Kommanditisten beispielsweise auch einem Wettbewerbsverbot unterliegt, wie es gewöhnlich nur die vollhaftenden Komplementäre oder die OHG-Gesellschafter tun.

14.5.6   Auflösung der Gesellschaft

Gesetzliche Vorschriften, welche die Auflösung einer Kommanditgesellschaft regeln, finden sich in § 131, in § 133 sowie in § 161 Abs. 2 HGB.[102]

14.6   GmbH & Co. KG

Die GmbH & Co. KG gehört zu den Personengesellschaften, da es sich hierbei um eine Kommanditgesellschaft handelt, bei welcher der Komplementär (also der persönlich haftende Gesellschafter) ausnahmsweise eine juristische Person – nämlich eine GmbH – ist. Dementsprechend sind auf die GmbH & Co. KG auch die Regelungen der §§ 161 ff. HGB anzuwenden. Die Unternehmensform der GmbH & Co. KG ist in Rechtsprechung und Literatur als zulässige Gestaltungsmöglichkeit respektiert. In der Praxis werden bereits im Rahmen der Gründung einer derartigen Gesellschaftsform die beiden Gesellschaftsverträge aufeinander abgestimmt. Die Rechtsform der GmbH & Co. KG ist sowohl für klassische Handelsgewerbe als auch für Kleingewerbetreibende oder auch Gesellschaften, die nur vermögensverwaltend tätig sind, möglich.

Bei der Ausgestaltung einer GmbH & Co. KG sind unterschiedliche Ausgestaltungsvarianten möglich. In der Praxis finden sich vor allem folgende drei Ausprägungen:

---

[102] Zum Ausschluss eines Mitgesellschafters vgl. vertiefend: BGH, Urteil vom 21.06. 2011, II ZR 262/09, NJW 2011, S. 2648; Schmidt, Gesellschaftsrecht: Ausschließung eines Mitgesellschafters, JuS 2012, S. 256 ff.

Abbildung 14.8   Ausprägungen der GmbH & Co. KG

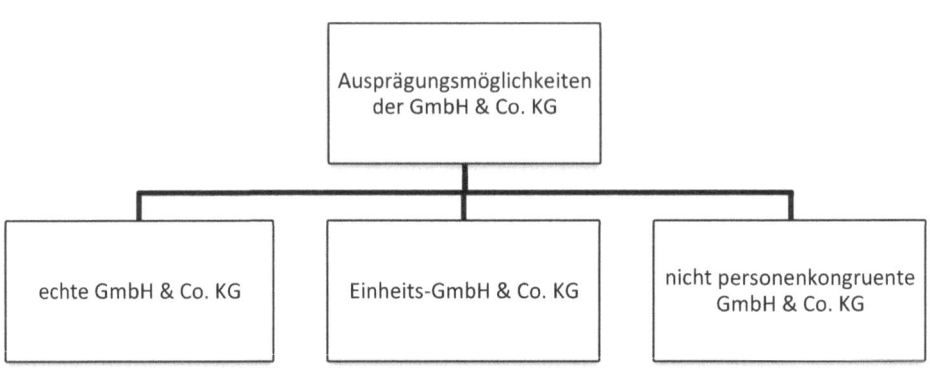

Unter der so genannten **„echten GmbH & Co. KG"** ist der typische Fall einer GmbH & Co. KG zu verstehen, bei welchem die Gesellschafter der Kommanditgesellschaft zugleich mit identischer Beteiligungsquote auch die Gesellschafter der GmbH sind. Eine Ausgestaltung also, bei der sowohl eine Personenidentität als auch eine Beteiligungsidentität im Rahmen der Kommanditgesellschaft und der GmbH vorliegt. Rechtsfolge einer solchen Ausgestaltung ist es, dass die GmbH zwingend mit einem Prozentsatz von 0% an der Kommanditgesellschaft beteiligt wird. Da es sich bei der echten GmbH & Co KG um die typische Ausprägung handelt, wird sie in der Literatur bisweilen synonym auch als „typische GmbH & Co. KG bezeichnet. Ein vollständig anderes Ausgestaltungsmodell bietet die so genannte **„Einheits-GmbH & Co. KG"**. Bei dieser Ausprägungsform stellt die Einlage, welche die Kommanditisten der KG zu erbringen haben, eine Einlage der von ihnen als Gesellschafter gehaltenen Geschäftsanteile an der GmbH dar. Das heißt, dass bei dieser Gestaltungsvariante die KG die alleinige Gesellschafterin der GmbH ist. Unternehmensgründer, die sich für dieses Ausgestaltungsmodell entscheiden, müssen jedoch unbedingt eine handelsrechtliche Besonderheit berücksichtigen: Obwohl die Kommanditisten ihre Einlage in Form ihrer Gesellschaftsanteile an der GmbH erbracht haben, sind sie dennoch verpflichtet, aus ihrem Privatvermögen bis zur Höhe der vertraglich vereinbarten Haftungssumme zu haften.[103] Denn aufgrund der Vorschrift des § 172 Abs. 6 Satz 1 HGB findet eine Anrechnung der eingebrachten GmbH-Gesellschaftsanteile nicht statt. Denn der § 172 Abs. 6 Satz 1 HGB schreibt explizit vor, dass gegenüber den Gläubigern einer Gesellschaft, bei der kein persönlich haftender Gesellschafter eine natürliche Person ist, die Einlage eines Kommanditisten als nicht geleistet gilt, soweit sie in Anteilen an den persönlich haftenden Gesellschafter bewirkt ist. Eine dritte Ausprägung der GmbH & Co. KG stellt die **„nicht personenkongruente GmbH & Co. KG"** dar. Bei dieser Gestaltungsvariante weichen entweder die Beteiligungsquoten in KG und GmbH voneinander ab oder die Gesellschafter, die an GmbH und KG beteiligt sind, sind nicht identisch. In der Literatur wird diese Ausprägung syno-

---

[103]   Zur Mithaftungsübernahme eines Kommanditisten für Darlehensverbindlichkeiten einer GmbH & Co. KG vgl.: BGH, Urteil vom 25.10.2011, XI ZR 331/10, DB 2011, S. 2902 ff.

nym auch als „nicht personengleiche GmbH & Co. KG" oder bisweilen auch als „atypische" bzw. „unechte GmbH & Co. KG" bezeichnet.

Da die GmbH & Co. KG eine besondere Form einer KG darstellt, bei welcher der Komplementär eine GmbH ist, wird auch sie vom Geschäftsführer der GmbH vertreten. Denn im Rahmen einer KG hat der Komplementär auch die Vertretungsmacht inne. Da hier der Komplementär nur eine juristische Person, nämlich eine GmbH ist, und eine GmbH nur handlungsfähig über ihren Geschäftsführer sein kann, ist es also der GmbH-Geschäftsführer, der auch die GmbH & Co. KG vertritt.

Waren es früher eher steuerliche Motive, die Unternehmer antrieben, diese Gestaltungsvariante zu wählen, so sind es heute eher andere Motive. Hierzu zählen beispielsweise:

Abbildung 14.9   Gründungsmotive einer GmbH & Co. KG

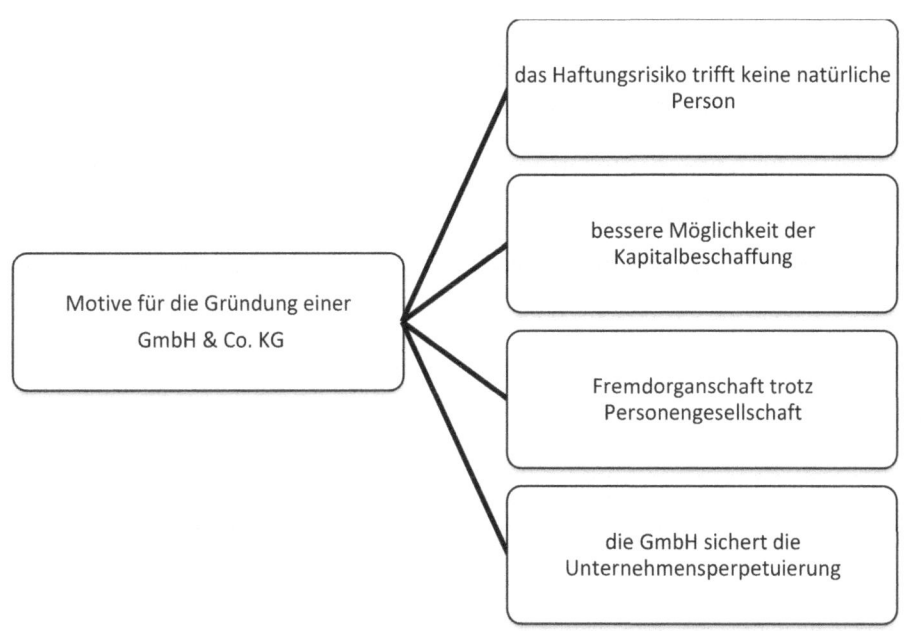

Durch die Kombination der zwei Gesellschaftsformen kann man die Vorteile einer Kapitalgesellschaft mit den Vorteilen einer Personengesellschaft kombinieren. Ein möglicher Vorteil der GmbH & Co. KG ist, dass der mit dem Privatvermögen haftende Komplementär eine juristische Person, nämlich die GmbH ist. Durch diese Konstruktion erreicht man quasi eine Haftungsreduzierung einer Personengesellschaft. Denn keine natürliche Person trägt hierbei gewöhnlich ein Haftungsrisiko, welches über die vereinbarte Einlage hinausgeht.

Für die Gesellschaft bestehen bessere Möglichkeiten der Kapitalbeschaffung. Zum einen werden Personengesellschaften wie die KG bei Banken als kreditwürdiger eingeschätzt als beispielsweise eine GmbH; zum anderen besteht im Rahmen der KG auch die Möglichkeit den Kapitalbedarf dadurch zu befriedigen, weitere Gesellschafter als Kommanditisten aufzunehmen.

Personengesellschaften sind gewöhnlich vom Grundsatz der Selbstorganschaft geprägt. Dementsprechend obliegt die Stellvertretung in einer gewöhnlichen KG dem Komplementär bzw. den Komplementären. Dadurch, dass im Rahmen einer GmbH & Co. KG eine Kapitalgesellschaft, nämlich die GmbH, Komplementär ist, könnte nunmehr auch ein Fremder – also ein Nichtgesellschafter – die Stellvertretung der KG übernehmen. Denn wie bereits oben gesagt, wird die GmbH & Co. KG durch den Geschäftsführer der GmbH vertreten. Da die GmbH eine Kapitalgesellschaft ist, gilt für sie der Grundsatz der Fremdorganschaft. Dieses führt dazu, dass die Fremdorganschaft nun auch auf die KG durchschlägt.

Ein weiteres Motiv kann die Absicherung der Unternehmensperpetuierung sein. Der Begriff der „Unternehmensperpetuierung" meint „Unternehmensfortführung". Ähnlich wie es heute noch bei der GbR der Fall ist, ging man früher davon aus, dass eine Personengesellschaft sich bei dem Tod eines der Gesellschafter auflöst. Zwar gilt dies seit langer Zeit im Handelsrecht nicht mehr, doch können auch heute beim Tod eines Unternehmensinhabers noch erhebliche Probleme entstehen. Hier kann die GmbH insofern eine Absicherung bedeuten, weil sie als juristische Person eine eigene Rechtspersönlichkeit darstellt und vom Wechsel ihrer Gesellschafter unabhängig ist. Da eine GmbH im engeren Sinne nicht stirbt, bietet sie insofern – mit Ausnahme des Falls ihrer Insolvenz – in der Praxis eine Absicherung der Unternehmensfortführung.

14.7   Stille Gesellschaft

Bei der stillen Gesellschaft entsteht im Gegensatz zur KG oder zur OHG kein gemeinsames Gesellschaftsvermögen. Denn die stille Gesellschaft ist keine klassische Gesellschaftsform zum Betreiben von Handelsgeschäften. Vielmehr kann sie als interne Absprache zwischen einem Unternehmer und einem Geldgeber aufgefasst werden. Aus diesem Grunde wird sie bisweilen auch als reine „Innengesellschaft" bezeichnet. Diese ist nicht rechtsfähig und ist dementsprechend mangels Außenwirkung auch nicht in das Handelsregister einzutragen. Die stille Gesellschaft ist gesetzlich in den §§ 230 ff. HGB geregelt. Der § 230 HGB lautet:

> *§ 230 HGB Begriff und Wesen: Rechtsstellung des stillen Gesellschafters*
>
> *(1) Wer sich als stiller Gesellschafter an dem Handelsgewerbe, das ein anderer betreibt, mit einer Einlage beteiligt, hat die Einlage so zu leisten, dass sie in das Vermögen des Inhabers des Handelsgeschäfts übergeht.*
>
> *(2) Der Inhaber wird aus den im Betriebe geschlossenen Geschäften alleine berechtigt und verpflichtet.*

Im Rahmen der stillen Gesellschaft beteiligt sich der stille Gesellschafter an einem Unternehmen in der Weise, dass er dem Unternehmer eine Einlage zur Verfügung stellt, welche in das Eigentum des Unternehmers übergeht. Im Gegenzug lässt sich der Geldgeber vertraglich eine Beteiligung am Gewinn einräumen. Zwar sieht das Gesetz mit § 231 Abs. 1 HGB grundsätzlich eine Beteiligung des stillen Gesellschafters am Gewinn und am Verlust vor, doch wird in der Praxis die Beteiligung am Verlust entsprechend den Regelungen des § 231 Abs. 2 HGB vertraglich ausgeschlossen. Der § 231 HGB lautet:

> *§ 231 HGB Anteil des stillen Gesellschafters am Gewinn und Verlust*
>
> *(1) Ist der Anteil des stillen Gesellschafters am Gewinn und Verluste nicht bestimmt, so gilt ein den Umständen nach angemessene Anteil als bedungen.*
>
> *(2) Im Gesellschaftsvertrage kann bestimmt werden, dass der stille Gesellschafter nicht am Verlust beteiligt sein soll; seine Beteiligung am Gewinne kann nicht ausgeschlossen werden.*

Der Gesellschaftsvertrag zwischen dem stillen Gesellschafter und dem Unternehmer unterliegt keiner Formvorschrift. Er kann also sowohl mündlich, schriftlich als auch konkludent zu Stande kommen. In der Praxis empfiehlt es sich allerdings, derartige Verträge aus Beweisgründen immer schriftlich abzufassen. Die stille Gesellschaft entsteht durch den Abschluss des Vertrages. Der stille Gesellschafter tritt nach außen nicht in Erscheinung. Aus Sicht der Kunden oder sonstigen Vertragspartner des Unternehmers ändert sich also durch die stille Gesellschaft nichts. Etwaige Vertragspartner schließen ihre Geschäfte weiterhin nur mit dem Unternehmer, ohne dass ihnen der stille Gesellschafter als weiterer Gesellschafter bekannt gegeben wird. Die stille Gesellschaft ist also eine reine Innengesellschaft. Da die stille Gesellschaft nicht nach außen auftritt, ist sie auch nicht ins Handelsregister einzutragen. Ihr wird auch kein Rechtsformzusatz angefügt. Die stille Gesellschaft wird auch nicht mit einem besonderen Namen bzw. nicht mit einer Firma versehen.

Im Rahmen der stillen Gesellschaft ist zwischen dem „typisch stillen Gesellschafter" und dem „atypisch stillen Gesellschafter" zu differenzieren.

Abbildung 14.10 Stille Gesellschaft

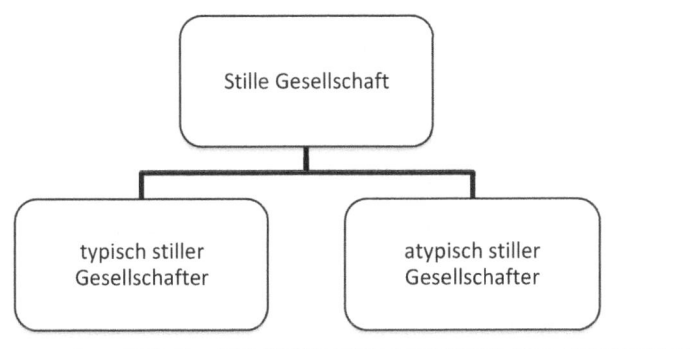

Der „**typisch stille Gesellschafter**" verhält sich so, wie es die §§ 230 ff. HGB vorsehen. Er gibt Geld in ein Unternehmen und wird im Gegenzug dafür am Gewinn beteiligt. Ein Mitspracherecht des typisch stillen Gesellschafters ist nicht vorgesehen. Seine Rechte beschränken sich gewöhnlich auf schlichte Kontrollrechte. So kann er nach § 233 Abs. 1 HGB eine Abschrift des Jahresabschlusses verlangen. Die Zahlungen, welche ein Unternehmer an den typisch stillen Gesellschafter leistet, werden steuerlich für den Zahlenden als Betriebsausgaben angesehen. Für den typisch stillen Gesellschafter sind dies Einkünfte aus Kapitalvermögen. Der „**atypisch stille Gesellschafter**" hingegen ist nicht explizit im HGB geregelt.[104] Er unterscheidet sich vom typisch stillen Gesellschafter dadurch, dass er nicht nur am Gewinn bzw. am Gewinn und Verlust des Unternehmens beteiligt ist, sondern dass der atypisch stille Gesellschafter darüber hinaus auch am Unternehmenswert und den darin enthaltenen stillen Reserven beteiligt ist. Darüber hinaus werden dem atypisch stillen Gesellschafter aufgrund der Vertragsautonomie neben den eben genannten Kontrollrechten gewöhnlich auch weitergehende Kontrolle und sogar Mitwirkungs- bzw. Mitspracherechte eingeräumt. Aus diesem Grunde werden die Einkünfte eines atypisch stillen Gesellschafters steuerrechtlich nicht als Einkünfte aus Kapitalvermögen, sondern als Einkünfte aus Mitunternehmerschaft angesehen.

Abbildung 14.11 Typisch und atypisch stiller Gesellschafter

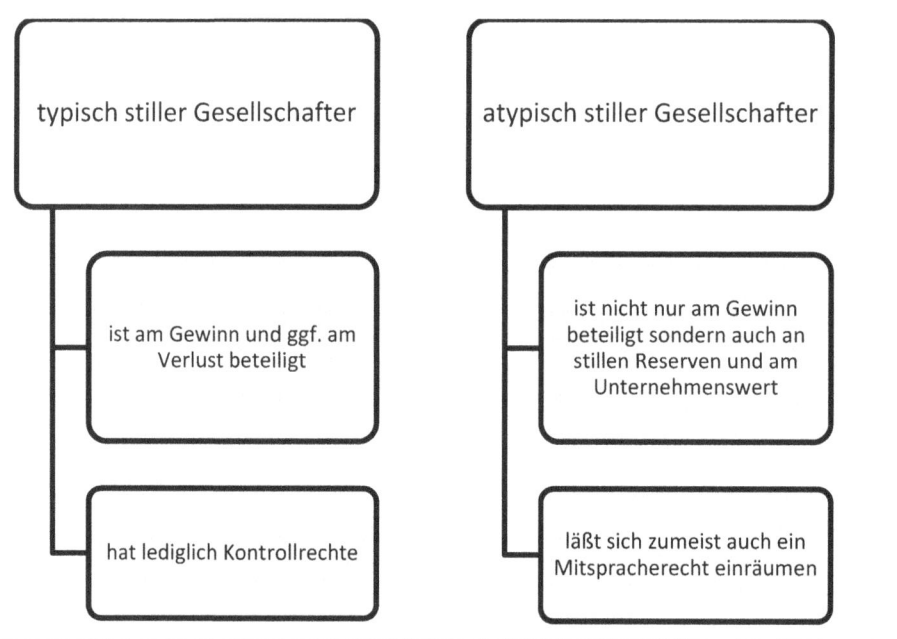

---

[104] Vgl. zum atypisch stillen Gesellschafter in der Insolvenz: Schmidt, Gesellschaftsrecht und Insolvenzrecht: Atypisch stiller Gesellschafter als nachrangiger Insolvenzgläubiger, JuS 2012, S. 1131 ff.; BGH, Urteil vom 28.06.2012, IX ZR 191/11, NJW 2012, S. 3443.

Unabhängig davon, ob es sich um eine typisch oder atypisch stille Gesellschaft handelt, gibt es drei wesentliche Punkte, die zur Auflösung einer stillen Gesellschaft führen. Diese Auflösungsgründe sind:

Abbildung 14.12 Auflösungsgründe der stillen Gesellschaft

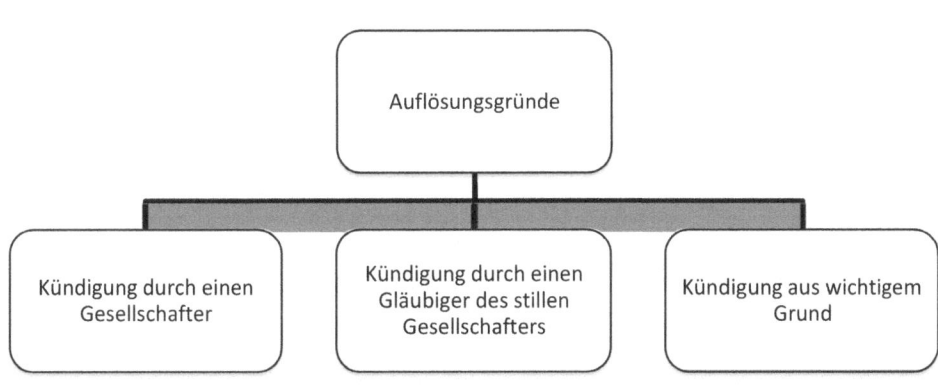

Diese Kündigungsmöglichkeiten sind explizit in § 234 HGB aufgeführt. Darüber hinaus kann auch die Insolvenz des Inhabers des Handelsgewerbes bzw. die Insolvenz des stillen Gesellschafters zur Auflösung der Innengesellschaft führen. Hingegen führt der Tod des stillen Gesellschafters nach § 234 Abs. 2 HGB ausdrücklich nicht zur Auflösung der stillen Gesellschaft. Denn in einem derartigen Falle wird die Gesellschaft mit den Erben des stillen Gesellschafters fortgesetzt.

15   Kapitalgesellschaften bzw. juristische Personen

Kapitalgesellschaften erfreuen sich in der Bundesrepublik Deutschland großer Beliebtheit. Sie sind insbesondere dadurch gekennzeichnet, dass sie eine eigene Rechtspersönlichkeit besitzen, Fremdorganschaft zulassen, ihre Gesellschafter vor persönlicher Haftung schützen und, dass sie vorwiegend durch feststehendes, nicht dispositives Recht geregelt sind.

Anders als die Personenhandelsgesellschaften, welche im HGB geregelt sind, werden die Kapitalgesellschaften jeweils in eigenständigen Gesetzen normiert. Unter Kapitalgesellschaften sind beispielsweise die Gesellschaft mit beschränkter Haftung (GmbH), die Unternehmergesellschaft (haftungsbeschränkt), die Aktiengesellschaft (AG), die Kommanditgesellschaft auf Aktien (KGaA) und die der GmbH entsprechende, in Deutschland zulässige englische Limited (Ltd.) zu verstehen.

Anders als bei den Personengesellschaften, die dem Grundsatz der Selbstorganschaft unterliegen, ist es erforderlich, dass Körperschaften – wie die genannten Kapitalgesellschaften – ihre Organe erst noch zugeführt bekommen. Insofern spricht man also vom „Grundsatz der Fremdorganschaft", welcher synonym oftmals auch als „Grundsatz der Drittorganschaft" bezeichnet wird.

15.1   Verein

Ebenso, wie die Gesellschaft bürgerlichen Rechts als Grundtypus aller Personengesellschaften anzusehen ist, kann der rechtsfähige Verein als Grundtypus der Kapitalgesellschaften verstanden werden. Rechtsfähige Vereine sind in der Praxis oftmals im Bereich des Sports, bei Kulturausübung, zur Pflege des Brauchtums oder im Rahmen caritativer Aufgaben zu finden.

Ein Verein, der ideelle Zwecke verfolgt, also beispielsweise ein künstlerischer, wissenschaftlicher oder gemeinnütziger Verein, erlangt seine Rechtsfähigkeit dadurch, dass er im Sinne des § 55 BGB in das Vereinsregister eingetragen wird. Hierdurch wird er eine juristische Person. Anders verhält es sich bei Vereinen, die wirtschaftliche Zwecke verfolgen. Hierzu gehören in der Praxis zum Beispiel kleine Schauspielhäuser oder Taxi-Unternehmungen. Sie erhalten ihre Rechtsfähigkeit nach § 22 BGB durch staatliche Verleihung. Gemäß § 22 Satz 2 BGB steht das Recht zur Verleihung dem Bundesland zu, in dessen Gebiete der Verein seinen Sitz hat. Vereine mit dem Zweck eines wirtschaftlichen Geschäftsbetriebes finden sich in der Praxis viel seltener als ideelle Vereine; denn Vereine mit wirtschaftlichem Zweck erlangen ihre Rechtsfähigkeit nur durch staatliche Verleihung im

Sinne des § 22 BGB, und der Staat geht mit der Verleihung eher restriktiv um.[105] Entspre-chend § 65 BGB erhält der Vereinsname ab der Eintragung in das Vereinsregister den Zu-satz „eingetragener Verein" beziehungsweise „e.V." In der Bundesrepublik Deutschland befindet sich das Vereinsregister beim zuständigen Amtsgericht. Die Eintragung in das Vereinsregister hat für den Verein konstitutive Wirkung[106]; d.h. sie begründet seine Rechts-fähigkeit. Voraussetzung für die Eintragung in das Vereinsregister ist, dass der Verein die in den § 56 ff. BGB genannten formellen Vorgaben erfüllt. Dieses sind folgende Punkte. Nämlich, dass er:

- gemäß § 56 BGB mindestens sieben Mitglieder hat;

- eine Satzung hat, welche Zweck, Namen und Sitz der Gesellschaft nennt (§ 57 Abs. 1 BGB);

- der Name soll sich von Namen der in der Region bestehenden eingetragenen Vereine unterscheiden (§ 57 Abs. 2 BGB);

- die Vereinssatzung soll nach § 58 BGB Bestimmungen über den Eintritt und den Aus-tritt der Mitglieder, die zu leistenden Mitgliedsbeiträge, die Bildung des Vorstandes sowie über die Voraussetzungen, unter denen die Mitgliederversammlung zu berufen ist, über die Form der Berufung und über die Beurkundung der Beschlüsse enthalten;

- entsprechend den Regelungen des § 59 BGB hat der Vorstand den Verein zur Eintra-gung anzumelden. Hierbei sind der Anmeldung auch Abschriften der Satzung und der Urkunden über die Bestellung des Vorstands beizufügen. Darüber hinaus soll die Sat-zung von mindestens sieben Mitgliedern unterzeichnet sein und die Angabe des Tages der Errichtung enthalten.

15.1.1   Gründung

Gewöhnlich kann die Gründung eines Vereins in mehrere Stadien – Abschnitte – eingeteilt werden. Die Schritte, welche in der Regel bei der Gründung durchlaufen werden, sind:

---

[105] Vgl. hierzu auch: Prütting / Wegen / Weinreich, BGB-Kommentar, 6. Auflage, Köln 2011, § 22 Rn. 1 f.
[106] Vgl. Palandt, Bürgerliches Gesetzbuch, 71. Auflage, München 2012, Vorb. vor § 55 Rn. 1.

Abbildung 15.1 Stadien/Abschnitte der Vereinsgründung

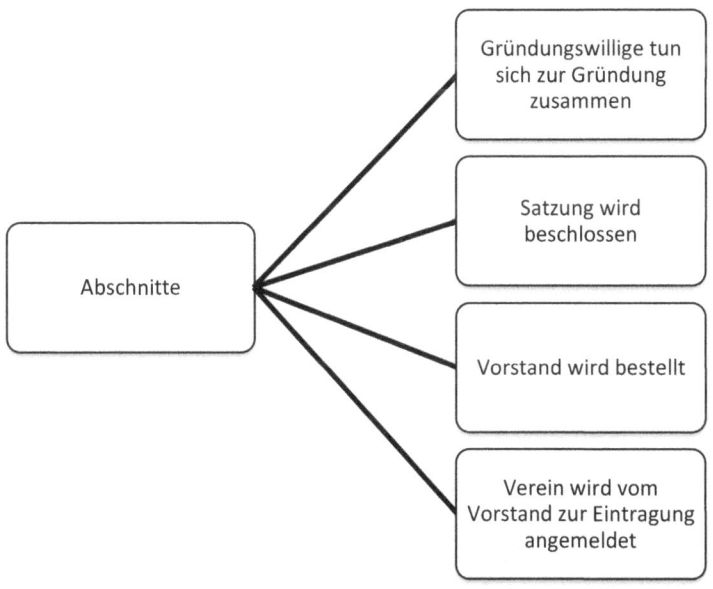

In dem Zeitraum von der in der Gründungsversammlung erfolgten Einigung der gründungswilligen Personen über die Vereinssatzung bis hin zu dem Zeitpunkt, in dem der Verein im Vereinsregister eingetragen wird, wird der Verein als so genannter „Vorverein" bezeichnet. Ein Vorverein wird juristisch als nichtrechtsfähiger Verein angesehen. Sofern bereits Rechtshandlungen vor der Eintragung in das Register vorgenommen worden sind, stellt sich die Frage, ob der später entstehende rechtsfähige Verein dadurch gebunden wird beziehungsweise wer für die Rechtshandlungen haftet. Solange der Vorverein noch besteht, haftet nach § 54 Satz 2 BGB derjenige, der für den Verein gehandelt hat dritten Personen gegenüber persönlich. Haben mehrere gehandelt, so haften sie als Gesamtschuldner. Nach der Eintragung in das Vereinsregister hingegen ist der rechtsfähige Verein entstanden. Ab diesem Zeitpunkt haftet nicht mehr der Handelnde sondern im Zeitpunkt der Eintragung gehen die bestehenden Verbindlichkeiten auf den eingetragenen Verein über. Aus dieser haftungsreduzierenden Abschirmwirkung des eingetragenen Vereins wird bereits deutlich, weshalb der Verein als Grundform der Kapitalgesellschaften angesehen wird.

15.1.2 Satzung

So wie bei Personengesellschaften im Rahmen ihrer Gründung ein Gesellschaftsvertrag abgeschlossen wird, so stellt die Satzung eines Vereins seine Grundordnung dar. Entsprechend der Regelung des § 57 BGB muss die Satzung in Ur- und in Abschrift in deutscher Sprache beim Amtsgericht eingereicht werden. Zwar ist eine Schriftform im Sinne des § 126

BGB nicht erforderlich; doch muss die Satzung den Anforderungen des § 126b – also der Textform – entsprechen.[107] In diesem Statut, der Vereinssatzung, müssen nach § 57 Abs. 1 BGB zwingend folgende Punkte enthalten sein:

Abbildung 15.2   Inhalte der Vereinssatzung

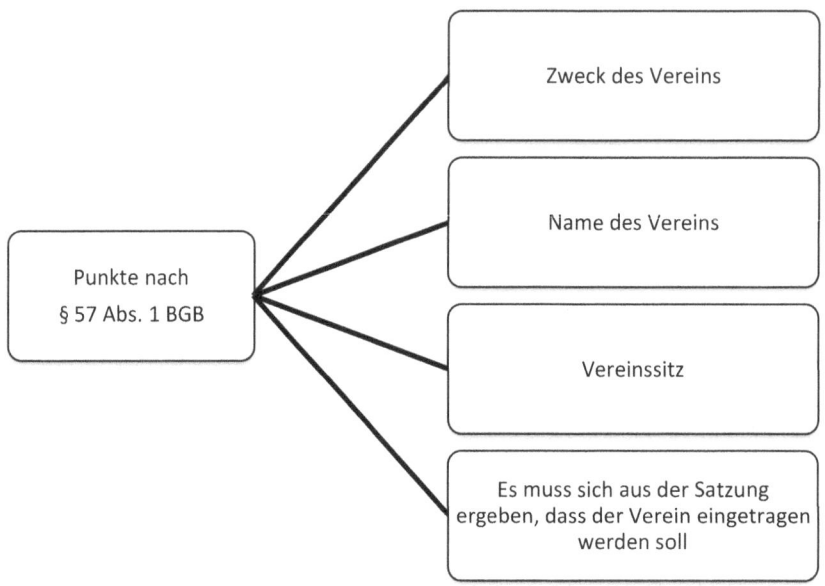

Darüber hinaus sollten in der Praxis gewöhnlich entsprechend § 58 BGB noch folgende Punkte in der Vereinssatzung geregelt sein:

- Regelung zum Eintritt und Austritt der Mitglieder,

- die zu leistenden Mitgliedsbeiträge,

- die Zusammensetzung des Vorstandes,

- die Voraussetzungen für die Einberufung der Mitgliederversammlung,

- die Form der Einberufung zur Mitgliederversammlung,

- Regelungen zur Beurkundung der Beschlüsse.

Auch wenn es kein gesetzlich vorgeschriebenes Formerfordernis für die Vereinssatzung gibt, so ist es in der Praxis dennoch erforderlich, dass die Vereinssatzung schriftlich abgefasst werden muss. Denn der § 59 Abs. 2 BGB sieht explizit vor, dass der Anmeldung zum

---

[107] Vgl. Palandt, Bürgerliches Gesetzbuch, 71. Auflage, München 2012, § 57 Rn. 1.

Vereinsregister zwingend Abschriften der Satzung und Abschriften der Urkunden über die Bestellung des Vorstands beizufügen sind. Nach § 59 Abs. 3 BGB soll die Satzung von mindestens sieben Mitgliedern unterzeichnet sein und die Angabe des Tages der Errichtung enthalten.

15.1.3 Vereinsordnung

Es gibt auch eine große Anzahl von Vereinen, die neben ihrer Satzung noch andere Normen-Sammlungen nutzen, um die Vereinsbelange näher auszugestalten. Diese zusätzliche Normierungsmöglichkeit ist gewöhnlich die sogenannte „Vereinsordnung". Zwar müssen die so genannten Grundentscheidungen eines Vereins nach gängiger Rechtsprechung zwingend in die Vereinssatzung aufgenommen werden; doch bietet es sich in der Praxis an, darüber Hinausgehendes in einer „Vereinsordnung" zu regeln, da diese sehr viel problemloser zu ändern ist, als eine Vereinssatzung.[108]

Nach § 24 BGB ist es notwendig, dass jeder Verein Organe hat, durch die er handeln kann. Denn da es sich bei dem Verein um eine juristische Person, also um ein eigenständiges Rechtssubjekt handelt, ist er nur handlungsfähig über Organe. Die vom Gesetzgeber vorgeschriebenen Organe des Vereins sind zum einen der Vorstand, zum anderen die Mitgliederversammlung.

15.1.4 Vorstand

Zwar gibt das Gesetz explizit keine Auskunft darüber, wer im Rahmen des Vereins die Geschäftsführung inne hat; doch wird dem Vorstand ausdrücklich das Recht der Stellvertretung zugesprochen. Der Vorstand stellt das vertretungsberechtigte Organ des Vereins dar. Sofern der Vorstand aus mehreren Personen besteht, findet eine Vertretung des Vereins als so genannte Mehrheitsvertretung durch die Mehrheit der Vorstandsmitglieder statt.[109] Zu den Aufgaben des Vereinsvorstands gehört es nach § 26 BGB, den Verein gerichtlich und außergerichtlich nach außen zu vertreten. Insofern kommt ihm also die Aufgabe eines gesetzlichen Vertreters zu.[110] Wie in § 26 Abs. 1 Satz 3 BGB explizit aufgezeigt wird, ist es dem Verein möglich, die Vertretungsbefugnis des Vorstands außen stehenden Dritten gegenüber in ihrem Umfang zu beschränken.[111] Dieses muss dann aber entsprechend in der Vereinssatzung festgeschrieben sein. Entsprechend § 27 Abs. 1 BGB werden die Mitglieder des Vorstands gewöhnlich durch Beschluss der Mitgliederversammlung bestellt. Grundlage für das Handeln des Vereinsvorstandes kann entweder ein entgeltlicher Dienstvertrag sein, welcher zwischen dem Vorstandsmitglied und dem Verein besteht; oder – was in der Rechtspraxis kleiner Vereine häufiger vorkommt – der Vorstand arbeitet

---

[108] Vgl. BGH, NJW 1995, S. 583, (S. 585).
[109] Vgl. Prütting / Wegen / Weinreich, BGB-Kommentar, 6. Auflage, Köln 2011, § 26 Rn. 5.
[110] Vgl. Prütting / Wegen / Weinreich, BGB-Kommentar, 6. Auflage, Köln 2011, § 26 Rn. 1; Palandt, Bürgerliches Gesetzbuch, 71. Auflage, München 2012, § 26 Rn. 2.
[111] Vgl. Palandt, Bürgerliches Gesetzbuch, 71. Auflage, München 2012, § 56 Rn. 6.

unentgeltlich auf der Grundlage eines Auftragsverhältnisses im Sinne der §§ 664 ff. BGB in Verbindung mit § 27 Abs. 3 BGB.

15.1.5   Mitgliederversammlung

Das zweite gesetzlich vorgeschriebene Organ eines Vereins ist die Mitgliederversammlung im Sinne des § 32 BGB. Einzelne Mitglieder hingegen gelten nicht als Organ. Durch seine Beschlüsse trifft die Mitgliederversammlung die Entscheidung über Vereinsangelegenheiten. Für die Beschlussfähigkeit der Mitgliederversammlung genügt im Extremfall, sofern die Satzung diesbezüglich keine andere Regelung trifft, die Anwesenheit eines einzigen Mitgliedes.[112] Zu den Aufgaben der Mitgliederversammlung gehören nach § 32 Abs. 1 BGB diejenigen Angelegenheiten, die nicht vom Vorstand oder einem anderen Vereinsorgan durchzuführen sind. Derartige Angelegenheiten sind beispielsweise: Änderung der Satzung, Wahl des Vorstands oder Auflösung des Vereins. Die Mitgliederversammlung entscheidet nach § 32 Abs. 1 Satz 3 BGB mittels Beschluss mit der Mehrheit der abgegebenen Stimmen. Der Grundsatz, nach welchem eine einfache Stimmenmehrheit genügt, wird durch § 33 Abs. 1 Satz 1 BGB durchbrochen. Hiernach ist für eine Änderung der Vereinssatzung sogar eine Mehrheit von drei Vierteln der abgegebenen Stimmen erforderlich.[113] Und für die Änderung des Vereinszwecks ist nach § 33 Abs. 1 Satz 3 BGB sogar die Zustimmung aller Mitglieder notwendig. Nach § 32 Abs. 2 BGB ist ein Beschluss auch ohne Versammlung der Mitglieder gültig, wenn alle Mitglieder ihre Zustimmung zu dem Beschluss schriftlich erklärt haben. Gemäß § 34 BGB fehlt es einem Mitglied dann an der Berechtigung zur Abstimmung, wenn die Beschlussfassung die Vornahme eines Rechtsgeschäfts mit ihm oder die Einleitung beziehungsweise die Erledigung eines Rechtsstreits zwischen ihm und dem Verein betrifft.

15.1.6   Haftung

Im Rahmen der Haftung ist zwischen der Haftung des Vereins und der Haftung der Mitglieder zu differenzieren.[114] Das Vermögen des Vereins stellt rechtlich betrachtet ein Sondervermögen dar. Da es sich bei dem rechtsfähigen Verein um eine juristische Person handelt, haftet in der Regel lediglich der Verein den Gläubigern gegenüber mit seinem Vereinsvermögen. Eine wesentliche Haftungsnorm stellt hierbei der § 31 BGB dar. Diese Vorschrift lautet:

---

[112]   Vgl. Palandt, Bürgerliches Gesetzbuch, 71. Auflage, München 2012, § 32 Rn. 6.
[113]   Vgl. hierzu vertiefend: Palandt, Bürgerliches Gesetzbuch, 71. Auflage, München 2012, § 33 Rn. 2.
[114]   Vgl. hierzu vertiefend auch: BGH, Beschluss vom 15.11.2011, II ZR 304/09, NZG 2012, S. 113; Schmidt, BGB Allgemeiner Teil und Schuldrecht: Haftung im Verein, JuS 2012, S. 251 ff.

§ 31 BGB Haftung des Vereins für Organe

Der Verein ist für den Schaden verantwortlich, den der Vorstand, ein Mitglied des Vorstandes oder ein anderer verfassungsmäßig berufener Vertreter durch eine in Ausführung der ihm zustehenden Verrichtungen begangene, zum Schadensersatz verpflichtende Handlung einem Dritten zufügt.

Hiermit wird entsprechend der so genannten Organtheorie[115] dem Verein das Handeln seiner verfassungsmäßig berufenen Vertreter als eigenes Handeln zugerechnet.[116] Darüber hinaus ist im Jahre 2009 mit dem § 31 BGB eine weitere Vorschrift bezüglich der Haftung von Vorstandsmitgliedern juristischer Personen in das Bürgerliche Gesetzbuch eingefügt worden.[117] Diese Haftungsregelungen führen zu einer deutlichen Haftungserleichterung für unentgeltlich tätige Vorstände. Der § 31a BGB lautet:

§ 31a BGB Haftung von Vorstandsmitgliedern

(1) Ein Vorstand, der unentgeltlich tätig ist oder für seine Tätigkeit eine Vergütung erhält, die 500 Euro jährlich nicht übersteigt, haftet dem Verein für einen in Wahrnehmung seiner Vorstandspflichten verursachten Schaden nur bei Vorliegen von Vorsatz oder grober Fahrlässigkeit. Satz 1 gilt auch für die Haftung gegenüber den Mitgliedern des Vereins.

(2) Ist ein Vorstand nach Absatz 1 Satz 1 einem anderen zum Ersatz eines in Wahrnehmung seiner Vorstandspflichten verursachten Schadens verpflichtet, so kann er von dem Verein die Befreiung von der Verbindlichkeit verlangen. Satz 1 gilt nicht, wenn der Schaden vorsätzlich oder grob fahrlässig verursacht wurde.

Die in § 31a BGB normierte Haftungsbegrenzung greift nur bei Schäden ein, welche der Vorstand im Rahmen der Wahrnehmung seiner Vorstandspflichten verursacht hat.[118] Die Vorschrift begrenzt jedoch nur die Innenhaftung, also die Haftung der Vorstandsmitglieder gegenüber dem Verein. Nicht von dieser Vorschrift erfasst wird jedoch die Außenhaftung[119]; also die Haftung gegenüber Dritten. Die Vereinsmitglieder hingegen haften nicht mit ihrem Privatvermögen. Hierin unterscheidet sich der rechtsfähige eingetragene Verein von einem nicht eingetragenen Verein. Denn bei einem nicht eingetragenen Verein haften auch die Vereinsmitglieder mit ihrem Privatvermögen. Beim eingetragenen Verein besteht hingegen eine Abschirmwirkung, die eine Haftung der Mitglieder gewöhnlich ausschließt. Eine Ausnahme hiervon bildet die durch Rechtsprechung anerkannte, so genannte „Durchgriffshaftung", für die es aufgrund des Trennungsgrundsatzes bei eingetragenen Vereinen nur in wenigen besonderen Fallkonstellationen einen Anwendungsbereich gibt. Derartige Ausnahmefälle können bei dem Rechtsschein persönlicher Haftung, bei unlauterem Verhalten, bei Unterkapitalisierung, bei Vermögensvermischung und bei existenzver-

---

[115] Vgl. BGHZ 98, S. 148.
[116] Vgl. Palandt, Bürgerliches Gesetzbuch, 71. Auflage, München 2012, § 31 Rn. 1.
[117] Eingefügt durch Gesetz vom 28.09.2009, BGBl. I S. 3161.
[118] Vgl. Palandt, Bürgerliches Gesetzbuch, 71. Auflage, München 2012, § 31a Rn. 3.
[119] Vgl. Palandt, Bürgerliches Gesetzbuch, 71. Auflage, München 2012, § 31a Rn. 4.

nichtendem Vermögensentzug bestehen.[120] Im Rahmen eines Vereins werden diese Ausnahmen in der Praxis eher selten sein.

Über § 31 BGB haftet der Verein für Fehler seiner Organe. Wichtig ist hierbei zu wissen,
dass die Vorschrift des § 31 BGB nach der Regelung des § 89 Abs. 1 BGB nicht nur für den
eingetragenen Verein, sondern für alle juristischen Personen – also auch der GmbH und der
AG – gilt.

15.1.7   Vereinsauflösung

Nach § 41 BGB wird ein rechtsfähiger Verein durch Beschluss der Mitgliederversammlung
aufgelöst. Hierfür sind drei Viertel der in der Mitgliederversammlung abgegebenen Stimmen erforderlich, sofern nach der Vereinssatzung keine andere Bestimmung getroffen
worden ist. Der § 42 BGB sieht die Auflösung als eine entsprechende Folge auch dann vor,
wenn ein Insolvenzverfahren über den Verein eröffnet worden ist. Einen anderen Auflö-
sungsgrund bietet der § 74 Abs. 2 BGB. Hiernach wird ein Verein auch dann aufgelöst,
wenn er nur für eine bestimmte Dauer eingegangen worden ist und diese Dauer abgelaufen
ist.

15.2   GmbH

> **Beispiel:**
>
> A hat die Möglichkeit, sich mit 1.000 Euro an der neu zu gründenden XYZ-GmbH zu be-
> teiligen. Der zukünftige Hauptgesellschafter X versucht dem A vor der Gründung der
> GmbH seine Beteiligung mit dem Hinweis schmackhaft zu machen, dass A schließlich
> kein Risiko eingeht. Die Rechtsform der GmbH schütze ihn vor allen Risiken. Mehr als
> die 1.000 Euro könne er nicht verlieren. Hat X mit dieser Aussage Recht?

Die Gesellschaft mit beschränkter Haftung (GmbH) erfreut sich in der Wirtschaftspraxis
großer Beliebtheit. Dies ist nicht zuletzt auf ihre Abschirmwirkung zurückzuführen, welche
eine direkte Haftung der an der GmbH beteiligten Gesellschafter ausschließt und somit
gewöhnlich die Haftung auf das Gesellschaftsvermögen der GmbH beschränkt. Seit dem
Jahre 1981 ist es möglich, dass ein einzelner Gesellschafter eine GmbH gründet. Hierin
unterscheidet sich die GmbH deutlich von den zuvor dargestellten Personengesellschaften,
für deren Gründung mindestens zwei Personen erforderlich sind. Die Gründung einer
GmbH ist zu jedem gesetzlich zulässigen Zweck erlaubt – sie ist also nicht auf den Betrieb
eines Handelsgewerbes beschränkt. Die GmbH gehört zu den juristischen Personen. Dies
bedeutet, dass der GmbH eine eigenständige Rechtspersönlichkeit zugestanden wird. Die-

---

[120]   Vgl. hierzu vertiefend: Palandt, Bürgerliches Gesetzbuch, 71. Auflage, München 2012, Einf. vor § 21
Rn. 12 f. (insbesondere Rn. 13).

ses ist letztlich auch der Grund dafür, dass die GmbH für die an ihr beteiligten Gesellschafter eine Abschirmwirkung bietet und gewöhnlich lediglich das Vermögen der Gesellschaft als Haftungskapital zur Verfügung steht. Als Vollkaufmann im Sinne des § 6 HGB ist eine GmbH, unabhängig von ihrer tatsächlichen Tätigkeit, immer in das Handelsregister einzutragen. Dies ist selbst dann der Fall, wenn die GmbH beispielsweise von Freiberuflern für Ihre freiberufliche Tätigkeit betrieben wird.

Seit der GmbH-Gesetzesreform vom Jahre 2008 ist die Kapitalaufbringung etwas freier geregelt als vorher. Bis zum Jahre 2008 war es nämlich erforderlich, dass die Stammeinlage jedes Gesellschafters mindestens 100 € betragen und dessen Betrag durch 50 teilbar sein musste. Seit der Reformierung des GmbH-Gesetzes im Jahre 2008 können die Gesellschafter die jeweilige Höhe ihrer Stammeinlage nunmehr individuell festlegen. Auch das Minimum eines jeweiligen Gesellschaftsanteils ist herabgesetzt worden und muss nunmehr lediglich mindestens einen Euro betragen.

15.2.1 Gründung

Bei der Gründung einer GmbH muss der Gesellschaftsvertrag mindestens folgende Punkte beinhalten:

Abbildung 15.3 Gesellschaftsvertrag einer GmbH

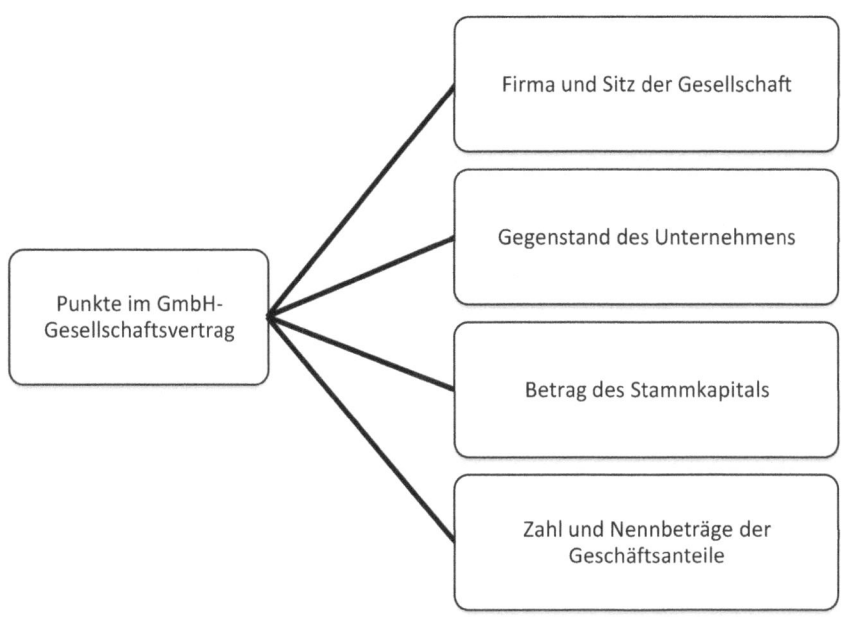

Das GmbH-Gesetz bietet seit der GmbH-Gesetzes-Reform aus dem Jahre 2008 im Anhang zum GmbH-Gesetz zwei Musterprotokolle. Diese haben den positiven Effekt, zur Beschleunigung einer GmbH-Gründung bzw. auch zur Senkung der Gründungskosten, insbesondere der Notarkosten, beizutragen. Vorteil der Musterprotokolle ist es nämlich, dass ein GmbH-Gründer nunmehr nicht unbedingt bei einem Notar den Entwurf eines Gesellschaftsvertrages in Auftrag geben muss, sondern stattdessen lediglich das Muster aus dem GmbH-Gesetz übernimmt und beim Notar nur noch die Unterschriften notariell beglaubigen lassen muss. Darüber hinaus wird die Vertragsprüfung dadurch beschleunigt, dass bei Verwendung des Musterprotokolls keine umfangreiche Prüfung mehr stattfinden muss. Die im GmbH-Gesetz befindlichen Musterprotokolle sind allerdings lediglich für unkomplizierte Standardgründungen vorgesehen – nämlich für Gesellschaftsgründungen mit höchstens drei Gesellschaftern.

Nach Rechtsprechung des Bundesgerichtshofs kann die GmbH Gründung in drei Phasen differenziert werden. Diese Phasen sind:

Abbildung 15.4 Gründungsphasen der GmbH

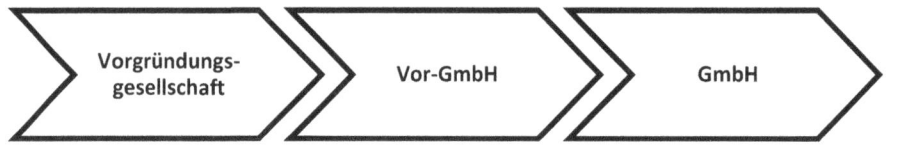

15.2.1.1 Die Vorgründungsgesellschaft

Bevor die GmbH-Gesellschafter einen notariellen Gesellschaftsvertrag abgeschlossen haben, ist ihr Zusammenschluss juristisch lediglich als Vorgründungsgesellschaft zu verstehen.[121] Eine derartige Gesellschaft ist dadurch geprägt, dass sich mehrere Personen zu einem beliebigen Zweck zusammentun. Aus diesem Grunde wird die Vorgründungsgesellschaft von Juristen entsprechend einer GbR bzw. für den Betrieb eines kaufmännischen Handelsgewerbes als OHG behandelt, sofern entsprechend der Rechtsprechung des Bundesgerichtshofs[122] folgende drei Kriterien vorliegen:

---

[121] Vgl. Roth / Altmeppen, GmbHG-Kommentar, 7. Auflage, München 2012, § 2 Rn. 68.
[122] Vgl. BGH-Entscheidung vom 26.04.2004, Az. II ZR 120/02.

Abbildung 15.5   Vorgründungsgesellschaft - BGH-Kriterien

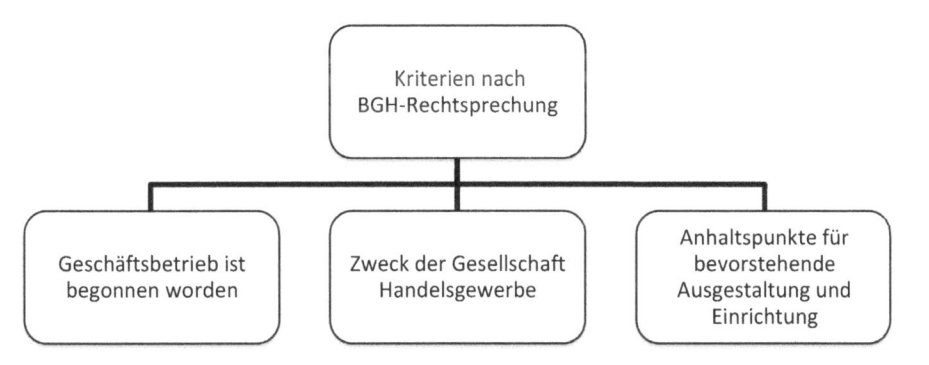

Die Vorgründungsgesellschaft hat – sofern die eben genannten Kriterien vorliegen – dementsprechend noch den Status einer Personengesellschaft und kann deshalb nicht die von einer GmbH erwünschte Abschirmwirkung entfalten. Die Haftung der Gesellschaft wird hierbei aus § 124 HGB bzw. die Haftung der Gesellschafter aus § 128 Satz 1 HGB hergeleitet. Die Vorgründungsgesellschaft ist allerdings nicht mit der im Anschluss dargestellten Vor-GmbH (Vorgesellschaft) identisch. Aus diesem Grunde werden gegebenenfalls Einzelübertragung und Schuldübernahme notwendig, um Aktiva und Passiva der Vorgründungsgesellschaft auf die Vor-GmbH zu übertragen.

15.2.1.2   Das Gründungsstadium bzw. „Vor-GmbH"

Das Gründungsstadium ist der Zeitpunkt nach dem Abschluss eines notariellen Gesellschaftsvertrages und vor Eintragung der Gesellschaft in das Handelsregister. [123] Aus diesem Grunde wird die Gesellschaft deshalb auch als so genannte „Vor-GmbH" bezeichnet. Anknüpfungspunkt für die Entstehung einer Vor-GmbH ist der Abschluss eines auf Errichtung einer GmbH zielenden notariellen Gesellschaftsvertrages. Der Bundesgerichtshof sieht in der Vor-GmbH eine notwendige Vorstufe zur juristischen Person, die den Zweck hat, das bereits eingebrachte Vermögen zu verwalten und die Entstehung der eigentlichen GmbH zu fördern. [124] Nach außen kann eine Vor-GmbH durch ihre Organe vertreten werden. Hierbei ist insbesondere der Geschäftsführer zu nennen. Auf eine Vor-GmbH wird gewöhnlich zu großen Teilen bereits das GmbH-Gesetz angewandt. Aus diesem Grunde vollzieht sich die Ernennung des vertretungsberechtigten Organs ebenfalls nach den Vorschriften des GmbH-Gesetzes. Die Vor-GmbH ist sogar dazu berechtigt, eine Firma zu führen. Allerdings muss zum Schutz der Gläubiger die Bezeichnung „in Gründung" oder deren Abkürzung „i.G." angefügt werden. Bis zur Eintragung der tatsächlichen GmbH

---

[123]   Vgl. zur persönlichen Haftung von Gesellschaftern (insbesondere im Rahmen der Gründungsstadien) vertiefend auch: Peifer, Die persönliche Haftung der Gesellschafter einer GmbH, JuS 2008, S. 490 ff.

[124]   Vgl. BGH, Entscheidung vom 09.03.1981, Az. II ZR 54/80.

haften die für die Vor-GmbH handelnden Personen, also die Geschäftsführer, den Gläubigern gegenüber entsprechend der Regelung des § 11 Abs. 2 GmbHG solidarisch mit ihrem Privatvermögen. Die gewöhnlichen Gesellschafter werden von der Haftung Gläubigern gegenüber grundsätzlich nicht erfasst.[125] Im Rahmen der Vor-GmbH (Vorgesellschaft) ergibt sich die Haftung – wegen der Anwendbarkeit der Vorschriften des GmbH-Gesetzes für die Gesellschaft selbst aus § 13 Abs. 1 GmbHG. Für die an der Gesellschaft beteiligten Gesellschafter hingegen besteht wegen der Abschirmwirkung keine Haftung.[126] Ausnahmen von der Anwendbarkeit des GmbH-Rechts im Rahmen der Vor-GmbH bestehen im Rahmen des Erwerbs bzw. Verlusts von Mitgliedschaftsrechten bzw. im Rahmen von Änderungen der Gesellschaftssatzung. Sofern die GmbH mit notariellem Gesellschaftsvertrag ordnungsgemäß errichtet und angemeldet wurde, hat sie nach § 9c GmbHG einen Anspruch darauf, in das Handelsregister eingetragen zu werden.

15.2.1.3   Die endgültige GmbH

Von der eigentlichen GmbH kann erst dann gesprochen werden, wenn die Eintragung in das Handelsregister vorgenommen worden ist. Die GmbH stellt eine eigene Rechtspersönlichkeit dar, auf die das GmbH-Gesetz uneingeschränkt angewandt wird. Dementsprechend besteht die Haftung der Gesellschaft, ebenso wie bei der Vorgesellschaft (Vor-GmbH), gemäß § 13 Abs. 1 GmbH. Die an der GmbH beteiligten Gesellschafter sind gemäß § 13 Abs. 2 GmbH nicht verpflichtet, für etwaige Verbindlichkeiten der Gesellschaft zu haften. Eine interessante Frage, die im Zusammenhang mit den Gründungsstadien der Vorgründungsgesellschaft, der Vor-GmbH und der GmbH auftreten kann, ist die Frage, inwieweit die GmbH als juristische Person für Ansprüche haftet, die im Rahmen der Vorgründungsgesellschaft bzw. im Rahmen der Vor-GmbH entstanden sind. Die Lösung dieser Frage ergibt sich aus einer genauen Betrachtung der einzelnen Gründungsstadien bzw. der Gesellschaftsformen. Wie oben bereits dargelegt, handelt es sich bei der Vorgründungsgesellschaft um eine Personengesellschaft. Wenn sie ihren Zweck erreicht hat, erlischt sie gemäß § 131 Abs. 1 Ziffer 1 HGB. Aus diesem Grunde hat die GmbH etwaige Verpflichtungen der so genannten Vorgründungsgesellschaft nicht übernommen. Eine Haftung der GmbH für Verbindlichkeiten der Vorgründungsgesellschaft kann insofern also nicht bestehen. Anders jedoch verhält es sich bei der so genannten „Vor-GmbH". Im Rahmen der Vor-GmbH wird die Vorschrift des § 202 Abs. 1 Ziffer 1 UmwG angewandt. Hieraus ergibt sich, dass die GmbH Verpflichtungen, die im Rahmen der Vor-GmbH entstanden sind, als Rechtsnachfolger übernommen hat. Aus diesem Grunde besteht also eine Haftung der GmbH für Forderungen, welche in der Vor-GmbH entstanden sind.

---

[125]   Vgl. BGH, NJW 1997, S. 1507.
[126]   Vgl. Lutter / Hommelhoff, GmbH-Gesetz, 18. Auflage, Köln 2012, § 13 Rn. 5 f.

15.2.2 Rechtsstellung des GmbH-Gesellschafters

Die wesentliche Grundlage für die Rechte des GmbH-Gesellschafters ist entsprechend § 45 GmbHG der Gesellschaftsvertrag. Sofern keine diesbezüglichen Regelungen getroffen worden sind, kann auf die gesetzlichen Vorschriften der §§ 46 bis 51 GmbHG zurückgegriffen werden. Der Aufgabenkreis des GmbH-Gesellschafters ist in § 46 GmbHG aufgeführt. Diese Vorschrift, welche die Aufgaben der Gesellschafter detailliert auflistet, lautet:

> § 46 GmbHG Aufgabenkreis der Gesellschafter
>
> Der Bestimmung der Gesellschafter unterliegen:
>
> 1. die Feststellung des Jahresabschlusses und die Verwendung des Ergebnisses;
>
> 1a. die Entscheidung über die Offenlegung eines Einzelabschlusses nach internationalen Rechnungslegungsstandards (§ 325 Abs. 2a des Handelsgesetzbuchs) und über die Billigung des von den Geschäftsführern aufgestellten Abschlusses;
>
> 1b. die Billigung eines von den Geschäftsführern aufgestellten Konzernabschlusses;
>
> 2. die Einforderung der Einlagen;
>
> 3. die Rückzahlung von Nachschüssen;
>
> 4. die Teilung, die Zusammenlegung sowie die Einziehung von Geschäftsanteilen;
>
> 5. die Bestellung und die Abberufung von Geschäftsführern sowie die Entlastung derselben;
>
> 6. die Maßregeln zur Prüfung und Überwachung der Geschäftsführung;
>
> 7. die Bestellung von Prokuristen und von Handlungsbevollmächtigten zum gesamten Geschäftsbetrieb;
>
> 8. die Geltendmachung von Ersatzansprüchen, welche der Gesellschaft aus der Gründung oder Geschäftsführung gegen Geschäftsführer oder Gesellschafter zustehen, sowie die Vertretung der Gesellschaft in Prozessen, welche sie gegen die Geschäftsführer zu führen hat.

Dem Gesellschafter steht es grundsätzlich zu, am Gewinn der Gesellschaft entsprechend der Höhe seines Gesellschaftsanteils beteiligt zu werden. Allerdings können diesbezüglich im Gesellschaftsvertrag hiervon abweichende Verteilungskriterien vereinbart werden.

Den eben genannten Rechten eines GmbH-Gesellschafters stehen allerdings auch Pflichten gegenüber.[127] Zunächst ist der Gesellschafter einer GmbH nach § 5 GmbHG verpflichtet, seine Einlage zu erbringen.[128] Es trifft ihn die Pflicht das vereinbarte Kapital aufzubringen. Bedingt durch den Umstand, dass die GmbH eine Abschirmwirkung entfaltet und die

---

[127] Zu den Anforderungen an die Gesellschafterliste nach Änderungen im Bestand der Gesellschafter vgl.: BGH-Beschluss vom 01.03.2011, II ZB 6/10, DB 2011, S. 865 ff.; Wicke, Die GmbH-Gesellschafterliste im Fokus der Rechtsprechung, DB 2011, S. 1037 ff.

[128] Zur Kapitalaufbringung vgl. auch: BGH, Urteil vom 12.04.2011, II ZR 17/10, DB 2011, S. 1389 f.

Gesellschafter dadurch vor einer persönlichen Haftung bewahrt[129], ist es nachzuvollziehen, weshalb auf die Erbringung des Stammkapitals seitens des Gesetzgebers Wert gelegt wird. Dementsprechend sieht § 24 GmbHG auch vor, dass in den Fällen, in welchen ein Gesellschafter die vereinbarte Stammeinlage nicht erbringt, die übrigen Gesellschafter hierfür aufkommen müssen. Diese Vorschrift lautet:

> § 24 GmbHG Aufbringen von Fehlbeträgen
>
> Soweit eine Stammeinlage weder von den Zahlungspflichtigen eingezogen, noch durch Verkauf des Geschäftsanteils gedeckt werden kann, haben die übrigen Gesellschafter den Fehlbetrag nach Verhältnis ihrer Geschäftsanteile aufzubringen. Beiträge, welche von einzelnen Gesellschaftern nicht zu erlangen sind, werden nach dem bezeichneten Verhältnis auf die übrigen verteilt.

Für den oben genannten Beispielfall bedeutet dies, dass die Aussage des X, der A könne nicht mehr als seine 1.000 Euro verlieren, nicht zwingend richtig ist. Im Rahmen der Vorgründungsgesellschaft und in Fällen, in welchen ein anderer Gesellschafter seine Stammeinlage nicht oder nicht vollständig erbringt, besteht für A auch ein über die 1.000 Euro hinausgehendes Haftungsrisiko, welches er wegen der Regelung des § 25 GmbHG auch nicht vertraglich ausschließen kann. Inwiefern den A darüber hinaus auch nach Gründung der GmbH noch eine Nachschusspflicht im Sinne des § 26 GmbHG trifft, ist von den jeweiligen Regelungen des Gesellschaftsvertrages abhängig.

Flankierend wird der Gläubigerschutz zusätzlich durch die Pflicht des GmbH-Gesellschafters zur Kapitalerhaltung abgesichert. Hierbei kommt den §§ 30 ff. GmbHG und 43a GmbHG eine besondere Bedeutung zu. Sie sollen dazu beitragen, dass das Stammkapital in seiner Höhe erhalten bleibt. Zumindest bei Eintragung der GmbH muss der Anteil eines Gesellschafters erbracht sein. Ob eine Nachschusspflicht bei späteren Verlusten besteht, ist davon abhängig, inwieweit eine diesbezügliche Regelung in den Gesellschaftsvertrag aufgenommen worden ist. Denn das GmbH-Gesetz sieht eine Nachschusspflicht der Gesellschafter nicht vor. Es gibt jedoch besondere Konstellationen, in welchen die Pflicht der Gesellschafter zur Kapitalerhaltung auch nach der GmbH-Gründung noch zu beachten ist. Eine solche Konstellation ist die Kapitalerhöhung. Hierbei kommen die §§ 55 ff. GmbHG zur Anwendung. Ein anderes Beispiel, bei dem die Kapitalerhaltung im Vordergrund steht, kann im Rahmen der so genannten eigenkapitalersetzenden Gesellschafterdarlehen bestehen. Hierbei sind die Vorschriften § 32a GmbHG, § 32b GmbHG sowie § 135 InsO zu berücksichtigen.

Eine wichtige Pflicht des GmbH-Gesellschafters ist die so genannte Treuepflicht. Diese bestimmt sowohl das Rechtsverhältnis der Gesellschafter untereinander als auch das Rechtsverhältnis der Gesellschafter zu der Gesellschaft. Insbesondere zu beachten ist hier das Wettbewerbsverbot der GmbH-Gesellschafter. So besteht für so genannte Gesellschafter-Geschäftsführer und Mehrheitsgesellschafter in der Praxis ein aus der Treuepflicht

---

[129]   Zur Inanspruchnahme von GmbH-Gesellschaftern durch Mitgesellschafter aus von Bank abgetretenem und durch anteiligen Schuldbeitritt der Gesellschafter besichertem Darlehensanspruch vgl.: BGH, Urteil vom 05.04.2011, II ZR 279/08, DB 2011, S. 1518 f.

abgeleitetes Wettbewerbsverbot, welches durch die Rechtsprechung ausdrücklich anerkannt wird.

15.2.3 Organe der Gesellschaft

Das GmbH-Gesetz schreibt vor, dass eine GmbH zumindest zwei Organe haben muss –
einen oder mehrere Geschäftsführer als handelndes Organ sowie die Gesellschafter in ihrer
Gesamtheit als Organ der Willensbildung, welches seiner Aufgabe gewöhnlich im Rahmen
der Gesellschafterversammlung nachkommt. Der § 52 GmbHG lässt es darüber hinaus auch
zu, einen Aufsichtsrat zu bilden.[130] Dieser ist allerdings gewöhnlich nicht zwingend erforderlich. Im Folgenden sollen die Organe der GmbH näher vorgestellt werden.

15.2.3.1 Geschäftsführer

Der Geschäftsführer wird in der Regel entweder nach § 46 Nr. 5 GmbHG durch Beschluss
der Gesellschafterversammlung oder entsprechend der Regelung des § 6 Abs. 3 GmbHG
auf der Grundlage des Gesellschaftsvertrages bestellt.[131] Die Bestellung eines so genannten
„Notgeschäftsführers" durch das am Sitz der GmbH ansässige Amtsgericht, ist nur in drin-
genden Fällen gestattet. Derartige dringende Fälle sind dann gegeben, wenn eine GmbH
z.B. wegen Amtsniederlegung oder Tod des Geschäftsführers auf Dauer ohne Geschäftsführer ist. Da es sich hierbei um einen von außen kommenden Eingriff in die GmbH handelt, ist die Bestellung eines Notgeschäftsführers nur unter sehr engen Voraussetzungen
zulässig. So darf ein Notgeschäftsführer auf Antrag eines Beteiligten (z.B. Gesellschafter
oder IHK) nur eingesetzt werden, wenn die Gesellschafter der GmbH nicht selbst in der
Lage sind, in angemessener Zeit einen Geschäftsführer zu benennen und wenn den Beteiligten oder der Gesellschaft hierdurch ein schwerer Schaden droht. Unabhängig davon, ob
es sich um einen normalen Geschäftsführer oder um einen Notgeschäftsführer handelt –
der Geschäftsführer muss nicht zwingend aus dem Kreise der GmbH-Gesellschafter stam-
men. Der § 6 Abs. 3 GmbHG lässt eine so genannte Fremdorganschaft zu. Dies bedeutet,
dass auch Personen, die nicht Gesellschafter der GmbH sind, als GmbH-Geschäftsführer in
Betracht kommen. Um sicherzustellen, dass die Abschirmwirkung einer GmbH nicht zu
verbrecherischen Handlungen missbraucht wird, schreibt § 6 Abs. 2 Ziffer 3 GmbHG vor,
dass als Geschäftsführer nur eine natürliche, unbeschränkt geschäftsfähige Person eingesetzt werden kann, die nicht wegen einer oder mehrerer vorsätzlich begangener wirt-
schaftsrelevanter Straftaten verurteilt worden ist.[132] Damit soll unterbunden werden, dass
Personen, welche beispielsweise bereits wegen Insolvenzverschleppung verurteilt worden
sind, weiterhin als Geschäftsführer in Kapitalgesellschaften tätig sein können. Die beruflichen Pflichten und Obliegenheiten des Geschäftsführers können vertraglich festgelegt und

---

[130] Vgl. Lutter / Hommelhoff, GmbH-Gesetz, 18. Auflage, Köln 2012, § 52 Rn. 3 ff.
[131] Vgl. zur Anwendung des AGG auf GmbH-Geschäftsführer auch: BGH, Urteil vom 23.4.2012, II ZR
       163/10, NJW-Spezial 2012, S. 465.
[132] Zur einschlägigen strafrechtlichen Verurteilung eines Geschäftsführers vgl. auch: OLG München,
       Beschluss vom 03.03.2011, 31 Wx 51/11, NJW-Spezial 2011, S. 209.

genau umrissen werden.[133] Die Bestellung des Geschäftsführers darf nicht mit dem Anstellungsvertrag verwechselt werden. Es handelt sich hierbei um zwei unterschiedliche Vorgänge. Sofern der Gesellschaftsvertrag keine andere Regelung trifft, ist die Gesellschafterversammlung nach § 46 Nr. 5 GmbHG auch berechtigt, den Anstellungsvertrag des Geschäftsführers festzulegen. Der Anstellungsvertrag legt unter anderem auch die Vergütung
des Geschäftsführers fest. Nach § 39 GmbHG ist die Bestellung einer Person zum Geschäftsführer sowie die Beendigung der Vertretungsbefugnis eines Geschäftsführers zur Eintragung in das Handelsregister anzumelden.[134]

Das GmbH-Gesetz bietet in den §§ 41 ff. GmbHG ebenfalls Regelungen für die Aufgaben
des Geschäftsführers. Darüber hinaus finden sich Regelungen zu den Aufgaben des Geschäftsführers auch in § 35 GmbHG. Hier ist nämlich die Vertretung der GmbH nach außen, also die Vertretung der juristischen Person Dritten gegenüber, geregelt. Sofern die
Gesellschaft von mehreren Geschäftsführern zugleich vertreten wird, so gilt nach § 35
Abs. 2 GmbHG grundsätzlich eine so genannte Gesamtvertretung. Zwar ist es möglich, die
Vertretungsbefugnis des GmbH-Geschäftsführers vertraglich zu beschränken; doch ist dies
nach § 37 GmbHG lediglich im Innenverhältnis der Gesellschaft, nicht jedoch im Außenverhältnis möglich. Eine Beschränkung der Vertretungsbefugnis im Außenverhältnis wird
durch § 37 Abs. 2 Satz 1 GmbHG explizit untersagt.

Im Rahmen seiner Pflichterfüllung kann es dazu kommen, dass ein Geschäftsführer für sein
Handeln auch in Haftung genommen wird. Hierbei ist zwischen der Haftung gegenüber
den Gesellschaftern bzw. der Gesellschaft und der Haftung gegenüber Dritten zu differenzieren.[135] Anders gesagt: es kann zwischen einer Haftung im Innenverhältnis und der Haftung im Außenverhältnis differenziert werden.[136] Grundlagen für derartige Haftungsan-
sprüche finden sich sowohl im Bürgerlichen Gesetzbuch als auch im GmbH-Gesetz. So sagt
§ 43 Abs. 2 GmbHG explizit aus, dass Gesellschafter, die ihre Obliegenheiten verletzen, der
Gesellschaft solidarisch für den entstandenen Schaden haften.[137] Darüber hinaus kann sich
aus dem Bürgerlichen Gesetzbuch bisweilen auch ein Haftungsanspruch der Gesellschaft
gegen ihren Geschäftsführer aus § 280 BGB in Verbindung mit § 241 Abs. 2 BGB aus den
Grundsätzen der positiven Vertragsverletzung ergeben.[138]

---

[133] Vgl. zu den Organisationspflichten des Geschäftsführers auch: BGH, Versäumnisurteil vom
        19.06.2012, II ZR 243/11, NJW-Spezial, Heft 17, 2012, S. 529; der GmbH-Geschäftsführer muss bei
        fehlender Fachkunde zur Prüfung der Zahlungsunfähigkeit der Gesellschaft einen qualifizierten
        Rat einholen, BGH, Urteil vom 27.03.2012, II ZR 171/10, NJW-Spezial, Heft 14, 2012, S. 431.
[134] Zur Eintragung der Amtsniederlegung eines GmbH-Geschäftsführers ins Handelsregister vgl.:
        OLG Jena, Beschluss vom 29.07.2010, 6 W 91/10, DB 2011, S. 698 f.
[135] Vgl. hierzu auch vertiefend: Drescher, Die Haftung des GmbH-Geschäftsführers, 6. Auflage, Köln
        2009.
[136] Zur Innenhaftung vgl. beispielsweise: Steffek, Die Innenhaftung von Vorständen und Geschäfts-
        führern – Ökonomische Zusammenhänge und rechtliche Grundlagen, JuS 2010, S. 295 ff.
[137] Vgl. hierzu auch vertiefend: Drescher, Die Haftung des GmbH-Geschäftsführers, 6. Auflage, Köln
        2009, Rn. 2.
[138] Vgl. zur positiven Vertragsverletzung vertiefend auch: Wien, Bürgerliches Recht, Wiesbaden 2012,
        S. 98 f.

Während sich die Haftung des Geschäftsführers hier nach innen, also der Gesellschaft gegenüber, vorwiegend aus dem § 43 GmbHG und den Grundsätzen der positiven Vertragsverletzung ergibt, war eine Haftung nach außen, also eine Haftung des Geschäftsführers Dritten gegenüber ursprünglich vom Gesetzgeber nicht vorgesehen, da die Ansprüche der Dritten schließlich gegen die Gesellschaft bestehen[139] und somit gewöhnlich kein Bedürfnis für eine Haftung der Dritten gegen den Geschäftsführer bestand. Eine Fallkonstellation, bei welcher man ausnahmsweise an eine Haftung des GmbH-Geschäftsführers Dritten gegenüber denken kann, ist beispielsweise im Rahmen einer Haftung für Vertretung ohne Vertretungsmacht bei Gesamtvertretung im Sinne des § 35 Abs. 2 GmbHG gegeben.[140] Sind also in einer GmbH mehrere Geschäftsführer zur gemeinschaftlichen Geschäftsführung berufen und ist diese Gesamtvertretung entsprechend der Vorgabe des § 10 Abs. 1 GmbHG in das Handelsregister eingetragen worden, so führt die alleinige Vertretung der Gesellschaft durch einen Geschäftsführer dazu, dass er als „Vertreter ohne Vertretungsmacht" gehandelt hat. Eine Haftung des Geschäftsführers kann auch bei „Verschulden vor oder bei Vertragsschluss", also bei der so genannten „c.i.c." im Sinne der §§ 311 Abs. 2 und 3 BGB, § 280 Abs. 1 BGB entstehen. Dies wurde in der Literatur jedoch oftmals kritisiert, weil dieses geeignet ist, die Haftungsbeschränkung des § 13 Abs. 2 GmbHG auszuhebeln.[141] Ein weiterer Punkt ist die so genannte Rechtsscheinhaftung. Diese kann entstehen, wenn der Geschäftsführer anlässlich von Geschäftsverhandlungen den in § 4 GmbHG genannten Rechtsformzusatz „GmbH" nicht verwendet. Dies kann dazu führen, dass der Geschäftsführer sich neben der GmbH auf der Grundlage des von ihm gesetzten Rechtsscheins auch einer persönlichen Haftung ausgesetzt sieht.[142] Ein weiter Fall, in welchem ein GmbH-Geschäftsführer gegebenenfalls ebenfalls persönlich haften muss, ist die so genannte „Durchgriffshaftung". Diese stellt eine Durchbrechung des in § 13 Abs. 2 GmbHG normierten Trennungsprinzips dar. Aus diesem Grunde bleibt für die Durchgriffshaftung, nach welcher man auch Personen in Anspruch nehmen kann, die Hinter der GmbH stehen, kaum Raum. Ein Beispielfall, bei welchen das Gesetz eine Durchgriffshaftung vorsieht ist der Fall, dass das Grundstück einer GmbH mit Altlasten behaftet ist (§ 4 Abs. 3 Satz 4 Alt. 1 BBodSchG).[143] Darüber hinaus gibt es – mit Ausnahme der Vermögensvermischung bei einem Gesellschafter-Geschäftsführer – in der Praxis keine weite Durchbrechung des Trennungsprinzips durch die so genannte Durchgriffshaftung.[144] Ansonsten haftet für ein etwaiges deliktisches Verhalten des Geschäftsführers einer GmbH gemäß § 31 BGB gewöhnlich die GmbH für ihre Organe. In Betracht kommen hier die üblichen deliktischen Schadensersatzansprüche nach § 823 ff. BGB, welche über § 31 BGB dann gegen die Gesellschaft zu richten sind.

---

[139] Vgl. hierzu auch vertiefend: Drescher, Die Haftung des GmbH-Geschäftsführers, 6. Auflage, Köln 2009, Rn. 467.

[140] Vgl. hierzu auch vertiefend: Drescher, Die Haftung des GmbH-Geschäftsführers, 6. Auflage, Köln 2009, S. 468.

[141] Vgl. Drescher, Die Haftung des GmbH-Geschäftsführers, 6. Auflage, Köln 2009, Rn. 476 m.w.N.

[142] Vgl. BGH NJW 1991, S. 2627; BGH DStR 1996, S. 1373; BGH NJW 2007, S. 1529.

[143] Vgl. hierzu auch vertiefend: Drescher, Die Haftung des GmbH-Geschäftsführers, 6. Auflage, Köln 2009, Rn. 512 m.w.N.

[144] Vgl. hierzu auch vertiefend: Drescher, Die Haftung des GmbH-Geschäftsführers, 6. Auflage, Köln 2009, Rn. 513 ff. m.w.N.

Die Ansprüche auf Haftung des Geschäftsführers verjähren nach § 43 Abs. 4 GmbHG nach fünf Jahren. Andere Gründe, die dazu führen können, dass eine Haftung des GmbH-Geschäftsführers ausgeschlossen ist, können sich aus der so genannten „Entlastung" ergeben. Hierbei handelt es sich um einen mit einfacher Mehrheit gefassten Gesellschafterbeschluss im Sinne des § 46 Ziffer 5 GmbHG. Darüber hinaus kann, unabhängig von etwaigen Fristen, zu jeder Zeit ein so genannter Verzicht erklärt werden, der eine Haftung des GmbH-Geschäftsführers ebenfalls ausschließt. Zu einem Verzicht existieren jedoch keine gesetzlichen Regelungen.

15.2.3.2   Gesellschafterversammlung

Die Gesellschafterversammlung stellt das so genannte Willensbildungsorgan der GmbH dar.[145] In der Literatur wird sie oftmals auch als das oberste Organ der Gesellschaft bezeichnet. Nach § 49 Abs. 2 GmbHG ist die Gesellschafterversammlung immer dann einzuberufen, wenn es im Interesse der Gesellschaft erforderlich erscheint. Die Aufgaben der Gesellschafterversammlung sind in § 45 GmbHG und in § 46 GmbHG normiert.[146] Zu den Aufgaben der Gesellschafterversammlung zählen nach § 45 Abs. 1 GmbHG in erster Linie die durch den Gesellschaftsvertrag festgelegten Aufgaben.[147] Darüber hinaus obliegen der Gesellschafterversammlung hilfsweise auch die in den §§ 46 ff. GmbHG genannten Möglichkeiten.[148] Hierzu gehören insbesondere:

- die Feststellung des Jahresabschlusses und die Verwendung des Ergebnisses;

- die Entscheidung über die Offenlegung eines Einzelabschlusses nach internationalen Rechnungslegungsstandards und über die Billigung des von den Geschäftsführern aufgestellten Abschlusses;

- die Billigung eines von den Geschäftsführern aufgestellten Konzernabschlusses;

- die Einforderung der Einlagen;

- die Rückzahlung von Nachschüssen;

- die Teilung, die Zusammenlegung sowie die Einzahlung von Geschäftsanteilen;

- die Bestellung und die Abberufung von Geschäftsführern sowie die Entlastung derselben;

- die Maßregeln zur Prüfung und Überwachung der Geschäftsführung;

- die Bestellung von Prokuristen und von Handlungsbevollmächtigten zum gesamten Geschäftsbetrieb;

---

[145] Vgl. Roth / Altmeppen, GmbHG-Kommentar, 7. Auflage, München 2012, § 45 Rn. 2.
[146] Vgl. zu den Rechten und Befugnissen der Gesellschafter: Lutter / Hommelhoff, GmbH-Gesetz, 18. Auflage, Köln 2012, § 45 Rn. 4 ff.
[147] Vgl. zu der rechtlichen Behandlung von Streitigkeiten der Gesellschafter untereinander: Lutz, Der Gesellschafterstreit, 2. Auflage, München 2011.
[148] Vgl. hierzu vertiefend auch: Roth / Altmeppen, GmbHG-Kommentar, 7. Auflage, München 2012, § 46 Rn. 3 ff.

■ die Geltendmachung von Ersatzansprüchen, welche der Gesellschaft aus der Gründung oder Geschäftsführung gegen Geschäftsführer oder Gesellschafter zustehen, sowie die Vertretung der Gesellschaft in Prozessen, welche sie gegen die Geschäftsführer zu führen hat.

Die Beschlüsse einer Gesellschafterversammlung können entweder im Rahmen der Versammlung oder auf schriftlichem Wege erfolgen. Grundsätzlich ist bei fast allen Themengebieten eine Entscheidung im schriftlichen Beschlussverfahren zulässig. Dies geht sogar so weit, dass selbst die Auflösung der Gesellschaft in dieser Form beschlossen werden kann. Ein Zwang zum Einberufen einer Versammlung besteht nur in wenigen Ausnahmefällen, wie beispielsweise dann, wenn eine Umwandlung der Gesellschaft beschlossen werden soll oder wenn die Hälfte des Stammkapitals verloren wurde. Die Gesellschafterversammlung wird nach § 49 Abs. 1 GmbHG gewöhnlich durch den Geschäftsführer der GmbH einberufen. Bei der Ladung ist eine Frist von einer Woche zu beachten. Aus Beweisgründen hat die Einberufung der Gesellschafter per Einschreiben zu erfolgen. Der § 50 Abs. 1 GmbHG gibt Gesellschaftern, deren Anteile zusammen mindestens ein Zehntel des Stammkapitals betragen die Möglichkeit, eine außerordentliche Gesellschafterversammlung einberufen zu können. Im Rahmen der Abstimmung erfolgt die Beschlussfassung gemäß § 47 Abs. 1 GmbHG nach der Mehrheit der abgegebenen Stimmen. Hierbei ist es auch Zulässig, sich bei der Abstimmung durch einen Vertreter vertreten zu lassen, sofern er seine Bevollmächtigung nachweisen kann. Eine Besonderheit besteht bei der Änderung der GmbH-Satzung. Hierfür ist nach § 53 Abs. 2 Satz 1 GmbHG gewöhnlich eine Mehrheit von drei Viertel der abgegebenen Stimmen sowie eine notarielle Beurkundung des Beschlusses erforderlich.

15.2.3.3 Aufsichtsrat

Bei einer GmbH ist im Rahmen der Bildung eines Aufsichtsrates zwischen fakultativem und obligatorischem Aufsichtsrat zu differenzieren. Während in einer GmbH ein Aufsichtsrat gewöhnlich nicht zwingend vorgeschrieben ist und dementsprechend freiwillig durch eine diesbezügliche Regelung im Gesellschaftsvertrag festgelegt werden kann (fakultativer Aufsichtsrat), ist bei Vorliegen bestimmter Voraussetzungen zwingend ein Aufsichtsrat zu installieren (obligatorischer Aufsichtsrat). Der Aufsichtsrat ist gewöhnlich nicht zwingend vorgesehen. Ein obligatorischer Aufsichtsrat ist lediglich in den Fällen vorgeschrieben, in welchen ein Unternehmen nach § 1 Abs. 1 Nr. 3 des Drittbeteiligungsgesetzes[149] (DrittelbG) mehr als 500 Arbeitnehmer hat bzw. bei Gesellschaften, welche gewöhnlich mehr als 2.000 Arbeitnehmer beschäftigen. Hier richtet sich der Zwang, einen Aufsichtsrat in der GmbH zu installieren nach § 1 Abs. 1 Mitbestimmungsgesetz[150] (MitbestG) in Verbindung mit § 6 Abs. 1 MitbestG.

---

[149] Gesetz über die Drittelbeteiligung der Arbeitnehmer im Aufsichtsrat, Drittelbeteiligungsgesetz vom 18.05.2004, BGBl. I S. 974, ber. S. 2769 mit späteren Änderungen.
[150] Gesetz über die Mitbestimmung der Arbeitnehmer, Mitbestimmungsgesetz vom 04.05.1976, BGBl. I S. 1153 mit späteren Änderungen.

Abbildung 15.6   Aufsichtsrat der GmbH

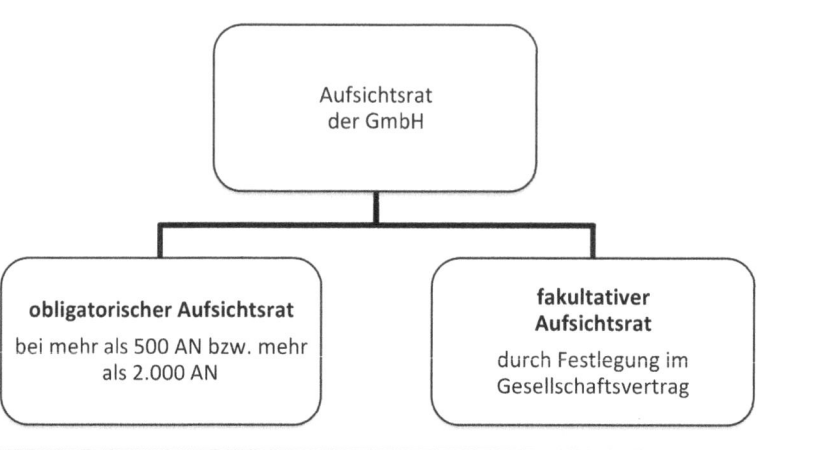

Bei den in der Praxis häufig vorkommenden kleinen Gesellschaften mit bis zu drei Gesellschaftern ist gewöhnlich aus Praktikabilitätsgründen eher von der Einführung eines Aufsichtsrats abzuraten. Sofern ein Aufsichtsrat in einer GmbH eingerichtet werden soll[151], so
stellt er ein Kontrollorgan der Gesellschaft dar. Er nimmt nach § 52 Abs. 1 GmbHG die
Aufgaben wahr, die ihm nach dem Gesellschaftsvertrag zugewiesenen worden sind. Hilfsweise bietet § 52 GmbHG weitere Aufgaben an. Eine wesentliche Aufgabe des Aufsichtsrats
ist die Kontrolle der Geschäftsführung. Auf den Aufsichtsrat sind auch die Vorschriften des
Aktiengesetzes anwendbar. Sofern der Gesellschaftsvertrag keine kürzere Amtszeit festlegt,
beträgt die gesetzlich vorgesehene Amtsdauer eines Aufsichtsratsmitglieds fünf Jahre.
Entsprechend der Regelungen des § 95 AktG hat der fakultative Aufsichtsrat aus mindestens drei Personen zu bestehen, sofern nicht durch den Gesellschaftsvertrag eine höhere
Anzahl an Aufsichtsratsmitgliedern bestimmt worden ist. Diese höhere Anzahl muss dann
allerdings durch drei teilbar sein. Darüber hinaus ist bei der Zusammensetzung des Aufsichtsrates auch das DrittelbG zu beachten. So schreibt § 4 Abs. 1 DrittelbG vor, dass der
Aufsichtsrat zwingend zu einem Drittel mit Mitgliedern aus Arbeitnehmervertretern zu
besetzen ist. Entsprechend der Regelungen des § 107 Abs. 1 AktG hat der Aufsichtsrat aus
seiner Mitte einen Vorsitzenden und mindestens einen Stellvertreter zu wählen.

---

[151] Vgl. hierzu vertiefend: Roth / Altmeppen, GmbHG-Kommentar, 7. Auflage, München 2012, § 52
       Rn. 2 ff.

15.2.4   Auflösung

Im Rahmen der Auflösung einer GmbH ändert sich der Zweck der Gesellschaft. Er verlagert sich von einer werbenden Tätigkeit gewöhnlich hin zu einer Ausrichtung auf Liquidation der Gesellschaft. Die Identität der Gesellschaft bleibt jedoch trotz der Zweckänderung noch erhalten. Die Auflösungsgründe können sehr vielfältig sein. Sie sind zum Teil im GmbH-Gesetz in der Vorschrift des § 60 GmbHG geregelt. Diese Vorschrift lautet:

§ 60 HGB Auflösungsgründe

(1) Die Gesellschaft mit beschränkter Haftung wird aufgelöst:

1. *durch Ablauf der im Gesellschaftsvertrag bestimmten Zeit;*

2. *durch Beschluss der Gesellschafter; derselbe bedarf, sofern im Gesellschaftsvertrag nicht ein anderes bestimmt ist, einer Mehrheit von drei Vierteilen Teilen der abgegebenen Stimmen;*

3. *durch gerichtliches Urteil oder durch Entscheidung des Verwaltungsgerichts oder der Verwaltungsbehörde in den Fällen der §§ 61 und 62;*

4. *durch die Eröffnung des Insolvenzverfahrens; wird das Verfahren auf Antrag des Schuldners eingestellt oder nach der Bestätigung eines Insolvenzplans, der den Fortbestand der Gesellschaft vorsieht, aufgehoben, so können die Gesellschafter die Fortsetzung der Gesellschaft beschließen;*

5. *mit der Rechtskraft des Beschlusses, durch den die Eröffnung des Insolvenzverfahrens mangels Masse abgelehnt worden ist.*

6. *Mit der Rechtskraft einer Verfügung des Registergerichts, durch welche nach § 399 des Gesetzes über das Verfahren in Familiensachen und in den Angelegenheiten der freiwilligen Gerichtsbarkeit ein Mangel des Gesellschaftsvertrags festgestellt worden ist;*

7. *durch die Löschung der Gesellschaft wegen Vermögenslosigkeit nach § 394 des Gesetzes über das Verfahren in Familiensachen und in den Angelegenheiten der freiwilligen Gerichtsbarkeit.*

(2) Im Gesellschaftsvertrag können weitere Auflösungsgründe festgesetzt werden.

Neben den eben genannten Auflösungsgründen können auch Auflösungsgründe in Betracht kommen, welche nicht im Gesetz ausdrücklich genannt worden sind. Nach § 65 GmbHG ist die Auflösung der GmbH durch die entsprechenden Liquidatoren zur Eintragung in das Handelsregister anzumelden. Eine Anmeldung der Auflösung ist nach § 65 Abs. 1 Satz 2 GmbHG lediglich in folgenden drei Fällen nicht erforderlich:

Abbildung 15.7   Entfallen der Anmeldepflicht bei Auflösung einer GmbH

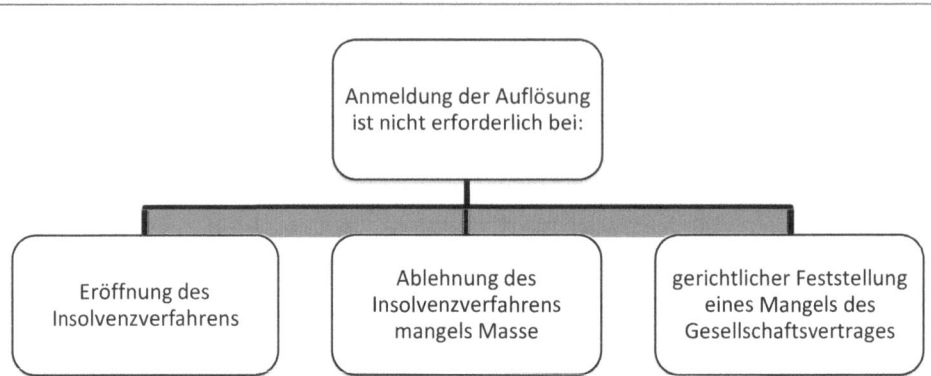

15.3   UG (haftungsbeschränkt)

Seit dem Jahre 2008 ist es in Deutschland auch zulässig statt einer GmbH eine so genannte „Unternehmergesellschaft (haftungsbeschränkt)" bzw. „UG (haftungsbeschränkt)" zu gründen.[152] Die „UG (haftungsbeschränkt)" ist in ihrem Wesen der GmbH derart ähnlich, dass beide im selben Gesetz, nämlich im GmbH-Gesetz geregelt sind. Die UG (haftungsbeschränkt) muss zwingend entweder als „Unternehmergesellschaft (haftungsbeschränkt)" oder als „UG (haftungsbeschränkt)" firmieren. Die Abkürzung des Zusatzes „haftungsbeschränkt" ist nicht zulässig. Denn hiermit soll den potentiellen Vertragspartnern eindeutig vor Augen gehalten werden, dass es sich hierbei um einen Gesellschaftstypus handelt, welcher gegebenenfalls nur ein sehr geringes Haftungskapital aufweist. Konsequenz einer fehlerhaften Firmierung kann sein, dass gegebenenfalls ein Bußgeld gegen das Unternehmen verhängt wird; eventuell auch, dass das Unternehmen Gefahr läuft, abgemahnt zu werden oder die Gesellschafter sich sogar einer persönlichen Haftung ausgesetzt sehen. Nachdem in der Bundesrepublik Deutschland die englische Form der GmbH, nämlich die Limited, aufgrund ihres niedrigen Haftungskapitals von einem Pfund großen Zulauf gefunden hat, hat die Bundesrepublik Deutschland mit der UG (haftungsbeschränkt) versucht, eine kostengünstige Möglichkeit zur Gründung einer GmbH-entsprechenden Gesellschaftsform zu bieten.[153] Aus diesem Grunde wird die UG (haftungsbeschränkt) im Volksmund bisweilen auch als so genannte „Mini-GmbH" bezeichnet.[154] Ebenso wie die GmbH kann auch die UG (haftungsbeschränkt) bereits von einer Person gegründet werden. Ebenso wie bei der GmbH kann auch bei der UG haftungsbeschränkt das im Anhang zum

---

[152]   Vgl. hierzu vertiefend auch: Hucke / Holfter, Die Unternehmergesellschaft (haftungsbeschränkt) –
        eine echte Alternative für Unternehmensgründer, JuS 2010, S. 861 ff.
[153]   Vgl. hierzu auch: Roth / Altmeppen, GmbHG-Kommentar, 7. Auflage, München 2012, § 5a Rn. 1 ff.
[154]   Vgl. zur Entstehungsgeschichte auch vertiefend: Lutter / Hommelhoff, GmbH-Gesetz, 18. Auflage,
        Köln 2012, § 5a Rn. 1 ff.

GmbH-Gesetz abgedruckte Gesellschaftsvertragsmuster, das so genannte Musterprotokoll, verwendet werden. Bei der Verwendung des Musters ist zu beachten, dass der Gesetzgeber zwei alternative Musterprotokolle vorgegeben hat. Ein Muster für die Gründung einer Gesellschaft mit lediglich einem Gesellschafter und ein Muster für die Gründung einer Gesellschaft mit mehreren Mitgesellschaftern. Sofern sich der oder die Gesellschafter einer UG haftungsbeschränkt für die Verwendung eines Musterprotokolls entschließen, so sollten Sie beachten, dass das Musterprotokoll verbindlich ist. Dies bedeutet, dass weder Veränderungen noch Ergänzungen vorgenommen werden dürfen. Vorteil dieser Musterformulierungen ist es, dass hierdurch die Kosten für den Gesellschaftsvertrag gesenkt und die Prüfdauer hierdurch erheblich verkürzt werden. Allerdings ist das Musterprotokoll zwingend notariell zu beurkunden. Die Gründer einer UG (haftungsbeschränkt) müssen also die Kosten für die Beurkundung durch den Notar und für die Eintragung in das Handelsregister einkalkulieren. Die UG (haftungsbeschränkt) kann bereits mit einem Haftungskapital von mindestens einem Euro gegründet werden. Die Festsetzung dieser Höhe ergibt sich zwar nicht direkt aus § 5a GmbHG; jedoch kann sie aus § 5 Abs. 2 GmbHG in Verbindung mit § 5 Abs. 3 Satz 2 GmbHG hergeleitet werden, wonach der Nennbetrag des Geschäftsanteils volle Euro betragen muss und die Summe der Geschäftsanteile identisch mit dem Stammkapital sein soll. Aus diesem Grunde ist es theoretisch möglich, mit lediglich einem Euro die Gründung einer Einpersonengesellschaft vorzunehmen. Sowie das notwendige Stammkapital in voller Höhe eingezahlt worden ist, kann die Gesellschaft beim Handelsregister angemeldet werden. Nach § 5a Abs. 2 GmbHG ist es jedoch nicht zulässig, wenn lediglich die Hälfte des Stammkapitals eingezahlt wurde. Es ist in voller Höhe zu leisten. Auch Sacheinlagen sind nach dieser Vorschrift unzulässig. Es ist allerdings erforderlich, jedes Jahr ein Viertel des Gewinnes nicht an die Gesellschafter auszuschütten, sondern diesen Betrag dazu zu verwenden, das Haftungskapital nach und nach zu erhöhen. Aus diesem Grunde muss nach § 5a Abs. 3 GmbHG in der Bilanz der Gesellschaft eine gesetzliche Rücklage gebildet werden, in welche jeweils ein Viertel des Jahresüberschusses einzustellen ist. Verwendet werden darf diese Rücklage lediglich zu Zwecken der Kapitalerhöhung, zum Ausgleich eines Jahresfehlbetrages oder zum Ausgleich eines Vortrages. Eine Nichtbeachtung der in § 5a Abs. 3 GmbHG getroffenen Regelung hat zwingend die Nichtigkeit des Jahresabschlusses und des Gewinnverwendungsbeschlusses zur Folge. Darüber hinaus droht gemäß § 43 GmbHG eine Haftung des Geschäftsführers. Solange die UG (haftungsbeschränkt) kein eingetragenes Stammkapital in Höhe des Mindestkapitals aufweist, ist sie verpflichtet, die gesetzliche Rücklage im Sinne des § 5a Abs. 3 GmbHG und bilden. Wenn das Haftungskapital einer UG (haftungsbeschränkt) 25.000 € erreicht hat, kann eine UG (haftungsbeschränkt) relativ leicht in eine GmbH umgewandelt werden. Vorteil einer solchen Umwandlung wäre dann, dass in der Folgezeit nicht mehr ein Viertel des Gewinns dazu verwendet werden muss, das haftungskapital zu erhöhen. In der Praxis bleibt abzuwarten, ob die UG (haftungsbeschränkt) sich durchsetzen kann. Nachteil des geringen Haftungskapitals ist es nämlich, dass Banken einer (UG haftungsbeschränkt) nicht gerne Geld zur Verfügung stellen werden.

15.4   Limited

Die „Private Company Limited by Shares", welche in Kurzform auch als „Limited" (Ltd.)
bezeichnet wird, ist seit geraumer Zeit in Deutschland auch als zulässige, einer GmbH
entsprechenden, Gesellschaftsform erlaubt. Dies ist unter anderem auch darauf zurückzuführen, dass der europäische Gerichtshof (EuGH) in mehreren Beschlüssen die Niederlas-
sungsfreiheit garantiert und damit den Einzug von ausländischen Gesellschaftsformen in
das deutsche Rechtssystem geebnet hat. Für die Gründung einer Limited ist eine Mindest-
gesellschafteranzahl nicht erforderlich. Insofern kann eine Limited also auch seit einigen
Jahren als Einpersonengesellschaft gegründet werden. Geführt werden die Geschäfte einer
Limited durch einen Geschäftsführer, welcher als „Director" bezeichnet wird.

Zur Gründung einer Limited ist ein schriftlicher Gesellschaftsvertrag erforderlich. Zwar ist
die Wahl des Unternehmensnamens nicht beschränkt, doch hat sie zwingend den Zusatz
„Limited" bzw. die entsprechende Abkürzung „Ltd." zu führen. Voraussetzung für die
Gründung einer Limited ist das Vorliegen einer Satzung. Die Satzung einer Limited besteht
aus zwei Dokumenten: dem „Memorandum of Association", welches alle wichtigen Angaben
zur Gründung wie beispielsweise Firmierung, Sitz, Zweck und Kapital des Unternehmens
enthält, sowie den so genannten „Articles of Association", welche das Innenverhältnis der
Gesellschaft regeln. In Großbritannien sind die für die Gründung der Gesellschaft notwendi-
gen Dokumente dem „Registrar of Companies" vorzulegen. Anders als in der Bundesrepublik Deutschland ist hierbei jedoch keine notarielle Beurkundung erforderlich. Darüber hinaus
werden nur formale Voraussetzungen überprüft, was die Eintragungsmodalitäten deutlich
beschleunigt. Durch die Erteilung des so genannten „certificate of incorporation", der Grün-
dungsbescheinigung, welche durch das britische Handelsregister, dem „Companies House"
erteilt wird, wird die Limited als Gesellschaft rechtskräftig. Dementsprechend wird das Aus-
stellungsdatum des „certificate of incorporation" auch als Gründungsdatum der Limited
angesehen. Auch wenn die Limited lediglich in der Bundesrepublik Deutschland tätig wird,
muss sie dennoch in Großbritannien eine zustellungsfähige Adresse unterhalten, unter welcher sie auch telefonisch erreichbar sein muss. Diese Adresse wird als so genanntes „Registe-
red Office" bezeichnet. In Großbritannien erfolgt die Prüfung der Gründungsvoraussetzun-
gen gewöhnlich innerhalb von fünf Arbeitstagen. Gegen Zahlung einer offiziellen Gebühr ist
es jedoch auch möglich, den Gründungsvorgang derart zu beschleunigen, dass er innerhalb
von 24 Stunden abgewickelt werden kann. Bezüglich ihrer Gründungsformalitäten ist die
Limited dementsprechend sehr unkompliziert.

Für deutsche Unternehmer bietet sich – neben der Gründung einer Limited – eine zweite
Möglichkeit an, um Anteilseigner einer Limited zu werden. Hierbei erwirbt der Unternehmer Anteile einer Vorratsgesellschaft. Dies wird auch als so genannter „Mantelkauf" bezeichnet. Anstatt eine Limited neu zu gründen, kann auch eine bestehende Gesellschaft,
eine so genannte „shelf company", käuflich erworben werden. In der Praxis wird eine Limited bisweilen lediglich zu diesem Zweck gegründet, wobei sie bis zum Verkauf keine eigene Geschäftstätigkeit wahrnimmt. Sofern sich also ein deutscher Gesellschafter für den
Kauf eines Limited-Mantels entscheidet, wird dies aus Sicht der deutschen Rechtsordnung

als Neugründung gesehen, sofern alle relevanten Voraussetzungen einer Gründung erfüllt sind. Hierbei müssen alle Anteile übertragen werden und der „Director" bzw. der „Director" und „Secretary" müssen beim „Companies House" angemeldet sein. Hierzu ist anzumerken, dass nach dem britischen „Companies Act 2006" das Vorhandensein eines „Secretary", also eines Schriftführers der Limited, nicht mehr zwingend notwendig ist. Grundsätzlich muss eine Limited kein Stammkapital aufweisen. Zwar muss in der Satzung das Nennkapital der Gesellschaft, das so genannte „Nominal Share Capital" aufgeführt sein, von welchem auch jeder Gesellschafter einen Anteil zu tragen hat; theoretisch würde hierbei aber auch eine Sacheinlage mit einem geringwertigen Gegenstand, wie beispielsweise einem Handy, ausreichen. In der Praxis wird allerdings gewöhnlich mindestens ein Pfund als Nennkapital gefordert. Nach der britischen Rechtsordnung ist es allerdings möglich, neben etwaigen Bar- oder Sacheinlagen auch Dienstleistungen der Gesellschafter sowie gegebenenfalls sogar Aufrechnungen mit Forderungen des Gesellschafters gegenüber der Limited als Einlagen darzustellen. Die Limited ist verpflichtet jährlich eine Bilanz beim englischen Handelsregister vorzulegen, sowie einen Jahresbericht über den Status der Gesellschaft sowie bei den englischen Finanzbehörden eine Steuererklärung einzureichen. Wird dieses nicht fristgerecht getan, so muss der Unternehmer mit Bußgeldern und im Extremfall mit Streichung aus dem Register rechnen. Nachteil einer derartigen Streichung aus dem englischen Register ist, dass der Haftungsschutz, welcher mit der Limited erreicht werden soll, entfällt.

Ähnlich wie eine GmbH ist auch die Limited nur über Organe handlungsfähig. Vertreten wird die Limited durch die Geschäftsführung. Handelt es sich bei der Geschäftsführung lediglich um einen einzelnen Geschäftsführer, so wird dieser als „Director" bezeichnet. Hat das Unternehmen jedoch mehr als eine Person in der Geschäftsführung, so wird der Vorstand „Board Of Directors" genannt. Zwar ist es zulässig, dass auch eine juristische Person die Aufgabe eines Directors übernimmt, doch muss dann mindestens ein Director eine natürliche Person sein.

Ein weiteres Organ der Limited stellt die Gesellschafterversammlung dar, die auch als „General Meeting" bezeichnet wird. Auf ihr werden die Beschlüsse der Gesellschaft gefasst. Gewöhnlich findet mindestens einmal pro Jahr eine vom Director einberufene Gesellschafterversammlung statt. Es besteht allerdings auch die Möglichkeit, eine so genannte außerordentliche Gesellschafterversammlung einzuberufen. Dieses geschieht dann gewöhnlich auf Antrag eines der Gesellschafter.

Früher war darüber hinaus noch ein so genannter „Company Secretary" notwendig. Er war den Weisungen des Directors unterworfen. Allerdings ist die Notwendigkeit zur Besetzung dieses Postens mit dem Inkrafttreten des Companies Act im Jahre 2006 entfallen. Aufgabe des Company Secretary war es, sich um die Verwaltung der Gesellschaft zu kümmern.

Sofern eine Limited in Deutschland tätig werden möchte, ist es nach § 13d HGB bis § 13g HGB erforderlich, dass der „Director" die in Deutschland ansässige Zweigniederlassung in der Bundesrepublik Deutschland beim zuständigen Handelsregister anmeldet. Dieses ist nur möglich mit einer notariellen Beglaubigung. Darüber hinaus ist es erforderlich, dass die

Unterlagen in beglaubigter Übersetzung dem Register vorgelegt werden. Der Geschäftsführer der Gesellschaft ist beim Handelsregister einzutragen.[155] Darüber hinaus sind Name, Sitz, Rechtsform und das Register, bei welchem die Gesellschaft geführt wird, der Unternehmensgegenstand, die Stammkapitalhöhe sowie die Vertretungsbefugnisse beim deutschen Handelsregister anzugeben. Wird die Anmeldepflicht nicht eingehalten, so sieht § 14 HGB als Sanktion ein Zwangsgeld von bis zu 5.000 € vor.

Gewöhnlich ist der Gewinn, welcher von einer Limited erzielt worden ist, in Großbritannien zu versteuern. Dies wird damit begründet, dass der Sitz der Gesellschaft sich in Großbritannien befindet und dieses für die Besteuerung ausschlaggebend ist. In Fällen, in welchen sich der Sitz der Limited in England, der Verwaltungssitz jedoch in Deutschland befindet, so ist zwischen der Steuer vom Ertrag und anderen Steuerarten eine Differenzierung vorzunehmen. Die Steuer vom Ertrag ist abhängig von der Ansässigkeit. Hat die Limited ihren Ort der Geschäftsleitung im Inland, so ist die Gesellschaft nach § 1 Abs. 1 KStG unbeschränkt steuerpflichtig. Wird allerdings lediglich eine inländische Betriebsstätte errichtet, so sind nur die, der Betriebsstätte zurechenbaren Gewinne, als steuerpflichtig anzusehen. Zu der eben genannten Körperschaftsteuer kommen allerdings unter anderem auch die Gewerbesteuerpflicht sowie die Pflicht zur Lohnsteuer für die Mitarbeiter der Betriebsstätte bzw. auch die Umsatzsteuerpflicht hinzu. Sofern die Finanzverwaltung belegen kann, dass die Limited in der Bundesrepublik Deutschland unbeschränkt steuerpflichtig ist, so ist diese Gesellschaft doppelt ansässig, wofür die unbeschränkte Steuerpflicht in Großbritannien, der so genannte statuarische Sitz, ausreicht. Sofern Fälle der doppelten Ansässigkeit vorliegen, richtet sich die Zuweisung des Besteuerungsrechts nach dem Doppelbesteuerungsabkommen (DBA) zwischen Großbritannien und der Bundesrepublik Deutschland. Hierin ist festgelegt, dass für das Besteuerungsrecht der Ort der tatsächlichen Geschäftsleitung maßgebend ist. Sofern die Limited allein in der Bundesrepublik Deutschland tätig wird, liegt somit das Besteuerungsrecht bei der Bundesrepublik Deutschland.

Im Rahmen von internationalen Geschäften mag die Limited eine geeignete Gesellschaftsform darstellen, weil sie hohe internationale Bekanntheit genießt. Bei reinen Geschäften in Deutschland jedoch ist zu beachten, dass sie aufgrund ihrer vielfachen Verpflichtung gegenüber zweierlei öffentlicher Stellen (Großbritannien und Deutschland) zu hohen Kosten und einem hohen Verwaltungsaufwand führt. Aufgrund des gewöhnlich niedrigen Haftungskapitals ist es für eine Limited schwer, von Banken ein Darlehen zu erhalten. Aufgrund der Tatsache, dass es sich bei der Limited um einen englischen Gesellschaftstyp handelt, ist auch davon auszugehen, dass die Limited keine deutsche Existenzgründerförderung erhält. Aus diesem Grunde haben viele Personen, welche eine Limited in der Bundesrepublik Deutschland betreiben möchten, sich für die Gesellschaftsform einer Limited & Co. KG entschieden. Denn eine Limited & Co. KG stellt eine besondere Form der Kommanditgesellschaft dar und ist deshalb ein deutscher Unternehmenstyp, welcher auch der deutschen Existenzgründerförderung unterliegt.

---

[155] Zum Erfordernis des Nachweises der Anmeldeberechtigung des neu bestellten ständigen Vertreters der Zweigniederlassung einer Limited, OLG München, Beschluss vom 10.08.2011, 31 Wx 239/11, DB 2011, S. 2310 f.

Im Rahmen der Beendigung einer Ltd. gibt es sowohl die Möglichkeit einer freiwilligen Liquidation, als auch eine Vorgehensweise, bei der die Ltd. direkt gelöscht wird, ohne dass es zu einer Liquidation der Gesellschaft kommt.[156] Darüber hinaus kann eine Ltd. auch im Rahmen eines Insolvenzverfahrens abgewickelt werden.

15.5 Aktiengesellschaft

Die Aktiengesellschaft ist in einem eigenständigen Gesetz geregelt[157], dem Aktiengesetz (AktG)[158]. Nach § 1 AktG ist die Aktiengesellschaft mit einer eigenen Rechtspersönlichkeit ausgestattet[159], wobei ihr Grundkapital in Aktien zerlegt ist. Ebenso wie bei der GmbH besteht auch bei der Aktiengesellschaft eine so genannte Abschirmwirkung. Das heißt, dass lediglich die Gesellschaft selbst, nicht aber ihre Gesellschafter für Verbindlichkeiten der Gesellschaft haften.

15.5.1 Gründung

Die Gründung einer Aktiengesellschaft kann in mehrere Stadien aufgeteilt werden. Ähnlich wie oben bereits bei der GmbH beschrieben, handelt es sich bei dem Stadium vor dem Abschluss eines notariellen Gesellschaftsvertrages um eine so genannte Vorgründungsgesellschaft. Diese ist den Personengesellschaften zuzurechnen und wird deshalb juristisch als Gesellschaft bürgerlichen Rechts bzw. bei kaufmännischen Unternehmungen als OHG behandelt. Von einer Vor-AG, auf welche das Aktiengesetz angewandt wird, kann erst dann gesprochen werden, wenn bereits der notarielle Gesellschaftsvertrag abgeschlossen worden ist. Die Errichtung der Aktiengesellschaft ist erst dann vollständig erfolgt und abgeschlossen, wenn sie in das Handelsregister eingetragen worden ist. Die Gründungsphasen einer AG stellen sich also folgendermaßen dar:

Abbildung 15.8 Gründungsphasen der AG

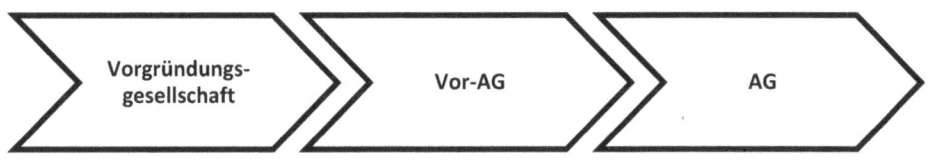

---

[156] Zur Fortsetzung der werbenden Tätigkeit durch eine gelöschte Ltd., vgl.: OLG Celle, Beschluss vom 29.05.2012, 6 U 15/12, NJW-Spezial, Heft 14, 2012, S. 433.
[157] Zur Novellierungsentwicklung vgl. auch: Merkner / Schmidt-Bendun, Die Aktienrechtsnovelle 2012 – Überblick über den Regierungsentwurf, DB 2012, S. 98 ff.
[158] Aktiengesetz vom 06.09.1965, BGBl. I S. 1089, mit späteren Änderungen.
[159] Vgl. Hüffer, Aktiengesetz, 10. Auflage, München 2012, § 1 Rn. 4.

15.5.2   Organe der Aktiengesellschaft

Wie auch andere juristische Personen, ist die AG als eigenständige Rechtspersönlichkeit nur handlungsfähig über Organe. Diese Organe sollen nun im Folgenden näher dargestellt werden.

15.5.2.1   Hauptversammlung

Ein wichtiges Organ der Aktiengesellschaft ist die Hauptversammlung. Gesetzliche Regelungen hierzu finden sich in § 118 bis § 147 AktG. Die Hauptversammlung ist das beschließende Organ[160]; sie besteht aus allen Aktionären. Sie wählt die Mitglieder des Aufsichtsrats und kann über Fragen der Geschäftsführung entscheiden; allerdings kann sie dies nach § 119 Abs. 2 AktG nur, wenn der Vorstand es verlangt. Für die Erteilung von Weisungen in Angelegenheiten der Geschäftsführung, ist die Hauptversammlung jedoch nicht befugt. Das Stimmrecht in der Hauptversammlung wird gemäß § 134 Abs. 1 Satz 1 AktG bei Aktiennennbeträgen und bei Stückaktien nach deren Zahl ausgeübt. In der Hauptversammlung werden Entscheidungen über Satzungsänderungen bestimmt sowie die Mitglieder des Aufsichtsrats bestellt und abberufen. Ebenfalls ist die Hauptversammlung für die Entlastung des Vorstands und des Aufsichtsrats zuständig. Die Hauptversammlung billigt gemäß §§ 172, 173 AktG den Jahresabschluss, wacht über die Verwendung des Bilanzgewinns. Sie hat nach § 142 AktG das Recht, einen Sonderprüfer zur Prüfung von Vorgängen bei der Gründung oder der Geschäftsführung einzusetzen und hat das Recht die Gesellschaft aufzulösen. Die ordentliche Hauptversammlung im Sinne des § 121 AktG wird einberufen, wenn dies durch Gesetz oder Satzung bestimmt wird oder wenn das Wohl der Gesellschaft es erfordert. Eine ordentliche Hauptversammlung wird durch den Vorstand einberufen, indem dieser die Einberufung gewöhnlich entsprechend der Vorgabe des § 121 Abs. 4 Satz 1 AktG in den Gesellschaftsblättern bekannt macht. Eine Ausnahme ist dann zulässig, wenn die Aktionäre der Gesellschaft namentlich bekannt sind. In derartigen Fällen ist, soweit die Satzung nichts anderes regelt, auch ein eingeschriebener Brief für die Einberufung möglich. Von der ordentlichen Hauptversammlung im Sinne des § 121 AktG zu unterscheiden ist die so genannte außerordentliche Hauptversammlung im Sinne des § 122 AktG. Eine außerordentliche Hauptversammlung wird dann einberufen, wenn dies die Aktionäre, welche 1/20 des Grundkapitals erreichen, schriftlich mit Angabe von Zweck und Grund verlangen. Desweiteren können Aktionäre (deren Anteile 1/20 des Grundkapitals oder den anteiligen Betrag von 500.000 € erreicht haben) verlangen, dass Gegenstände zur Beschlussfassung einer Hauptversammlung angesetzt und bekannt gemacht werden. Nach § 123 Abs. 1 Satz 1 AktG ist die Hauptversammlung mindestens dreißig Tage vor dem Tage der Versammlung einzuberufen. Aufgrund der Satzung kann die Teilnahme oder Ausübung des Stimmrechts davon abhängig gemacht werden, dass sich die Aktionäre vor der Versammlung anmelden bzw. bei Inhaberaktien einen Nachweis für die Berechtigung des Stimmrechts erbringen. Die Tagesordnung der Hauptversammlung ist bei der Einberufung in den Gesellschaftsblättern bekannt zu machen. Ausnahmen hiervon bzw. Erweiterungen

---

[160] Vgl. Hüffer, Aktiengesetz, 10. Auflage, München 2012, § 118 Rn. 2.

hierzu sind in § 124 Abs. 1 Satz 2 und in § 124 Abs. 2 AktG geregelt. Der Vorstand und der Aufsichtsrat müssen zu jedem Gegenstand der Tagesordnung, über den die Hauptversammlung beschließen soll, nach § 124 Abs. 3 Satz 1 AktG in der Bekanntmachung der Tagesordnung Vorschläge zur Beschlussfassung machen. Sie dürfen laut § 124 Abs. 4 AktG keine Beschlüsse über Gegenstände der Tagesordnung fassen, welche nicht ordnungsgemäß bekannt gemacht sind. Der Vorstand hat laut § 125 Abs. 1 AktG die Pflicht, mindestens 21 Tage vor der Versammlung den Kreditinstituten und Vereinigungen von Aktionären, die Einberufung der Hauptversammlung mitzuteilen. Es handelt sich hierbei um Aktionäre, die in der letzten Hauptversammlung Stimmrechte für Aktionäre ausgeübt oder die diese Mitteilung verlangt haben. In der Mitteilung ist weiterhin darauf hinzuweisen, dass die Möglichkeit zur Ausübung des Stimmrechts durch einen Bevollmächtigten bzw. durch eine Aktionärsvereinigung besteht.

15.5.2.2 Rechte des Aktionärs bzw. Rechte im Rahmen der Hauptversammlung

In § 131 AktG ist festgeschrieben, dass jeder Aktionär in der Hauptversammlung vom Vorstand Auskunft über Angelegenheiten der Gesellschaft verlangen kann[161], soweit diese Auskunft zur sachgemäßen Beurteilung eines Gegenstands der Tagesordnung erforderlich ist. Diese Auskunftspflicht betrifft auch rechtliche und geschäftliche Beziehungen der Gesellschaft zu einem verbundenen Unternehmen. Jede Auskunft des Vorstands muss nach den Grundsätzen einer gewissenhaften und getreuen Rechenschaft geschehen. Die Art der Auskünfte, welche der Vorstand verweigern darf, sind in § 131 Abs. 3 AktG normiert. Dies betrifft unter anderem Auskünfte, die der Gesellschaft oder einem verbundenen Unternehmen erhebliche Nachteile zufügen würden oder Auskünfte, durch deren Erteilung sich der Vorstand strafbar machen würde. Falls keine der in § 131 Abs. 3 AktG genannten Verweigerungsgründe bestehen, darf die Auskunft nicht verweigert werden. Der Aktionär, dem die Information verweigert wurde, kann seine Frage und deren Verweigerungsgrund protokollieren lassen. Das zuständige Landgericht kann nach § 132 AktG auf Antrag über die Pflicht der Auskunftserteilung entscheiden.

Das Stimmrecht des Aktionärs bestimmt sich nach § 134 AktG. Es wird nach Aktiennennbeträgen ausgeübt. Bei Stückaktien wird es nach deren Zahl festgelegt. Grundsätzlich gewährt jede Aktie nach § 12 AktG das Stimmrecht. Bei Vorzugsaktien kann nach § 139 AktG das Stimmrecht ausgeschlossen werden. Vorzugsaktien sind Aktien, die mit einem nachzuzahlenden Vorzug bei der Verteilung des Gewinns ausgestattet sind. Im § 136 AktG wird der Ausschluss des Stimmrechts behandelt. Hier ist festgelegt, dass bei Befangenheit ein Stimmrechtsverbot vorliegt. Die Ausübung des Stimmrechts durch Kreditinstitute und geschäftsmäßig handelnde Personen wird gesondert im § 135 AktG dargestellt.

---

[161] Vgl. zu etwaigen Auskunftsverweigerungsgründen: Hüffer, Aktiengesetz, 10. Auflage, München 2012, § 131 Rn. 23 ff.

15.5.2.3 Vorstand

Regelungen zum Vorstand einer Aktiengesellschaft finden sich in den §§ 76 bis 94 AktG.
Der Vorstand leitet die Aktiengesellschaft nach § 76 Abs. 1 AktG eigenverantwortlich. Ein
weiterer Aufgabenbereich des Vorstands ist die Geschäftsführung im Sinne des § 77 AktG.
Die Geschäftsführungsbefugnis betrifft den gesamten Geschäftsbereich der Aktiengesellschaft und wird durch ihre Satzung bestimmt. Das Aktiengesetz legt in § 77 Abs. 1 AktG
eine gemeinschaftliche Geschäftsführung fest, sofern der Vorstand aus mehreren Personen
besteht. Der Vorstand muss dem Aufsichtsrat gemäß § 90 AktG Bericht über folgende Gebiete erstatten:

Abbildung 15.9   Berichtspflichten des Vorstands

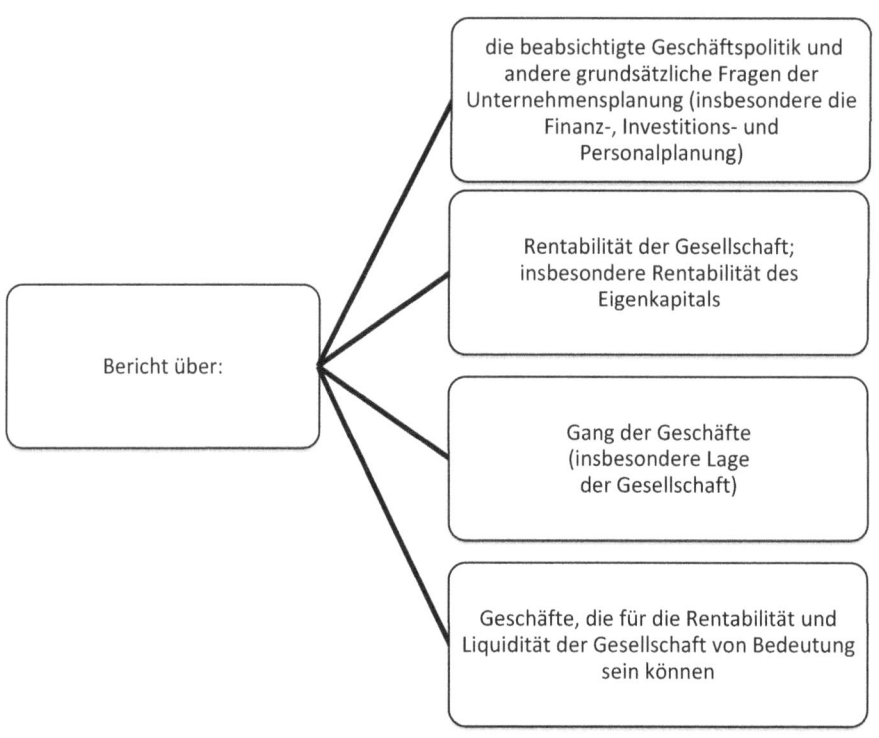

Bericht über:

- die beabsichtigte Geschäftspolitik und andere grundsätzliche Fragen der Unternehmensplanung (insbesondere die Finanz-, Investitions- und Personalplanung)
- Rentabilität der Gesellschaft; insbesondere Rentabilität des Eigenkapitals
- Gang der Geschäfte (insbesondere Lage der Gesellschaft)
- Geschäfte, die für die Rentabilität und Liquidität der Gesellschaft von Bedeutung sein können

Eine weitere Aufgabe des Vorstandes ist nach § 78 AktG die Vertretung der Gesellschaft.
Diese Vertretung erfolgt sowohl gerichtlich als auch außergerichtlich.[162] Die Vertretungsbefugnis des Vorstandes kann aufgrund § 82 Abs. 1 AktG nach außen hin nicht beschränkt
werden. Im Verhältnis der Vorstandsmitglieder zur Gesellschaft – also im Innenverhältnis –

---

[162]   Vgl. Hüffer, Aktiengesetz, 10. Auflage, München 2012, § 78 Rn. 3 f.

sind diese allerdings nach § 82 Abs. 2 AktG verpflichtet, die Beschränkungen einzuhalten, die im Rahmen der Vorschriften über die Aktiengesellschaft, die Satzung, den Aufsichtsrat, die Hauptversammlung und die Geschäftsordnungen des Vorstandes und des Aufsichtsrates für die Geschäftsbefugnis getroffen werden. Wenn mehrere Personen den Vorstand bilden, so sind diese nach § 78 Abs. 2 AktG nur gemeinschaftlich zur Vertretung der Gesellschaft befugt. Ist nur eine Willenserklärung gegenüber der Gesellschaft abzugeben, so genügt die Abgabe gegenüber einem Vorstandsmitglied. Das Aktiengesetz legt in § 78 Abs. 3 AktG fest, dass die Satzung auch bestimmen kann, dass einzelne Vorstandsmitglieder alleine (Einzelvertretungsbefugnis) oder in der Gesellschaft mit einem Prokuristen (unechte Gesamtvertretung) zur Vertretung der Gesellschaft befugt sind.

Die Zusammensetzung des Vorstands ergibt sich nach § 76 Abs. 2 AktG aus der Satzung. Somit kann der Vorstand aus einer oder mehreren Personen bestehen. Wenn eine Gesellschaft mehr als drei Millionen Euro an Grundkapital besitzt, so muss der Vorstand mindestens zwei Mitglieder haben; es sei denn die Satzung bestimmt ausdrücklich, dass es nur eines Mitgliedes bedarf. Die Voraussetzungen für Mitglieder des Vorstandes werden in § 76 Abs. 3 AktG geregelt. Ein Mitglied des Vorstandes kann nur eine natürliche, unbeschränkt geschäftsfähige Person sein. Juristische Personen können demnach kein Vorstandsmitglied werden. Man muss kein Gesellschafter sein, um in den Vorstand berufen zu werden. Im Rahmen der Aktiengesellschaft ist eine so genannte Fremdorganschaft zulässig. Diese wird bisweilen auch als „Drittorganschaft" bezeichnet. Die Vorstandsmitglieder werden von dem Aufsichtsrat nach § 84 Abs. 1 Satz 1 AktG auf höchstens fünf Jahre bestellt. Eine wiederholte Bestellung oder Verlängerung der Amtszeit ist jeweils für höchstens fünf Jahre zulässig.[163] Wenn mehrere Personen zu Vorstandsmitgliedern bestellt werden, so kann nach § 84 Abs. 2 AktG der Aufsichtsrat einen Vorsitzenden des Vorstands einsetzen. Es wird ein Anstellungsvertrag nach den Vorgaben des § 87 Abs. 1 AktG zwischen Vorstandsmitglied und Gesellschaft abgeschlossen, in dem die Rechte und Pflichten der Vertragsparteien, wie Gehalt, Gewinnbeteiligung, Aufwandsentschädigungen, Versicherungsentgelte, Provisionen und Nebenleistungen jeder Art festgelegt sind. Es ist auch möglich die Bestellung zum Vorstandsmitglied oder die Ernennung des Vorsitzenden des Vorstandes zu widerrufen. Gründe dafür nennt das Aktiengesetz in § 84 Abs. 3 AktG. Eine Pflichtverletzung, Unfähigkeit zur ordnungsgemäßen Geschäftsführung oder der Entzug durch die Hauptversammlung können zur Widerruflichkeit der Bestellung eines Vorstandsmitglieds führen. Die Hauptversammlung darf nicht aus offenbar unsachlichen Gründen einem Vorstandsmitglied das Vertrauen entziehen. Der Verantwortungsbereich des Vorstands umfasst unterschiedliche Aspekte. Er muss beispielsweise die Hauptversammlung einberufen und es nach § 92 Abs. 1 AktG der Hauptversammlung anzeigen, falls bei der Aufstellung der Jahresbilanz, einer Zwischenbilanz oder bei pflichtgemäßem Ermessen anzunehmen ist, dass ein Verlust in Höhe der Hälfte des Grundkapitals besteht. Wird die Gesellschaft zahlungsunfähig, so muss aufgrund von § 92 Abs. 2 AktG unverzüglich die Eröffnung eines Insolvenzverfahrens beantragt werden; spätestens zwei Wochen nach Eintritt der Zahlungsun-

---

[163] Zum Fall der vorzeitigen Wiederbestellung vgl.: Fleischer, Vorzeitige Wiederbestellung von Vorstandsmitgliedern: Zulässige Gestaltungsmöglichkeit oder unzulässige Umgehung des § 84 Abs. 1 Satz 3 AktG?, DB 2011, S. 861 ff.

fähigkeit. Vorstandsmitglieder sollen nach § 93 Abs. 1 AktG bei der Geschäftsführung die Sorgfalt eines ordentlichen und gewissenhaften Geschäftsleiters anwenden.[164] Sie müssen über vertrauliche Angaben sowie über Betriebs- und Geschäftsgeheimnisse der Gesellschaft Stillschweigen bewahren. Vorstandsmitglieder, die ihre Pflichten verletzen, müssen nach § 93 Abs. 2 AktG der Gesellschaft den daraus entstehenden Schaden als Gesamtschuldner[165] ersetzen. Desweiteren sind nach § 93 Abs. 3 AktG Vorstandsmitglieder zum Ersatz verpflichtet, wenn sie entgegen dem Aktiengesetz handeln. Gemeint sind hierbei folgende Handlungen, sofern sie den Regelungen des Aktiengesetzes zuwiderlaufen[166]:

- Rückgewährung von Einlagen an die Aktionäre;

- Zahlung von Zinsen oder Gewinnanteilen an die Aktionäre;

- Zeichnung, Erwerb, Pfandannahme oder Einziehung von eigenen Aktien der Gesellschaft oder einer anderen Gesellschaft;

- Ausgabe von Aktien, bevor der Ausgabebetrag vollständig geleistet wurde;

- Verteilung des Gesellschaftsvermögens;

- Das Leisten von Zahlungen entgegen den Regelungen des § 92 Abs. 2 AktG;

- Gewährung von Vergütungen an Aufsichtsratsmitglieder;

- Kreditgewährung;

- Ausgabe von Bezugsaktien im Rahmen der bedingten Kapitalerhöhung außerhalb des festgelegten Zwecks oder vor der vollen Leistung des Gegenwerts.

Die Ersatzpflicht der Vorstandsmitglieder tritt nach § 93 Abs. 4 AktG gegenüber der Gesellschaft nicht ein, wenn die Handlung auf einem Beschluss der Hauptversammlung beruht.

15.5.2.4   Aufsichtsrat

Der Aufsichtsrat wird in § 95 bis § 116 AktG geregelt. Zu den Aufgaben des Aufsichtsrates gehören die Bestellung[167] sowie die Abberufung des Vorstands nach § 84 AktG und die Überwachung der Geschäftsführung des Vorstands nach § 111 AktG. Hier wird auch festgelegt, dass er die Hauptversammlung einberufen muss, wenn das Wohl der Gesellschaft dies erfordert. Der Aufsichtsrat vertritt die Gesellschaft nach § 112 AktG gegenüber den Vorstandsmitgliedern. Die Feststellung sowie Prüfung des Jahresabschlusses inklusive Lagebericht und Vorschlag für die Verwendung des Gewinns ist in §§ 171 f. AktG ebenfalls

---

[164]   Zur Pflichtverletzung des Vorstands einer AG bei unternehmerischen Entscheidungen vgl.: BGH, Urteil vom 22.02.2011, II ZR 146/09, DB 2011, S. 925 ff.

[165]   Vgl. vertiefend hierzu: BGH, Urteil vom 22.12.2011, VII ZR 136/11, NJW 2012, S. 1070; BGH, Urteil vom 22.12.2011, VII ZR 7/11, NJW 2012, S. 1071; Schwab, Schuldrecht: Wirkungen der Gesamtschuld, JuS 2012, S. 643 ff.

[166]   Zur Haftung von Vorstands- und Aufsichtsratsmitgliedern wegen Pflichtverletzungen im Rahmen einer Kapitalerhöhung vgl.: BGH, Urteil vom 20.09.2011, II ZR 234/09, DB 2011, S. 2484 ff.

[167]   Vgl. vertiefend hierzu: Hüffer, Aktiengesetz, 10. Auflage, München 2012, § 84 Rn. 3 ff.

als Aufgabe des Aufsichtsrats definiert. Der Aufsichtsrat kontrolliert die Geschäftsführung präventiv, wenn die Satzung ihn dazu ermächtigt oder wenn der Aufsichtsrat es bei bestimmten Geschäften selbst so bestimmt hat. Dies erfolgt nach § 111 Abs. 4 Satz 3 AktG mit der Zustimmung bei bestimmten Arten von Geschäften. Die Sorgfaltspflicht und Verantwortlichkeit der Aufsichtsratsmitglieder werden nach § 116 AktG in Verbindung mit § 93 AktG sinngemäß wie bei den Vorstandsmitgliedern behandelt.

Es existieren zwei Möglichkeiten, die Zusammensetzung des Aufsichtsrats zu bestimmen. Bei der Zusammensetzung nach Aktienrecht ist in § 95 AktG festgelegt, dass der Aufsichtsrat aus drei Mitgliedern besteht und die Satzung eine bestimmte höhere Zahl dieser Mitglieder festlegen kann. Die Anzahl der Aufsichtsratsmitglieder muss durch drei teilbar sein. Die Höchstzahl der Aufsichtsratsmitglieder wird nach dem Grundkapital der Gesellschaft bestimmt. Diese beträgt bei bis zu 1,5 Millionen Euro neun, bei mehr als 1,5 Millionen Euro fünfzehn und bei mehr als 10 Millionen Euro 21 Aufsichtsratsmitglieder. Bei der Zusammensetzung werden nach § 95 Satz 5 und § 96 AktG abweichende Vorschriften des Mitbestimmungsrechts nicht berührt.

Bei weniger als 500 Arbeitnehmern im Betrieb besteht die Zusammensetzung des Aufsichtsrats ausschließlich aus Vertretern der Anteilseigner. Bei einer Anzahl von 500 bis 2.000 Arbeitnehmern im Betrieb besteht der Aufsichtsrat zu einem Drittel aus Arbeitnehmervertretern (Drittelbeteiligungsgesetz[168]) ab 2.000 Arbeitnehmern im Betrieb ist der Aufsichtsrat in seiner Zusammensetzung aus einer gleichen Zahl von Anteilseignern und Arbeitnehmervertretern zusammengesetzt (paritätische Mitbestimmung nach § 6 ff. Mitbestimmungsgesetz[169]).

Die persönlichen Voraussetzungen eines Aufsichtsratsmitglieds sind in § 100 AktG festgeschrieben.[170] Es kann nur eine natürliche, unbeschränkt geschäftsfähige Person Aufsichtsratsmitglied werden, die höchstens zehn Aufsichtsratsmandate haben darf. Das Mandat darf nicht ausgeführt werden, wenn derjenige gesetzliche Vertreter eines von der Gesellschaft abhängigen Unternehmens ist oder er gesetzlicher Vertreter einer anderen Kapitalgesellschaft ist, deren Aufsichtsrat ein Vorstandsmitglied der eigenen Gesellschaft angehört. Insgesamt schließt das Vorliegen eines der in der folgenden Grafik aufgeführten Kriterien eine Mitgliedschaft im Aufsichtsrat einer AG aus:

---

[168] Gesetz über die Drittelbeteiligung der Arbeitnehmer im Aufsichtsrat, Drittelbeteiligungsgesetz vom 18.05.2004, BGBl. I S. 974, ber. S. 2769 mit späteren Änderungen.
[169] Gesetz über die Mitbestimmung der Arbeitnehmer, Mitbestimmungsgesetz vom 04.05.1976, BGBl. I S. 1153 mit späteren Änderungen.
[170] Vgl. zum Anforderungsprofil auch: Hüffer, Aktiengesetz, 10. Auflage, München 2012, § 100 Rn. 2.

Abbildung 15.10 Ausschlusskriterien für Aufsichträte

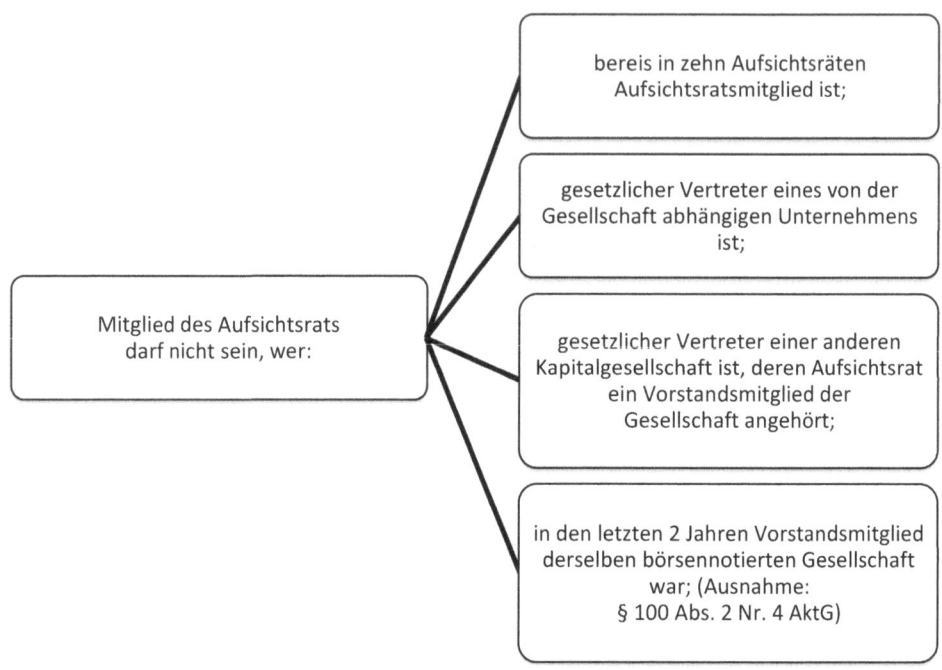

Die Aufsichtsratsmitglieder werden von der Hauptversammlung gewählt – außer wenn sie entsprechend der Regelung des § 101 Abs. 1 AktG in den Aufsichtsrat entsendet wurden oder wenn sie als Aufsichtsratsmitglieder der Arbeitnehmer nach dem Mitbestimmungs-, dem Mitbestimmungsergänzungs- oder dem Drittelbeteiligungsgesetz gewählt wurden. Sobald es Arbeitnehmervertreter betrifft, wird von der Belegschaft mittels Wahl ohne Wahlmänner oder durch Wahlmänner gewählt. Die Amtsdauer eines Aufsichtsratsmitglieds beträgt nach § 102 Abs. 1 AktG höchstens vier Jahre.

15.5.3 Auflösung

Die Gründe für die Auflösung einer Aktiengesellschaft sind im § 262 AktG normiert. Eine Auflösung kann durch Ablauf der in der Satzung bestimmten Zeit oder eines eigens in der Satzung festgelegten Grundes erfolgen. Die Hauptversammlung kann durch Beschluss die Aktiengesellschaft auflösen. Hierzu bedarf es einer Mehrheit, die mindestens drei Viertel des bei der Beschlussfassung vertretenen Grundkapitals umfasst. In der Satzung können eine größere Kapitalmehrheit und weitere Erfordernisse festgeschrieben sein. Desweiteren kann die Eröffnung eines Insolvenzverfahrens über das Vermögen der Gesellschaft zu einer Auflösung führen. Gleiches bewirkt die Rechtskraft des Beschlusses, durch den die Eröffnung des Insolvenzverfahrens mangels Masse abgelehnt wird. Die Aktiengesellschaft wird außerdem aufgelöst, wenn mit Rechtskraft einer registergerichtlichen Verfügung festgestellt worden ist, dass ein Mangel in der Satzung besteht. Die Gesellschaft kann auch wegen Vermögenslosigkeit gelöscht werden. Der Vorstand ist verpflichtet, die Auflösung der Gesellschaft an das Handelsregister zu melden. Dies gilt nicht bei Fällen, die das Gericht von Amts wegen einzutragen hat; wie beispielsweise die Öffnung des Insolvenzverfahrens sowie eine mangelhafte Satzung. Nach Auflösung der Gesellschaft findet die Liquidation (Abwicklung) nach § 264 ff. AktG statt. Abwickler sind hierbei die Vorstandsmitglieder oder von der Hauptversammlung nach § 265 Abs. 2 AktG andere bestellte Personen oder Abwickler, die bei bestimmten Gründen durch das Gericht bestellt werden. Die Abwickler sind nach § 266 AktG bei dem Handelsregister anzumelden. Zu Beginn der Abwicklung müssen die Abwickler nach § 270 AktG eine Bilanz (Eröffnungsbilanz), einen Bericht, der diese erläutert, sowie einen jährlichen Jahresabschluss und einen Lagebericht aufstellen. Pflicht der Abwickler ist es nach § 268 AktG, die laufenden Geschäfte zu beenden, die Forderungen einzuziehen, das übrige Vermögen in Geld umzusetzen, die Gläubiger zu befriedigen und falls nötig auch neue Geschäfte einzugehen. Sie müssen nach § 267 AktG durch Bekanntmachung in den Gesellschaftsblättern die Gläubiger auffordern, ihre Ansprüche anzumelden. Das nach der Berichtigung der Verbindlichkeiten verbleibende Vermögen der Gesellschaft muss von den Abwicklern nach § 271 AktG an die Aktionäre verteilt werden. Diese Vermögensverteilung darf erst ein Jahr nach der Aufforderung an die Gläubiger geschehen. Die Abwickler haben innerhalb ihres Kreises die Rechte und Pflichten des Vorstands und werden vom Aufsichtsrat überwacht. Sie vertreten nach § 269 AktG die Gesellschaft gerichtlich und außergerichtlich. Im Prinzip gilt für die Abwickler die Gesamtvertretungsbefugnis. Sofern also mehrere Abwickler bestellt sind und die Satzung der Gesellschaft nicht eine andere Regelung trifft, dürfen die Abwickler die Gesellschaft nur gemeinschaftlich vertreten. Wenn die Abwicklung beendet und die Schlussrechnung gelegt ist, müssen die Abwickler nach § 273 AktG dem Handelsregister den Schluss der Abwicklung zur Eintragung anmelden. Die Gesellschaft ist zu löschen und ihre Bücher und Schriften sind an einem vom Gericht bestimmten sicheren Ort zur Aufbewahrung für zehn Jahre zu hinterlegen.

15.5.4 Vor- und Nachteile einer AG

Durch die freie Übertragbarkeit der Aktien ist eine Börsenplatzierung möglich und die Eigenkapitalfinanzierung ist auf einer breiten Basis darstellbar. Somit besteht im Rahmen einer Aktiengesellschaft auch eine geringe Abhängigkeit von Krediten. Desweiteren sind die Aktien unkompliziert handelbar und gewährleisten eine Unternehmenskontinuität. Ein weiterer Vorteil der Aktiengesellschaft besteht in klaren Führungs- und Verantwortungsstrukturen. Die durch die Organe strikt durchgesetzte Teilung der Verantwortung beinhaltet klare Führungs- und Verantwortungsstrukturen. Die Rechte und Pflichten sind gesetzlich klar geregelt. Aufgrund des zwischengeschalteten Aufsichtsrats ist die Ablösung des Vorstands durch Minderheitsaktionäre nicht möglich.

Nachteile einer AG bestehen in der Höhe des Grundkapitals. Für kleine Unternehmer ist es oftmals schwierig, ein Grundkapital von mindestens 50.000 € aufzubringen und verhindert deshalb für sie die Möglichkeit, eine AG zu gründen. Darüber hinaus handelt es sich bei der Aktiengesellschaft um eine nicht ganz unkomplizierte Konstruktion. Zahlreiche Vorschriften zur Kapitalisierung und Mitbestimmung verkomplizieren die Konstruktion der AG. Die kleine AG, die nachfolgend dargestellt wird, hat diesbezüglich einige Erleichterungen gebracht.

15.5.5   Sonderfall: Kleine Aktiengesellschaft

Das „Gesetz für kleine Aktiengesellschaften und zur Deregulierung des Aktienrechts"[171] vom 02.08.1994 erleichtert mittelständischen Unternehmen den Zugang zur Rechtsform „AG". Es handelt sich um eine Gesellschaft mit einer kleinen Anzahl von Aktionären. Die Aktien der kleinen AG werden nicht an der Börse gehandelt. Vor allem Existenzgründer haben die Möglichkeit, als alleiniger Aktionär und Vorstand eine kleine AG zu gründen. Als Mindestkapital sind 50.000 € vorgeschrieben. Es ist möglich weitere Anleger am Unternehmen durch Ausgabe von Aktien oder auch durch Aufnahme von Kunden als Gesellschafter zu beteiligen. Die Haftung der kleinen AG ist gegenüber Vertragspartnern bis zur Höhe des Gesellschaftsvermögens begrenzt. Wenn die Mitgliederzahl unter 500 ist, so ist keine Mitbestimmung im Aufsichtsrat vorgeschrieben. Es sei darauf hingewiesen, dass die Bezeichnung „kleine Aktiengesellschaft" missverständlich ist. Sie knüpft nicht an der Größe der Gesellschaft an, sondern sie verfolgt das Ziel, durch die Rechtsform der AG die Kapitalausstattung von Unternehmen mit Eigenkapital zu fördern.

15.6   Kommanditgesellschaft auf Aktien (KGaA)

Die Kommanditgesellschaft auf Aktien (KGaA) ist im Aktiengesetz (AktG) ab § 278 AktG geregelt. Hiernach ist die Kommanditgesellschaft auf Aktien eine Gesellschaft mit eigener Rechtspersönlichkeit, bei welcher mindestens ein Gesellschafter den Gesellschaftsgläubigern unbeschränkt haftet und die übrigen Gesellschafter an dem in Aktien zerlegten Grundkapital beteiligt sind, ohne persönlich für die Verbindlichkeiten der Gesellschaft zu haften. Bereits diese Beschreibung macht deutlich, dass es sich bei der „Kommanditgesellschaft auf Aktien" um eine Mischung aus Kommanditgesellschaft und Aktiengesellschaft handelt. Auf die Kommanditgesellschaft auf Aktien sind gemäß § 278 Abs. 3 AktG die Vorschriften des „Ersten Buches über die Aktiengesellschaft" sinngemäß anzuwenden, sofern sich nicht aus den §§ 278 ff. AktG oder aus dem Fehlen eines Vorstandes etwas anderes ergibt. Die Kommanditgesellschaft auf Aktien hat als Organe die Hauptversammlung, den Aufsichtsrat, sowie persönlich haftende Gesellschafter. Während die Hauptversammlung als gemeinsames Organ aller Aktionäre anzusehen ist und dem Aufsichtsrat

---

[171]   Gesetz für kleine Aktiengesellschaften und zur Deregulierung des Aktienrechts vom 02.08.1994, BGBl. I S. 1961.

eine Kontrollfunktion gegenüber den persönlich haftenden Gesellschaftern bzw. gegenüber der Gesellschaft zukommt, nehmen die persönlich haftenden Gesellschafter die Aufgaben wahr, die in einer Aktiengesellschaft dem Vorstand zukommen. Hierzu gehört insbesondere die Vertretung der Gesellschaft nach außen. Weder der Aufsichtsrat noch die Hauptversammlung hat die Macht, in die Leitungsfunktion, welche von dem persönlich haftenden Gesellschafter ausgeübt wird, einzugreifen.

15.7   Eingetragene Genossenschaft (eG)

Die eingetragene Genossenschaft gehört zu den Kapitalgesellschaften. Gesetzlich ist die Genossenschaft im so genannten Genossenschaftsgesetz (GenG) geregelt.[172] Die eingetragene Genossenschaft haftet den Gläubigern lediglich mit ihrem Gesellschaftsvermögen. Dementsprechend ist sie auch nach § 17 GenG als Formkaufmann im Sinne des HGB und als juristische Person anzusehen. Nach § 1 Abs. 1 GenG sind die Genossenschaften definiert als „Gesellschaften von nicht geschlossener Mitgliederzahl, deren Zweck darauf gerichtet ist, den Erwerb oder die Wirtschaft ihrer Mitglieder oder deren soziale oder kulturelle Belange durch gemeinschaftlichen Geschäftsbetrieb zu fördern". Um eine Genossenschaft errichten zu können, sind nach § 4 GenG mindestens drei Mitglieder erforderlich. Die Satzung einer Genossenschaft bedarf nach § 5 GenG der Schriftform. Das Recht der Genossenschaft ist bezüglich der Satzung weitgehend bindend. Das heißt, das Recht der Genossenschaft gibt viele Aspekte bindend vor und lässt Abweichungen von der Gesetzeslage nur dann zu, wenn das Gesetz ausdrücklich eine Abweichung im Rahmen der Satzung zulässt.[173] Dieser Grundsatz der Satzungsstrenge ist explizit in § 18 Satz 2 GenG festgeschrieben.

Der Mindestinhalt der Satzung wird in § 6 GenG explizit vorgeschrieben. Folgendes muss mindestens in der Satzung einer Genossenschaft enthalten sein:

- Firma und Sitz der Genossenschaft;

- Gegenstand des Unternehmens;

- Bestimmungen darüber, ob die Mitglieder für den Fall, dass die Gläubiger in der Insolvenz der Genossenschaft nicht befriedigt werden, Nachschüsse zur Insolvenzmasse unbeschränkt, beschränkt auf eine bestimmte Summe (Haftsumme) oder überhaupt nicht zu leisten haben;

- Bestimmungen über die Form für die Einberufung der Generalversammlung der Genossen sowie für die Beurkundung ihrer Beschlüsse und über den Vorsitz in der Versammlung; die Einberufung der Generalversammlung muss durch unmittelbare Benachrichtigung sämtlicher Genossen oder durch Bekanntmachung in einem öffentlichen

---

[172] Vgl. zur geschichtlichen Entwicklung des Genossenschaftswesens: Geschwandtner, Genossenschaftsrecht, Baden-Baden 2007, § 1 Rn. 1 ff.; Eichwald / Lutz, Erfolgsmodell Genossenschaften – Möglichkeiten für eine werteorientierte Marktwirtschaft, Wiesbaden 2011, S. 27 ff.

[173] Vgl. Geschwandtner, Genossenschaftsrecht, Baden-Baden2007, § 3 Rn. 2.

Blatt erfolgen; das Gericht kann hiervon Ausnahmen zulassen; die Bekanntmachung im Bundesanzeiger genügt nicht;

■ Bestimmungen über die Form der Bekanntmachungen der Genossenschaft sowie Bestimmungen der öffentlichen Blätter für Bekanntmachungen, deren Veröffentlichung in öffentlichen Blättern durch Gesetz oder Satzung vorgeschrieben ist.

Darüber hinaus schreibt der § 7 GenG noch weitere Regelungen vor, die in der Satzung einer Genossenschaft zwingend enthalten sein müssen. Die dort genannten Punkte regeln sowohl den Aspekt des Geschäftsanteils als auch die gesetzliche Rücklage genauer. Hiernach muss die Satzung folgende Punkte enthalten:

1. *den Betrag, bis zu welchem sich die einzelnen Mitglieder mit Einlagen beteiligen können (Geschäftsanteil), sowie die Einzahlungen auf den Geschäftsanteil, zu welchen jedes Mitglied verpflichtet ist; diese müssen bis zu einem Gesamtbetrage von mindestens einem Zehntel des Geschäftsanteils nach Betrag und Zeit bestimmt sein;*

2. *die Bildung einer gesetzlichen Rücklage, welche zur Deckung eines aus der Bilanz sich ergebenden Verlustes zu dienen hat, sowie die Art dieser Bildung, insbesondere den Teil des Jahresabschlusses, welcher in diese Rücklage einzustellen ist, und den Mindestbetrag der letzteren, bis zu dessen Errichtung die Einstellung zu erfolgen hat.*

Obwohl der darauf folgende § 7a GenG zunächst wie eine „Kann-Bestimmung" klingt, enthält er in seinem Absatz 2 bei näherer Betrachtung eine zwingende Vorgabe. Denn diese Regelung schreibt vor, dass, sofern eine Pflichtbeteiligung in die Satzung aufgenommen worden ist, zwingend alle Mitglieder gleich behandelt werden müssen.

Neben den bisher aufgeführten Pflichtinhalten einer Genossenschafts-Satzung gibt es auch Punkte die nicht zwingend erforderlich sind, die aber freiwillig in die Satzung aufgenommen werden können, weil sie sich in der Praxis als zweckmäßig erwiesen haben. Diese freiwilligen Punkte finden sich in § 8 GenG und betreffen beispielsweise Regelungen bezüglich eines abweichenden Geschäftsjahres oder die Verknüpfung der Mitgliedschaft mit dem Wohnsitz.[174]

Sowie die mindestens drei Gründungsmitglieder die Satzung in der Gründungsversammlung unterzeichnet haben, ist eine so genannte „nicht eingetragene Genossenschaft" entstanden. Die eigentliche „eingetragene Genossenschaft" kann erst mit der Eintragung in das Genossenschaftsregister entstehen.[175] In der Praxis ist die eingetragene Genossenschaft vornehmlich im Bank-, im Bau- und Wohnungswesen sowie im Bereich der Landwirtschaft anzutreffen. Nachdem sich im Laufe der Jahre die früher erforderliche Anzahl von sieben Gründungsmitgliedern als Hemmnis für die Gründung von Genossenschaften gezeigt hat,

---

[174] Eichwald / Lutz, Erfolgsmodell Genossenschaften – Möglichkeiten für eine werteorientierte Marktwirtschaft, Wiesbaden 2011, S. 56.

[175] Ein Formulierungsmuster für eine Anmeldung der Genossenschaft zur Eintragung in das Genossenschaftsregister findet sich in: Saenger / Aderhold / Lenkaitis / Speckmann (Hrsg.), Handels- und Gesellschaftsrecht – Praxishandbuch, Baden-Baden 2008, § 6 Rn. 891.

kann seit 2006 eine Genossenschaft ab mindestens drei Mitgliedern gegründet werden. Sofern diese Mindestzahl lediglich vorübergehend unterschritten wird, ist es für den Bestand der Genossenschaft unschädlich. Der § 80 Abs. 1 GenG räumt für die Unterschreitung eine Frist von sechs Monaten ein, die es der Genossenschaft ermöglicht, einer Auflösung von Amts wegen zu entgehen.

15.7.1 Organe der Genossenschaft

Es ist zwingend erforderlich, dass die Genossenschaft drei organisatorisch voneinander getrennte Organe besitzt. Diese Organe sind:

Abbildung 15.11 Pflichtorgane der eG

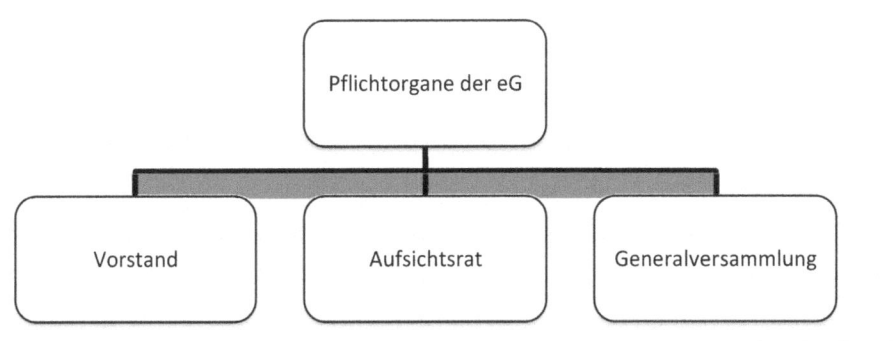

Von der Verpflichtung mindestens drei Organe zu besitzen besteht nur für kleine Genossenschaften mit bis zu 20 Mitgliedern die Möglichkeit, die Aufgaben des Aufsichtsrats durch die Satzung auf die Generalversammlung zu übertragen und ausnahmsweise auf den Aufsichtsrat zu verzichten.[176] Neben den oben genannten Pflichtorganen können im Rahmen einer Genossenschaft auch so genannte freiwillige Organe, wie beispielsweise besondere Verwaltungsausschüsse oder ein Beirat installiert werden. Hierbei ist allerdings zwingend zu beachten, dass die freiwilligen Organe nicht mit Aufgaben betraut werden dürfen, welche den Pflichtorganen, also dem Vorstand, dem Aufsichtsrat oder der Generalversammlung zugewiesen sind.

15.7.1.1 Vorstand

Die Genossenschaft wird entsprechend § 24 GenG durch den Vorstand gerichtlich und außergerichtlich vertreten.[177] Insofern kann gesagt werden, dass der Vorstand der gesetzliche Vertreter der Genossenschaft ist. Ihm obliegt als Leitungsorgan sowohl die Geschäfts-

---

[176] Vgl. Beuthien / Dierkes / Wehrheim, Die Genossenschaft, S. 38.
[177] Vgl. hierzu vertiefend auch: Saenger / Aderhold / Lenkaitis / Speckmann (Hrsg.), Handels- und Gesellschaftsrecht – Praxishandbuch, Baden-Baden 2008, § 6 Rn 918 ff.

führung als auch die Stellvertretung der Genossenschaft. Der Vorstand besteht aus mindestens 2 Personen; sofern die Satzung der Genossenschaft keine hiervon abweichende Regelung trifft. Im Rahmen des Genossenschaftsrechts gilt das so genannte „Vier-Augen-Prinzip". Es wird durch die §§ 25 ff. GenG näher ausgestaltet und sieht vor, dass eine Vertretung der Genossenschaft nur durch zwei Vorstandsmitglieder gemeinsam oder alternativ dazu durch ein Vorstandsmitglied zusammen mit einem Prokuristen erfolgen soll. Der Vorstand handelt verbindlich für die Genossenschaft. Die Genossenschaft muss Rechtsgeschäfte, die der Vorstand abgeschlossen hat, selbst dann gegen sich gelten lassen, wenn diese im Innenverhältnisse nicht zulässig sind. Allerdings werden nach § 34 GenG strenge Anforderungen an die Verantwortlichkeit und Sorgfalt des Vorstands gestellt und festgelegt, dass Vorstandsmitglieder, die ihre Pflichten verletzen, der Genossenschaft gesamtschuldnerisch zum Ersatz des entstehenden Schadens verpflichtet sind.[178]

15.7.1.2 Aufsichtsrat

Der Aufsichtsrat der Genossenschaft ist in den §§ 36 ff. GenG gesetzlich geregelt.[179] Er ist berechtigt, sich eine eigene Geschäftsordnung zu geben.[180] Dem Aufsichtsrat kommt die Aufgabe eines Kontrollorgans zu. Zu seinen Aufgaben gehört es, darüber zu wachen, dass der Vorstand die Geschäfte entsprechend des Förderzwecks ausrichtet. Daneben kommt ihm auch eine Funktion als Leitungsorgan zu.[181] Er prüft den Jahresabschluss und beruft, wenn es die Satzung vorsieht, die Vorstandsmitglieder. Der Aufsichtsrat muss aus mindestens 3 Mitgliedern bestehen – sofern nicht die Satzung eine noch höhere Zahl festsetzt. Zwar ist es möglich, dass der Aufsichtsrat die Wahrnehmung bestimmter Aufgaben an einzelne Aufsichtsratsmitglieder delegiert, doch ist dies gewöhnlich nur dann zulässig, wenn dies der Vorbereitung oder Durchführung von Beschlüssen dient.[182] Die eigentliche Entscheidung kann und darf der Aufsichtsrat in seiner Gesamtheit nur selbst treffen.

15.7.1.3 Generalversammlung

Ein weiteres Organ der Genossenschaft ist die Generalversammlung.[183] Die gesetzlichen Regelungen zur Generalversammlung finden sich in den §§ 43 ff. GenG. Nach § 43 Abs. 1 GenG üben die Mitglieder der Genossenschaft ihre Rechte in den Angelegenheiten der Genossenschaft in der Generalversammlung aus. Damit kommt der Generalversammlung die Aufgabe als oberstes Willensbildungsorgan und Entscheidungsorgan der Genossenschaft zu. Hierbei gilt der Grundsatz, dass jedes Mitglied eine Stimme hat. Eine der wesent-

---

178 Vgl. zur Haftung des Vorstands auch: Saenger / Aderhold / Lenkaitis / Speckmann (Hrsg.), Handels- und Gesellschaftsrecht – Praxishandbuch, Baden-Baden 2008, § 6 Rn. 930.

179 Vgl. hierzu vertiefend auch: Saenger / Aderhold / Lenkaitis / Speckmann (Hrsg.), Handels- und Gesellschaftsrecht – Praxishandbuch, Baden-Baden 2008, § 6 Rn. 936 ff.

180 Ein Muster für eine Geschäftsordnung des Aufsichtsrats findet sich bei: Geschwandtner, Genossenschaftsrecht, Baden-Baden2007, § 3 Rn. 69.

181 Vgl. Geschwandtner, Genossenschaftsrecht, Baden-Baden2007, § 3 Rn. 65.

182 Vgl. Schaffland, in: Lang / Weidmüller, Genossenschaftsgesetz, Kommentar, 36. Auflage, Berlin 2008, § 38 Rn. 39.

183 Vgl. hierzu allgemein: Saenger / Aderhold / Lenkaitis / Speckmann (Hrsg.), Handels- und Gesellschaftsrecht – Praxishandbuch, Baden-Baden 2008, § 6, Rn. 896 ff.

lichen Aufgaben der Generalversammlung findet sich in § 48 Abs. 1 GenG. Dort wird explizit ausgeführt: „Die Generalversammlung stellt den Jahresabschluss fest. Sie beschließt über die Verwendung des Jahresüberschusses oder die Deckung eines Jahresfehlbetrages sowie über die Entlastung des Vorstands und des Aufsichtsrats. Die Generalversammlung hat in den ersten sechs Monaten des Geschäftsjahres stattzufinden". Im Rahmen der Einberufung der Generalversammlung kommt es gewöhnlich dem Vorstand als Gesamtorgan zu, gemäß § 44 Abs. 1 GenG die Generalversammlung einzuberufen.[184]

15.7.2   Haftung

> **Beispiel:**
>
> A ist einer Genossenschaft beigetreten. Haftet er eigentlich für etwaige Gesellschaftsschulden?

Die Haftung für Verbindlichkeiten einer Genossenschaft ist in § 2 GenG geregelt. Hiernach haftet den Gläubigern für die Verbindlichkeiten der Genossenschaft nur das Vermögen der Genossenschaft. Hiervon sind alle Verbindlichkeiten der Genossenschaft erfasst – unabhängig davon, aus welchem Rechtsgrund sie entstanden sind. Zwar kann es theoretisch auch im Rahmen einer Genossenschaft zu einer so genannten Durchgriffshaftung, und damit zu einer Inanspruchnahme des Vorstands, des Aufsichtsrats oder eines Mitglieds kommen, doch liegen in der Praxis die, durch die Rechtsprechung geschaffenen Voraussetzungen für eine Durchgriffshaftung derart hoch, dass eine derartige Haftung eher die Ausnahme darstellt. Eine größere Haftungsgefahr für Mitglieder einer Genossenschaft kann im Rahmen der Insolvenz einer Genossenschaft bestehen. Hier sieht der § 105 GenG vor, dass Mitglieder in den Fällen, in welchen für die Gläubiger nicht die Möglichkeit besteht, ihre Forderungen aus der Insolvenzmasse der Genossenschaft zu erlangen, einer Nachschusspflicht unterliegen, nach der sie eigenes Vermögen in die Insolvenzmasse geben müssen. Für den oben genannten Beispielfall bedeutet dies, dass A vor seinem Beitritt das Statut der Genossenschaft daraufhin hätte prüfen müssen, ob in dem Statut eine Nachschusspflicht der Mitglieder ausdrücklich ausgeschlossen worden ist. Sofern ein derartiger Ausschluss nicht im Statut vermerkt ist, muss trotz der Regelung des § 2 GenG auch ein Mitglied damit rechnen, im Falle der Insolvenz der Genossenschaft nach § 105 GenG bezüglich seiner gesetzlich geregelten Nachschusspflicht in Anspruch genommen zu werden.

---

[184] Ein Muster für die Einladung zur Generalversammlung findet sich bei: Geschwandtner, Genossenschaftsrecht, Baden-Baden 2007, § 3 Rn. 74; zur Einberufung der Generalversammlung vgl.: Saenger / Aderhold / Lenkaitis / Speckmann (Hrsg.), Handels- und Gesellschaftsrecht – Praxishandbuch, Baden-Baden 2008, § 6 Rn. 897.

15.7.3   Ende der Mitgliedschaft

Es gibt für ein Mitglied mehrere Möglichkeiten die Mitgliedschaft zu beenden.[185] Der in der Praxis wohl häufigste Fall ist die Kündigung des Mitglieds, wie sie in § 65 GenG normiert ist. Hierbei ist eine gesetzliche Kündigungsfrist von drei Monaten vor Schluss eines Geschäftsjahres vorgesehen. Es bleibt den Genossenschaften unbenommen in ihrer Satzung längere Fristen vorzuschreiben. Hierbei ist jedoch zu beachten, dass maximal fünf Jahre als Frist zulässig sind. Sofern es objektiv und sachlich gerechtfertigt werden kann, so kann eine Genossenschaft ein Mitglied auch nach § 68 GenG ausschließen. Unter bestimmten Umständen kann auch eine außerordentliche Kündigung in Betracht kommen. So sieht der § 65 Abs. 3 GenG beispielsweise ein Recht zur außerordentlichen Kündigung vor, wenn die Genossenschaftssatzung eine Kündigungsfrist von mehr als zwei Jahren vorschreibt und wenn das Mitglied der Genossenschaft mindestens ein vollständiges Geschäftsjahr angehört hat und ihm nach seinen persönlichen oder wirtschaftlichen Verhältnissen ein Verbleib in der Genossenschaft bis zum Ablauf der Kündigungsfrist nicht zugemutet werden kann. In derartigen Fällen sieht das Gesetz für die Kündigung eine Frist von drei Monaten zum Schluss eines Geschäftsjahres vor.

15.7.4   Auflösung

Die Generalversammlung hat – soweit in der Satzung nichts anderes bestimmt ist – nach § 78 GenG die Möglichkeit, mit einer Mehrheit von mindestens drei Viertel der abgegebenen Stimmen die Genossenschaft aufzulösen.[186] Auch bei Insolvenz oder Vermögenslosigkeit kann es zu einer Auflösung kommen. Allerdings ist in der Praxis festzustellen, dass eine Genossenschaft gewöhnlich weniger insolvenzanfällig ist als andere Gesellschaftsformen. Ebenfalls selten ist eine Auflösung, die entsprechend § 79 GenG auf eine, in der Satzung der Genossenschaft festgelegte, Befristung zurückgeht. Andere Faktoren, die zur Auflösung einer Genossenschaft führen können, sind nach § 80 GenG das Absinken der Mitgliederzahl auf unter drei Personen, das Austreten der Genossenschaft aus einem Prüfungsverband, ohne daraufhin einem neuen Verband beizutreten oder, wenn die Genossenschaft andere Zwecke verfolgt, als ihre Mitglieder zu fördern.

15.8   Europäische Aktiengesellschaft (SE)

Auf europäischer Ebene gibt es die Möglichkeit eine Aktiengesellschaft, eine so genannte „Societas Europaea" (SE) zu gründen. Ziel dieser Gesellschaftsform ist es, dass sich Gesellschafter zu einem Unternehmen zusammen tun können, um so in der EU innerhalb einer einzigen Unternehmung ihre Geschäfte betreiben zu können. Vorteil dieser Möglichkeit ist,

---

[185] Vgl. hierzu vertiefend auch: Beuthien / Dierkes / Wehrheim, Die Genossenschaft, Berlin 2008, S. 75 ff.
[186] Vgl. zur Auflösung und Beendigung vertiefend auch: Beuthien /Dierkes / Wehrheim, Die Genossenschaft, Berlin 2008, S. 88 ff.

dass die Unternehmung nicht mehr vor dem Zwang steht, in unterschiedlichen europäischen Mitgliedsstaaten jeweils eigene, dem nationalen Recht unterworfene Tochtergesellschaften betreiben zu müssen. Der Sitz einer SE muss sich allerdings zwingend auf dem Gebiete der Europäischen Union befinden. Ebenso wie die deutsche Aktiengesellschaft, ist auch die SE eine Unternehmensform mit eigener Rechtspersönlichkeit. Als Gesellschaft mit eigener Rechtspersönlichkeit verfügt die europäische Aktiengesellschaft über ein festes Kapital, welches in Aktien zerlegt ist. Damit allerdings eine SE gegründet werden kann, ist es erforderlich, dass mindestens zwei Gesellschafter aus unterschiedlichen europäischen Mitgliedstaaten hieran beteiligt sind. In der Praxis wird die europäische Aktiengesellschaft oftmals durch eine Umstrukturierung bereits existenter Unternehmen, also der Verschmelzung von mindestens zwei in unterschiedlichen Mitgliedstaaten ansässigen Aktiengesellschaften, hervorgebracht. Andere Gründungsmöglichkeiten bestehen darüber hinaus in der Errichtung einer SE-Holdinggesellschaft oder in der Gründung von Tochtergesellschaften. In der Bundesrepublik Deutschland ist die SE gesetzlich durch das so genannte SE-Ausführungsgesetz (SEAG)[187] sowie durch das Statut der Europäischen Gesellschaft (SE-VO)[188] geregelt. Hilfsweise können darüber hinaus bei Regelungslücken die Normen des Aktiengesetzes (AktG) auf die europäische Aktiengesellschaft angewandt werden. Das Mindestkapital, welches die Gründung einer europäischen Aktiengesellschaft erfordert, liegt in der Höhe über dem Mindestkapital, welche das deutsche Aktiengesetz für deutsche Aktiengesellschaften vorsieht. Das gezeichnete Kapital einer SE ist nach Art. 4 Abs. 2 SE-VO auf mindestens 120.000 EUR festgesetzt. Auch bei den Organen der Gesellschaft können im Vergleich zu der deutschen Aktiengesellschaft Unterschiede bestehen. Die Hauptversammlung stellt das wichtigste Organ der europäischen Aktiengesellschaft dar. Ob es allerdings wie in Deutschland sowohl einen Aufsichtsrat als auch einen Vorstand gibt, oder ob die europäische Aktiengesellschaft lediglich mit einem Vorstand agiert, kann von den Gesellschaftern der europäischen Aktiengesellschaft selbst festgelegt werden. Inwieweit eine europäische Aktiengesellschaft für ihre Gründer vorteilhaft ist, muss von den Beteiligten selbst erörtert und abgewogen werden. Schließlich ist zu bedenken, dass die europäische Aktiengesellschaft wegen ihrer innereuropäischen und grenzüberschreitenden Tätigkeit sowohl dem nationalen Recht des jeweiligen Mitgliedstaates als auch dem Recht der Verordnung unterliegt, können hier je nach Unternehmenszweck Vor- oder Nachteile für die Beteiligten entstehen. Darüber hinaus trägt die europäische Aktiengesellschaft nicht zu einer Vereinfachung oder Verbesserung für die Fälle bei, in welchen in betreffenden Mitgliedstaaten Zweigniederlassungen oder Tochtergesellschaften gegründet werden sollen. Auf derartige Gründungen ist nämlich weiterhin das nationale Recht des jeweiligen Mitgliedstaates anzuwenden.

---

[187]   Gesetz zur Ausführung der Verordnung (EG) Nr. 2157/2001 des Rates vom 8. Oktober 2001 über das Statut der Europäischen Gesellschaft (SE), vom 22.12.2004, BGBl I S. 3675, mit späteren Änderungen.
[188]   Verordnung EG Nr. 2157/2001 des Rates vom 8. Oktober 2001 über das Statut der Europäischen Gesellschaft (SE), vom 10.11.2001, ABl Nr. L 294 S. 1, mit späteren Änderungen.

15.9   Stiftungen

Eine gesetzliche Definition des Stiftungsbegriffs ist weder im Bürgerlichen Gesetzbuch noch in den einzelnen Stiftungsgesetzen der Bundesländer zu finden.[189] In Rechtsprechung und Literatur besteht jedoch Einigkeit darüber, dass folgende Aspekte[190] für das Vorliegen einer rechtsfähigen Stiftung des Privatrechts kennzeichnend sind:

Abbildung 15.12 Kennzeichnende Aspekte einer Stiftung

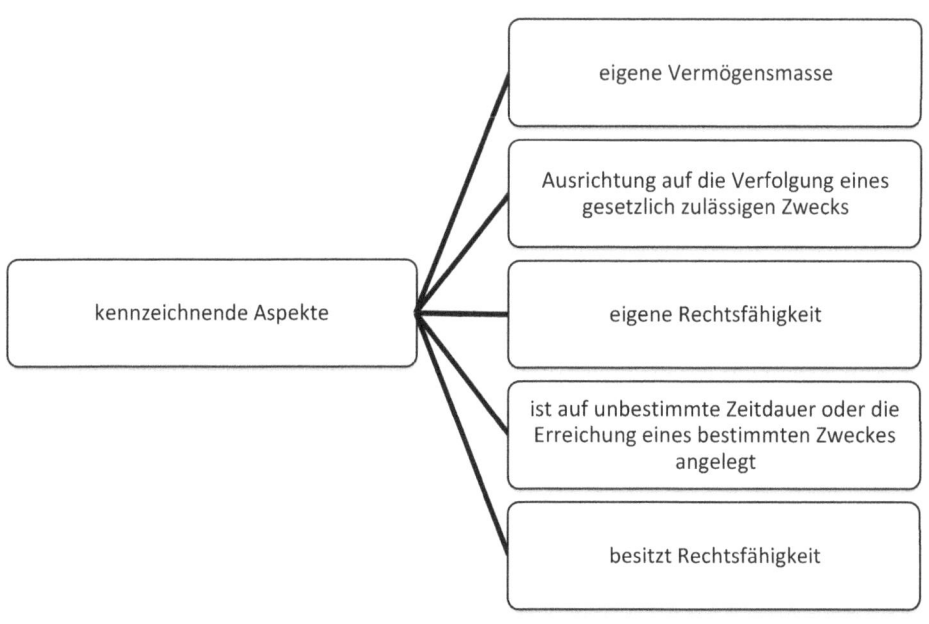

Die privatrechtliche Stiftung ist in Deutschland in den §§ 80 bis 88 des Bürgerlichen Gesetzbuchs geregelt. Die Stiftung stellt im Verhältnis zum Stifter ein eigenständiges und getrenntes Sondervermögen dar, so dass nach der Errichtung und Anerkennung der Stiftung, das Stiftungsvermögen vollständig dem Zugriff des Stifters selbst sowie etwaigen Gläubigern des Stifters entzogen ist. Es handelt sich also bei der Stiftung um eine rechtsfähige Einrichtung, die einen vom Stifter festgelegten Zweck mithilfe eines dazu bestimmten Vermögens dauernd fördern soll. Das private Stiftungswesen wird deshalb bisweilen auch

---

[189] Vgl. Seifart / Campenhausen (Hrsg.), Stiftungsrechts-Handbuch, 3. Auflage, München 2009, § 1 Rn. 6.

[190] Vgl. zu den Aspekten beispielsweise auch: Seifart / Campenhausen (Hrsg.), Stiftungsrechts-Handbuch, 3. Auflage, München 2009, § 1 Rn. 1; Meyn / Richter / Koss, Die Stiftung, 2. Auflage, Freiburg u.a. 2009, Rn. 2.

als institutionalisierte Form des Mäzenatentums bezeichnet.[191] Es hat einen mäzenatischen Charakter, welcher darauf zurückzuführen ist, dass die Förderung von Privatpersonen bzw. von der Privatwirtschaft ausgeht und die Stiftungsziele gewöhnlich dem Gemeinwohl dienen.[192]

Folgt man der Literatur zu den Gründungsmotiven einer Stiftung, so sind laut den Literaturstimmen häufig Firmenjubiläen, besonders ertragreiche Geschäftsjahre oder andere äußere Anlässe der Grund für die Errichtung einer unternehmensnahen Stiftung.[193] Zusätzlich zu solchen Ereignissen lassen sich die Stiftungsgründungen jedoch auf einen viel stärker inhaltlich geprägten Aspekt zurückführen: auf den Wunsch, die gesellschaftliche Verantwortung des Unternehmens zu verstetigen und ein gesellschaftliches Engagement unabhängig vom Unternehmenserfolg dauerhaft zu sichern. Neben dieser stark inhaltlich geprägten Motivation nennt Marquardt weitere Gründe für die Stiftungserrichtung. Diese können sowohl unternehmenspolitischer Art (zum Beispiel die Verbesserung der Attraktivität des Standortes oder Gebietes), egoistischer Art (beispielsweise die Umsetzung besonderer Interessen geschäftsführender Personen) als auch ausschließlich gemeinwohlorientierter Art sein.[194]

Die Organisationsform „Stiftung" bietet als Instrument eines unternehmerischen Engagements für die Gesellschaft sowohl Vor- als auch Nachteile und muss zum jeweiligen Förderziel und Fördererinhalt des Unternehmens passen. Stiftungen werden errichtet, um einen vom Stifter festgelegten Zweck langfristig zu verwirklichen. So verfolgen Unternehmensstiftungen das Ziel, gesellschaftliche Belange und oftmals auch Kunst und Kultur auf Dauer nachhaltig zu unterstützen. Wie in der Literatur immer wieder hervorgehoben wird, liege ein entscheidender Vorteil einer Stiftung, vor allem im Vergleich zum Sponsoring, in der Unabhängigkeit von konjunkturellen und personellen Veränderungen im Unternehmen. Diese Unabhängigkeit resultiert aus der Tatsache, dass zur Verwirklichung des Zwecks der Ertrag des Stiftungskapitals verwendet wird. Bei einer seriösen Anlage des Stiftungsvermögens steht der Stiftung deshalb jährlich ein bestimmter und im Wesentlichen konstanter Betrag zur Verfügung und nicht – wie im Falle des Sponsorings – ein Budget, welches abhängig vom Unternehmens- und Maßnahmenerfolg festgesetzt wird. So bietet eine Stiftung Kontinuität und Stabilität in der Förderung – und aus diesem Grunde zumeist auch eine gewisse Sicherheit für den geförderten. Diese Sicherheit ist im Sponsoring nicht gegeben, da das Budget für ein Unternehmenssponsoring konjunkturellen Schwankungen oder personellen Präferenzen der Unternehmensleitung unterliegt und beliebig gekürzt oder erhöht werden kann. Ein weiteres Unterscheidungsmerkmal der Stiftung gegenüber

---

[191] Vgl. Sturhan, Kunstförderung zwischen Verfassung und Finanzkrise, Berlin 2003, S. 127.
[192] Vgl. Bruhn, Sponsoring: Systematische Planung und integrierter Einsatz, 4. Auflage, Wiesbaden 2003, S. 159.
[193] Vgl. Wegner, „Unternehmen als Stifter – Überlegungen zur Konzeption, Gestaltung und Arbeitsweise von Unternehmensstiftungen", in: Die Roten Seiten zu Stiftung & Sponsoring 4, 2000, S. 2 – 21 (S. 9); Strachwitz / Reimer, „Corporate Foundations", in: Reimer / Strachwitz (Hrsg.), Corporate Citizenship, Berlin 2005, S. 59 bis 70 (S. 60).
[194] Vgl. Marquardt, Corporate Foundation als PR-Instrument. Rahmenbedingungen – Erfolgswirkungen – Management, Wiesbaden 2001, S. 38.

anderen Formen des unternehmerischen Engagements sieht beispielsweise Hünnekens in deren rechtlichen Autonomie.[195] Der Stiftungszweck wird bekanntlich mit der Gründung der Stiftung festgesetzt und kann daher nicht beliebig verändert werden. Auch ist die Stiftung im Grunde nur der Stiftungsaufsicht zur Rechenschaft verpflichtet. So wird den Stiftungen im Allgemeinen aufgrund eben jener hohen Autonomie sowie Kreativität und Flexibilität eine hohe Innovationskraft zur Entwicklung der Gesellschaft zugesprochen.[196]

15.9.1   Gründung und Führung von Stiftungen

In der Bundesrepublik Deutschland entstehen Stiftungen durch die Anerkennung ihrer Rechtsfähigkeit. Diese wird von der im jeweiligen Bundesland zuständigen Stiftungsaufsichtsbehörde vorgenommen.[197] Bereits vor Aufnahme der Tätigkeit wird von der Behörde überprüft, ob die Satzung den gesetzlichen Vorgaben entspricht. Nach Aufnahme der Tätigkeit findet eine Überprüfung insoweit statt, dass die Stiftungsarbeit mit den in der Satzung festgelegten Vorgaben übereinstimmen muss.[198] Bei der Gründung von Stiftungen sind „Stiftungen unter Lebenden" und „Stiftungen von Todes wegen" zu unterscheiden.

15.9.1.1   Stiftung unter Lebenden

Bei einer „Stiftung unter Lebenden" wird eine Stiftung durch eine einseitige, nicht empfangsbedürftige Willenserklärung[199] ins Leben gerufen.[200] Diese Erklärung beinhaltet eine verbindliche Zusage des Stifters, dass ein Teil seines Vermögens auf Dauer der Stiftung für die Verfolgung der vom Stifter festgelegten Zwecke zur Verfügung gestellt wird. Darüber hinaus hat nach § 81 Abs. 1 Satz 3 BGB ein Stiftungsgeschäft zwingend folgende Angaben[201] zu enthalten:

---

195   Vgl. Hünnekens, „Unternehmensstiftungen. Basis einer dauerhaften Kulturallianz", in: Hoffmann (Hrsg.), Kultur und Wirtschaft. Knappe Kassen – Neue Allianzen, Köln 2001, S. 214 ff., (S. 214).
196   Vgl. Meyn / Then / Walkenhorst, „Einleitung. Verantwortung, Innovation und Effizienz: Stiftungen als Akteure der Bürgergesellschaft und der Demokratie", in: Bertelsmann Stiftung (Hrsg.), Handbuch Stiftungen, 2. Auflage, Wiesbaden 2003, S. 1 ff. (S. 1).
197   Vgl. Dubach, Stiftungen – Der Leitfaden für Gesuchsteller, Frauenfeld 2007, S. 100.
198   Vgl. Dubach, Stiftungen – Der Leitfaden für Gesuchsteller, Frauenfeld 2007, S. 100.
199   Vgl. Jauernig, BGB-Kommentar, 13. Auflage, München 2009, Anm. zu §§ 80 – 84, Rn. 2.
200   Vgl. Gemeindetag Baden-Württemberg (Hrsg.), Gemeinden und Stiftungen, Stuttgart 2006, S. 82.
201   Vgl. zu den Angaben bezüglich der Bildung des Vorstands auch: Gemeindetag Baden-Württemberg (Hrsg.), Gemeinden und Stiftungen, Stuttgart 2006, S. 83.

Abbildung 15.13 Pflichtangaben beim Stiftungsgeschäft

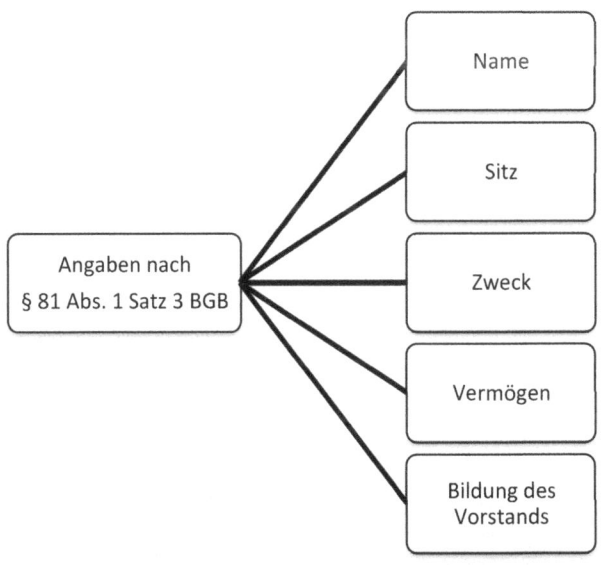

Außerdem wird nach § 85 BGB die Grundordnung der Stiftung durch das Stiftungsgeschäft bestimmt, welches durch eine Satzung ergänzt wird, die sich gewöhnlich in einer Anlage zum Stiftungsgeschäft befindet. Der § 81 Abs. 1 BGB und der § 126 BGB sehen vor, dass ein Stiftungsgeschäft unter Lebenden der Schriftform bedarf.[202] Hierunter ist zu verstehen, dass es erforderlich ist, die Stiftungsurkunde selbst oder zumindest mit notariell beglaubigtem Handzeichen zu unterzeichnen. Der Stifter hat dann nur noch bis zur Anerkennung der Stiftung nach § 81 Abs. 2 Satz 1 BGB die Möglichkeit, das Stiftungsgeschäft zu widerrufen. Hierzu würde bis zum Zeitpunkt der Antragstellung jedwede Handlung genügen, die den Willen zum Widerruf offenbart. Ab der Stellung des Antrags auf Genehmigung ist ein Widerruf entsprechend der Regelung des § 81 Abs. 2 Satz 2 BGB nur noch durch eine Erklärung gegenüber der zuständigen Behörde möglich.

15.9.1.2   Stiftung von Todes wegen

Die Errichtung einer „Stiftung von Todes wegen" kann entweder in Form eines Testamentes[203] oder durch Erbvertrag erfolgen. Hierbei kann die erforderliche Satzung als Anlage zur letztwilligen Verfügung gegeben werden. Zwar ist es rechtlich auch möglich, den Erben mit der Auflage zu bedenken, eine Stiftung zu errichten, doch würde dies dazu führen, dass nicht der Erblasser, sondern der Erbe als Stifter angesehen wird.

---

[202] Vgl. Münchner Kommentar, 2006, §§ 80, 81 Rn. 6.
[203] Vgl. Meyn / Richter / Koss, Die Stiftung, 2. Auflage, Freiburg u.a. 2009, Rn. 197.

15.9.2   Satzung

Die Satzung einer Stiftung basiert auf den Vorgaben, die in dem zwingenden Landes- und Bundesrecht normiert wurden.[204] Derartige Gesetze schreiben für die Stiftung vor, dass folgende Punkte[205] hierbei geregelt sein müssen:

Abbildung 15.14 Satzung einer Stiftung

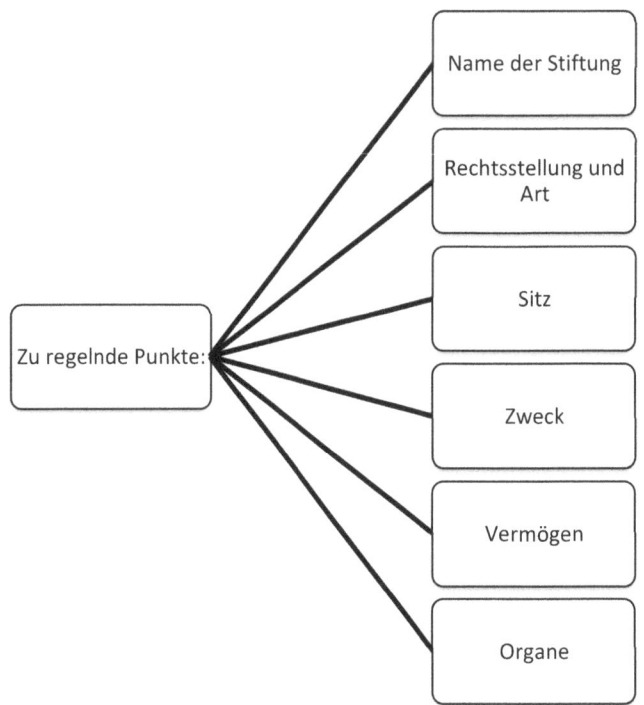

Eine Präambel ist in der Stiftungssatzung zwar nicht zwingend erforderlich; doch bietet es sich an, auch eine Präambel in die Satzung mit aufzunehmen. Diese bietet nämlich die Möglichkeit, als Hilfe bei der Auslegung der Satzung zu dienen. Denn nach einer großen Zahl der Landesstiftungsgesetze sowie nach dem BGB wird bei der Auslegung auf den Willen des Stifters abgestellt. Solange dieser noch am Leben ist, kann er seinen Willen auch darlegen und als Mitglied des Stiftungsbeirates oder des Stiftungsvorstandes gewöhnlich auch durchsetzen. Nach seinem Tode jedoch, ist es bisweilen schwierig, den wirklichen

---

[204]   Vgl. Jauernig, BGB-Kommentar, 13. Auflage, München 2009, Anm. zu §§ 85 – 86, Rn. 1.
[205]   Vgl. hierzu auch: Mercker, Die selbständige Stiftung bürgerlichen Rechts, in: Strachwitz / Mercker (Hrsg.), Stiftungen in Theorie, Recht und Praxis – Handbuch für ein modernes Stiftungswesen, Berlin 2005, S. 210 ff. (S. 212).

Stifterwillen zu hinterfragen.[206] Eine Präambel bietet dem Stifter eine gute Gelegenheit, seinen Willen verbindlich so darzulegen, dass entweder keine Unklarheiten entstehen können oder, dass zumindest bei Unklarheiten eine Vorgabe zur Auslegung besteht.

15.9.2.1   Name der Stiftung und deren Sitz

Um im Rechtsverkehr handlungsfähig sein zu können, bedarf eine Stiftung eines Namens. Dieser ist nötig, damit sie von anderen juristischen Personen unterschieden werden kann. Bei der Wahl des Namens unterliegt der Stifter keinen Einschränkungen.[207] Oftmals wählen Stifter ihren eigenen Namen oder den Namen einer Person, zu deren Angedenken Sie die Stiftung ins Leben rufen.

Der Wahl des Stiftungssitzes kommt ebenfalls eine nicht unerhebliche Bedeutung zu. Denn die Wahl des Stiftungssitzes legt zugleich fest, welche Behörde für die staatliche Anerkennung zuständig ist und welches Landesstiftungsgesetz zur Anwendung kommt. Da die jeweiligen Landesstiftungsgesetze und der praktische Ablauf des Genehmigungsverfahrens in den einzelnen Bundesländern sehr unterschiedlich ausfallen, sollte die Wahl des Sitzes nicht unterschätzt werden. Gewöhnlich befindet sich der Sitz jedoch an dem Ort, an dem die Stiftung auch verwaltet wird; obwohl Verwaltungssitz und Rechtssitz nicht zwingend identisch sein müssen.

15.9.2.2   Stiftungszweck

In der Bundesrepublik Deutschland ist nach § 80 Abs. 2 BGB jeder Stiftungszweck zulässig, der nicht tatsächlich oder rechtlich unmöglich ist bzw. der das Gemeinwohl gefährdet. Gemeinwohlgefährdung besteht immer dann, wenn der Zweck gegen die Rechtsordnung oder gegen die Verfassung verstößt. Da der Stiftungszweck den Willen des Stifters wiedergibt, kommt ihm besondere Bedeutung zu.[208] Er gibt den Organen der Stiftung Leitlinien und Anregungen, setzt der Verwaltung und der Geschäftstätigkeit aber auch zugleich Schranken. Stiftungszwecke können sehr vielfältig sein. Die folgende Tabelle basiert auf Zahlen des Bundesverbandes Deutscher Stiftungen und stellt die prozentuale Verteilung der Stiftungszwecke im deutschen Stiftungsbestand dar:

---

[206] Zur Auslegung des Stifterwillens vgl. beispielsweise: Seifart / Campenhausen (Hrsg.), Stiftungs-rechts-Handbuch, 3. Auflage, München 2009, § 7 Rn. 17.

[207] Vgl. Münchner Kommentar zum Bürgerlichen Gesetzbuch, Band 1, 5. Auflage, München 2006, §§ 80, 81 Rn. 22.

[208] Vgl. Münchner Kommentar zum Bürgerlichen Gesetzbuch, Band 1, 5. Auflage, München 2006, §§ 80, 81 Rn. 26.

Tabelle 15.1   Verteilung der Stiftungszwecke 2010

Stiftungszweck	Anteil in Prozent
Kunst und Kultur	15 %
Bildung und Erziehung	15 %
Wissenschaft und Forschung	13 %
Soziale Zwecke	31 %
Privatnützige Zwecke	4 %
Umweltschutz	4 %
Andere gemeinnützige Zwecke	18 %

Darstellung nach Bundesverband Deutscher Stiftungen (Stand Februar 2010). [209]

15.9.2.3   Vermögen

Damit eine Stiftung überhaupt in der Lage ist, ihre satzungsgemäß festgelegte Aufgabe wahrzunehmen, muss sie mit einem Vermögen als Grundstock ausgestattet werden. Zu einem derartigen Grundstock können gehören:

Abbildung 15.15 Grundstock einer Stiftung

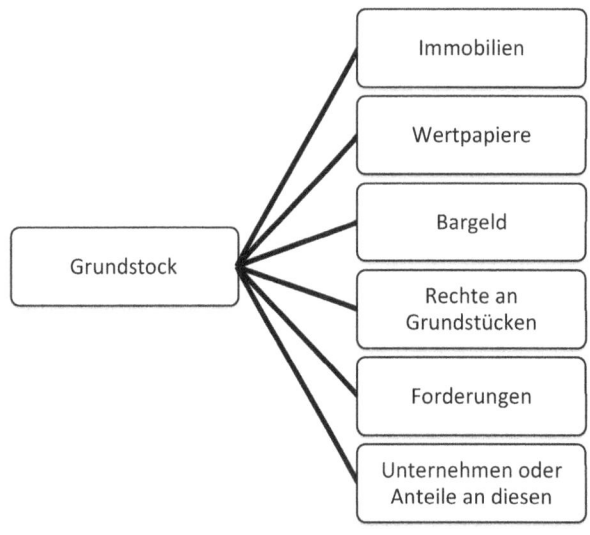

---

[209]   Vgl. Meindl, „Die Freude des Schenkers", Wirtschaftskurier, August 2010, S. 28.

Die Ausstattung der Stiftung, also der Grundstock, muss dazu geeignet sein, die Zweckerfüllung auf Dauer zu ermöglichen bzw. diese abzusichern. Dieses kann gewöhnlich nur dann gegeben sein, wenn die Ausstattung mit Stiftungsvermögen eine starke Wertbeständigkeit aufweist und diese genügend Erträge erbringt, aus denen der Stiftungszweck finanziert wird.

Je nachdem wie eine Stiftung mit Kapital ausgestattet wurde, lässt sich eine Differenzierung in Kapitalvermögens- und in Anstaltsstiftungen vornehmen. Während eine Kapitalvermögensstiftung ihre Zwecke mithilfe der aus dem Grundvermögen erwirtschafteten Erträge verfolgt, verwirklicht eine Anstaltsstiftung hingegen ihre Ziele unmittelbar durch den Einsatz des Stiftungsvermögens. Diese Differenzierung in Kapitalvermögens- und Anstaltsstiftung hat eine wesentliche Auswirkung im Bereich der Genehmigungsfähigkeit. Gewöhnlich sind reine Anstaltsstiftungen ohne eigene Ertragsmöglichkeit in Deutschland nicht genehmigungsfähig.

Oftmals bietet es sich an, dass die Stiftungssatzung eine Regelung beinhaltet, nach welcher der Stiftung gestattet ist, so genannte „Zustiftungen", also Zuwendungen zum Grundstockvermögen, aufzunehmen. Derartige Zustiftungen dürfen nicht mit anderen Zuwendungen, wie beispielsweise Spenden verwechselt werden, die zeitnah für die Erfüllung des Stiftungszwecks dienen. Denn das eigentliche Stiftungsvermögen ist nach den Vorgaben fast aller Stiftungsgesetze der jeweiligen Bundesländer von anderen Vermögensmassen getrennt zu halten.[210] Zur Festlegung der eigentlichen Höhe des für die Stiftung erforderlichen Stiftungsvermögens sind folgende Faktoren zu berücksichtigen:

---

[210] Vgl. § 7 Abs. 2 des Stiftungsgesetzes Baden Württemberg; Art. 11 Abs. 1 des Stiftungsgesetzes Bayern; § 7 Abs. 2 des Stiftungsgesetzes Bremen; § 4 Abs. 2 des Stiftungsgesetzes Hamburg; § 6 Abs. 2 des Stiftungsgesetzes Hessen; § 6 Abs. 1 des Stiftungsgesetzes Niedersachsen; § 7 Abs. 2 des Stiftungsgesetzes Rheinland Pfalz; § 6 Abs. 1 des Stiftungsgesetzes Saarland; § 4 Abs. 3 des Stiftungsgesetzes Sachsen; § 14 Abs. 2 des Stiftungsgesetzes Thüringen; § 4 Abs. 2 des Stiftungsgesetzes Schleswig-Holstein.

Abbildung 15.16 Faktoren des erforderlichen Stiftungsvermögens

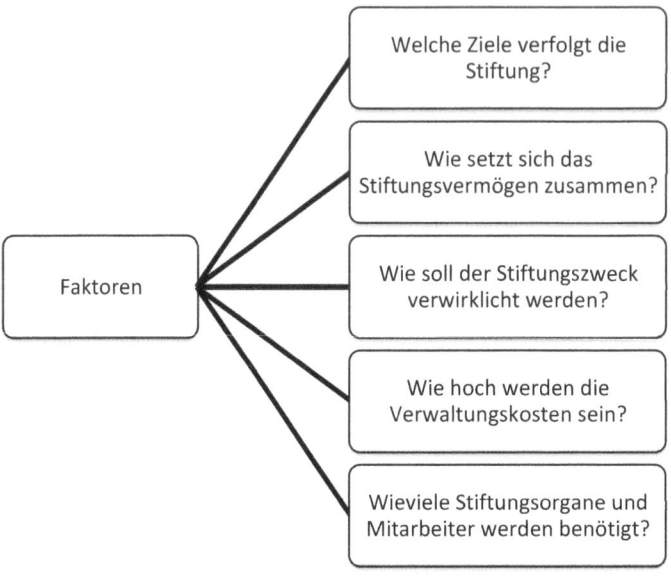

Zwar finden sich weder in den Stiftungsgesetzen der einzelnen Bundesländer noch im Bürgerlichen Gesetzbuch Normen, die eine Mindesthöhe des eigentlichen Stiftungsvermögens festlegen, doch gibt es in einigen Bundesländern unterschiedliche Entwicklungen in Bezug auf Untergrenzen des Grundstockvermögens für die Genehmigung. So orientieren sich manche Aufsichtsbehörden[211] entsprechend § 5 GmbHG an der Mindestkapitalausstattung von 25.000 € für eine GmbH. In anderen Bundesländern werden andere Höhen vorgesehen. So wird beispielsweise in Baden-Württemberg ein Stiftungsvermögen von mindestens 50.000 € gefordert.[212] Und dieses lässt man auch nur dann genügen, wenn es ausreicht, um den Stiftungszwecken wirksam zu verfolgen. Jedoch ist ein geringeres Vermögen als 50.000 € nicht notwendig als Unterkapitalisierung anzusehen.[213] Gewöhnlich sehen die Stiftungsgesetze der einzelnen Bundesländer vor, dass der Bestand des Grundstockvermögens einer Stiftung erhalten bleiben muss und daher vor einer Verringerung geschützt werden muss. Dementsprechend sind alle Handlungen, wie beispielsweise das Verbrauchen, Verschenken oder unter Wert Verkaufen des Stiftungsbestandes, zu unterlassen.

---

[211]   Zur Stiftungsaufsicht vgl.: Mercker, Die selbständige Stiftung bürgerlichen Rechts, in: Strachwitz / Mercker (Hrsg.), Stiftungen in Theorie, Recht und Praxis – Handbuch für ein modernes Stiftungswesen, Berlin 2005, S. 210 ff. (S. 216).
[212]   Meyn, Richter und Koss sprechen sogar von einem Mindestvermögen zwischen 25.000 und 60.000 Euro; vgl.: Meyn / Richter / Koss, Die Stiftung, 2. Auflage, Freiburg u.a. 2009, Rn. 43.
[213]   Vgl. beispielsweise: Seifart / Campenhausen (Hrsg.), Stiftungsrechts-Handbuch, 3. Auflage, München 2009, § 9 Rn. 29; a.A. Palandt, Kommentar zum BGB, 59. Auflage, München 2010, § 80 Rn. 5 und § 81 Rn. 4.

Private Kulturstiftungen entstehen zumeist aus der langjährigen mäzenatischen Initiative einzelner Unternehmerpersönlichkeiten. Wenn beispielsweise unter ihren Erben niemand bereit ist, eine Sammlung oder ein denkmalgeschütztes Gebäude weiterzuführen und zu pflegen, so nutzen viele Personen die Möglichkeit, zu Lebzeiten eine gemeinnützige Stiftung zu gründen.[214] Auch international tätige Unternehmen und Großkonzerne nutzen oftmals zur Kulturförderung Stiftungen als Alternative zu ihren Kulturabteilungen.[215] Die Kulturszene in Deutschland würde ohne das Engagement vieler Kulturstiftungen wesentlich ärmer sein. Etwa 20 % der über 12.000 Stiftungen in Deutschland sind reine Kunst- und Kulturstiftungen. Sie haben in ihren Satzungen Ziele, wie die Förderung von Stipendien-Programmen oder die Förderung von Künstlern, Ankäufe für Museen, die Erhaltung kultureller Einrichtungen oder die Unterstützung innovativer Projekte.[216] Die Gründung einer Stiftung ist für jedermann möglich. Die Grundidee ist, dass ein bestimmtes Kapital der Stiftung zur Verfügung steht und einem vorher festgelegten Zweck zu Gute kommt. Eine grobe Unterteilung kann in privatrechtliche[217] und öffentlich-rechtliche[218] Stiftungen vorgenommen werden. Das Vermögen von vor allem privatrechtlichen Stiftungen ist begrenzt und je nach Stiftung unterschiedlich.

---

[214] Vgl. Sturhan, Kunstförderung zwischen Verfassung und Finanzkrise – Probleme staatlicher Kunstfinanzierung am Beispiel Berlins, Berlin 2003, S. 127.
[215] Vgl. Litzel / Loock / Brackert (Hrsg.), Handbuch Wirtschaft und Kultur, Berlin / Heidelberg 2002, S. 7.
[216] Vgl. König, Kulturstiftungen in Deutschland, in: Schneider (Hrsg.), Grundlagentexte zur Kulturpolitik, Hildesheim 2007, S. 243 ff. (S. 244 f.).
[217] Vgl. Dubach, Stiftungen – Der Leitfaden für Gesuchsteller, Frauenfeld 2007, S. 101.
[218] Vgl. Dubach, Stiftungen – Der Leitfaden für Gesuchsteller, Frauenfeld 2007, S. 102 f.

16 Formen der Zusammenarbeit zwischen Unternehmen bzw. mit dem Staat und Betriebsaufspaltung

Nicht zu den klassischen Gesellschaftstypen gehören bestimmte Formen der Zusammenarbeit zwischen Unternehmen untereinander bzw. mit dem Staat. Die bekanntesten Kooperationsformen, nämlich die „ARGE" und die „Public Private Partnership" sollen deshalb im Folgenden vorgestellt werden. Im Anschluss daran, wird die – insbesondere in der steuerlichen Unternehmensgestaltung weit verbreitete – Betriebsaufspaltung kurz dargestellt.

16.1 Arbeitsgemeinschaft (ARGE)

Für die Darstellung der Arbeitsgemeinschaft wird an dieser Stelle noch einmal die oben bereits bei der Darstellung der GbR vorgestellte Fallkonstellation eines Zusammenschlusses für den Bau einer Stadthalle verwendet.

> **Beispiel:**
>
> In der Stadt Cottbus soll eine neue Stadthalle gebaut werden. Da es sich um ein extrem großes Bauprojekt handelt, ist es für viele der kleineren ortsansässigen Bauunternehmen nicht möglich, alleine für ein derart großes Vorhaben ein Angebot abzugeben. Aus diesem Grunde möchten sich mehrere kleinere Bauunternehmen für dieses Großprojekt zusammenschließen, und so ein gemeinsames Angebot abgeben, um bei einem Zuschlag gemeinsam das Großprojekt „Stadthalle" fertigstellen zu können. Welche Rechtsform hat der Zusammenschluss bei der Ausführung der Bauarbeiten dann?

Im oben genannten Beispielfall entsteht durch den Zusammenschluss der unterschiedlichen Bauunternehmen eine so genannte Arbeitsgemeinschaft (ARGE). Derartige Zusammenschlüsse kommen in der Praxis insbesondere dann häufig vor, wenn es um Aufträge bzw. um die Abwicklung von Projekten geht, welche ein Unternehmen alleine nicht in der Lage ist, zu bewerkstelligen. Daher finden sich Arbeitsgemeinschaften in der Praxis vorwiegend bei der Durchführung großer Bauvorhaben. Aber auch Film- oder Forschungsprojekte sind oftmals Gegenstand einer Arbeitsgemeinschaft. Derartige Zusammenschlüsse sind gewöhnlich zeitlich auf die Dauer der Fertigstellung des entsprechenden Projektes beschränkt. Auf derartige Arbeitsgemeinschaften findet das Recht der „GbR" Anwendung.

16.2   Public Private Partnership (PPP)

„Public Private Partnership" wird gemäß der deutschen Übersetzung auch als „Öffentlich Private Partnerschaft" bezeichnet. Bereits die Definition dieses Begriffes wird in der Literatur ambivalent diskutiert. So sieht Sibylle Roggenkamp in einer „Public Private Partnership" eine institutionalisierte Zusammenarbeit zwischen privaten und öffentlichen Akteuren.[219] Problem dieses Ansatzes ist jedoch, dass in der Praxis unterschiedlich stark ausgeprägte Formen der Zusammenarbeit bestehen. Als in der Literatur übereinstimmendes Merkmal einer „Public Private Partnership" kann jedoch konstatiert werden, dass die Kooperation zwischen Staat und dem privaten Träger nicht auf einer losen Zusammenarbeit beruht, sondern immer auf einer vertraglichen Grundlage fußt.[220] Franz Kröger und Stefan Kolfhaus haben diese Aspekte im Rahmen der Zusammenarbeit von öffentlichen und privaten Akteuren in folgender Aussage sehr prägnant ausgedrückt:

> *„PPP ist vielmehr die nachhaltige Verabredung zweier oder mehrerer Partner zum Zwecke der dauerhaften Initiierung, Finanzierung, Trägerschaft oder allgemeinen Förderung einer kulturellen Einrichtung oder Aktivität. Das Engagement der Kooperation kann dabei materieller oder ideeller Art sein; Voraussetzung ist die Nachhaltigkeit und (rechts-) verbindliche Form der Absprache."*[221]

Insbesondere heute, in Zeiten knapper Geldmittel ist der Staat gezwungen, die ihm auferlegten Aufgaben anders zu strukturieren bzw. dafür zu sorgen, neue Geldquellen zu erschließen. Hierbei stellt sich für die öffentliche Verwaltung auch die Notwendigkeit, effizienter und profitabler zu arbeiten als bisher. Dadurch wurde ein bisher bereits in anderen Staaten, unter anderem in den USA, erfolgreiches Modell aufgenommen, nämlich die Public Private Partnership (PPP). Entwickelt haben soll sich die PPP, zunächst in den 40er Jahren des letzten Jahrhunderts, im Rahmen von Stadtentwicklungsprojekten. Die Stadt Pittsburgh soll hierbei mit Haushalten und privaten Unternehmen zusammengearbeitet haben. Ab den 80er Jahren ist eine Ausbreitung dieser Kooperationsform auch in der Bundesrepublik Deutschland zu verzeichnen gewesen.[222]

---

[219] Vgl. Roggencamp, Public Private Partnership – Entstehung und Funktionsweise kooperativer Arrangements zwischen öffentlichem Sektor und Privatwirtschaft, Frankfurt a.M. 1998, S. 19.

[220] Vgl. Eggers, Public Private Partnership – Eine strukturierte Analyse auf der Grundlage von ökonomischen und politischen Potentialen, Frankfurt a.M. 2004, S. 31; Budäus / Grüning, Public Private Partnership – Konzeption und Probleme eines Instruments zur Verwaltungsreform aus Sicht der Public Choice Theorie, in: Budäus / Eichhorn, Public Private Partnership – Neue Formen öffentlicher Aufgabenerfüllung, Baden-Baden 1997, S. 54.

[221] Kröger / Kolfhaus, Public Private Partnership in der Bundesrepublik Deutschland, in Sievers (Hrsg.), Neue Weg der Kulturpartnerschaften, Bonn 1998, S. 22 ff. (S. 22).

[222] Vgl. Budäus / Grüning, Public Private Partnership – Konzeption und Probleme eines Instruments zur Verwaltungsreform aus Sicht der Public Choice Theorie, in: Budäus / Eichhorn, Public Private Partnership – Neue Formen öffentlicher Aufgabenerfüllung, Baden-Baden 1997, S. 42; Eggers, Public Private Partnership – Eine strukturierte Analyse auf der Grundlage von ökonomischen und politischen Potentialen, Frankfurt a.M. 2004, S. 17 ff.

Die PPP ist also eine Kooperationsform von öffentlicher Verwaltung und von privaten Unternehmen, bei welcher staatliche Stellen die ihnen obliegenden Aufgaben in enger Kooperation zusammen mit Wirtschaftsunternehmen ausführen bzw. die zu bewältigenden Projekte und Aufgaben auf die privaten Unternehmen übertragen. In der Praxis steht hierbei gewöhnlich die Finanzierung von Maßnahmen im Vordergrund, welche insbesondere zu den so genannten „Infrastrukturmaßnahmen" gerechnet werden. Beispiele hierfür finden sich im Rahmen des Baus und der Unterhaltung von Straßen, Schulen, Kindergärten oder Gefängnissen. Wie oben bereits erörtert, gibt es aufgrund der Vielfältigkeit der Anwendungsfelder keine allgemeingültige Definition der Public Private Partnership. Im Bundesgutachten „PPP im öffentlichen Hochbau" wird PPP definiert als:

„langfristige, vertraglich geregelte Zusammenarbeit zwischen öffentlicher Hand und Privatwirtschaft, zur wirtschaftlichen Erfüllung öffentlicher Aufgaben, bei der die erforderlichen Ressourcen (z.B. Know-how, Betriebsmittel, Kapital, Personal) in einem gemeinsamen Reorganisationszusammenhang eingestellt und vorhandene Projektrisiken entsprechend der Risikomanagementkompetenzen der Projektpartner angemessen verteilt werden."[223]

Somit ist „Public Private Partnership" ein Finanzierungsmodell für Städte und Kommunen, das der öffentlichen Hand trotz leerer Kassen den Bau öffentlicher Gebäude ermöglicht. Folgende Charakteristika von PPP lassen sich zusammenfassen:

Abbildung 16.1 Charakteristika einer Public Private Partnership (PPP)

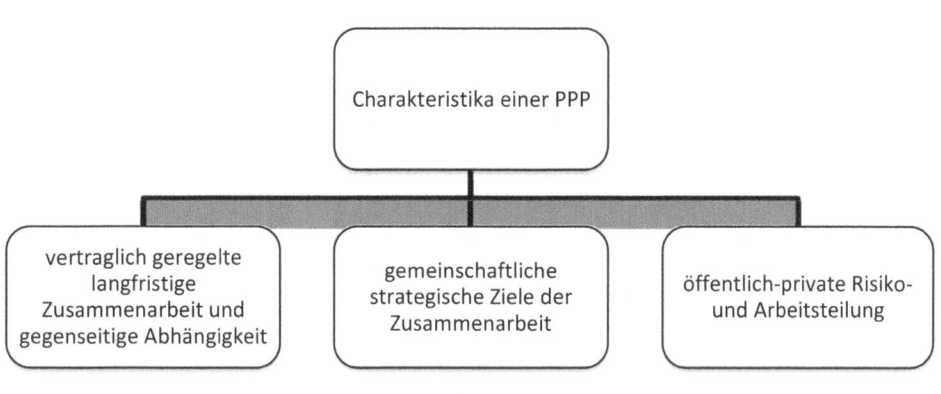

Die Grundprinzipien einer „Public Private Partnership" sollen im Folgenden am Beispiel einer Baumaßnahme und danach am Beispiel der Kulturförderung dargestellt werden. Grundsätzlich funktioniert eine „Public Private Partnership" folgendermaßen: ein Bauunternehmer plant, baut und verwaltet ein Gebäude im Auftrag einer Stadt. Dafür überweist

---

[223] Weber / Alfen / Maser, Projektfinanzierung und PPP – Praktische Anleitung für PPP und andere Projektfinanzierungen, Köln 2006, S. 17.

die Stadt dem Bauunternehmer monatlich eine Miete. Die Laufzeit solcher Verträge beträgt meist 30 Jahre oder mehr. So lassen sich die angestrebten Effizienzgewinne aufgrund der erforderlichen komplexen Strukturen mit Laufzeiten von über 30 Jahren erst bei größeren Projekten realisieren. Das Spektrum der Kooperationsformen reicht von der Zulieferung auf vertraglicher Basis – bei welcher weiterhin öffentliches Eigentum besteht – über so genannte BOT-Modelle (Build Operate Transfer – oder im deutschen: Bauen Betreiben Übertragen) in denen der private Sektor auch Kapital investiert, bis hin zu vollem privaten Eigentum und privater Leistung. Kooperationen zwischen öffentlicher Hand und der Privatwirtschaft sind nicht neu. Mietkaufmodelle sind zum Beispiel Kooperationsformen, die in Deutschland weite Verbreitung gefunden haben. Diese als „Finanzierungsmodelle" bezeichneten Ansätze zielen im Wesentlichen darauf ab, Budget-Engpässe der öffentlichen Hand durch zeitliche Verschiebung der Belastung zu umgehen. Öffentlich-private Partnerschaften in Form der PPP gehen darüber hinaus. Ihr Ziel ist es, durch die Einbeziehung des privaten Partners das Projekt über den gesamten Lebenszyklus hin effizienter, mit höherer Qualität und kostengünstiger zu realisieren.

Wenn Unternehmen bestimmte Projekte oder gemeinnützige Zwecke fördern möchten, bieten sich ihnen neben der Möglichkeit zu spenden oder dem Gründen einer Stiftung auch andere Möglichkeiten an. Auch im Rahmen der Kulturförderung spielt die „Public Private Partnership" seit einigen Jahren eine erhebliche Rolle. Diese Kooperationsform beschreibt in diesem Zusammenhang die Zusammenarbeit zwischen der öffentlichen Hand und dem privaten Sektor zum Zwecke der Kulturförderung – eine Zusammenarbeit von der beide Seiten profitieren. Sie wird vor allem dann herangezogen, wenn ein bestimmtes Projekt realisiert werden soll, die öffentlichen Gelder hierfür jedoch zu gering sind und ein privater Förderer als langfristiger Kooperationspartner das Projekt mit unterstützen kann. Im Rahmen von „Public Private Partnership" steht generell der Gedanke im Vordergrund, das Sponsoring mäzenatischer zu gestalten. Dazu verzichtet man auf einzelne Sponsoring-Aktionen mit ihrer klaren Orientierung an einer Gegenleistung im Marketingbereich und bindet stattdessen mehrere privatwirtschaftliche Unternehmen zusammen mit öffentlichen Partnern in einem Finanzpool ein, aus welchem Kulturprojekte gefördert werden sollen. Es gibt viele Befürworter der Kooperation zwischen freier Wirtschaft und öffentlicher Hand. So wird der „Public Private Partnership" zu Gute gehalten, dass sie als institutionalisierte Kooperation auf Dauer angelegt ist. Man kann längerfristige Projekte planen und diese mit einer Sicherheit realisieren, welche durch das hektische auf und ab im Rahmen des Sponsorings nicht zwingend gewährleistet ist. Durch das Einbinden mehrerer privater Partner in den Pool, kann eine Kontinuität der Unterstützung von Vorhaben auch dann gewährleistet sein, wenn einzelne Unternehmen aus finanziellen Gründen vorübergehend ihre Beteiligung aussetzen müssen.

In der Praxis haben sich in der Bundesrepublik Deutschland sehr unterschiedliche Arten und Ausprägungen der „Public Private Partnership" gebildet. Deshalb ist es nicht einfach, eine trennscharfe Typisierung unterschiedlicher Ausprägungen vorzunehmen. Eine der überzeugendsten und praktikabelsten ist m.E. der Ansatz von Johannes Neubert.[224] Er verwendet eine abstrakt deduktive Methode und differenziert ausgehend von der Finanzstruktur der Förderung drei Grundarten der „Public Private Partnership":

Abbildung 16.2   Typeneinteilung der PPP nach Neubert

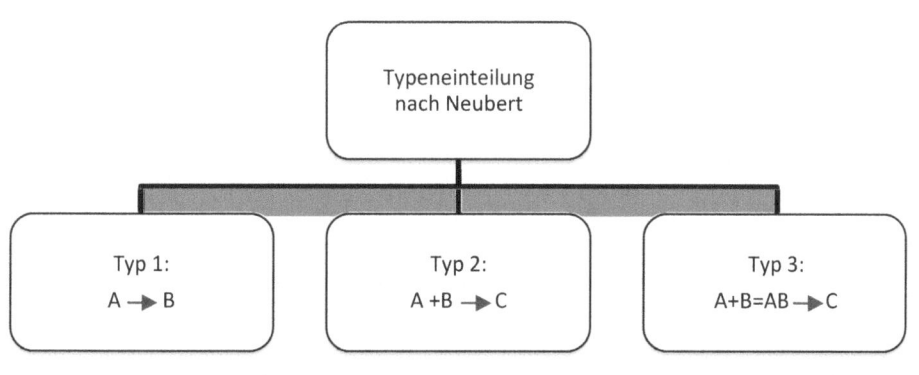

Bei Typ 1 fördert A die B. Ein privater Förderer unterstützen hierbei eine öffentliche Einrichtung respektive eine Körperschaft bei der Erfüllung ihrer Aufgaben. Im Rahmen des Typs 2 fördern A und B gemeinsam einen Dritten oder verfolgen einen gemeinsamen Zweck „C", ohne hierfür eine Mittlerorganisation einzuschalten. Typ 3 unterscheidet sich vom vorhergehenden Modell dadurch, dass hier eine gemeinsame Mittlerorganisation „AB" dazwischengeschaltet wird.[225]

Die Grundlagen der vergaberechtlichen Rahmenbedingungen für PPP-Projekte leiten sich aus den §§ 97 ff. GWB ab. Die Vorschriften zur Ausgestaltung der Vergabeverfahren enthalten die einschlägigen Verdingungsordnungen für Bau-, Liefer-und Dienstleistungen. Dem Vergaberecht unterfallen die klassischen Auftraggeber Bund, Länder und Kommunen nach § 98 Nr. 1 GWB sowie nach § 98 Nr. 3 GWB deren Verbände. Darüber hinaus sind alle juristischen Personen des öffentlichen und privaten Rechts öffentliche Auftraggeber, die zu dem Zweck gegründet wurden, um im Allgemeininteresse liegende Aufgaben nichtgewerblicher Art zu erfüllen. Unternehmen, die in den Sektoren Trinkwasser-oder Energieversorgung bzw. Verkehr tätig sind, werden unabhängig von dem Zweck nichtgewerblicher Art in den Anwendungsbereich des GWB einbezogen, wenn sie staatlich beherrscht sind oder als private auf der Basis besonderer oder ausschließlicher Rechte ihre Tätigkeit ausüben

---

[224] Vgl. Neubert 1995, S. 93 ff.; hier dargestellt nach Wagner / Sievers, Public Private Partnership – Begründung und Modelle kooperativer Kulturpolitik, in: Bendixen (Red.), Handbuch Kultur-Management – die Kunst, Kunst zu ermöglichen, Stuttgart 1992, S. 11.
[225] Vgl. Neubert 1995, S. 93 ff.; hier dargestellt nach Wagner / Sievers, Public Private Partnership – Begründung und Modelle kooperativer Kulturpolitik, in: Bendixen (Red.), Handbuch Kultur-Management – die Kunst, Kunst zu ermöglichen, Stuttgart 1992, S. 11.

(vgl. § 98 Nr. 4 GWB). Und schließlich werden die privaten Subventionsempfänger bei bestimmten Bauvorhaben – zum Beispiel der Errichtung von Krankenhäusern, Schulen und Verwaltungsgebäuden – nach § 98 Nr. 5 GWB und Privatunternehmen, denen eine Baukonzession erteilt wird, werden nach § 98 Nr. 6 GWB als öffentliche Auftraggeber eingestuft. Werden die vergaberechtlichen Vorgaben nicht eingehalten, so erfolgt entsprechend den §§ 102 ff. GWB die Nachprüfung durch die Vergabekammern. Im Falle einer Absage hat der Auftraggeber nach § 101a GWB die Pflicht, dem betroffenen Bieter die Gründe des nicht zu Stande kommenden Vertrages darzulegen.

Abschließend kann gesagt werden, dass „Public Private Partnership" viele Vorteile bietet. Die Kooperation der öffentlichen Hand mit den privaten Unternehmern ermöglicht eine wirtschaftliche Zusammenarbeit mit gemeinsamer Zielerreichung. Das gemeinsame Nutzen des Know-how, die Risikoverteilung, etwaige Baukosteneinsparungen und die beiderseitigen Erfahrungen bringen nicht nur Effizienzvorteile mit sich, sondern machen derartige Projekte lukrativ für beide Partner, da somit bessere Ergebnisse und damit verbundene Effizienzsteigerungen gegenüber den konventionellen Möglichkeiten der Realisierung von Projekten gegeben sind.

16.3   Betriebsaufspaltung

In der Praxis wird oftmals durch Steuerberater eine Unternehmensgestaltung angestoßen, die sich Betriebsaufspaltung nennt. Unter einer Betriebsaufspaltung wird eine Gestaltungsvariante verstanden, bei welcher die Funktion bzw. die Tätigkeit eines Betriebes auf zwei unterschiedliche Unternehmen aufgeteilt wird. Im Rahmen der Betriebsaufspaltung ist zwischen der so genannten „echten Betriebsaufspaltung" und der so genannten „unechten Betriebsaufspaltung" zu differenzieren.

Abbildung 16.3   Betriebsaufspaltung

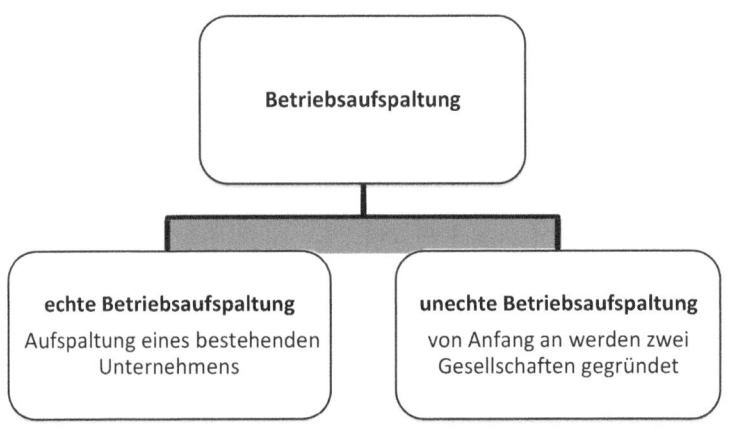

Unter einer „echten Betriebsaufspaltung" ist zu verstehen, dass ein bereits bestehender Betrieb in eine Betriebsgesellschaft und eine Besitzgesellschaft aufgespalten wird. Von einer „unechten Betriebsaufspaltung" kann immer dann ausgegangen werden, wenn es zu keiner Aufspaltung eines bereits bestehenden Unternehmens kommt, sondern eine Aufspaltung dadurch künstlich hervorgerufen wird, dass bereits im Rahmen der Gründung eines Unternehmens zwei Gesellschaften gebildet werden. Seinen Ursprung hat die Betriebsaufspaltung im Steuerrecht. Denn vorrangig diente sie dazu, die Haftungsreduzierung des Gesellschaftsrechts mit steuerrechtlichen Vorteilen zu kombinieren. Insofern ist es auch nicht verwunderlich, dass die Voraussetzungen der Betriebsaufspaltung durch steuerrechtliche Rechtsprechung bzw. durch BMF-Schreiben der Finanzverwaltung näher ausgestaltet werden. Grundsätzlich benötigt eine Betriebsaufspaltung das Vorliegen von sachlichen und personellen Voraussetzungen. Sachliche Voraussetzung ist, dass im Rahmen der Aufspaltung eines Unternehmens in „Besitzgesellschaft" und „Betriebsgesellschaft" der Betriebsgesellschaft wesentliche Grundlagen vermietet bzw. verpachtet werden. Die personelle Voraussetzung ist immer dann gegeben, wenn hinter beiden Unternehmen dieselben Personen stehen bzw. die dahinter stehenden Personen denselben geschäftlichen Betätigungswillen haben.

Abbildung 16.4   Voraussetzungen der Betriebsaufspaltung

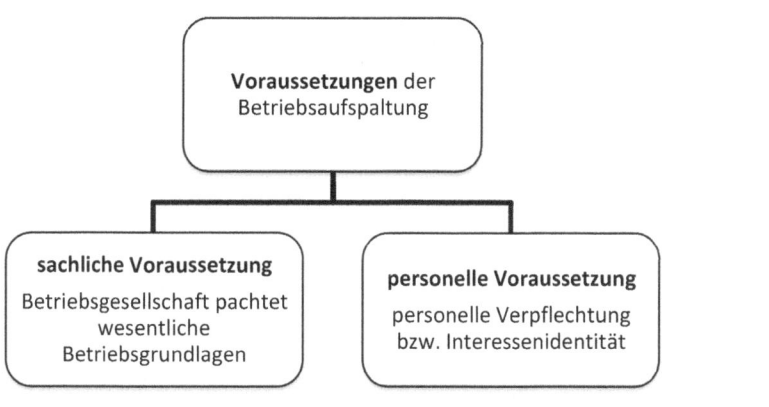

Auf den Punkt gebracht kann man sagen, dass eine wesentliche Voraussetzung der Betriebsaufspaltung dann vorliegt, wenn die Personen, welche in der Besitzgesellschaft das Sagen haben, auch in der Lage sind, ihren Willen in der Betriebsgesellschaft durchzusetzen. Dies ist insbesondere dann gegeben, wenn sowohl an der Besitzgesellschaft als auch an der Betriebsgesellschaft dieselben Leute beteiligt sind.

Beispiel:

A und B betreiben beide gemeinsam eine Bau-OHG. Die Bau-OHG, die bisher ihren Bau-
betrieb mit einer vollen privaten Haftung ihrer Gesellschafter geführt hat, ist den Gesellschaftern A und B mittlerweile zu riskant, da schon mehrere Haftungsfälle aufgetreten
sind. Aus diesem Grunde Gründen A und B nunmehr eine Betriebs-GmbH, an welcher
die beiden OHG Gesellschafter A und B jeweils zu 50 % beteiligt sind. Über diese Betriebs-GmbH wollen sie nunmehr ihre Bau-Geschäfte betreiben. Die Betriebs-GmbH hat
allerdings kein nennenswertes Betriebsvermögen. Die wesentlichen Grundlagen, wie
beispielsweise Baumaschinen, Räumlichkeiten und Büromaterial, mietet bzw. pachtet
sich die GmbH von der Bau-OHG.

Im vorliegenden Fall liegt also eine Betriebsaufspaltung vor. Die sachliche Voraussetzung
einer Betriebsaufspaltung, nämlich dass die wesentlichen Grundlagen von einer Besitzgesellschaft gemietet bzw. gepachtet werden ist ebenso gegeben, wie die personelle Voraussetzung. Denn sowohl an der OHG (Besitzgesellschaft) als auch an der Betriebs-GmbH
(Betriebsgesellschaft) sind dieselben Personen beteiligt, so dass sie auch ihren Willen sowohl in der Besitzgesellschaft als auch in der Betriebsgesellschaft durchsetzen können.
Wesentliche Vorteile dieser Gestaltungsvariante sind, dass zum einen das Haftungsrisiko
durch die Einschaltung einer Betriebs-GmbH minimiert wird und zum anderen die Betriebs-GmbH die Miet- bzw. Pachtzahlungen, welche sie an die Besitzgesellschaft zu zahlen
hat, steuerlich als Betriebsausgaben absetzen kann. Je nach Unternehmensform und Gestaltung können im Rahmen von Betriebsaufspaltungen beispielsweise Freibeträge in beiden
Unternehmen ausgeschöpft werden bzw. kann durch geschickte Gestaltung der Miet- und
Pachtverträge bzw. der Zahlungen die Steuerlast für den gesamten Betrieb minimiert werden. In den letzten Jahren haben die Finanzverwaltung und die Finanzgerichte versucht,
den Missbrauch durch Gestaltungsvarianten zurückzudrängen, die lediglich auf Steuermi-
nimierung abzielten, so dass es in der Praxis heutzutage anzuraten ist, vor der bewussten
Betriebsaufspaltung einen Steuerberater zu kontaktieren, welcher seine Mandanten über
die vielen mit der Betriebsaufspaltung verbundenen steuerlichen Detailfragen und Fallstri-
cke aufklärt und berät.

17   Das Unternehmen in der Krise

Unternehmen können aus sehr unterschiedlichen Gründen in eine Krise geraten. Ungünstige Entwicklungen im Rahmen des Unternehmensablaufs sowie Verluste des Eigenkapitals können bei Unternehmen Krisensituationen hervorrufen. Krisen sind in der Praxis oftmals Vorstufen einer Insolvenz. Werden zu diesem Zeitpunkt nicht geeignete Maßnahmen getroffen, die Krise abzuwehren, so besteht erhebliche Gefahr für den Fortbestand einer Unternehmung. Typische Anzeichen für eine Unternehmenskrise können beispielsweise folgende Faktoren sein:

Abbildung 17.1   Indizien für Unternehmenskrisen

Indizien für eine Krise

unregelmäßige oder schleppende Bearbeitung der Buchhaltungstätigkeiten;
wenig qualifiziertes Personal trotz hoher Personalkosten;

schleppende Zahlung oder Nichtzahlung von Löhnen oder Miete;
Gläubiger kündigen Kredite;

Das Unternehmen begleicht Rechnungen erst nachdem Mahnungen bei ihm eingegangen sind;
Es fehlt an einer ausreichenden Ausstattung mit Eigenkapital;

es besteht eine extrem große Abhängigkeit von Exportgeschäften;
die Einlagen der Gesellschafter wurden noch nicht vollständig geleistet;

die Lagerbestände werden immer größer, ohne dass es zugleich zu mehr Nachfrage durch die Kunden kommt;
mehrfacher Austausch von Führungspersonal.

Liegen mehrere der eben genannten Faktoren vor, so sind die Organe von Unternehmungen aufgrund ihrer Funktion dazu verpflichtet, sowohl präventiv zu wirken als auch Schaden von ihrer Gesellschaft abzuwenden. Juristische Besonderheiten treten immer dann auf, wenn ein Unternehmen nicht mehr genug liquide Mittel zur Verfügung hat, um sinnvoll weiterzuarbeiten. Für die richtige Reaktion in derartigen Krisenzeiten ist es für den Unternehmer erforderlich, sich auch mit den Regelungen der Insolvenzordnung auseinanderzusetzen. Im Folgenden sollen die Grundsätze des Insolvenzverfahrens kurz dargestellt werden. Das Insolvenzverfahren richtet sich nach den Vorschriften der Insolvenzordnung (InsO)[226]. Sinn des Insolvenzverfahrens ist es nach § 1 InsO, die Gläubiger eines Schuldners gemeinschaftlich zu befriedigen, indem das Vermögen des Schuldners verwertet und der Erlös verteilt bzw. ein Insolvenzplan aufgestellt wird. Schuldner im Sinne des § 1 InsO können sowohl natürliche als auch juristische Personen sein. Für das Gesellschaftsrecht bedeutet dies, dass auch über Gesellschaften, welche nur teilrechtsfähig sind bzw. über Gesellschaften, die keine eigene Rechtspersönlichkeit besitzen das Insolvenzverfahren eröffnet werden kann. Dementsprechend kann also auch ein Insolvenzverfahren im Rahmen der Gesellschaftsformen GbR, Partnerschaftsgesellschaft, OHG, KG oder EWIV eröffnet werden. Sofern über derartige Gesellschaftstypen allerdings ein Insolvenzverfahren eröffnet wird, erstreckt sich das Verfahren hierbei allein auf das Gesellschaftsvermögen. Das Privatvermögen der an derartigen Gesellschaftstypen beteiligten Gesellschafter wird hiervon grundsätzlich nicht erfasst. Auch über juristische Personen wie beispielsweise GmbH, UG (haftungsbeschränkt), Limited oder Aktiengesellschaft kann ein Insolvenzverfahren eröffnet werden.

Das Recht, einen Insolvenzantrag zu stellen haben nach § 13 Abs. 1 Satz 2 InsO sowohl die Gläubiger des Unternehmens als auch das Unternehmen als Insolvenzschuldner selbst. Als Formvorschrift ist gemäß § 13 Abs. 1 Satz 1 InsO die „Schriftform" vorgesehen. Alternativ hierzu kann der Antrag allerdings auch zu Protokoll der Geschäftsstelle erklärt werden. Möchte der Schuldner einen Antrag auf Eröffnung des Insolvenzverfahrens stellen, so muss er zumindest für das Gericht nachvollziehbare Tatsachen vortragen, welche darauf schließen lassen, dass die essenziellen Voraussetzungen eines Eröffnungsgrundes vorliegen. Hat der Schuldner einen in dieser Hinsicht unzulänglichen Antrag eingereicht, ist das Insolvenzgericht verpflichtet, ihn hierauf hinzuweisen und ihm eine angemessene Frist zu setzen, in welcher er seinen Antrag diesbezüglich vervollständigen kann. Lässt der Schuldner allerdings diese Frist ungenutzt verstreichen, so ist das Insolvenzgericht gehalten, seinen Antrag auf Eröffnung des Insolvenzverfahrens als unzulässig abzuweisen. Sollten allerdings die vom Schuldner vorgetragenen Aspekte ausreichen, so ist das Insolvenzgericht aufgrund des Amtsermittlungsgrundsatzes verpflichtet, ihn zur Beibringung der fehlenden Informationen bzw. der fehlenden Belege anzuhalten und dieses gegebenenfalls nach § 20 Abs. 1 InsO durchzusetzen. Denn das Insolvenzgericht ist von Amts wegen dazu angehalten, all diejenigen Sachverhalte zu ermitteln, welche für die richtige Einschätzung des Insolvenzverfahrens erheblich sein können. Zu diesem Zweck werden in der Praxis auch Sachverständigengutachten durch das Gericht angefordert. Der Eingang eines Eröffnungs-

---

[226] Insolvenzordnung vom 05.10.1994, BGBl. I S. 2866, mit späteren Änderungen.

antrages bei Gericht führt dazu, dass ein so genanntes Eröffnungsverfahren beginnt, in welchem durch das Insolvenzgericht geprüft wird, ob die Voraussetzungen für die Eröffnung eines Insolvenzverfahrens überhaupt gegeben sind. Die Punkte, welche das Gericht im Rahmen des Eröffnungsverfahrens hierbei abzuwägen hat, sind folgende:

Abbildung 17.2 Voraussetzungen für die Eröffnung eines Insolvenzverfahrens

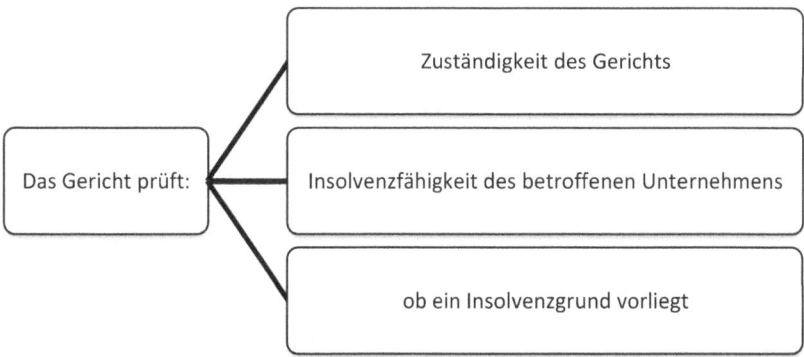

Gewöhnlich sind für die Insolvenzverfahren die Amtsgerichte zuständig, in deren Bezirk ein Landgericht ansässig ist. Der § 2 InsO lässt es allerdings zu, dass die jeweiligen Bundesländer durch Rechtsverordnung auch weitere Amtsgerichte oder andere Amtsgerichte zulassen und somit von diesem Grundsatz abweichen dürfen. Der § 3 Abs. 1 Satz 1 InsO regelt die örtliche Zuständigkeit des Insolvenzgerichts. Hiernach ist das Gericht zuständig, in dessen Bezirk der Schuldner seinen allgemeinen Gerichtsstand hat. Insofern wird also darauf geachtet, wo das Unternehmen zu dem Zeitpunkt, in welchem der Insolvenzantrag eingereicht wird, seinen allgemeinen Gerichtsstand unterhält. Hier ist zwischen Personengesellschaften und Kapitalgesellschaften zu differenzieren. Während Personengesellschaften ihren Gerichtsstand immer dort unterhalten, wo der Ort ihrer Geschäftsführung ist, kann der allgemeine Gerichtsstand für Kapitalgesellschaften nach § 17 ZPO durch Regelungen im Rahmen des Gesellschaftsvertrages bestimmt bzw. durch den im Handelsregister festgelegten Sitz determiniert werden.

Die Insolvenz des betroffenen Unternehmens stellt im Rahmen der Überprüfung keine besonders hohe Hürde dar. Denn § 11 InsO sieht vor, dass ein Insolvenzverfahren über das Vermögen jeder natürlichen und jeder juristischen Person eröffnet werden kann. Insofern sind es lediglich Innengesellschaften, wie die stille Gesellschaft, welche von der Insolvenzfähigkeit ausgeschlossen sind. Denn derartige Innengesellschaften nehmen nicht am Rechtsverkehr teil und können insoweit kaum Rechtsbeziehungen zu dritten Personen aufbauen.

Insolvenzgrund ist gewöhnlich, wie oben bereits dargelegt, die Zahlungsunfähigkeit, die drohende Zahlungsunfähigkeit bzw. die Überschuldung eines betroffenen Unternehmens.

Abbildung 17.3   Gründe für eine Insolvenz

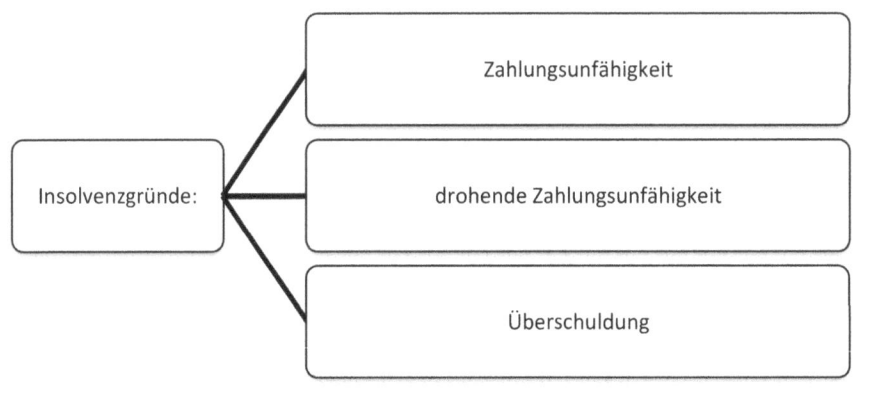

Der in der Praxis sicherlich am weitesten verbreitete Insolvenzgrund ist die Zahlungsunfähigkeit. Nach § 17 Abs. 2 Satz 1 InsO ist eine Zahlungsunfähigkeit immer dann gegeben, wenn der Schuldner nicht in der Lage ist, die fälligen Zahlungsverpflichtungen zu erfüllen. Die Zahlungsunfähigkeit ist abzugrenzen von anderen Lebenssituationen, in welchen ein Unternehmen vorübergehend daran gehindert ist, seinen Zahlungen nachzukommen. Derartige Situationen sind immer dann gegeben, wenn sie sich in einem Zeitraum bewegen, in welchem eine normale, kreditwürdige Person in der Lage ist, sich mit den erforderlichen finanziellen Mitteln einzudecken. Die Rechtsprechung des Bundesgerichtshofs geht hierbei gewöhnlich von einem Zeitrahmen von ca. drei Wochen aus.[227] Die „Zahlungsunfähigkeit" ist abzugrenzen von der so genannten „drohenden Zahlungsunfähigkeit". Von einer „drohenden Zahlungsunfähigkeit" kann nach § 18 Abs. 2 InsO immer dann gesprochen werden, wenn der Schuldner voraussichtlich nicht in der Lage sein wird, die bestehenden Zahlungspflichten im Zeitpunkt der Fälligkeit zu erfüllen. Aus der Wortwahl des Gesetzes wird bereits deutlich, dass es sich bei der „drohenden Zahlungsunfähigkeit" lediglich um eine Vorausschau handelt, bei der abzuwägen ist, wie wahrscheinlich der Eintritt einer Zahlungsunfähigkeit des betreffenden Unternehmens ist. Um zu verhindern, dass ein Schuldner in Fällen finanzieller Not dadurch bedroht oder unter Druck gesetzt wird, dass er befürchten muss, dass ein Gläubiger in dieser Situation einen Antrag auf Eröffnung eines Insolvenzverfahrens beim Insolvenzgericht stellt, hat der Gesetzgeber mit § 18 Abs. 1 InsO explizit festgelegt, dass der Tatbestand der „drohenden Zahlungsunfähigkeit" lediglich ein Insolvenzgrund für den Schuldner darstellt. Ein Gläubiger ist nicht berechtigt, auf diesen Tatbestand gestützt, einen Antrag auf Eröffnung des Insolvenzverfahrens zu stellen. Die Überschuldung stellt die dritte Art eines Insolvenzgrundes dar. Sie ist nach § 19 Abs. 2 InsO immer dann gegeben, wenn das Vermögen des Schuldners die bestehenden Verbindlichkeiten nicht mehr deckt. Eine Ausnahme sieht das Gesetz nur dann vor, wenn die Fortführung des Unternehmens nach den Umständen überwiegend wahrscheinlich ist.

---

[227]   BGH, DB 2005, S. 1787.

Als Folge eines Insolvenzantrags ist es oftmals erforderlich, dass das Gericht Maßnahmen trifft, die dazu dienen, bis zur Entscheidung über den Antrag, eine für die Gläubiger nachteilige Veränderung in der Vermögenslage des Schuldners zu verhindern. Der § 21 Abs. 2 InsO nennt als Beispiele hierfür insbesondere, dass das Gericht folgende Maßnahmen ergreifen kann:

■ die Bestellung eines vorläufigen Insolvenzverwalters;

■ die Einsetzung eines vorläufigen Gläubigerausschusses;

■ dem Schuldner ein allgemeines Verfügungsverbot aufzuerlegen oder anzuordnen, dass Verfügungen des Schuldners nur mit Zustimmung des vorläufigen Insolvenzverwalters wirksam sind;

■ Maßnahmen der Zwangsvollstreckung gegen den Schuldner zu untersagen oder einstweilen einzustellen, soweit nicht unbewegliche Gegenstände betroffen sind;

■ eine vorläufige Sperre anzuordnen;

■ anzuordnen, dass Gegenstände, die im Falle der Eröffnung des Verfahrens von § 166 InsO erfasst würden oder deren Aussonderung verlangt werden könnte, vom Gläubiger nicht verwertet oder eingezogen werden dürfen und dass solche Gegenstände zur Fortführung des Unternehmens des Schuldners eingesetzt werden können, soweit sie hierfür von erheblicher Bedeutung sind.

Besonders der Bestellung eines vorläufigen Insolvenzverwalters kommt in der Praxis eine große Bedeutung zu. Denn seine Aufgabe besteht einerseits darin, die Sicherungsmaßnahmen, welche das Gericht anordnet durchzusetzen und dafür zu sorgen, dass keine Vermögensgegenstände vor Eröffnung des Insolvenzverfahrens beiseite geschafft werden können bzw. aus dem Vermögen abfließen; andererseits besteht die Aufgabe des vorläufigen Insolvenzverwalters insbesondere auch darin, sich einen Überblick über das vorhandene Vermögen der Gesellschaft zu machen. In der Praxis kommt es häufig vor, dass als vorläufige Insolvenzverwalter solche Personen eingesetzt werden, die das Gericht auch später im Rahmen des tatsächlichen Insolvenzverfahrens als Insolvenzverwalter einsetzen. Im Rahmen der Einsetzung eines vorläufigen Insolvenzverwalters sind zwei mögliche Ausprägungen zu unterscheiden: Zum einen gibt es den so genannten „starken vorläufigen Insolvenzverwalter". Dieser wird mit einer Vielzahl an Kompetenzen ausgestattet, welche es ihm erlauben uneingeschränkt über die Ressourcen innerhalb des Unternehmens zu verfügen, wie es später auch ein tatsächlicher Insolvenzverwalter kann. Kennzeichen des „starken vorläufigen Insolvenzverwalters" ist es, dass dem Schuldner zeitgleich mit seiner Einsetzung ein allgemeines Verfügungsverbot über das Vermögen des insolventen Unternehmens auferlegt wird. Der Schuldner kann dementsprechend alleine keine Verfügungen über das Vermögen mehr treffen. Die andere Ausprägung eines vorläufigen Insolvenzverwalters ist der so genannte „schwache vorläufige Insolvenzverwalter". Im Rahmen dieser Ausprägung verbleibt die Verfügungsmacht über die Vermögensgegenstände des Unternehmens gewöhnlich weiterhin beim Schuldner. Es fehlt also hier bei der Einsetzung eines „schwachen vorläufigen Insolvenzverwalters" im Vergleich zum „starken vorläufigen Insolvenzverwalter" das allgemeine Verfügungsverbot.

Bei einem Antrag auf Eröffnung des Insolvenzverfahrens hat das Gericht mehrere Möglichkeiten auf den Antrag zu reagieren. Entweder es weist den Eröffnungsantrag ab. Dies kann beispielsweise deshalb geschehen, weil es an einem Eröffnungsgrund mangelt oder weil die Zulässigkeit des Insolvenzverfahrens nicht gegeben ist. Ein weiterer Grund für die Abweisung des Antrags, welcher in der Praxis häufig vorkommt, ist das Fehlen von Vermögensgegenständen bzw. Werten, so dass noch nicht einmal die Kosten des Insolvenzverfahrens gedeckt werden könnten. In einem solchen Fall spricht man von einer Abweisung des Insolvenzantrags „mangels Masse". Sind hingegen genug Vermögensgegenstände im Gesellschaftsvermögen zu finden, um mindestens die Kosten des Insolvenzverfahrens abzudecken, so wird das Insolvenzgericht, wenn auch die sonstigen Voraussetzungen für das Verfahren vorliegen, ein Insolvenzverfahren eröffnen und einen Insolvenzverwalter für die Durchführung benennen. In der Praxis besteht auch die Möglichkeit, dass in den Fällen, in denen nicht genügend Masse vorhanden ist, um die Kosten des Insolvenzverfahrens abzudecken, das Verfahren dennoch dann eröffnet wird, wenn einer der Gläubiger entsprechend § 26 Abs. 1 Satz 2 InsO einen ausreichenden Geldbetrag vorgeschossen hat bzw. ihm die Kosten nach § 4a InsO gestundet werden. Bei der Eröffnung des Insolvenzverfahrens ergeht ein Eröffnungsbeschluss des Insolvenzgerichts. Dieser ist nach § 30 InsO öffentlich bekannt zu machen und dem Schuldner bzw. seinen Gläubigern ebenfalls zuzustellen. Der Inhalt des Eröffnungsbeschlusses richtet sich nach den §§ 27 ff. InsO.

Im Rahmen des Insolvenzverfahrens sind unterschiedliche Arten von Gesellschaftsgläubigern zu differenzieren. Das Gesetz unterscheidet folgende Arten von Gläubigern:

Abbildung 17.4   Arten von Gläubigern

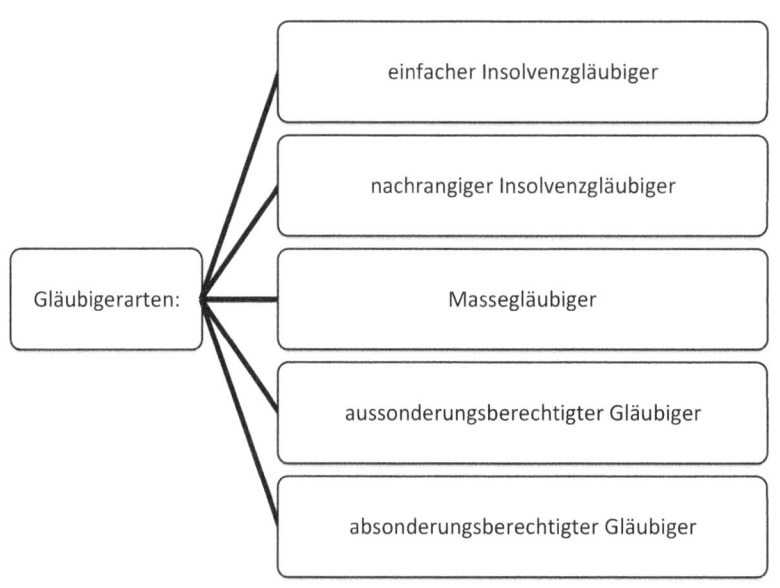

Personen, die zum Zeitpunkt der Eröffnung eines Insolvenzverfahrens gegen den Schuldner eine Forderung besitzen, werden als **Insolvenzgläubiger** bezeichnet. Der § 38 InsO gibt ihnen einen Anspruch darauf, aus der Insolvenzmasse entsprechend einer Quote befriedigt zu werden. Immer dann, wenn das Gesetz lediglich den Ausdruck „Gläubiger" verwendet, sind damit gewöhnlich die normalen Insolvenzgläubiger, also diejenigen Personen, die nach § 38 InsO bei der Eröffnung des Insolvenzverfahrens einen Vermögensanspruch gegen den Schuldner haben, gemeint. Die Forderungen, welche ein Insolvenzgläubiger gegen den Schuldner geltend machen kann, sind nur solche Ansprüche, welche auf einen bestimmten Geldbetrag gerichtet sind bzw. entsprechend § 45 InsO in einen derartigen Anspruch umgerechnet werden können. Es gibt allerdings im Rahmen der Insolvenzgläubiger auch so genannte „nachrangige Insolvenzgläubiger". **Nachrangigen Insolvenzgläubigern** stehen Forderungen zu, welche einen niedrigeren Rang besitzen als andere Insolvenzforderungen. Derartige nachrangige Forderungen werden in § 39 InsO aufgeführt. Diese Vorschrift lautet:

§ 39 InsO Nachrangige Insolvenzgläubiger

(1) Im Rang nach den übrigen Forderungen der Insolvenzgläubiger werden in folgender Rangfolge, bei gleichem Rang nach dem Verhältnis ihrer Beträge, berichtigt:

1. *die seit der Eröffnung des Insolvenzverfahrens laufenden Zinsen und Säumniszuschläge auf Forderungen der Insolvenzgläubiger;*

2. *die Kosten, die den einzelnen Insolvenzgläubigern durch ihre Teilnahme am Verfahren erwachsen;*

3. *Geldstrafen, Geldbußen, Ordnungsgelder und Zwangsgelder sowie solche Nebenfolgen einer Straftat oder Ordnungswidrigkeit, die zu einer Geldzahlung verpflichten;*

4. *Forderungen auf eine unentgeltliche Leistung des Schuldners;*

5. *nach Maßgabe der Absätze 4 und 5 Forderungen auf Rückgewähr eines Gesellschafterdarlehens oder Forderungen aus Rechtshandlungen, die einem solchen Darlehen wirtschaftlich entsprechen.*

(2) Forderungen, für die zwischen Gläubiger und Schuldner der Nachrang im Insolvenzverfahren vereinbart worden ist, werden im Zweifel nach den in Absatz 1 bezeichneten Forderungen berichtigt.

(3) Die Zinsen der Forderungen nachrangiger Insolvenzgläubiger und die Kosten, die diesen Gläubigern durch ihre Teilnahme am Verfahren entstehen, haben den gleichen Rang wie die Forderungen dieser Gläubiger.

(4) Absatz 1 Nr. 5 gilt für die Gesellschaften, die weder eine natürliche Person noch eine Gesellschaft als persönlich haftenden Gesellschafter haben, bei der ein persönlich haftender Gesellschafter eine natürliche Person ist. Erwirbt ein Gläubiger bei drohender oder eintretender Zahlungsunfähigkeit der Gesellschaft oder bei Überschuldung Anteile zum Zweck ihrer Sanierung, führt dies bis zur nachhaltigen Sanierung nicht zur Anwendung von Absatz 1 Nr. 5 auf seine Forderungen aus bestehenden oder neu gewährten Darlehen oder auf Forderungen aus Rechtshandlungen, die einem solchen Darlehen wirtschaftlich entsprechen.

(5) Absatz 1 Nr. 5 gilt nicht für den nicht geschäftsführenden Gesellschafter einer Gesellschaft im Sinne des Absatzes 4 Satz 1, der mit 10 Prozent oder weniger am Haftkapital beteiligt ist.

Nachrangige Insolvenzgläubiger werden also erst dann befriedigt, wenn die normalen Insolvenzgläubiger ihre Ansprüche vollständig aus der Insolvenzmasse erlangen konnten. Für nachrangige Insolvenzgläubiger gelten ansonsten grundsätzlich dieselben Rechtsvorschriften, wie sie für die übrigen Insolvenzgläubiger anzuwenden sind. Eine weitere Gläubigergruppe sind die so genannten **Massegläubiger**. Unter einem Massegläubiger sind Personen zu verstehen, welche Ansprüche innehaben, die erst nach der Eröffnung des Insolvenzverfahrens begründet worden sind bzw. Ansprüche, welche erst als Folge des Insolvenzverfahrens entstanden sind. Zu derartigen Kosten zählen beispielsweise:

Abbildung 17.5   Kosten einer Insolvenz

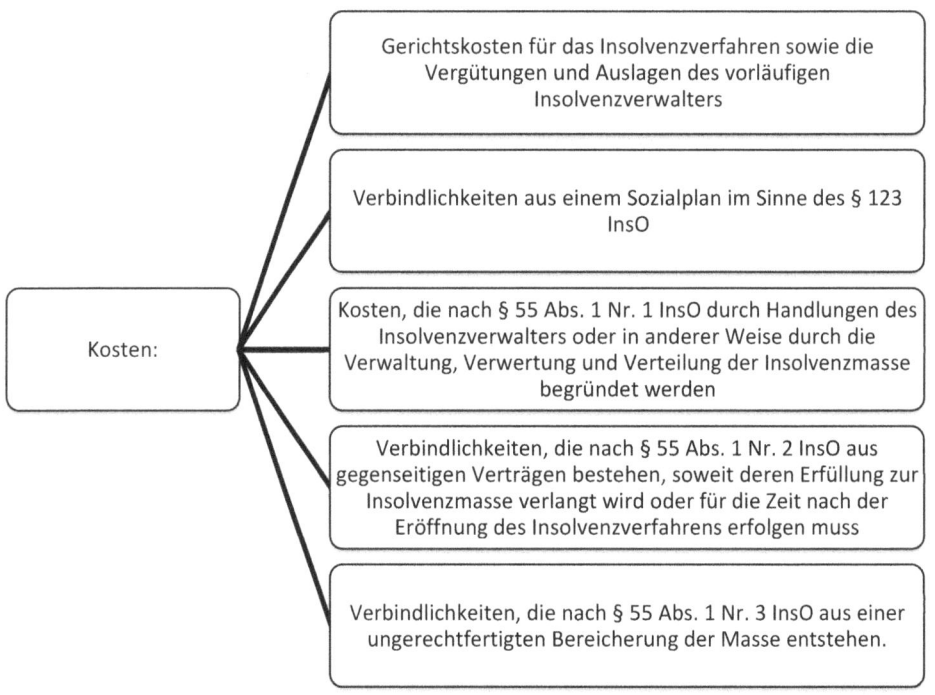

Nach § 53 InsO haben Massegläubiger einen Anspruch darauf, dass ihre Ansprüche aus der Insolvenzmasse vorrangig befriedigt werden. Derartige Gläubiger haben, soweit die Vermögenslage des Schuldnerunternehmens dies zulässt, in der Praxis oftmals die Möglichkeit ihren gesamten Anspruch durchzusetzen.

Eine weitere Form von Gläubigern sind die so genannten „**aussonderungsberechtigten Gläubiger**". Dies sind Gläubiger, welche das Recht haben, bestimmte Gegenstände von der Insolvenzmasse auszusondern, weil diese Gegenstände ihnen und nicht dem Schuldner gehören. Die Aussonderung wird in § 47 InsO gesetzlich geregelt. Diese Vorschrift lautet:

§ 47 InsO Aussonderung

Wer aufgrund eines dinglichen oder persönlichen Rechts geltend machen kann, dass ein Gegenstand nicht zur Insolvenzmasse gehört, ist kein Insolvenzgläubiger. Sein Anspruch auf Aussonderung des Gegenstands bestimmt sich nach den Gesetzen, die außerhalb des Insolvenzverfahrens gelten.

Die aussonderungsberechtigten Gläubiger haben deshalb die Möglichkeit, ihre – zumeist nach dem Bürgerlichen Gesetzbuch bestehenden – Ansprüche auf Herausgabe des Gegenstandes gegen den Schuldner geltend zu machen. Im Rahmen des Insolvenzverfahrens hat beispielsweise ein Gläubiger, welcher eine Sache unter einfachem Eigentumsvorbehalt an den Schuldner geliefert hat, die Möglichkeit, ein Aussonderungsrecht an diesem Gegenstand auszuüben. Der Insolvenzverwalter kann das Aussonderungsrecht lediglich dann verhindern, wenn er den Kaufpreis für die unter Eigentumsvorbehalt gelieferte Sache bezahlt. Wurde der Gegenstand allerdings nicht unter einfachem Eigentumsvorbehalt sondern unter einem so genanntem verlängerten Eigentumsvorbehalt an den Käufer geliefert, so steht diesem das Recht zur Weiterveräußerung zu. Insofern hat der Vorbehaltsverkäufer bis zum Weiterverkauf ein Aussonderungsrecht im Rahmen des Insolvenzverfahrens. Sofern im Rahmen des Insolvenzverfahrens die Gegenstände weiterverkauft werden, so steht dem Gläubiger lediglich gemäß § 51 Nr. 1 InsO ein Absonderungsrecht an der Kaufpreisforderung zu.

Die letzte Form von Insolvenzgläubigern stellen die „absonderungsberechtigten Gläubiger" dar.

Beispiel:

Die G-Bank hat sich, als Gläubiger des Autohauses A, am Betriebsgrundstück des Autohauses zur Absicherung eines Darlehens eine Grundschuld in Abteilung drei des Grundbuchs eintragen lassen. Später wird das Insolvenzverfahren über das Unternehmen des A eröffnet. Welche Art von Gläubiger ist die G-Bank?

Ein absonderungsberechtigter Gläubiger hat zwar nicht das Recht einen Gegenstand auszusondern; statt der Herausgabe des Gegenstandes hat er aber das Recht, dass ein bestimmter Gegenstand, welcher zum Vermögen des Schuldners gehört, getrennt verwertet wird und der aus der Verwertung erzielte Erlös in erster Linie zur Befriedigung seines abgesicherten Anspruchs verwendet wird. Im vorliegenden Beispielfall ist die G-Bank also als absonderungsberechtigter Gläubiger zu betrachten. Sie kann zwar nicht die Herausgabe des Betriebsgrundstücks Verlangen; sie kann jedoch den Anspruch geltend machen, dass das Betriebsgrundstück getrennt vom übrigen Insolvenzvermögen verwertet wird und der hieraus erzielte Geldbetrag vorrangig dazu verwendet wird, die Ansprüche der G-Bank zu befriedigen.

Sofern ein Insolvenzverfahren eröffnet wird, hat dies die Auflösung der Gesellschaft zur Folge. Unter Auflösung ist allerdings in den Fällen, in welchen Gesellschaftsvermögen noch vorhanden ist, nicht zu verstehen, dass mit der Auflösung eine Beendigung der Gesellschaft eintritt; die Auflösung führt dann nämlich nur zu einer Änderung des Gesellschaftszwecks. Von diesem Zeitpunkt an wird nicht mehr von einer so genannten „werbenden Gesellschaft" ausgegangen, sondern von einer Gesellschaft, der lediglich die Verwertung des Gesellschaftsvermögens der insolventen Gesellschaft obliegt.

18   Umwandlung von Unternehmen

In der heutigen Wirtschaftspraxis besteht regelmäßig das Bedürfnis, ein Unternehmen nach einigen Jahren der Geschäftstätigkeit in eine andere Unternehmensform umzuwandeln.[228] Motive hierfür können sehr vielfältig sein.

> **Beispiel:**
>
> A ist Komplementär der A-KG. Aufgrund der immer haftungsintensiveren Geschäftstätigkeit der A-KG möchte A die Rechtsform seines Unternehmens ändern. Was muss er hierbei beachten?

Sei es, dass man die Haftung begrenzen oder durch Schaffung eines Aufsichtsrates die Kontrolle des Unternehmens vereinfachen möchte. Auskunft über die Frage, welche Umwandlungen unter welchen Voraussetzungen überhaupt möglich sind, bietet das Umwandlungsgesetz (UmwG)[229]. Dieses Gesetz regelt abschließend alle zulässigen Umwandlungsvarianten.[230] Die vier Möglichkeiten, welche das Gesetz nach § 1 Abs. 1 UmwG zulässt sind:

Abbildung 18.1   Arten der Umwandlung von Unternehmen

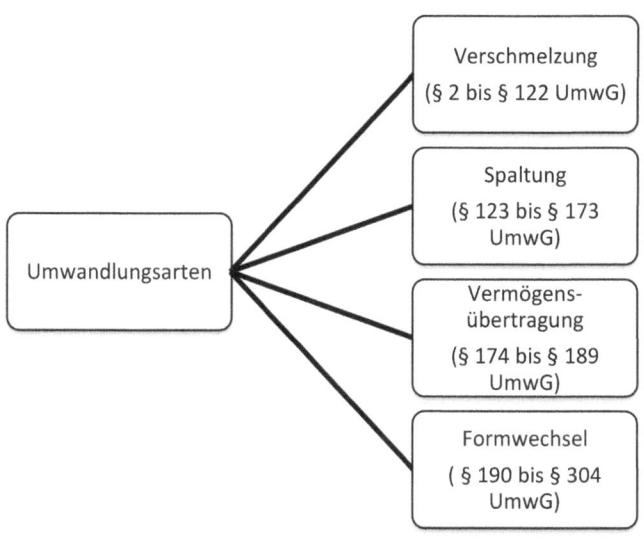

---

228 Vgl. zur grenzüberschreitenden Umwandlung vertiefend: EuGH, Urteil vom 12.07.2012, C-378/10, NJW 2012, S. 2715; Streinz, Europarecht: Grenzüberschreitende Umwandlung einer Gesellschaft, JuS 2012, S. 1142 ff.
229 Umwandlungsgesetz vom 28.10.1994, BGBl I S. 3210, ber. 1995 I S. 428, mit späteren Änderungen.
230 Vgl. vertiefend auch: Schöne / Arens, Fortgeschrittenenklausur – Zivilrecht: Die problematische Beteiligungsumwandlung, JuS 2011, S. 613 ff.

18.1   Verschmelzung

Die Verschmelzung ist in den §§ 2 ff. UmwG geregelt. Unter Verschmelzung werden diejenigen Fälle verstanden, bei denen ein oder mehrere Rechtsträger in einem anderen Rechtsträger derart aufgehen, dass die Mitglieder hinterher Mitglieder des anderen Rechtsträgers werden und das Vermögen des übertragenden Rechtsträgers im Wege der Gesamtrechtsnachfolge in das Vermögen des anderen Rechtsträgers übergeht. Es kommt hierbei also weder zu einer Auflösung noch zu einer Liquidation des übertragenden Rechtsträgers. Die Verschmelzung kann in zwei Unterarten unterteilt werden.[231]

Abbildung 18.2   Verschmelzung

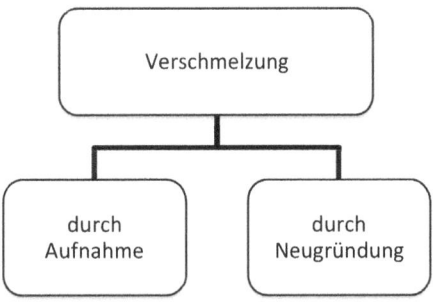

Die Verschmelzung stellt die Fusion zweier Unternehmen dar.[232] Besteht das übernehmende Unternehmen bereits, so handelt es sich um eine „Verschmelzung durch Aufnahme".[233] Im Gegensatz dazu wird immer dann von einer „Verschmelzung durch Neugründung" gesprochen, wenn das Vermögen auf einen neu gegründeten Rechtsträger übertragen wird.

Beispiel (für eine Verschmelzung durch Aufnahme):

Die kleine X-GmbH wird von der großen und wirtschaftlich starken Z-AG aufgekauft. Dies geschieht dergestalt, dass die Z-AG die gesamten Gesellschaftsanteile der X-GmbH erwirbt. Dies eröffnet ihr die Möglichkeit, die X-GmbH entweder als Tochtergesellschaft weiterzuführen oder aber sie so aufzunehmen, dass die X-GmbH erlischt und nur noch die Z-AG übrig bleibt.

---

[231] Vgl. Kallmeyer, Umwandlungsgesetz – Kommentar, 3. Auflage, Köln 2006, § 2 Rn. 2.
[232] Zur Verschmelzung einer überschuldeten Gesellschaft, vgl.: Rubner / Leuering, Verschmelzung einer überschuldeten Gesellschaft, in: NJW-Spezial, Heft 23, 2012, S. 719.
[233] Vgl. hierzu vertiefend auch: Bungert / Wettich, Der neue verschmelzungsspezifische Squeeze-out nach § 62 Abs. 5 UmwG n.F., DB 2011, S. 1500 ff.

> **Beispiel (für eine Verschmelzung durch Neugründung):**
>
> Die Z-AG gründet eine neue (dritte) Gesellschaft, nämlich die D-AG. In diese überträgt sie die beiden verschmelzenden Gesellschaften. Dieses führt dazu, dass die beiden ursprünglichen Gesellschaften erlöschen.

Die Zwecke, welche man durch eine Verschmelzung zu erreichen sucht, können vielfältig sein. In der Praxis finden Verschmelzungen oft bei Börsengängen oder dem Rückzug von der Börse statt. Bisweilen wird eine Verschmelzung dazu eingesetzt, die Macht von Minderheitsgesellschaftern zurückzudrängen oder man möchte durch Verschmelzung oftmals die Ertragskraft beziehungsweise die Wettbewerbsfähigkeit steigern. In diesem Zusammenhang wird zumeist von Synergie-Effekten gesprochen.

18.2 Spaltung

Eine Spaltung kann durch partielle Gesamtrechtsnachfolge entstehen. Gründe für eine Spaltung können beispielsweise Auseinandersetzungen im Rahmen einer Erbengemeinschaft, die Kreation von Holdingstrukturen oder Maßnahmen im Vorfeld einer Unternehmensteilveräußerung sein. Im Prinzip stellt die Spaltung quasi das Gegenstück zur Verschmelzung dar. Im Rahmen der Spaltung wird ein Unternehmen in mindestens zwei Unternehmen aufgeteilt. Hierfür stehen gemäß § 1 Abs. 1 Nr. 2 UmwG in Verbindung mit § 123 UmwG drei Varianten[234] zur Verfügung:

Abbildung 18.3 Spaltung

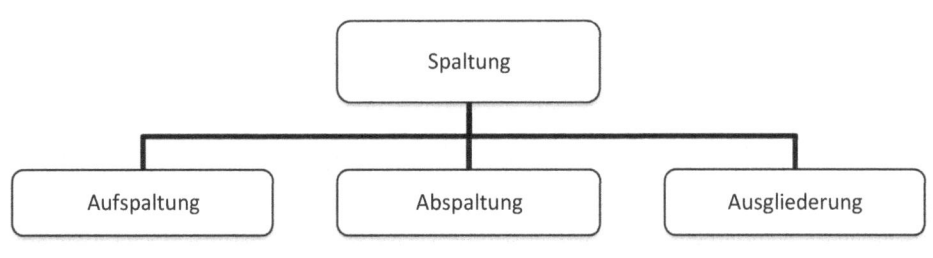

Im Rahmen der **Aufspaltung** wird das gesamte Vermögen auf mindestens zwei andere Rechtsträger übertragen. Hierfür ist kein besonderer Übertragungsakt erforderlich. Die anderen Rechtsträger können entweder neu gegründete Rechtsträger sein, oder die beiden Rechtsträger bestehen bereits. Im Rahmen dieses Prozesses geht der alte Rechtsträger auf-

---

[234] Bisweilen werden in der Literatur als weitere Varianten noch Kombinationen der eben genannten Arten aufgeführt. Vgl. beispielsweise: Kallmeyer, Umwandlungsgesetz – Kommentar, 3. Auflage, Köln 2006, § 123 Rn. 13.

grund einer Auflösung ohne Abwicklung unter und die an ihm beteiligten Gesellschafter werden stattdessen an dem übernehmenden Rechtsträger respektive den Rechtsträgern beteiligt.

Die **Abspaltung** funktioniert fast genauso wie die Aufspaltung. Allerdings bleibt – anders als bei der Aufspaltung – der bisherige Rechtsträger bestehen und geht nicht bei der Abspaltung unter. Auch hierbei fallen Anteile der übernehmenden Gesellschaft an die Gesellschafter der übertragenden Gesellschaft.

Im Rahmen einer **Ausgliederung** findet ebenso wie bei der Aufspaltung und der Abspaltung eine Übertragung des Vermögens statt.[235] Allerdings erhalten hierbei nicht die Gesellschafter der übertragenden Gesellschaft Anteile an der übernehmenden Gesellschaft; sondern die Anteile gehen direkt in das Vermögen der übertragenden Gesellschaft über.

18.3   Vermögensübertragung

Die Vermögensübertragung ist in den §§ 174 ff. UmwG gesetzlich normiert. Im Rahmen der Vermögensübertragung wird das Vermögen eines Rechtsträgers auf einen anderen Rechtsträger übertragen, ohne dass es zu einer Abwicklung kommt. Hierbei kommt es zu einer Auflösung des übertragenden Rechtsträgers. Im Rahmen der Vermögensübertragung ist sowohl eine Vollübertragung im Sinne der Gesamtrechtsnachfolge als auch eine Teilübertragung im Sinne der Sonderrechtsnachfolge möglich.[236] Eine Vermögensübertragung durch Neugründung ist ausgeschlossen. Im Gegensatz zu den oben genannten Umwandlungsvarianten ist die Gegenleistung jedoch nicht die Einräumung von Mitgliedschaftsrechten bzw. Gesellschaftsanteilen, sondern es werden andere Gegenleistungen, in der Praxis gewöhnlich durch Geldleistung, erbracht.

18.4   Formwechsel

Der Formwechsel ist in den §§ 190 ff. UmwG geregelt und beinhaltet im Gegensatz zu den bisher genannten Umwandlungsarten keinen Vermögensübergang auf einen anderen Rechtsträger. Stattdessen findet nur eine Änderung der Rechtsform des bestehenden Rechtsträgers statt. Aus diesem Grunde wird das Vermögen gewöhnlich erhalten und es bleiben auch die bisherigen Gesellschafter im Unternehmen. Durch den Formwechsel wird die bisherige wirtschaftliche und rechtliche Identität des Rechtsträgers in der Regel nicht beeinträchtigt.

---

[235] Vgl. hierzu vertiefend: Semler / Stengel, Umwandlungsgesetz, 3. Auflage, München 2012, § 2 Rn. 22 ff.
[236] Vgl. Kallmeyer, Umwandlungsgesetz – Kommentar, 3. Auflage, Köln 2006, § 174 Rn. 1.

18.5   Phasen der Umwandlung

Der Umwandlungsprozess kann in drei Phasen eingeteilt werden. Der erste Schritt einer Umwandlung besteht in der Planung und Vorbereitung – dieses wird gewöhnlich als so genannte Vorbereitungsphase bezeichnet.[237] In diesem Stadium wird gewöhnlich ein Umwandlungsvertrag geschlossen, der Umwandlungsbericht erstattet und eine Umwandlungsprüfung vorgenommen. In einem zweiten Schritt findet die so genannte Phase der Beschlussfassung statt. Der dritte Schritt einer Umwandlung wird als Vollzugsphase bezeichnet. In dieser Phase finden sowohl die Anmeldung zum Handelsregister als auch die Eintragung statt.

Die steuerlichen Auswirkungen der Umwandlung sind im Umwandlungssteuergesetz (UmwStG)[238] und im Umwandlungssteuererlass (UmwSt-Erlass)[239] der Finanzverwaltung geregelt.[240] Nachdem das Umwandlungssteuergesetz bereits vor einigen Jahren durch das „Gesetz über steuerliche Begleitmaßnahmen zur Einführung der Europäischen Gesellschaft und zur Änderung weiterer steuerlicher Vorschriften (SEStEG) vom 07.12.2006" grundlegend und zu großen Teilen überarbeitet und geändert worden ist[241], ist mit BMF-Schreiben vom 11.11.2011 nun auch ein neuer Umwandlungssteuererlass ergangen.[242]

---

[237] Vgl. Semler / Stengel, Umwandlungsgesetz, 3. Auflage, München 2012, § 190 Rn. 13.

[238] UmwStG vom 07.12.2006, BGBl. I 2006, S. 2782 mit späteren Änderungen.

[239] BMF-Schreiben vom 11.11.2011, BStBl. I 2011, S. 1314.

[240] Vgl. zu den steuerrechtlichen Auswirkungen von Umwandlungsvorgängen vertiefend: Stadler / Elser / Bindl, Vermögensübergang bei Verschmelzungen auf eine Personengesellschaft oder auf eine natürliche Person und Formwechsel einer Kapitalgesellschaft, in: Der Betrieb, Beilage 1 zu Heft 2 vom 13.01.2012, S. 14 ff.; Schaflitzl / Götz, Verschmelzungen zwischen Kapitalgesellschaften, Spaltungen von Kapitalgesellschaften und damit verbundene gewerbesteuerliche Regelungen, in: Der Betrieb, Beilage 1 zu Heft 2 vom 13.01.2012, S. 25 ff.; Benz / Rosenberg, Einbringungen von Unternehmensteilen in eine Kapitalgesellschaft und Anteilsaustausch (§§ 20-23 UmwStG), in: Der Betrieb, Beilage 1 zu Heft 2 vom 13.01.2012, S. 38 ff.; Schaflitzl / Götz, Einbringung eines Betriebs, Teilbetriebs oder Mitunternehmeranteils in eine Personengesellschaft (§ 24 UmwStG), in: Der Betrieb, Beilage 1 zu Heft 2 vom 13.01.2012, S. 56 f.; Blumenberg / Lechner, Umwandlung und Organschaft, Der Betrieb, Beilage 1 zu Heft 2 vom 13.01.2012, S. 57 ff.; Benz / Rosenberg, Anwendungsvorschriften (§ 27 UmwStG) und sonstige Anwendungsbestimmungen des neuen UmwSt-Erlasses, in: Der Betrieb, Beilage 1 zu Heft 2 vom 13.01.2012, S. 70 ff.

[241] Vgl. Blumenberg / Rosenberg, Vorwort – Der Umwandlungssteuererlass oder „Gut Ding will Weile haben"?, in: Der Betrieb, Beilage 1 zu Heft 2 vom 13.01.2012, S. 4.

[242] Vgl. BMF-Schreiben vom 11.11.2011, BStBl. I 2011, S. 1314.

19 Wiederholungsfragen

Nach der Lektüre dieses Lehrbuchs sollten Sie in der Lage sein, folgende Fragen zu beantworten. Die unten aufgeführten Kontrollfragen geben Ihnen die Möglichkeit, ihr erworbenes Wissen selbst zu überprüfen.

- Wie viele „Bücher" hat das HGB?
- Nennen Sie die Bücher, in welche das HGB eingeteilt werden kann.
- Welche Grundsätze des HGB kennen Sie?
- Grenzen Sie den „Ist-Kaufmann" vom „Kann-Kaufmann" ab.
- Was bedeutet der Begriff „Firma"?
- Welche Möglichkeiten bestehen im Rahmen der Firmierung? Nennen Sie die wesentlichen Firmengrundsätze.
- Welchen Zweck erfüllt das Handelsregister?
- Was verstehen Sie unter „Publizität des Handelsregisters"?
- Worin unterscheiden sich positive und negative Publizität?
- Wie wird Prokura erteilt?
- Was sind die Aufgaben eines Prokuristen?
- Worin besteht der Unterschied zwischen Prokura und Handlungsvollmacht?
- Wie unterscheiden sich Handelsvertreter und Handelsmakler?
- Worin besteht der Unterschied zwischen Spediteur und Frachtführer?
- Wie funktioniert ein Kommissionsgeschäft?
- Was verstehen Sie unter einem „Bestimmungskauf"?
- Was verstehen Sie unter einem handelsrechtlichen „Fixgeschäft"?
- Nennen Sie die Rahmenbedingungen der Rügeobliegenheit?
- Welche Bedeutung hat Schweigen im Handelsrecht?
- Nennen Sie die Voraussetzungen und die Rechtsfolge eines „Kaufmännischen Bestätigungsschreibens"?
- Nennen Sie die Voraussetzungen des kaufmännischen Zurückbehaltungsrechts.
- Worin unterscheiden sich Personen- und Kapitalgesellschaften?
- Was bedeutet „Numerus clausus" der Gesellschaftsformen?
- Erklären Sie die Begriffe „Selbstorganschaft" und „Fremdorganschaft".

- Was besagt die „Lehre von der fehlerhaften Gesellschaft"?

- Für welche Berufsgruppen eignet sich die GbR?

- Wie unterscheidet sich die Haftung im Rahmen einer GbR von der Haftung im Rahmen einer Partnerschaftsgesellschaft?

- Wie unterscheiden sich OHG und KG?

- Was verstehen Sie unter „actio pro socio"?

- Welche Gründungsstadien durchläuft eine GmbH?

- Nennen Sie die Besonderheiten der UG (haftungsbeschränkt).

- Welche Besonderheiten weist eine „Ltd." auf?

- Welche Organe hat eine AG?

- Was kennzeichnet eine Stiftung?

- Was verstehen Sie unter einer „Betriebsaufspaltung"?

Literaturverzeichnis

Alexander, Christian: Gemeinsame Strukturen von Bürgschaft, Pfandrecht und Hypothek, JuS 2012, S. 481 ff.

Baumbach, Adolf / Hopt, Klaus: Handelsgesetzbuch, Kommentar, 34. Auflage, München 2010.

Benz, Sebastian / Rosenberg, Oliver: Anwendungsvorschriften (§ 27 UmwStG) und sonstige Anwendungsbestimmungen des neuen UmwSt-Erlasses, in: Der Betrieb, Beilage 1 zu Heft 2 vom 13.01.2012, S. 70 ff.

Benz, Sebastian / Rosenberg, Oliver: Einbringungen von Unternehmensteilen in eine Kapitalgesellschaft und Anteilsaustausch (§§ 20-23 UmwStG), in: Der Betrieb, Beilage 1 zu Heft 2 vom 13.01.2012, S. 38 ff.

Beuthien, Volker / Dierkes, Stefan / Wehrheim, Michael: Die Genossenschaft, Berlin 2008.

Blumenberg, Jens / Lechner, Florian: Umwandlung und Organschaft, Der Betrieb, Beilage 1 zu Heft 2 vom 13.01.2012, S. 57 ff.

Blumenberg, Jens / Rosenberg, Oliver: Vorwort – Der Umwandlungssteuererlass oder „Gut Ding will Weile haben"?, in: Der Betrieb, Beilage 1 zu Heft 2 vom 13.01.2012, S. 4.

Bruhn, Manfred: Sponsoring: Systematische Planung und integrierter Einsatz, 4. Auflage, Wiesbaden 2003.

Budäus, Dietrich / Grüning, Gernod: Public Private Partnership – Konzeption und Probleme eines Instruments zur Verwaltungsreform aus Sicht der Public Choice Theorie, in: Budäus, Dietrich/ Eichhorn, Peter, Public Private Partnership – Neue Formen öffentlicher Aufgabenerfüllung, Baden-Baden 1997.

Bungert, Hartwin / Wettich, Carsten: Der neue verschmelzungsspezifische Squeeze-out nach § 62 Abs. 5 UmwG n.F., DB 2011, S. 1500 ff.

Drescher, Ingo: Die Haftung des GmbH-Geschäftsführers, 6. Auflage, Köln 2009.

Dubach, Elisa Bortoluzzi: Stiftungen – Der Leitfaden für Gesuchsteller, Frauenfeld 2007.

Ebenroth, Thomas / Boujong, Karlheinz / Joost, Detlev: Handelsgesetzbuch, 1. Auflage, München 2001.

Eggers, Mark: Public Private Partnership – Eine strukturierte Analyse auf der Grundlage von ökonomischen und politischen Potentialen, Frankfurt a.M. 2004.

Eichwald, Berthold / Lutz, Klaus Josef: Erfolgsmodell Genossenschaften – Möglichkeiten für eine werteorientierte Marktwirtschaft, Wiesbaden 2011.

Fleischer, Holger: Vorzeitige Wiederbestellung von Vorstandsmitgliedern: Zulässige Gestaltungsmöglichkeit oder unzulässige Umgehung des § 84 Abs. 1 Satz 3 AktG?, DB 2011, S. 861 ff.

Gellings, Marcel: Inanspruchnahme eines Gesellschafters: Innenregress und Gesamtschuld-nerausgleich, JuS 2012, S. 589 ff.

Gemeindetag Baden-Württemberg (Hrsg.): Gemeinden und Stiftungen, Stuttgart 2006.

Geschwandtner, Marcus: Genossenschaftsrecht, Baden-Baden 2007.

Hucke, Anja / Holfter, Marc, Die Unternehmergesellschaft (haftungsbeschränkt) – eine echte Alternative für Unternehmensgründer, JuS 2010, S. 861 ff.

Hüffer, Uwe: Aktiengesetz, 10. Auflage, München 2012.

Hünnekens, Ludger: „Unternehmensstiftungen. Basis einer dauerhaften Kulturallianz", in: Hoffmann, Hilmar (Hrsg.), Kultur und Wirtschaft. Knappe Kassen – Neue Allianzen, Köln 2001, S. 214 ff.

Jauernig, Othmar: BGB-Kommentar, 13. Auflage, München 2009.

Kallmeyer, Harald, Umwandlungsgesetz – Kommentar, 3. Auflage, Köln 2006.

König, Dominik von: Kulturstiftungen in Deutschland, in: Schneider, Wolfgang (Hrsg.), Grundlagentexte zur Kulturpolitik, Hildesheim 2007, S. 243 ff.

Körber, Christian / Schaub, Peter: § 15 HGB in der Fallbearbeitung, JuS 2012, S. 303 ff.

Kröger, Franz / Kolfhaus, Stefan: Public Private Partnership in der Bundesrepublik Deutschland, in Sievers, Norbert (Hrsg.), Neue Weg der Kulturpartnerschaften, Bonn 1998, S. 22 ff.

Litzel, Susanne / Loock, Friedrich / Brackert, Annette (Hrsg.): Handbuch Wirtschaft und Kultur, Berlin / Heidelberg 2002.

Lutter, Marcus / Hommelhoff, Peter: GmbH-Gesetz, 18. Auflage, Köln 2012.

Lutz, Reinhard: Der Gesellschafterstreit, 2. Auflage, München 2011.

Marquardt, Jens: Corporate Foundation als PR-Instrument. Rahmenbedingungen – Er-folgswirkungen – Management, Wiesbaden 2001.

Meindl, Constanze: „Die Freude des Schenkers", Wirtschaftskurier, August 2010, S. 28.

Mercker, Florian: Die selbständige Stiftung bürgerlichen Rechts, in: Strachwitz, Rupert Graf / Mercker, Florian (Hrsg.): Stiftungen in Theorie, Recht und Praxis – Handbuch für ein modernes Stiftungswesen, Berlin 2005, S. 210 ff.

Merkner, Andreas / Schmidt-Bendun, Rüdiger: Die Aktienrechtsnovelle 2012 – Überblick über den Regierungsentwurf, DB 2012, S. 98 ff.

Meyn, Christian / Richter, Andreas / Koss, Claus: Die Stiftung, 2. Auflage, Freiburg u.a. 2009.

Meyn, Christian / Then, Volker / Walkenhorst, Peter: „Einleitung. Verantwortung, Innova-tion und Effizienz: Stiftungen als Akteure der Bürgergesellschaft und der Demokratie", in: Bertelsmann Stiftung (Hrsg.), Handbuch Stiftungen, 2. Auflage, Wiesbaden 2003, S. 1 ff.

Münchner Kommentar: Bürgerliches Gesetzbuch, Kommentar, Band 1, 5. Auflage, Mün-chen 2006.

Münchner Kommentar: Handelsgesetzbuch §§ 1 – 104a, 3. Auflage, München 2010.

Palandt, Otto: Bürgerliches Gesetzbuch, Kommentar, 71. Auflage, München 2012.

Peifer, Markus: Die persönliche Haftung der Gesellschafter einer GmbH, JuS 2008, S. 490 ff.

Prütting, Hanns / Wegen, Gerhard / Weinreich, Gerd, BGB-Kommentar, 6. Auflage, Köln 2011.

Reinicke, Dietrich / Tiedtke, Klaus: Kreditsicherung, 5. Auflage, Neuwied 2006.

Roggencamp, Sibylle: Public Private Partnership – Entstehung und Funktionsweise kooperativer Arrangements zwischen öffentlichem Sektor und Privatwirtschaft, Frankfurt a.M. 1998.

Roth, Günter / Altmeppen, Holger: GmbHG-Kommentar, 7. Auflage, München 2012.

Rubner, Daniel / Leuering, Dieter: Verschmelzung einer überschuldeten Gesellschaft, in: NJW-Spezial, Heft 23, 2012, S. 719.

Saenger, Ingo / Aderhold, Lutz / Lenkaitis, Karlheinz / Speckmann, Gerhard (Hrsg.): Handels- und Gesellschaftsrecht – Praxishandbuch, Baden-Baden 2008.

Schaffland, Hans-Jürgen, in: Lang / Weidmüller: Genossenschaftsgesetz, Kommentar, 36. Auflage, Berlin 2008, Einführung, §§ 24-42.

Schaflitzl, Andreas / Götz, Christoph: Einbringung eines Betriebs, Teilbetriebs oder Mitunternehmeranteils in eine Personengesellschaft (§ 24 UmwStG), in: Der Betrieb, Beilage 1 zu Heft 2 vom 13.01.2012, S. 56 f.

Schaflitzl, Andreas / Götz, Christoph: Verschmelzungen zwischen Kapitalgesellschaften, Spaltungen von Kapitalgesellschaften und damit verbundene gewerbesteuerliche Regelungen, in: Der Betrieb, Beilage 1 zu Heft 2 vom 13.01.2012, S. 25 ff.

Schapp, Jan / Schur, Wolfgang: Sachenrecht, 4. Auflage, München 2010.

Schmidt, Karsten: BGB Allgemeiner Teil und Schuldrecht: Haftung im Verein, JuS 2012, S. 251 ff.

Schmidt, Karsten: Die Anwalts-GmbH & Co. KG: Kraftprobe des Berufsrechts oder des § 105 Abs. 2 HGB?, DB 2011, S. 2477 ff.

Schmidt, Karsten: Gesellschaftsrecht: Ausschließung eines Mitgesellschafters, JuS 2012, S. 256 ff.

Schmidt, Karsten: Gesellschaftsrecht: Fehlerhafte Gesellschaft, JuS 2012, S. 72 ff.

Schmidt, Karsten: Gesellschaftsrecht und Insolvenzrecht: Atypisch stiller Gesellschafter als nachrangiger Insolvenzgläubiger, JuS 2012, S. 1131 ff.

Schmidt, Karsten: Gesellschaftsrecht: Quotenhaftung von Personengesellschaftern, JuS 2011, S. 932 ff.

Schöne, Torsten / Arens, Tobias: Fortgeschrittenenklausur – Zivilrecht: Die problematische Beteiligungsumwandlung, JuS 2011, S. 613 ff.

Schwab, Martin: Schuldrecht: Wirkungen der Gesamtschuld, JuS 2012, S. 643 ff.

Seifart, Werner / Campenhausen, Axel Freiherr von (Hrsg.) Stiftungsrechts-Handbuch, 3. Auflage, München 2009.

Semler, Johannes / Stengel, Arndt: Umwandlungsgesetz, 3. Auflage, München 2012.

Stadler, Rainer / Elser, Thomas / Bindl, Elmar: Vermögensübergang bei Verschmelzungen auf eine Personengesellschaft oder auf eine natürliche Person und Formwechsel einer Kapitalgesellschaft, in: Der Betrieb, Beilage 1 zu Heft 2 vom 13.01.2012, S. 14 ff.

Steffek, Felix: Die Innenhaftung von Vorständen und Geschäftsführern – Ökonomische Zusammenhänge und rechtliche Grundlagen, JuS 2010, S. 295 ff.

Steinbeck, Anja, Grundfälle zum Personengesellschaftsrecht, JuS 2012, S. 10 ff.

Steinbeck, Anja: Grundfälle zum Personengesellschaftsrecht, JuS 2012, S. 105 ff.

Steinbeck, Anja: Grundfälle zum Personengesellschaftsrecht, JuS 2012, S. 199 ff.

Strachwitz, Rupert Graf / Reimer, Sabine: „Corporate Foundations", in: Reimer, Sabine / Strachwitz, Rupert Graf (Hrsg.): Corporate Citizenship, Berlin 2005, S. 59 – 70.

Streinz, Rudolf: Europarecht: Grenzüberschreitende Umwandlung einer Gesellschaft, JuS 2012, S. 1142 ff.

Sturhan, Sabine: Kunstförderung zwischen Verfassung und Finanzkrise, Berlin 2003.

Wagner, Bernd / Sievers, Norbert: Public Private Partnership – Begründung und Modelle kooperativer Kulturpolitik, in: Bendixen, Peter (Red.), Handbuch Kultur-Management – die Kunst, Kunst zu ermöglichen, Stuttgart 1992.

Weber, Barbara / Alfen, Hans Wilhelm / Maser, Stefan: Projektfinanzierung und PPP – Praktische Anleitung für PPP und andere Projektfinanzierungen, Köln 2006.

Wegner, Hans-Dieter: „Unternehmen als Stifter – Überlegungen zur Konzeption, Gestaltung und Arbeitsweise von Unternehmensstiftungen", in: Die Roten Seiten zu Stiftung & Sponsoring 4, 2000, S. 2-21.

Weller, Marc-Philippe: Die Sicherungsgrundschuld, JuS 2009, S. 969 ff.

Wicke, Hartmut, Die GmbH-Gesellschafterliste im Fokus der Rechtsprechung, DB 2011, S. 1037 ff.

Wien, Andreas: Arbeitsrecht – Eine praxisorientierte Einführung, Wiesbaden 2009.

Wien, Andreas: Bürgerliches Recht – Eine praxisorientierte Einführung, Wiesbaden 2012.

Wien, Andreas: Existenzgründung, München 2009.

Stichwortverzeichnis

Mehr wissen – weiter kommen!

Praxisnahes und verständliches Wissen zu allen relevanten Themen des Internetrechts

Das Internet dient zugleich als Basis, Handlungsraum und Katalysator des Wirtschafts- und Gesellschaftslebens und ist aus dem Alltag nicht mehr wegzudenken. Doch aufgrund der Gesetzesflut bei gleichzeitig vielfach noch nicht gefestigter Rechtsprechung besteht in der Online-Umgebung immer wieder große Unsicherheit bei den Nutzern. Dieses Lehrbuch führt verständlich, praxisbezogen und fundiert in alle wichtigen Themen des Internetrechts ein. Anhand vieler Beispielfälle wird der Einblick in konkrete Rechts- und Anwenderfragen wie zum Beispiel Abo-Fallen, Urheberrechte, Streitigkeiten über Domainnamen, Datenschutz, Hacking und Phishing u.v.m. vermittelt. Auch Praktiker profitieren von der praxisnahen Wissensvermittlung.
Die 3. Auflage wurde auf den aktuellen Stand der Rechtsprechung gebracht und um wichtige Hinweise ergänzt.

Der Inhalt

- Einführung
- Streitigkeiten um Domainnamen
- Internet-Angebote und Urheberrecht
- Werbung im Netz
- Verträge im Internet
- E-Commerce
- Dialer-Problematik
- Computerkriminalität und Strafrecht
- Datenschutz

Der Autor

Professor Dr. jur. Andreas Wien ist Volljurist mit der Befähigung zum Richteramt und höheren Verwaltungsdienst und ist Professor für Recht mit dem Schwerpunkt Wirtschaftsrecht an der Brandenburgischen Technischen Universität Cottbus-Senftenberg.

Andreas Wien
Internetrecht
Eine praxisorientierte Einführung
3. Aufl. 2012. XVI, 243 S.
Br. EUR 27,95
ISBN 978-3-8349-3564-9

Stand: Juni 2013.
Änderungen vorbehalten.
Erhältlich im Buchhandel oder beim Verlag.

 Springer Gabler

Abraham-Lincoln-Straße 46. D-65189 Wiesbaden
Tel. +49 (0)6221 / 3 45 - 4301 . springer-gabler.de

Mehr wissen – weiter kommen!

Prüfungsrelevantes Wissen

mit vielen Beispielen aus der Praxis

Das Bürgerliche Recht bildet als Grundlage für den Abschluss und die Abwicklung von Verträgen die Basis des heutigen Geschäfts- und Wirtschaftslebens. Auch Schadenersatzansprüche werden danach erfüllt. Ein grundlegendes Verständnis dieses Rechtsgebietes ist für viele - auch nicht juristisch ausgelegte - Studiengänge unabdingbar. Dieses Lehrbuch bietet eine leicht verständliche und praxisnahe Einführung in die Grundlagen. Es behandelt die an Hochschulen ausbildungsrelevanten ersten drei Bücher des Bürgerlichen Gesetzbuchs: den „Allgemeinen Teil", das „Schuld-" und das „Sachenrecht". Durch Beispiele und Hinweise werden dem Leser Zusammenhänge vermittelt, die ihn dazu befähigen, eigenständig rechtliche Probleme zu erkennen und zu lösen.

Der Autor

Professor Dr. jur. Andreas Wien ist Volljurist mit der Befähigung zum Richteramt und höheren Verwaltungsdienst und ist Professor für Recht mit dem Schwerpunkt Wirtschaftsrecht an der Brandenburgischen Technischen Universität Cottbus-Senftenberg.

Andreas Wien

Bürgerliches Recht

Eine praxisorientierte Einführung

2012. X, 236 S.

Br. EUR 26,95

ISBN 978-3-8349-2618-0

Stand: Juni 2013.
Änderungen vorbehalten.
Erhältlich im Buchhandel oder beim Verlag.

Abraham-Lincoln-Straße 46 . D-65189 Wiesbaden
Tel. +49 (0)6221 / 3 45 - 4301 . springer-gabler.de

Mehr wissen – weiter kommen!

↗

Durchdachte, griffige Aufbereitung eines komplexen Themas mit prüfungsrelevantem Lernstoff

Gezielter Einsatz und erfolgreiche Entwicklung von Mitarbeitern und ihren Fähigkeiten sind wesentliche Erfolgsfaktoren im strategischen Kanon unternehmerischen Handelns. In 18 klaren, leicht nachvollziehbaren Strategien erläutern die Autoren unter Berücksichtigung neuer wissenschaftlicher Ansichten aktuelle Praxistrends sowie Aufbau und Konzeption einer systematischen Personalentwicklung. Künftige und erfahrene Praktiker profitieren von konkreten Handlungsanweisungen zur Implementierung zukunftstauglicher Maßnahmen im Unternehmen. Die Darstellung geeigneter Methoden und Instrumente für die Erstellung bzw. Fortschreibung der regelmäßig durchzuführenden Personalentwicklungsmaßnahmen gewährleistet den praktischen Einstieg. Zudem werden die theoretischen Grundlagen der Integration eines Personalentwicklungskonzeptes fundiert vermittelt und anschaulich in die Praxis überführt. Dieses Buch ist eine ausgezeichnete Orientierungshilfe im veränderlichen Prozess der Personalentwicklung.

Der Inhalt

- Wissen als Produktionsfaktor
- Identifikation der Mitarbeiterbedarfe
- Einarbeitungsprogramme und Inhouse-Schulungen
- Führungskräftequalifizierung
- Arbeitsplatzgestaltung, Betriebliches Gesundheitsmanagement
- Mitarbeiterbefragung und Talent-Coaching
- Feedback und Beurteilung, Supervision und Mediation
- Employee Empowerment
- Present-Value-Berechnung von Fachkräften
- u. v. a.

Andreas Wien, Normen Franzke

Systematische Personalentwicklung

18 Strategien zur Implementierung eines erfolgreichen Personalentwicklungskonzepts

2013. XVI, 190 S. 58 Abb.
Br. EUR 27,95
ISBN 978-3-658-01075-1

Die Autoren

Professor Dr. jur. Andreas Wien ist Volljurist mit der Befähigung zum Richteramt und höheren Verwaltungsdienst und ist Professor für Recht mit dem Schwerpunkt Wirtschaftsrecht an der Brandenburgischen Technischen Universität Cottbus-Senftenberg.

Dipl.-Bw. Normen Franzke studierte Betriebswirtschaftslehre an der Hochschule Lausitz. Er ist seit 2010 in der Verwaltungsmodernisierung und Stellenentwicklung einer Landesbehörde tätig und Mitarbeiter im Rahmen diverser Fachpublikationen sowie selbständiger Dozent für die Themengebiete Personal- und Organisationsmanagement sowie Personalcontrolling an verschiedenen Bildungseinrichtungen.

Stand: Juni 2013.
Änderungen vorbehalten.
Erhältlich im Buchhandel oder beim Verlag.

Springer Gabler

Abraham-Lincoln-Straße 46 . D-65189 Wiesbaden
Tel. +49 (0)6221 / 3 45 - 4301 . springer-gabler.de

The manufacturer's authorised representative in the EU is Springer
Nature Customer Service Centre GmbH, Europaplatz 3, 69115 Heidelberg,
Germany. If you have any concerns regarding our products, please
contact ProductSafety@springernature.com

Printed and bound by CPI Group (UK) Ltd, Croydon, CR0 4YY
27/04/2026
02097625-0006